Best of
Content Marketing
2022

HERAUSGEBER CMF Content Marketing Forum e.V., Planegg
dfv Mediengruppe/HORIZONT productions, Frankfurt am Main

VERLAG Deutscher Fachverlag GmbH,
Mainzer Landstraße 251, 60326 Frankfurt am Main
VERANTWORTLICH FÜR DAS CMF Regina Karnapp
VERANTWORTLICH FÜR DEN VERLAG Markus Gotta

GESAMTKONZEPT UND REALISATION
HORIZONT productions
PROJEKTLEITUNG Birga Andel
REDAKTION UND REGISTER Raphaela Rabold,
Katharina Fuckner, Felicitas Nitsch
PROJEKTVERANTWORTUNG FÜR DAS CMF Regina Karnapp
REDAKTION Heidrun Winter

GESTALTUNGSKONZEPT Urs Arnold, Zürich
ÜBERARBEITUNG FORA Strategy & Communications, Wien
FOTOS Content Marketing Forum (S. 10, 20–24),
privat (11–17, 20–24), IMAGO/Volker Preußer (S. 11, rechts),
A. Friedrichs (S. 12, links)
PRODUKTION X-Production, Aschaffenburg (Thomas Mattner)
SATZ UND DRUCKVORSTUFE xplicit Ffm
Visuelle Kommunikation (Angelika Hoßfeld, Thomas Nagel)
DRUCK UND BINDUNG optimal media GmbH, Röbel/Müritz

PAPIER 120 g/m2 Pergraphica High White Rough; 100 g/m^2
Magno Volume 1.1

Alle Rechte vorbehalten.
Copyright 2022 by Deutscher Fachverlag GmbH. Nachdruck,
auch auszugsweise, nur mit Genehmigung des Verlags.
Die Bild- und Textrechte liegen, wenn nicht anders angegeben,
bei den jeweiligen Autoren und Publikationen.
ISBN 978-3-86641-817-2

Best of Content Marketing (BCM)

Der BCM Best of Content Marketing Award ist seit Jahren der größte Wettbewerb für inhaltsgetriebene Kommunikation in Europa. 2022 wurde er zum 20. Mal vergeben.

Seit 2003 zeichnet das Content Marketing Forum dabei die besten Unternehmenspublikationen aus – sei es Magazin, Kampagne oder Plattform, intern oder extern.

Der Gewinn eines BCM Awards in Gold fließt mit dem Bewertungsfaktor II in das Kreativranking von HORIZONT ein.

Über die Preisvergabe in den 83 ausgeschriebenen Kategorien entscheiden Fachjurys mit insgesamt rund 200 Juroren.

PARTNER & MEDIENPARTNER

Medienpartner

CMCX Content-Marketing Conference & Expo

CP MONITOR Magazin für Corporate Communications

diego5®

HORIZONT

storytile

Partner

PERGRAPHICA®

sappi

statista Content & Design

tabmag

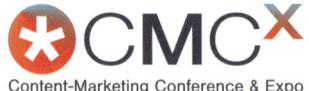

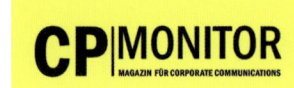

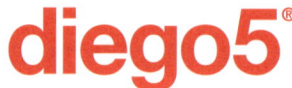

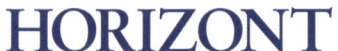

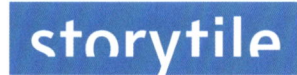

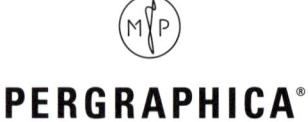

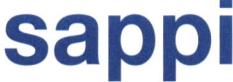

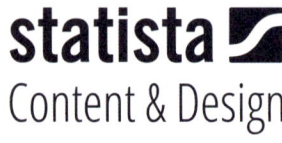

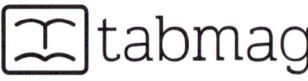

Redaktion

- **9** Vorwort
- **10** CMF-Vorstand
- **14** BCM-Jurierung
- **18** BCM-Juroren
- **20** BCM-Preisverleihung

Verzeichnisse

- **4** Partner & Medienpartner
- **456** Titel & Redaktionen
- **462** Herausgeber & Unternehmen
- **468** Agenturen & Dienstleister
- **477** Personen

BCM 2022
148 Porträts

CUSTOMER PRINT
Magazine
- 38 Automobil
- 48 Finanzen & Versicherungen
- 60 Handel & Konsum
- 74 Industrie, Chemie, Pharma & Gesundheit
- 90 Medien & Kultur
- 98 Non-Profit, Verbände & Institutionen
- 112 Tourismus & Verkehr

Specials & Annuals
- 124 Specials & Annuals
- 138 Salesspecials/VKF/Magaloge

Corporate Books
- 144 Corporate Books

CUSTOMER DIGITAL
Content Plattformen
- 156 B2B
- 170 B2C
- 182 Non-Profit

Social Media
- 188 Social Media

CUSTOMER BEWEGTBILD
- 204 Serie
- 212 Fiction
- 220 Non-Fiction
- 230 Corporate Film

CUSTOMER PODCAST
- 242 Audio
- 254 Video

MITARBEITERKOMMUNIKATION
Magazine
- 258 Print
- 272 Digital
- 280 Specials
- 290 Employer Branding Film

REPORTING
- 298 Print
- 308 Digital

STRATEGIE
- 320 Content
- 328 Kanalstrategie
- 332 Content Operations

EVENTS
- 340 Conferences & Events

CONTENT CAMPAIGN
- 350 B2B
- 358 B2C
- 374 B2E

CRAFT
- 382 Reportage
- 394 Cover
- 400 Infografik
- 408 Fotografie/Fotostrecke
- 410 Kamera

INTERNATIONAL
- 416 Internationale Kommunikation

INNOVATION
- 424 Best Use of Innovation/New Tech

KRISENKOMMUNIKATION
- 436 Krisenkommunikation

NACHHALTIGKEITSKOMMUNIKATION
- 444 Nachhaltigkeitskommunikation

VORWORT

Liebe Leserin, lieber Leser,

zum 20. Mal hat das Content Marketing Forum in diesem Jahr den Best of Content Marketing Award vergeben. Jubiläen wie dieses laden dazu ein, einen Blick in die Vergangenheit zu werfen. Was meinen Kolleg:innen aus dem Vorstand des Content Marketing Forums und mir dabei besonders auffällt: Welche Dynamik und welchen Wandel unsere Branche, unser Verband und der BCM in dieser Zeit mitgemacht haben.

Von hunderten Print-Exemplaren eingereichter Magazine, Bücher und Geschäftsberichte, die sich vor Jahren in der Einreichphase des damaligen „Best of Corporate Publishing"-Wettbewerbs deckenhoch in der Geschäftsstelle des Verbandes stapelten, sind wir zu einem fast vollständig digitalisierten Einreichprozess gekommen. Waren zu Anfang noch beinahe alle Einreichungen in irgendeiner Form gedruckt, so halten sich nun Printeinreichungen mit digitalen Plattformen, Events und Kampagnen die Waage.

Content ist aus der Marketingkommunikation in allen Facetten nicht mehr wegzudenken – Social Media, Kampagnen, Krisenkommunikation und Interne Kommunikation werden von guten, passenden Inhalten getragen. Entsprechend haben gerade diese Kategorien auch im BCM einen Schub erfahren. Ebenso wie das weite Feld der Strategie – das über einzelne Kanal- oder Themenstrategien hinausgeht und bis hin zu Fragen der Struktur und Kultur ganzer Unternehmen führt.

Dass gerade diese Themen die Content Marketing betreibenden Unternehmen beschäftigen, zeigen auch die Ergebnisse unserer aktuellen Content Marketing Basisstudie: Nur jeder fünfte in der Studie befragte Marketing-Entscheider in Unternehmen im deutschsprachigen Raum ist der Ansicht, dass die strukturelle und organisatorische Aufstellung seines Unternehmens den Anforderungen eines zeitgemäßen Content Marketings gerecht wird. Knapp 80 Prozent hingegen wünschen eine Veränderung, um ihre Content-Marketing-Aktivitäten noch effizienter gestalten zu können.

Für uns als Verband der Content-Marketing-Experten ist dies nicht nur eine spannende Erkenntnis, sondern auch Handlungsaufforderung. Mit Best Practices, Austauschformaten und konkreten Arbeitshilfen unterstützen wir unsere Mitglieder dabei, sich für und mit ihren Kunden den Herausforderungen zu stellen, die die Organisation von Content Marketing in Unternehmen mit sich bringt.

Und auch der BCM wird und muss den Entwicklungen in unserer Branche Rechnung tragen. So sind wir in den letzten Jahren – beschleunigt durch die Pandemie – einen konsequenten Weg der Digitalisierung in der Durchführung des Wettbewerbs gegangen. Einreichprozess und Jurierung sind toolgestützt und haben dadurch noch einmal an Qualität gewonnen. Dank digitaler Erfassung des Juryfeedbacks gibt es nun auch für alle Einreichenden das wertvolle Feedback der Jury in Form eines digitalen Teilnahmezertifikats.

Nach diesen operativen Optimierungen widmen wir uns in diesem Jahr mit der BCM Task Force der inhaltlichen Weiterentwicklung und werden den Award einem umfassenden Refresh unterziehen. Es wird also spannend, wie der BCM in seinem 21. Jahr aussehen wird – wir freuen uns jetzt schon darauf!

Eines aber ist sicher: Auch im kommenden Jahr werden das BCM-Team und die Jury wieder viele exzellente, kreative, effiziente und außergewöhnliche Content-Cases und Projekte sehen – eben das Beste der Branche.

Das Beste aus 2022 finden Sie auf den folgenden Seiten. Ich wünsche Ihnen viel Vergnügen beim Lesen und Durchstöbern,

Ihr
Olaf Wolff
Vorsitzender des CMF-Vorstands

Übrigens: Die Content Marketing Basisstudie liefert nicht nur zu den Fragen der Content-Marketing-Organisation spannende Erkenntnisse, sondern auch zu vielen weiteren branchenrelevanten Fragestellungen. CMF-Mitglieder bekommen die Studie kostenlos über die Geschäftsstelle, Nicht-Mitglieder können sie im Onlineshop des Deutschen Fachverlags bestellen.

DER CMF-VORSTAND

Freiräume

Was macht das Content Marketing Forum als Verband eigentlich aus? Ja, es sind die gemeinsamen Interessen von Vertreter:innen dieser Kommunikationsgattung, die den Inhalt in ihren Mittelpunkt gerückt hat. Es sind die gemeinsamen Herausforderungen, der Wille zur Zusammenarbeit und dazu, diese Branche nach vorne zu bringen. Aber es ist auch Diversität, es sind die vielen verschiedenen Geschäftsmodelle, mit denen unsere Mitglieder in diesem Umfeld agieren, die unterschiedlichen Auffassungen von der Kommunikationswelt, über die wir diskutieren, und – vor allem – die vielen unterschiedlichen Menschen, die in unseren knapp 90 Mitgliedsunternehmen aus vier Ländern arbeiten. Fünf von ihnen, der aktuelle Vorstand des CMF, geben hier einen persönlichen Blick frei auf ganz besondere Orte in ihrer Lebens- und Arbeitswelt in fünf Städten in Deutschland, Österreich und der Schweiz.

von links: Olaf Wolff, Peter Matz (sitzend), Chris Höfner, Daniel Kaczynski, Martin Distl.

DER CMF-VORSTAND

Die „Drückebergergasse" in München.

Blick über die Weinberge auf Wien.

Drückeberger
von Olaf Wolff

Die mit rot-weißem Plastik umspannten Stuhlreihen hindern mich daran, quer über den Odeonsplatz in die Residenzstraße zu gelangen. Das Symphonieorchester des Bayerischen Rundfunks und Sir Simon Rattle gastieren hier heute Abend – und so nehme ich den Weg rechts die Theatiner Straße entlang, ehe ich hinter der Feldherrnhalle in die Viscardigasse einbiege und so auf die Residenzstraße gelange. Ein Umweg von vielleicht fünfzig Metern. Eine kleine, kaum bemerkenswerte Unbequemlichkeit.

Während ich durch die Viscardigasse gehe, fällt mein Blick auf die ins Pflaster eingelassene, S-förmige Bronzespur. Sie erinnert an zivilen Ungehorsam während des Naziregimes. Denn auf jenem Stück der Residenzstraße, das ich heute des Konzerts wegen nicht nehmen kann, hatten die Nationalsozialisten nach der Machtübernahme ein „Ehrenmal" für die Toten des „Novemberputsches" 1923 errichtet. Ein SS-Doppelposten hielt hier Tag und Nacht Wache; Vorbeikommende mussten den Hitlergruß zeigen. Die Diktatur forderte Unterwerfung, eine Zumutung und Erniedrigung für alle in Opposition stehenden Münchner:innen.

Und so machten sie den kleinen Umweg durch die Viscardigasse und umgingen Mahnmal sowie die Pflicht zum „Deutschen Gruß". Einhundertfünfzig Meter für ein kleines bisschen Widerstand; oder zumindest das Gefühl, dem Regime doch nicht völlig und in allem ausgeliefert zu sein.

Der Volksmund nannte die Gasse „Drückebergergasse". Die Drückeberger und Drückebergerinnnen, die den „deutschen Gruß" nicht zeigen wollten, gingen hier entlang; ich stelle sie mir pfeifend vor.

Freiraum mit Ausblick auf Wien
von Martin Distl

In sich gehen, Ruhe finden, Raum schaffen für Neues, zum Reflektieren oder einfach zum Nachdenken. Hier bieten sich gerade in Wien einige Orte an. Moderne oder klassische Museen, Plätze in der historischen Altstadt, zahlreiche Cafés oder Heurigen. Sehr beliebt sind auch Plätze entlang der Donau sowie auf der Donauinsel. Ich bevorzuge die Natur, wenn möglich mit Ausblick und in Kombination mit Bewegung – ganz nach dem Motto: „Mens sana in corpore sano", ein gesunder Geist in einem gesunden Körper. Zahlreiche Mountainbike-Touren und -Trails im Wienerwald rund um Wien bieten hier eine große Vielfalt. Dabei

DER CMF-VORSTAND

von links nach rechts: Hamburger Michel, East Side Gallery in Berlin, Kreuzgang des Großmünsters in Zürich.

können nicht nur viele Kilometer und Höhenmeter mit dem MTB gemacht werden, die Strecken bieten auch den erforderlichen Freiraum, um wichtige Themen entweder zeitig in der Früh, am Abend oder am Wochenende durchzudenken. Die eine oder andere kreative Idee sowie diverse Prozessoptimierungen sind schon parallel zum Erwachen der Stadt gegen 6 Uhr früh mit Blick auf Wien am MTB entstanden und hielten dem Proof bei der einen oder anderen Downhill-Abfahrt stand. Das Schöne an diesen Touren ist auch, dass diese nicht alleine erfolgen müssen. Im Team mit Freunden oder auch Geschäftspartnern lassen sich MTB-Touren oft noch besser bewältigen, getreu dem Motto: better together.

Neue Ideen von oben
von Chris Höfner

Er ist 132 Meter hoch. 110 Jahre alt. Man könnte sagen: ein alter Kerl. Nicht beweglich. Ein bisschen grau und nur schön im individuellen Auge des Betrachters. Trotzdem ist der Hamburger Michel ein besonderer Platz, der mit seiner Aussichtsplattform einen Ort bietet, wo alle Sinne die Weite spüren. In einer Stadt, in Agenturräumen oder im Homeoffice ist das oft nicht der Fall. Auf dem Michel schon.
Daher klettere ich immer wieder gern die 452 Stufen nach oben. Da freut sich auch die Fitness. Der Blick über Hamburg, der sich mir dann eröffnet, ist nicht nur schön, sondern funktioniert auch als Kopföffner. Als Gedankendreher. Als Challenger. Denn wenn ich an einer Idee arbeite, eine Lösung suche oder einfach mal Abstand brauche, im wahrsten Sinne, dann hilft mir das, die Perspektive zu wechseln – meist komme ich so schneller an mein Ziel oder sogar auf neue Ideen.
Ich nehme den Michel auch gern als Mechanik „mit". Denn der Effekt, die Perspektive zu verändern, funktioniert natürlich auch hier und da mal, wenn man am Boden bleibt. Was im Grunde ja empfehlenswert ist. Nur für neue Ideen, Innovationen und anderes ist es eben nicht immer hilfreich. Höhe und Weite können da einiges bewirken.
Mein kreativer Ort in Hamburg? Auf dem alten, hochgewachsenen Kerl, der ein wenig in die Jahre gekommen ist – der Hamburger Michel.

Berlin, zwischendrin
von Peter Matz

Um es gleich vorwegzusagen: Ich lebe nicht in Berlin, sondern in Hamburg. Früher war ich der festen Überzeugung, dass People's Business nicht remote stattfinden kann, ich habe sehr viel Zeit in allen möglichen Verkehrsmitteln verbracht, um mich persönlich und vor Ort auszutauschen, es erschien mir und sehr vielen anderen als bestes Mittel der Wahl. Und dann wurden nicht nur wir als Branche disruptiert.
Und ich habe diese Kombi aus zwei „Sein"-Orten in den letzten Jahren kennen und lieben gelernt. Zuvor war ich ja der Meinung, dass das eigentlich nicht geht. Also, an zwei Orten zu sein und beiden gerecht zu werden.

Aber was soll ich sagen, wo sollte es denn sonst gehen, wenn nicht in Berlin. Berlin und insbesondere seine neuere Geschichte, der Mauerbau, Ost- und Westberlin, der Mauerfall, die Einheit faszinieren mich zutiefst. Diese Stadt, die immer noch mit sich und ihrer Geschichte ringt, mit sichtbaren und unsichtbaren Übergängen zwischen Ost und West, zwischen Vergangenem, Symbolismus und Aufbruch. Daher ist die East Side Gallery auch mein symbolischer Lieblingsort. Gar nicht so sehr die konkreten Koordinaten, sondern die Tatsache, dass Mauern überwunden werden können, wenn es alle wollen. So wie es mir auch in meinem beruflichen Alltag begegnet: Denkmuster zu durchbrechen, Neues zu wagen, kollaboratives Denken, hybrides Arbeiten, andersartige Inhalte zu schaffen. Oder einfach nur zwei Orten gerecht zu werden.

Meine kleine Flucht aus dem Alltag
von Daniel Kaczynski

Unweit unserer Büros, mitten in der Zürcher Altstadt, befindet sich ein ganz besonderer Ort. Neben dem Haupteingang des mächtigen Grossmünsters, der größten und bedeutendsten Kirche der Stadt, gibt es eine zurückversetzte, unscheinbare Türe. Kein Tourist und nur wenige Einheimische kommen auf die Idee, sie zu öffnen. Tut man es doch, betritt man eine andere, sehr spezielle Welt.
Wir befinden uns in einem geometrisch angelegten, quadratischen und bepflanzten Innenhof, umschlossen von einem Kreuzgang. Sobald man eintritt, wird man von der Stille und der Mystik des Ortes erfasst. Die Hektik, Nervosität und vielfach auch die Probleme des Alltags bleiben vor der unscheinbaren Türe zurück. Es eröffnet sich eine Welt der einfachen und klaren Gedanken. Schon ein kurzer Aufenthalt löst Blockaden, relativiert Probleme und zeigt Lösungen. Hier finde ich Raum und Antworten, die mir in der Hektik des Geschäftsalltags verwehrt bleiben. Der Reformator Huldrych Zwingli war der wohl prominenteste Pfarrer am Grossmünster. In seinen Predigten und Schmähschriften wetterte der herausragende Kommunikator gegen „Wucher, Reisläuferei, Tyrannei und Kapitalismus". Er tat dies in einer direkten und unverblümten Sprache. Ob er sich dazu wohl Inspiration und gleichzeitig Klarheit in „meinem" Kreuzgang geholt hat? Ich kann es mir gut vorstellen.

BCM-JURIERUNG

Digitale Jurytage – und eine Sitzung in Präsenz!

In insgesamt 28 Jurysitzungen hat ein 164-köpfiges Juryteam über die Preisvergabe des BCM 2022 entschieden. 27 der Sitzungen fanden, verteilt auf vier Jurytage, wieder digital statt: Hoch konzentriert und gut vorbereitet diskutierten und würdigten die Juror:innen jede Einreichung. Das wertvolle Feedback der Expert:innen wird erstmals in diesem Jahr allen Einreicher:innen in Form eines digitalen Zertifikats zur Verfügung gestellt. Zumindest eine Jurysitzung konnte nach zwei Jahren Pandemie in Präsenz stattfinden: Über den Sonderpreis „Best of Print" entschied eine Jurygruppe vor Ort in München.

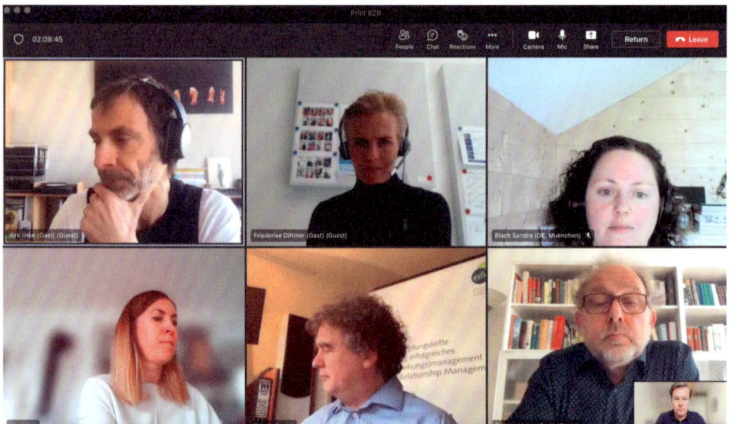

Die digitalen Jurysitzungen haben sich bewährt: In 27 Teamssitzungen wurden die Gewinner des BCM 2022 ermittelt.

BCM-JURIERUNG

Markus Hohmeier

» Spannende Insights und ein hohes Niveau in der Diskussion mit den Jurymitgliedern, hat sehr viel Spaß gemacht. «

Petra Sammer

» Der BCM hat viele Kategorien, in denen Preise verliehen werden. Aus meiner Sicht sind die Strategie-Kategorien mit die wichtigsten und ich bin geehrt, dass ich dieses Jahr hierbei in der Jury sein durfte. Erstklassige Strategien demonstrieren die Professionalität unserer Branche. Kommunikation ist eben nicht einfach nur ein bisschen Geschichten erzählen und Content online stellen. Gute Kommunikation ist die durchdachte Herangehensweise an Inhalte und Kommunikationskanäle. Und genau das zeigen die besten Arbeiten, die im BCM ausgezeichnet werden. Und da sind dieses Jahr ganz großartige Kampagnen dabei. «

Patrick Amor

» Drei Mal Daumen hoch – inspirierende Arbeiten, inspirierende Menschen und inspirierende Diskussionen. «

Eine Jurygruppe traf sich live in München, um über die Vergabe des „Best of Print" zu entscheiden (v.links): Felix Kempf, Michelle Neuhauser, Sandra Blach und Michael Helble.

Gute Vorbereitung ist alles: Andreas Janous (links) und Stefanie Hemmann studieren die Einreichungen.

BCM-JURIERUNG

Duygu Bayramoglu

» It's a wrap! 🥳

Bereits das 3. Mal in Folge darf ich als Jurorin beim Best of Content Marketing Award dabei sein. Unter den Einreichungen sind wirklich starke Performer! 👏 Diese darf ich natürlich noch nicht verraten! Und auch in diesem Jahr ist die Jurysitzung des größten Content Marketing Wettbewerbs in Europa mit kompetenten Persönlichkeiten besetzt. 😍 Vielen Dank an meine heutigen Kolleg:innen für den tollen Austausch und die kritische Herangehensweise, die 4 Stunden waren kurzweilig und konstruktiv. 🤩

Danke an Melly aka Melanie Schütze, Nicola Dietrich Georg Adlmaier-Herbst und Dr. Katherine Nölling. Ein besonderer Dank geht für die starke Arbeit hinter den Kulissen an Heidrun Winter und Regina Karnapp sowie an die gesamte BCM CREW.

Wir sehen uns im nächsten Jahr! 😎

#contentmarketing #bcm2022
#bestofcontent #contentisking »

Catarina Riess

» Ich war, als „neue" Jurorin, sehr beeindruckt von dem Level der Professionalität und Qualität durch den ganzen Prozess hindurch und habe die Diskussion innerhalb des Gremium sehr genossen, tolle Moderationsleistung! … und viele verdiente Sieger:innen! Danke, dass ich hier einen Beitrag als Jurorin leisten durfte! »

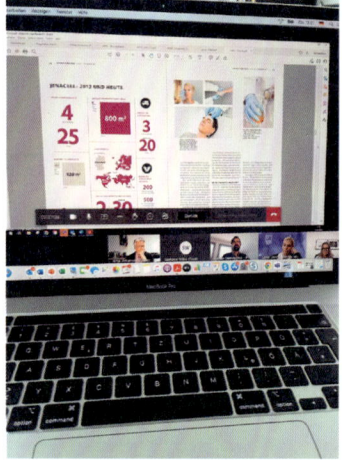

Ob virtuell oder live: Die volle Konzentration gilt den Einreichungen – aber Spaß ist natürlich auch dabei.

BCM-JURIERUNG

Perfekt organisierter Schreibtisch für die Jurysitzung: Printjurys sind raumgreifend...

Karim Cheranti

>> **Wer macht das beste Social Media Marketing? Heute entscheide ich ...**

Der BCM (Best of #Content #Marketing) ist seit Jahren mit rund 600 Einreichungen der größte Wettbewerb für inhaltsgetriebene Kommunikation in Europa. Und ich sitze in diesem Jahr in der Jury (Kategorie: Customer Digital – Social Media).

Meine sechs Key Takeaways aus der Jurysitzung:
- Toller Austausch innerhalb der Jury-Gruppe.
- Blick über den Tellerrand und gute Insights.
- Nicht nur B2C, sondern auch B2B.
- Die Tätigkeit macht mir Spaß.
- Mutige Bewerbungen von kleineren Brands gesehen.
- Auch meine Jury-Kolleg:innen finden weniger werblich für Social Media besser – selbst bei Content Marketing. 😜

Mein Fazit:
- Besonders kleinere Agenturen und werbende Unternehmen mit begrenztem Budget beweisen oft, dass man aus wenig viel machen kann.
- Eine verrückte Idee allein reicht nicht aus. Ebenso wenig ein witziger Produktname. Die Einreichung muss für mich schnell und unkompliziert nachzuvollziehen sein.
- Ich muss wissen, wie die Zielsetzung für die Kampagne lautete und wer damit kommunikativ angesprochen werden soll.
- Außerdem punkten nachhaltige Aktionen. Jede gute Einreichung sollte einen emotionalen Stempel bei mir hinterlassen.
- Wer mich kennt, weiß auch, dass ich einen großen Wert auf das „Social" in #Social-Media lege. Daher sollte dies, je nach Thema, eine signifikante Rolle spielen. Involviert die Menschen und nutzt das #Engagement für eure Kommunikationsaktivitäten. «

BCM-JUROREN

Prof. Dr. Dieter Georg Adlmaier-Herbst
Berlin Career College

Jan-Frederik Ahrens
Statista GmbH

Markus Albers
rethink GmbH

Tatiana Altmann
Amway GmbH

Thorsten Bartsch
Union Investment Privatfonds GmbH

Markus Baumann
Cinionic

Duygu Bayramoglu
Growth Rockets UG

Fabian Bertschinger
Farner Consulting AG

Marcus Bilgeri
TERRITORY GmbH

Matthias Bill
SIX Group AG

Sandra Blach
Mondi Group

Armin Blohmann
HolidayCheck Group AG

Judy Born
büro_born ||
Autorin.Redakteurin.Texterin.

Gabriela Braun
Helsana Versicherungen AG

Fabrice Braun
Journalist

Ariane Busch
Karlotta

Timour Chafik
studiomonaco – creative content

Karim Cheranti
Deutsche Telekom AG

Ulrike Czekay
viafintech GmbH

Daniela Dalhoff
VBG – Ihre gesetzliche
Unfallversicherung

Florian Damaschke
Profilwerkstatt GmbH

Christhard Deutscher
Edeka Handelsgesellschaft
Südwest mbH

Friederike Dittmer
VBG – Ihre gesetzliche
Unfallversicherung

Berthold Dörrich
BrandsOnSpeed GmbH

Maria Einhorn

Christof Endruweit
Evonik Industries AG

Thorsten Ewert
publish! Medienkonzepte GmbH

Sabine Fäth
SCRIBERS[HUB] GmbH

Dinko Fejzuli
medianet Verlag GmbH

Claudia Finke
Flughafen Düsseldorf

Florian Flicke
Solutions by HANDELSBLATT
MEDIA GROUP GmbH

Sandra Freisinger-Heinl
BCMA DACH

Joël Frey
UBS Schweiz AG

Raffael Fritz
Red Bull Media House GmbH

Stephan Ganser
CrazyRedWool

Hannelore Gantzer
Evonik Industries AG

Dr. Sandra Gärtner
mediaresearch42

Markus Gerlich
Bauerfeind AG

Thomas Gieseke
Talanx AG

Holger Gläser
DB Fernverkehr AG

Felix Göttler
UniCredit Bank AG

Angelika Gust
S-Bahn Berlin GmbH

Christian Härter
KINEXON GmbH

Nils Haupt
Hapag-Lloyd AG

Sonja Hausmanns
STORYTELLING Hausmanns

Tim Haußmann
Daimler Truck AG

Nelli Havemann
C3 Creative Code and Content GmbH

Stefan Hay
thyssenkrupp AG

Stefanie Hemmann
PRINZIP E GmbH

Steffen Henke
Deutsche Post DHL Group

Lisa Herz
BASF SE

Thomas Heuwing
Kommunikationsberatung

Markus Hohmeier
Axel Springer Corporate Solutions
GmbH & Co. KG

Claudia Holfert
SIX Group AG

Nathalie Hörnemann
Amway GmbH

Werner Idstein
Hochschule Kaiserslautern –
Campus Kammgarn

Holger Illing
Bauer Medical Health Experts KG

Dr. Maika Jachmann
Deutscher Bundestag

Andreas Janous
PRINZIP E GmbH

Patricia Janßen
CHEFS CULINAR West GmbH
& Co. KG

Przemyslaw Jedrysik
Covestro Deutschland AG

Mag. Arne Johannsen
wirtschaftsjournalist +
kommunikationsberatung +
medientraining

Claudia Jonas
Deutsche Telekom AG

Dipl.-Ing. Michael Kaiser
Technische Universität Wien

Stefan Kantzenbach
Union Asset Management Holding AG

Enno Kapitza
ENNO KAPITZA PHOTOGRAPHY

Felix Kempf
FX68 DESIGN & KOMMUNIKATION

Elisa Kern
3st kommunikation GmbH

Alexander Kersten
Copy & Concept

Prof. Dr. Michael Kleinjohann
ISM International School of
Management GmbH

Dr. Wolfgang Koller
B. Braun Melsungen AG

Ulrike Krämer

Kerstin Krause
BASF SE

Peter Kruppa
Studio Edit GmbH

Holger Kuhfuß
Nagarro GmbH

Kerstin Lachmann
Mindshare Germany

Eugenia Lagemann
fischerAppelt AG

Christoph Lautenbach
LAUTENBACH SASS

Stephan Lehmann-Maldonado
Sagbar GmbH

Jan Leiskau
Solutions by HANDELSBLATT
MEDIA GROUP GmbH

BCM-JUROREN

Stefan Lemle
A NEW KIND

Jenny Levié
BayWa AG

Dirk Linke
RINGZWEI

Ralph Livesey-Wardle
LinguaKraft Language Services

Karin Mantel
Studio ZX

John Mecklenburg
Curious Company GmbH

Dr. Thorsten Meise
P|M Publishing | Reporterpool

Werner Mink
ALBRECHTMINK

Dr. Holger Minning
B. Braun Familienholding SE & Co. KG

Sabine Muder
JAHRESZEITEN VERLAG GmbH

Marius Müller
Ray Sono AG

Robert Neuhauser

Michelle Neuhauser
Creative Direction

Christina Niedermaier
E.ON Energie Deutschland GmbH

Manfred Niesel
Campus Media GmbH

Anja Niggemann
Currenta GmbH & Co. OHG

Dr. Katherine Nölling
zeb

Claudius Nowak

Frank Parlow
Axel Springer Corporate Solutions GmbH & Co. KG

Waldemar Pöchhacker
Dipl.FW Waldemar Pöchhacker

Oliver Polich
Axel Springer Corporate Solutions GmbH & Co. KG

Knut Post
Hafengold Film GmbH

Florin Preußler
Vigl & Friends

Matea Prgomet
muehlhausmoers corporate communications gmbh

Mag. Harald Rametsteiner
Fachhochschule St.Pölten GmbH

Kerstin Rapp-Bernsdorff
GIZ GmbH

José Redondo-Vega
TAOS GmbH

Christiane Reimer
Schaeffler Technologies AG & Co. KG

Sabine Reister
IGEPA group GmbH & Co. KG

Frank Riebel
IR-ONE AG & Co. KG

Jörg Riedle
TÜV SÜD AG

Mag. Catharina Riess
WienTourismus

Sandra Rindler
GroupM OG

Dr. Kai Rolker
Clariant International Ltd

Christian Röpke
ZEIT ONLINE GmbH

Philipp Roth
allfacebook.de

Christian Ruff
GroupM OG

Alexander Runte
NANSEN & PICCARD

Dominik Rzepka
Symrise AG

Petra Sammer
pssst... petra sammer | strategies | stories | trends

Wolfram Schäffer
Design Hoch Drei GmbH & Co. KG

Markus Scheele
HDI AG

Alexander Schell
Europäisches Institut für angewandtes Kundenmanagement

Bettina Schulz
Bettina Schulz

Dr. Joachim Schüring
Studio ZX/Büro Berlin

Melanie Schütze
nushu GmbH

Franziska Schwarzmann
Carl Zeiss Microscopy GmbH

Maika-Alexander Stangenberg
Atruvia AG

Anja Stark
HERMES Arzneimittel Holding GmbH

Ioana Sträter
QuestiQ GmbH & Co. KG

Prof. Dr. Michael Sturm
FHWS

Annika Sundermann
STØRM Consulting GmbH

Götz Teege
SALT21 GmbH

Claudia ten Hoevel

Jens Terboven
Deutsche Post AG

Dr. Tim Tolsdorff
Axel Springer Corporate Solutions GmbH & Co. KG

Anna Trunk
CARIAD SE

Thomas Tuzar
Starmühler Agentur & Verlag GmbH

Sabine Twest
Munich Re Group

Nina Vagli
Pistor AG

Thomas van Laak
van laak MEDIEN

Bert van Loon
Content Marketing Fast Forward

Oliver Vedolin
UBS Schweiz AG

Tom Volpe
AUDI AG

Guido von Deschwanden
Agentur Guido Von Deschwanden

Karl-Hans Waldeyer
IKK classic

Claudia Weber
TRATON SE

Katharina Wegst
Sappi Deutschland GmbH

Robert Weissenbacher
Avira Holding GmbH & Co. KG

Johanna Wetzel
TM Ausbau GmbH

Stefanie Wilke
Lifestyle-Journalistin

Prof. Norbert Winistörfer
Fachhochschule Nordwestschweiz Hochschule für Wirtschaft

Felix Winnands
Deutsche Bank AG

Peter Würth
Büro Peter Würth

BCM-PREISVERLEIHUNG

Vienna calling

Zur Preisverleihung ist das BCM-Team in diesem Jahr nach Wien gereist. Aus dem Fernsehstudio der Kronen-Zeitung wurden die Gold-Momente in die Agenturbüros und Homeoffices der Nominierten übertragen. Besonders spannende Momente gab es für zwei Gewinner-Agenturen: Sie wurden per Videocall live in der Sendung über ihren Sieg informiert.
Zum zweiten Mal durfte auch das Publikum einen Würfel vergeben. Unter zehn Nominierten für den Publikumspreis hatte das Video „Essential Teaser: Robotics" der Freudenberg FST GmbH, umgesetzt von der Profilwerkstatt, im Voting die Nase vorn.

Herzlicher Empfang in Wien: Am Vortag der Preisverleihung trafen sich die CMF-Vorstände Martin Distl, Peter Matz, Olaf Wolff und CMF-Geschäftsführerin Regina Karnapp zum Trailerdreh mit dem Produktionsteam von diego5 studios.

BCM-PREISVERLEIHUNG

Peter Matz als Überbringer des Juryfeedbacks: Für jede Goldarbeit wurde bei der Preisverleihung die Begründung der Jury dargelegt.

Wer ist der Publikumsliebling 2022? Übergabe des Umschlags mit dem Ergebnis des Votings.

Alles im Blick hatte das Produktionsteam von diego5 studios für den BCM-Livestream.

Moderatorin Sandra Thier war die Glücksfee: Sie verkündete während der Preisverleihung jeweils, welche Shortlistkandidaten es zu Gold geschafft hatten.

BCM-PREISVERLEIHUNG

Lichtcheck, Kameraeinstellungen, Stellprobe: letzte Vorbereitungen vor der Preisverleihung.

Goldregen über dem Moderationsteam und dem BCM-Würfel.

BEST OF CONTENT MARKETING **2022**

BCM-PREISVERLEIHUNG

Mit dem lauten Knall der Goldkonfetti-Kanone ging die 20. Verleihung des Best of Content Marketing Award zu Ende.

Alle News rund um den BCM
gibt es immer aktuell unter
www.bcm-award.com

BCM-PREISVERLEIHUNG

Einstimmung auf die Preisverleihung am Wiener Nußberg.

Pressemitteilung, Social Media Posts, Gewinnerbenachrichtigung – geschafft! Regina Karnapp und BCM-Managerin Heidrun Winter nach der Preisverleihung.

Moderationspause für Regina Karnapp und Olaf Wolff.

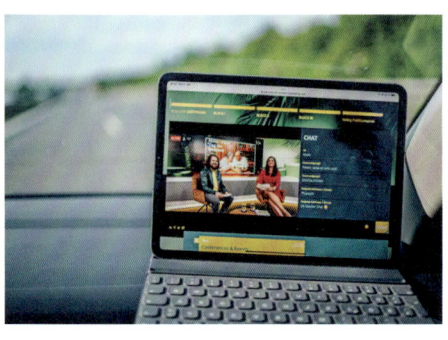

Die meisten haben den BCM Livestream sicher in Agenturen, Konzernbüros und Home-Offices verfolgt – mindestens einer aber auch auf der Autobahn…

BCM 2022

PREIS
TRÄGER
NOMINIE

PREISTRÄGER & NOMINIERTE

PREISTRÄGER & NOMINIERTE

CUSTOMER PRINT

Magazine

Automobil

MINI Insider 38
Bayerische Motoren Werke AG
TERRITORY GmbH

**Porsche Engineering Magazin –
Intelligent. Vernetzt. Digital** 42
Porsche Engineering Group GmbH
Axel Springer Corporate Solutions
GmbH & Co. KG

**ramp#56 –
Alles zu seiner Zeit** 44
ramp.space GmbH & Co KG
ramp.space GmbH & Co KG

She's Mercedes X Alicia Keys 46
Daimler AG
Looping Group

Finanzen & Versicherungen

Helsana Ratgeber Depression 48
Helsana Versicherung AG
Raffinerie AG

**Credit Suisse Values –
Werte schaffen.
Werte erhalten. Werte leben.** 52
Credit Suisse (Schweiz) AG
Ammann, Brunner & Krobath AG

**Think:Act #36 – Geopolitik 2.0:
Die neue Weltkarte** 54
Roland Berger GmbH
Axel Springer Corporate Solutions
GmbH & Co. KG

WERTPAPIER 56
Luzerner Kantonalbank AG
Agentur Guido Von Deschwanden,
Polarstern AG

ZH-Gold 58
Zürcher Kantonalbank
Raffinerie AG für Gestaltung

Handel & Konsum

**KREO –
das BIOMARKT Magazin** 60
dennree GmbH
TERRITORY GmbH

EDEKA Mit Liebe 64
*Creative Code and Content GmbH –
Im Auftrag von EDEKA Media GmbH*
C3 Creative Code and Content GmbH

**frisch –
DAS KRÖSWANG MAGAZIN** 66
KRÖSWANG GmbH
Le Fritz Publishing

**KREOmi –
das BioMarkt Magazin für Kinder
ab 6 Jahren** 68
dennree GmbH
TERRITORY GmbH

**prio –
Privatkunden-Magazin** 70
Schweizerische Post AG
Schweizerische Post AG

**YUMMI –
DAS KINDERMAGAZIN VON EDEKA
(Relaunch-Ausgabe)** 72
EDEKA Verlagsgesellschaft GmbH
C3 Creative Code and Content GmbH,
EDEKA Verlagsgesellschaft GmbH

Magazine > Industrie, Chemie, Pharma & Gesundheit

**BASF Creating Chemistry –
Jetzt geht's rund** 74
BASF SE
Axel Springer Corporate Solutions
GmbH & Co. KG

**The Quintessence of
Sustainable Energy** 78
EBV Elektronik GmbH & Co KG
IndustryAgents GmbH

ABOUT TRUST 82
TÜV SÜD AG
muehlhausmoers corporate
communications gmbh

**ELEMENTS –
Auf Wiedersehen** 84
Evonik Industries AG
KNSK Group

**FST –
ESSENTIAL Robotics** 86
Freudenberg FST GmbH
Profilwerkstatt GmbH

**REVUE –
Narben** 88
Gesundheitszentrum Fricktal
Modulator AG

Medien & Kultur

**mPaper – Geht's noch?
Mehr Raum für Ideen.** 90
*muehlhausmoers corporate
communications*
muehlhausmoers corporate
communications gmbh

ARTE Magazin 94
ARTE G.E.I.E
Axel Springer Corporate Solutions
GmbH & Co. KG

**TWELVE – Von Träumen zu
Tech-Trends: Wie der Mensch
das digitale Morgen prägt** 96
Serviceplan Group SE & Co. KG
Serviceplan Group SE & Co. KG

Non-Profit, Verbände & Institutionen

**Hundert Prozent – das Magazin der
Berufsgenossenschaft Handel und
Warenlogistik** 98
*Berufsgenossenschaft Handel- und
Warenlogistik (BGHW)*
TERRITORY GmbH

akzente 102
Deutsche Gesellschaft für Internationale Zusammenarbeit (GIZ) GmbH
Fazit Communication GmbH

gomagazin 104
IVCG Publikationen
Basel West Unternehmenskommunikation AG

involved 106
Swissmem
Studio Edit GmbH, Zürich

**Ruperto Carola –
VERBINDEN & SPALTEN** 108
Universität Heidelberg
KMS TEAM GmbH

The Good Business Magazine 110
NOAH Foundation
Commandante Berlin GmbH

Tourismus & Verkehr

**Porsche Experience stories –
2022 Edition** 112
Dr. Ing. h.c. Porsche AG
BrandsOnSpeed GmbH,
888 Productions GmbH

WIR 116
WN Kul.Tour.Marketing GmbH
Red Bull Media House GmbH

**ATLAS –
The Gebrüder Weiss Magazine** 120
Gebrüder Weiss Gesellschaft m.b.H.
GROOTHUIS Gesellschaft der Ideen
und Passionen mbH

**Norderney –
Die Königin der Nordsee** 122
Staatsbad Norderney GmbH
greenbox design GbR

Specials & Annuals

Electronic Beats 124
*Deutsche Telekom AG /
Electronic Beats*
MEIRÉ UND MEIRÉ GmbH & Co. KG

**EDEKA Mit Liebe
vegan Spezial** 128
*Creative Code and Content GmbH –
Im Auftrag von EDEKA Media GmbH*
C3 Creative Code and Content GmbH

**Greenpeace Jubiläumszeitung –
50 Jahre – 50 Porträts** 130
Greenpeace Schweiz
Raffinerie AG

**Im Strom der Zeit –
Klybeck-Mook** 132
*Novartis International AG, Friedrich
Reinhardt Verlag AG*
Novartis International AG

**NOW –
Das Nachhaltigkeitsmagazin der
otto group** 134
Otto Group
Gruner + Jahr Deutschland GmbH

Wald Kalender 2022 136
Österreichische Bundesforste
Wald Verlags GmbH

Sales Specials, VKF & Magaloge

**Porsche Experience stories –
2022 Edition** 138
Dr. Ing. h.c. Porsche AG
BrandsOnSpeed GmbH

**ORIGINALE 07 –
Teile. Typen. Technik.** 142
Dr. Ing. h.c. F. Porsche AG
ramp.space GmbH & Co KG

Corporate Books

Stones of Beirut 144
Gruner + Jahr
TERRITORY GmbH

**Pulverzauber und
Metallurgenkunst** 148
Plansee Group
kest werbeagentur gmbh,
kopf.arbeit – Agentur für Geschichte

**Stadt gemeinsam gestalten! –
Neue Modelle der Koproduktion
im Quartier** 150
*Bundesinstitut für Bau-, Stadt- und
Raumforschung (BBSR)*
Behnken, Becker + Partner GbR

**WISSEN. MACHT. SPASS –
Telekom Bookazine** 152
Deutsche Telekom Service GmbH
3st kommunikation,
Fazit Communication GmbH

PREISTRÄGER & NOMINIERTE

CUSTOMER DIGITAL

Content Plattformen

B2B

ELEMENTS Online 156
Evonik AG
KNSK Group

RoadStars powered by Mercedes-Benz Trucks 160
Daimler Truck AG
Code Red. GmbH

Porsche Newsroom – Information. Intensified. 164
Dr. Ing. h.c.F. Porsche AG
C3 Creative Code and Content GmbH

Rise by lifting others – KMS TEAM Website Relaunch 166
KMS TEAM GmbH
KMS TEAM GmbH

UBS Growth Talk 168
UBS Switzerland AG
Farner Consulting AG

B2C

Bosch Home Connect Plus 170
Robert Bosch GmbH, Home Connect Plus
C3 Creative Code and Content GmbH

zukunftswaende 174
LBS Norddeutsche Landesbausparkasse Berlin – Hannover
neuwaerts GmbH

AMEXcited – das digitale Magazin 178
American Express
ODALINE, ContentFleet

Junge Klassik 180
Deutsche Staatsphilharmonie Rheinland-Pfalz
acameo GbR

Non-Profit

FAQ YOU – Eine Aufklärungsplattform 182
ohhh! foundation
loved GmbH

Stones of Beirut 186
Gruner + Jahr
TERRITORY GmbH

Social Media

JACK WOLFSKIN – Mit dem Rucksack ins Herz der GenZ 188
JACK WOLFSKIN
ODALINE, JUSTADDSUGAR

Auf dem Bike zum TikTok-Hype 192
BMW Motorrad
LOBECO GmbH

Beethoven X – The AI Project 194
Deutsche Telekom
Kruger Media GmbH

DB Cargo – Wir sind güter. 196
DB Cargo AG
GUD.berlin GmbH

Die Maler – Klingt komisch. Macht aber glücklich. 198
Bundesverband Farbe Gestaltung Bautenschutz
ressourcenmangel GmbH

Purrfect Match 200
TERRITORY
TERRITORY GmbH

CUSTOMER BEWEGTBILD

Serie

Die Mutmacher – Vom Hinfallen und Wiederaufstehen 204
KfW Bankengruppe
Axel Springer Corporate Solutions GmbH & Co. KG

Ich tu's für – Impfkampagne 208
Bayerisches Staatsministerium für Gesundheit und Pflege
Bayerisches Staatsministerium für Gesundheit und Pflege

UNSER PURPOSE 210
TALANX AG
JAHRESZEITEN VERLAG GmbH

Fiction

Der Wunsch 212
PENNY Markt GmbH
Serviceplan Group SE & Co. KG

ESSENTIAL TEASER „Robotics" 216
Freudenberg FST GmbH
Profilwerkstatt GmbH

Jedes Zuhause 218
Teléfonica Germany / o2 Deutschland
Serviceplan Group SE & Co. KG

Non-Fiction

**Porsche –
The Art of Dreams** 220
Dr. Ing. h.c.F. Porsche AG
Gravity GmbH, PEAK

The Porsche Jump 224
Dr. Ing. h.c.F. Porsche AG
KG Media Factory GmbH

AMG Uncovered 228
Mercedes-AMG GmbH
Looping Group

Corporate Film

**9:11 Magazin:
E19, Kpt. 1 Best Moments** 230
Dr. Ing. h.c. F. Porsche AG
TERRITORY GmbH

#Overcome 234
Siemens AG
Rapid Peaks, Drop-In TV, Faktor 3

UBS Growth Talk 236
UBS Switzerland AG
Farner Consulting AG

**Umweltschutz bei der
Deutschen Bahn –
Für Kinder erklärt** 238
Deutsche Bahn AG
TERRITORY GmbH

CUSTOMER PODCAST

Audio

UBS Growth Talk 242
UBS Switzerland AG
Farner Consulting AG

**Ist das noch gesund? –
Podcast der Techniker
Krankenkasse** 246
Techniker Krankenkasse
C3 Creative Code and Content GmbH

**Ungeschönt –
Der Gründungs-Podcast der
KfW Bankengruppe** 248
KfW Bankengruppe
Axel Springer Corporate Solutions
GmbH & Co. KG

**YUMMI PODCAST –
EDEKA** 250
EDEKA ZENTRALE Stiftung & Co. KG
C3 Creative Code and Content GmbH

Video

UBS Growth Talk 254
UBS Switzerland AG
Farner Consulting AG

MITARBEITER-KOMMUNIKATION

Print

NETWORK Magazin 258
Deutsche Post DHL Group
beetroot Communications Agency
London

**Bosch Zünder 3/21 –
Unter Strom** 262
Robert Bosch GmbH
Axel Springer Corporate Solutions
GmbH & Co. KG

**Grünfink #7 – Im Gleichgewicht –
DATEV, die Pandemie und
Hybrid Business** 264
DATEV eG
Profilwerkstatt GmbH,
Neuhauser Creative

**plus. Das Magazin der
R+V Versicherung** 266
R+V Versicherung AG
Vigl & Friends

**Y – Das Magazin der
Bundeswehr** 268
Bundesministerium der Verteidigung
C3 Creative Code and Content GmbH

**you and me Quarterly –
Das Magazin für die Mitarbeiter:innen
der Deutschen Telekom** 270
Deutsche Telekom AG
TERRITORY GmbH

Digital

361° 272
*NORD / LB Norddeutsche Landesbank
Girozentrale*
van laak Medien

**Team Spirit –
Das Mitarbeitermagazin von
Symrise** 276
Symrise AG
Kammann Rossi GmbH

TÜV SÜD IN Webmagazin 278
TÜV SÜD AG
muehlhausmoers corporate
communications gmbh

PREISTRÄGER & NOMINIERTE

Specials

Das EY Austria Management Team, das ins Windows stieg und verschwand 280
EY Österreich
Das Kommunikationsteam von EY Österreich

WIR sind die Zukunft – Sonderausgabe des R+V Mitarbeitermagazins „plus" 284
R+V Versicherung AG
Vigl & Friends

Y – Das Magazin der Bundeswehr: Spezialkräfte 286
Bundesministerium der Verteidigung, Stab Informationsarbeit
C3 Creative Code and Content GmbH

Folio – Nachhaltig wachsen 288
Evonik Industries AG
KNSK Group

Employer Branding Film

I love IT 290
Ergon Informatik AG
Ergon Informatik AG

Die Maler – Mal was Echtes 294
Bundesverband Farbe Gestaltung Bautenschutz
ressourcenmangel GmbH

REPORTING

Print

CLAAS Geschäftsbericht – Pushing boundaries 2021 298
Claas KGaA mbH
3st kommunikation GmbH

Jahresbericht Kölner Freiwilligen Agentur e.V. 2020 302
Kölner Freiwilligen Agentur e.V.
muehlhausmoers corporate communications gmbh

Symrise Unternehmensbericht 2020 – Die Kraft ganzheitlichen Handelns 304
Symrise AG
3st kommunikation GmbH

WEISSER RING Jahresbericht 20/21 – LAUT werden 306
WEISSER RING e.V.
3st kommunikation GmbH

Digital

BMW Group Integrierter Online-Bericht 2021 308
BMW Group
3st kommunikation GmbH

CLAAS Online-Geschäftsbericht 2021 – Pushing boundaries 312
CLAAS KGaA mbH
3st kommunikation GmbH

Clariant Integrierter Bericht 314
Clariant International Ltd,
Kammann Rossi GmbH

Zwischen Pause und Fast-Forward 316
Herausgeber: Gewobag Wohnungsbau-Aktiengesellschaft Berlin
heureka GmbH

STRATEGIE

Content

UBS Growth Talk 320
UBS Switzerland AG
Farner Consulting AG

Atruvia – Kommunikation in der Transformation 324
Atruvia AG
Atruvia AG, Lautenbach Sass Unternehmensberater für Kommunikation PartG

ctrlX AUTOMATION – TWO STEPS AHEAD 326
Bosch Rexroth AG
Bosch Rexroth AG

Kanalstrategie

JACK WOLFSKIN – Mit dem Rucksack ins Herz der GenZ 328
JACK WOLFSKIN
ODALINE, JUSTADDSUGAR

Content Operations

Atruvia – Transformation der Kommunikation 332
Atruvia AG
Atruvia AG, Lautenbach Sass Unternehmensberater für Kommunikation PartG

Strategische Content Operations Vertriebskommunikation 336
Union Investment Privatfonds GmbH
Profilwerkstatt GmbH

EVENTS

Conferences & Events

#beat100flow 340
Garmin Deutschland GmbH
MANDARIN MEDIEN GmbH

**FINTROPOLIS 2021 –
Die Werk.Stadt der Zukunft** 344
Atruvia AG
fischerAppelt, play GmbH

**share –
Das Goldene Haus** 346
share GmbH
ressourcenmangel GmbH

CONTENT CAMPAIGN

B2B

UBS Growth Talk 350
UBS Switzerland AG
Farner Consulting AG

DIE KK21 CHRONIKEN 354
KK21 Communication GmbH
KK21 Communication GmbH

**SAP x FC Bayern München –
Success Is Built On Many Shoulders** 356
SAP SE
Rapid Peaks GmbH

B2C

**Beethoven X –
The AI Project** 358
Deutsche Telekom
Kruger Media GmbH

Ja sagen lohnt sich! 362
Deutsche Rentenversicherung Knappschaft-Bahn-See
IBM iX, Kanu Film GmbH

**Aller Anfang bist du –
AOK NordWest** 366
AOK NordWest
Mindbox GmbH

IKK Haltungskampagne 368
C3 Creative Code and Content GmbH – Im Auftrag von IKK classic
C3 Creative Code and Content GmbH

Politikgewissen 370
ONE Campaign gGmbH
TLGG

#togetherstronger 372
Commerzbank AG
540 Tage Liebe, Saltwater Films, 1TAKE FILMS

B2E

**HUGO BOSS RELOADED –
STRATEGIC LEADERSHIP COMMUNICATION AT ITS BEST** 376
HUGO BOSS AG
Forward Advisors AG/
Swisscontent AG

**EUNited
Business Conference 2021** 378
Michelin Reifenwerke AG & Co. KGaA
Michelin Reifenwerke AG & Co. KGaA

CRAFT

Reportage

**Mein erster Tag als Rentner –
Allianz 1890 digital** 382
Allianz Deutschland AG
IAN In A Nutshell GmbH

BOOM! 387
Evonik AG
KNSK Bissinger

FRAU in Führungsposition 391
TÜV SÜD AG
muehlhausmoers corporate
communications gmbh

Cover

**Y – Das Magazin der Bundeswehr.
Spezialkräfte** 394
Bundesministerium der Verteidigung
C3 Creative Code and Content GmbH

**Markets International –
Cover Ausgabe 2/22** 396
Germany Trade & Invest
Kammann Rossi, wortwert

Organics 397
Red Bull Organics
Red Bull Media House GmbH

**TWELVE – Von Träumen zu
Tech-Trends: Wie der Mensch das
digitale Morgen prägt** 398
Serviceplan Group SE & Co. KG
Serviceplan Group SE & Co. KG

Infografik

**In der Nervenkaffeeküche –
die Infografik für das Gesundheits-
magazin Minga von der München
Klinik gGmbH** 400
München Klinik gGmbH
SZ Scala GmbH

**Influencer im Darm –
ELEMENTS** 404
Evonik Industries AG
KNSK Group

Fotografie & Fotostrecke

The Visible Net 408
Teléfonica Germany GmbH & Co. OHG
Serviceplan Group SE & Co. KG

Kamera

Der Wunsch 410
PENNY Markt GmbH
Serviceplan Group SE & Co. KG

INTERNATIONAL

Internationale Kommunikation

**RoadStars powered by
Mercedes-Benz Trucks** 416
Daimler Truck AG
Code Red. GmbH

**KION News 68:
Danke, Gordon!** 420
KION GROUP AG
Profilwerkstatt GmbH

INNOVATION

Best Use of Innovation / New Tech

**Auf dem Bike zum
TikTok-Hype** 424
BMW Motorrad
LOBECO GmbH

**FAQ YOU –
Eine Aufklärungsplattform** 428
ohhh! foundation
loved GmbH

**Beethoven X –
The AI Project** 432
Deutsche Telekom
Kruger Media GmbH

KRISEN-KOMMUNIKATION

Corona-Aufkleber-Konzept Abstand macht Schule **436**
Bureau Bald GmbH
Bureau Bald GmbH

Die Mutmacher – Vom Hinfallen und Wiederaufstehen **440**
KfW Bankengruppe
Axel Springer Corporate Solutions GmbH & Co. KG

NACHHALTIG-KEITSKOMMUNI-KATION

wildentschlossen – Meine Stimme für mehr Artenvielfalt **444**
Bundesministerium für Klimaschutz
kraftwerk

BMV Kampagne „Sei Teil einer besseren Welt. Geh in den BioMarkt" **448**
dennree GmbH
TERRITORY GmbH

GIZ – Fair is beautiful. **450**
Deutsche Gesellschaft für Internationale Zusammenarbeit (GIZ) GmbH
GUD.berlin GmbH

NOW– Das Nachhaltigkeitsmagazin der otto group **452**
Otto Group
Gruner + Jahr Deutschland GmbH

SONDERPEISE

Best of Print

Electronic Beats **124**
Deutsche Telekom AG/ Electronic Beats
MEIRÉ UND MEIRÉ GmbH & Co. KG

Pulverzauber und Metallurgenkunst **148**
Plansee Group
kest werbeagentur gmbh/ kopf.arbeit – Agentur für Geschichte

Grand Prix Print

Electronic Beats **124**
Deutsche Telekom AG/ Electronic Beats
MEIRÉ UND MEIRÉ GmbH & Co. KG

Grand Prix Events

#beat100flow **340**
Garmin Deutschland GmbH
MANDARIN MEDIEN GmbH

Grand Prix Kampagne

UBS Growth Talk **350**
UBS Switzerland AG
Farner Consulting AG

Grand Prix Film

Der Wunsch **212**
PENNY
Serviceplan Group SE & Co. KG

Publikumspreis

ESSENTIAL TEASER – „Robotics" **216**
Freudenberg FST GmbH
Profilwerkstatt GmbH

CUSTOMER PRINT

CUSTOMER PRINT

MAGAZINE

38	Automobil
48	Finanzen & Versicherungen
60	Handel & Konsum
74	Industrie, Chemie, Pharma & Gesundheit
90	Medien & Kultur
98	Non-Profit, Verbände & Institutionen
112	Tourismus & Verkehr

SPECIALS UND ANNUALS

124	Specials und Annuals
138	Sales Specials, VKF & Magaloge

CORPORATE BOOKS

144	Corporate Books

CUSTOMER > Print
Magazine > Automobil

PREISTRÄGER

bcm

Jurybegründung

Typisch Mini. Markenführung über Text und Bild. Das Mini Insider bringt das Look & Feel von Mini voll und ganz aufs Papier.

PREISTRÄGER

CUSTOMER > Print
Magazine > Automobil

MINIMALISM

MINI

—
MINI INSIDER

Herausgeber Bayerische Motoren Werke AG
Realisation TERRITORY GmbH

CUSTOMER > Print
Magazine > Automobil

PREISTRÄGER

MINI INSIDER. Der *MINI INSIDER* ist ein wertiger Magalog, der Kunden und Fans unterhaltsame Geschichten über und bildstarke Einblicke in die Produktwelt von MINI bietet. Der *MINI INSIDER* ersetzt die Katalogkommunikation für die einzelnen Modelle der Kultmarke – und bündelt diese in einer Publikation, die auf journalistisches Storytelling vertraut.
In einer Kombination aus starker, atmosphärischer Bildsprache, frischem Design und spannenden Formaten überzeugt der *MINI INSIDER* mit Lifestyle-Themen im Long-Read-Format sowie mit Fotostrecken und Porträts der einzelnen Derivate. Die Redaktion bei Territory liefert dafür große Stücke, recherchiert tiefe Features und organisiert epische Roadtrips für die britische Love Brand. Fact Sheets, Community Content und Zukunftsvisionen zur Mobilität werden zu einem schlüssigen Themenmix vereint. Daraus entsteht ein perfekter Brand Fit für den Kunden.

Herausgeber Bayerische Motoren Werke AG
Realisation TERRITORY GmbH

Umfang 68 Seiten
Auflage 100.000 Exemplare
Erscheinungsweise jährlich in 20 Sprachen

PREISTRÄGER

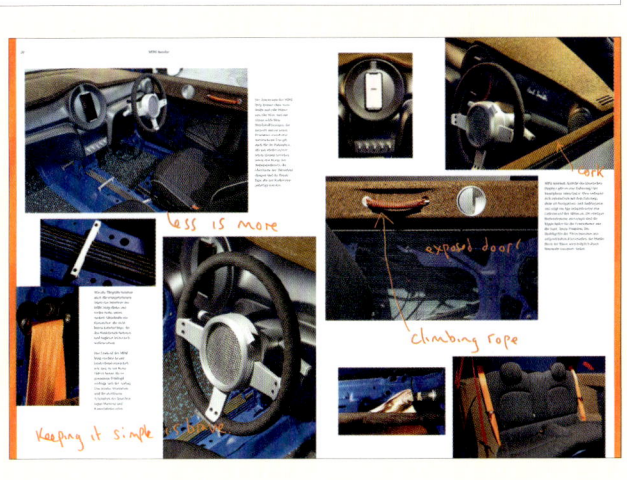

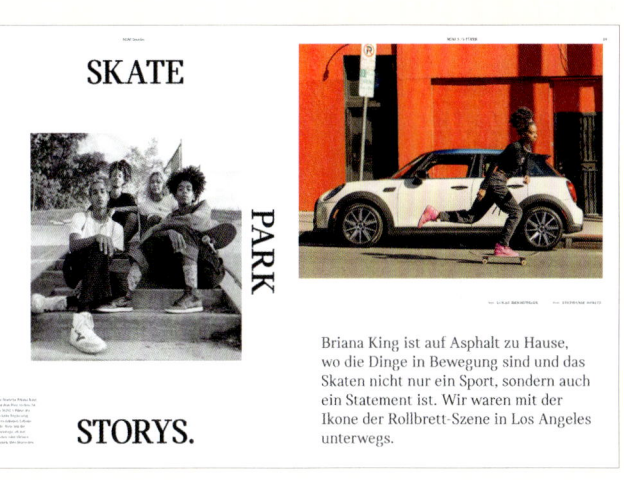

CUSTOMER > Print
Magazine > Automobil

CUSTOMER > Print
Magazine > Automobil

Porsche Engineering Magazin – *Intelligent. Vernetzt. Digital.* Das Porsche Engineering Magazin macht es sich zur Aufgabe, Trends und Technologien der Automobilbranche zu erklären und einzuordnen. Das Technologiemagazin erscheint zweimal jährlich in Deutsch, Englisch und Chinesisch – online und gedruckt. Es richtet sich an Kunden und Mitarbeiter sowie an Entscheidungsträger aus der Automobilindustrie weltweit. Komplexe Themen werden anhand von klaren Texten, intelligenten Infografiken und hochwertigen Fotos attraktiv präsentiert. Im Vordergrund der Ausgabe 02/2021 *Intelligent. Vernetzt. Digital* steht die Entwicklung von neuen Technologien für das intelligente und vernetzte Fahrzeug der Zukunft.
Die hundertprozentige Tochtergesellschaft der Dr. Ing. h.c. F. Porsche AG entwickelt für ihre Kunden die digitalen Fahrzeugtechnologien von morgen und führt die Tradition des 1931 gegründeten Konstruktionsbüros von Ferdinand Porsche fort. Axel Springer Corporate Solutions produziert das Magazin in enger Zusammenarbeit mit den Kommunikatoren und Fachbereichen von Porsche Engineering.

Herausgeber Porsche Engineering Group GmbH (Michael Merklinger; Redaktionsleitung: Frederic Damköhler; Projektleitung: Caroline Fauss)
Realisation Axel Springer Corporate Solutions GmbH & Co. KG
Redaktion Axel Springer Corporate Solutions GmbH & Co. KG (Chefredaktion: Christian Buck, Projektmanagement: Nicole Langenheim, Bildredaktion: Bettina Andersen)
Gestaltung Axel Springer Corporate Solutions GmbH & Co. KG (Christian Hruschka, Juliane Keß, Maria Christina Klein)
Zielgruppe Ingenieure, Software-Entwickler sowie weitere Fachexperten und Entscheider aus der Automobilbranche und darüber hinaus
Format 220 x 280 mm
Umfang 68 Seiten
Auflage 3500 Exemplare
Erscheinungsweise 2 x jährlich
Sprache Deutsche, Englisch, Chinesisch
Webadresse www.porscheengineering.com

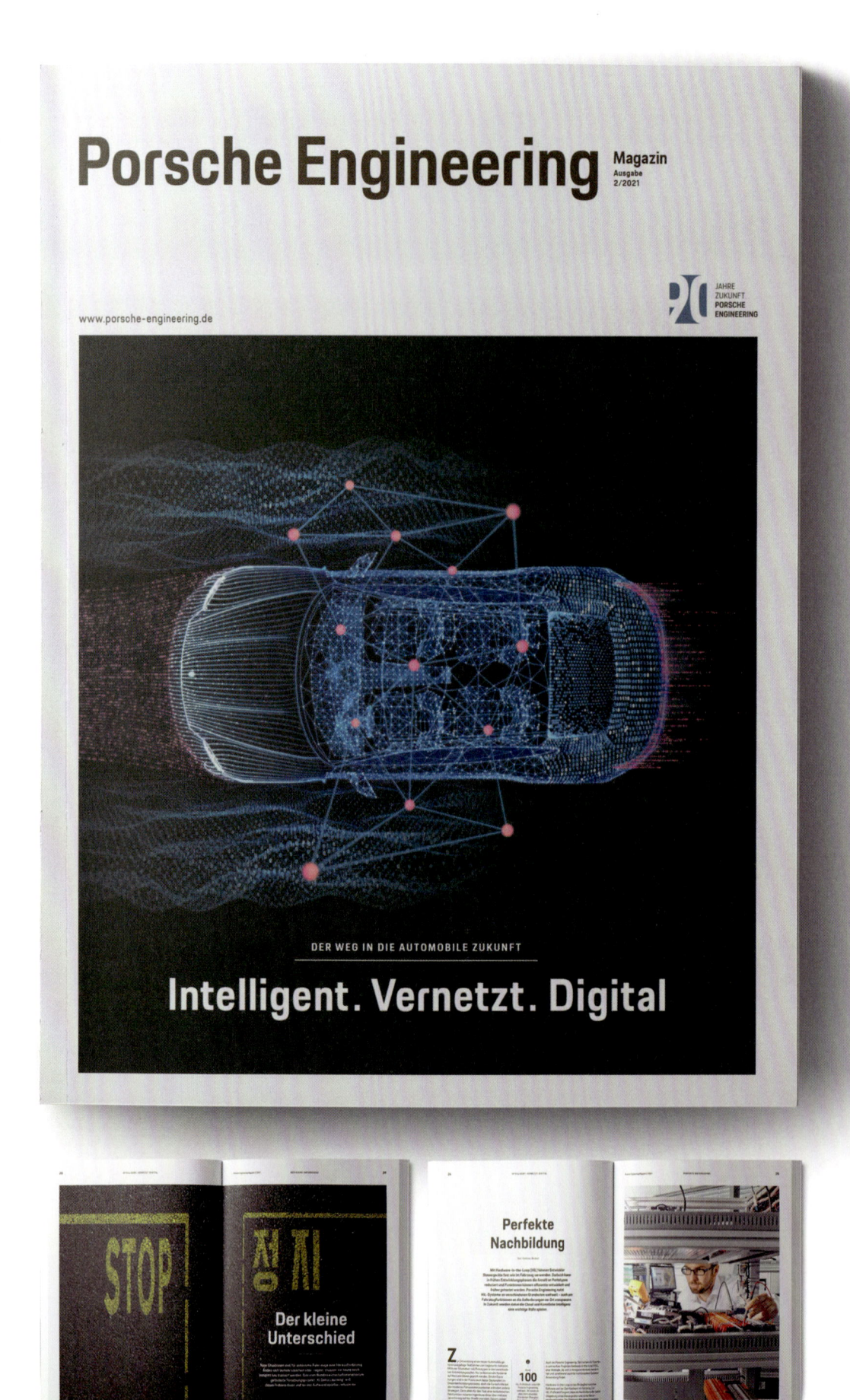

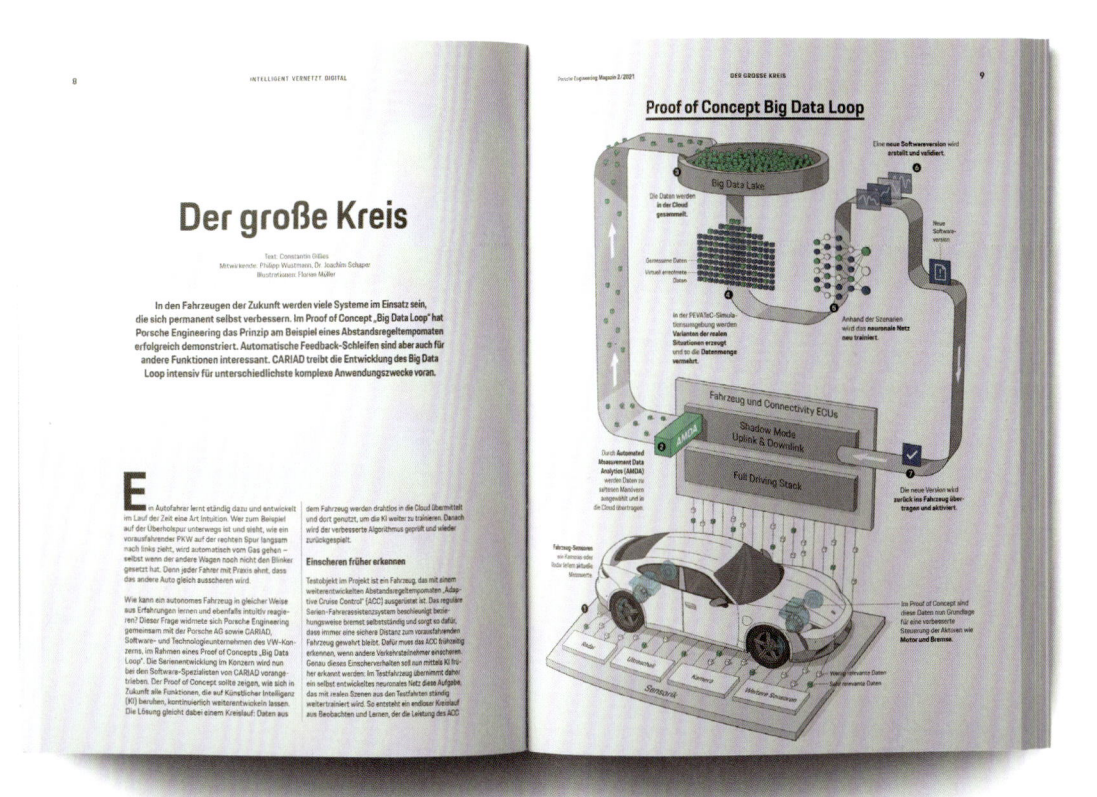

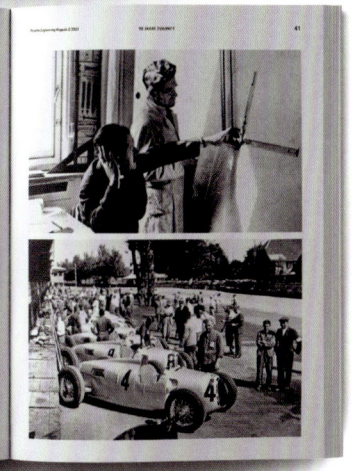

SHORTLIST

CUSTOMER > Print
Magazine > Automobil

CUSTOMER > Print
Magazine > Automobil

SHORTLIST

—
ramp #56 – *Alles zu seiner Zeit*. Die Aufgabe: Die Inszenierung markenrelevanter Themen mit maximaler Wirksamkeit in völlig neuen Zusammenhängen, bei der Konzernrichtlinien nicht zum Hemmschuh der kreativen Umsetzung werden.
Die Idee: Wir schaffen ein Experimentierfeld, in dem Marken die besten Voraussetzungen vorfinden, um maximalen kreativen Output bei geringstmöglichen Einschränkungen für ihre Showcases zu generieren und bieten dazu ein intelligent entwickeltes Framing innerhalb einer anspruchsvollen Luxus- und Lifestylewelt.
Die Lösung: Das Auto-Kultur-Magazin *ramp*. Vermeintlich ein hochwertiges Coffee-Table-Auto-Magazin, in Wahrheit eine neu gedachte Content-Marketing-Plattform für Marken zur Erprobung neuartiger Kommunikationskonzepte. Entwickelt werden progressive und aufmerksamkeitsstarke Inszenierungen in der strategischen Markenerlebniskommunikation auf allen medialen Ebenen. Eingebettet in einen positiv konnotierten, narrativen Rahmen als Sparringspartner für die Markenkommunikationsziele können so nachhaltig Impulse gegeben und eine ganzheitliche Wirkung erzielt werden.
Der kreative Leitgedanke in *ramp #56* heißt *Alles zu seiner Zeit*. Es geht um Achtsamkeit statt Aktionismus. Ein Plädoyer für Gelassenheit, die Fähigkeit der Antizipation und das Gefühl für richtiges Timing – was sich auch direkt an die Bewohner der Führungsetagen der Wirtschaftswelt richtet.

—
Herausgeber ramp.space GmbH & Co KG
Realisation ramp.space GmbH & Co KG

Umfang 260 Seiten
Auflage 60.500 Exemplare
Erscheinungsweise 4 x jährlich
Webadresse https://ramp.space

SHORTLIST

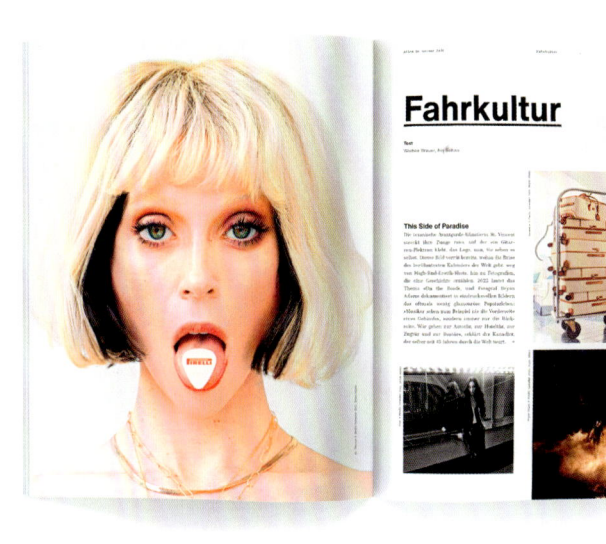

CUSTOMER > Print
Magazine > Automobil

CUSTOMER > Print
Magazine > Automobil

SHORTLIST

She's Mercedes X Alicia Keys. Mit der Initiative *She's Mercedes* verbindet Mercedes-Benz Frauen auf der ganzen Welt. Im Fokus stehen Frauen, die inspirieren. Für die Sonderausgabe luden wir Superstar und Sängerin Alicia Keys ein, mit uns zusammenzuarbeiten. Als Guest Editor-in-Chief gab sie Input aus ihrer Lebenswelt. Diesen verbanden wir mit den Kernwerten von Mercedes-Benz. Unter dem Motto „True Connection" entstand ein Magazin, das eher Publikums- als Kundenzeitschrift und dabei sehr nahbar ist. Alicia Keys gibt nicht nur ein exklusives Interview, sondern schreibt auch einen bewegenden Brief. Wir brachten sie außerdem mit Shooting-Star und Fotografin Kennedi Carter zusammen. Gemeinsam arbeiteten sie an einem einzigartigen Foto-Essay über die Visionen und Wünsche von Alicia Keys. Carter war dafür mit der G-Klasse unter anderem im Joshua-Tree-Nationalpark unterwegs, sodass Mercedes-Benz elegant in die außergewöhnliche Kooperation verwoben ist. Geschichten rund um die Marke werden im Magazin auf neue Weise erzählt: Mit dem Dreh „The female Perspective" erstellen drei Krypto-Künstlerinnen drei exklusive digitale Kunstwerke mit dem EQS, die im Heft gezeigt werden und in den sozialen Medien ein großer Erfolg werden. Alicia Keys selbst hat „ihr" Magazin ihren rund 22 Millionen Instagram-Followern gezeigt. Über die Kanäle von *She's Mercedes* und Mercedes-Benz wurden über 62 Millionen Menschen erreicht. Damit schufen die für das Magazin kreierten Inhalte einen Impact, der weit über das Heft an sich hinausgeht.

Herausgeber Daimler AG
Realisation Looping Group
Redaktion Looping Group
Gestaltung Looping Group

Auflage 130.000 Exemplare
Erscheinungsweise halbjährlich

SHORTLIST

CUSTOMER > Print
Magazine > Automobil

Jurybegründung

Starkes Konzept: Das Magazin greift relevante Themen auf, vertieft sie und bereitet sie in Wort und Bild ansprechend, teilweise avantgardistisch auf. Fundiert, substanziell und optisch exzellent umgesetzt. Allemal besser als Dr. Google.

Helsana Ratgeber Depression

Herausgeber Helsana Versicherung AG
Realisation Raffinerie AG

CUSTOMER > Print
Magazine > Finanzen & Versicherungen

PREISTRÄGER

Helsana Ratgeber Depression. Die Aufgabe: Einen Mehrwert für den Kunden schaffen. Die Idee: Ein Nachschlagewerk zum Aufbewahren. Die Lösung: Im Ratgeber beleuchten wir ein einzelnes Gesundheitsthema. Wir lösen unser Kundenversprechen ein, indem wir Wissen und Nutzwert vermitteln. Die Inhalte sind journalistisch aufbereitet, die Tonalität ist positiv. Der Ratgeber ist bei den Kundinnen und Kunden sehr beliebt. Er führt bei Meinungsumfragen zu Krankenversicherungs-Magazinen die Liste an. Lehrer, Arztpraxen, Gesundheitsorganisationen und Unternehmen haben den Ratgeber Depression in großer Zahl nachbestellt. Leserinnen und Leser können gratis eine Sammelbox bestellen, um bisherige Ausgaben aufzubewahren. Für jeden Ratgeber engagieren wir einen anderen Illustrator. Das Thema Depression gestaltete der renommierte Illustrator Nando von Arb. In der langen Bildstrecke des Ratgebers werden spannende Bildpaare einander gegenübergestellt. Der Einsatz mutiger Typografie lockert die Inhalte auf und vermittelt einen leichten Zugang zu komplexen Themen.

Herausgeber Helsana Versicherung AG
Realisation Raffinerie AG für Gestaltung
Redaktion Helsana Versicherung AG
Gestaltung Raffinerie AG für Gestaltung

Umfang 64 Seiten
Auflage 825.430 Exemplare
Erscheinungsweise 2 x jährlich
Webadresse www.helsana.ch/ratgeber

So beugen Sie einer Depression vor

Diese Tipps und Verhaltensweisen helfen Ihnen, psychisch gesund zu bleiben.

Wer die Veranlagung hat, ist nie davor gefeit, in eine Depression zu fallen. Trotzdem lässt sich das Risiko ein wenig minimieren. Dreissig Inspirationen.

1 Geniessen Sie die Sonne auf der Haut. Ihre Strahlen regen die Produktion von Vitamin D an, das unter anderem vor Depressionen schützt. In langen, dunklen Wintern kann die Einnahme eines Vitamin-D-Präparats sinnvoll sein.

2 Konzentriert im Flow — Yoga, Joggen, Velofahren oder Bogenschiessen beruhigen den Geist und mindern Ängste und Stress.

3 Sport macht glücklich. Regelmässige Bewegung löst die Ausschüttung des Glückshormons Serotonin aus.

4 Bleiben Sie mit Menschen in Kontakt, die Ihnen wichtig sind. Rufen Sie sie an und unternehmen Sie etwas zusammen.

5 Schlafen Sie ausreichend, aber nicht zu viel — Sieben bis neun Stunden Schlaf gelten als Richtwert. Folgen Sie jedoch Ihrer biologischen Uhr. Damit verbessern Sie Ihre Schlafqualität, wachen ausgeruht auf und verfügen tagsüber über mehr Energie.

6 Planen und erlauben Sie sich täglich regelmässige Erholungszeiten. Zum Beispiel in Form von bewussten Pausen, Spaziergängen, Meditation, Yoga, Fussbädern.

---

13 Liebe geht durch den Magen. Kakao enthält hormonell wirkende Stoffe, die uns glücklich machen.

14 Denken Sie nicht zu weit voraus. Teilen Sie wenn nötig auch die banalsten Tätigkeiten in kleine Schritte auf. Führen Sie eine To-do-Liste. Streichen Sie Erledigtes ab. So fühlen Sie sich produktiver und motivierter.

15 Singen, summen, pfeifen Sie eine Melodie. Singen in Gemeinschaft fördert die Gesundheit in vielerlei Hinsicht.

16 Bewusster Genuss — Bereiten Sie sich selbst täglich eine kleine Freude. Ein Blumenstrauss, ein Spaziergang, ein Bad, eine Fussmassage mit duftendem Öl.

17 Vergebung, Nächstenliebe, Gebet: Falls Sie offen sind für Spiritualität, nutzen Sie Ihre spirituellen Fähigkeiten und das jeweilige spirituelle Angebot oder Netzwerk.

18 Besinnen Sie sich täglich auf drei gute Dinge, die Ihnen widerfahren sind. Suchen Sie aktiv nach ihnen: einem Lächeln, einem Schmankerl – etwas, das Sie gesehen haben. Notieren Sie sich dies abends in einem Dankbarkeitstagebuch.

Jenseits des Scheinwerferlichts
Die düsteren Texte, die der Frontmann der Band Joy Division mit tiefer Stimme vortrug, widerspiegelten sehr von Depression und Selbstmordgedanken zerrüttetes Seelenleben. Im Alter von nur 23 Jahren nahm sich Ian Curtis das Leben. Die Texaner Sängerin und Songwriterin Nelia Martinetti verdankte ihren Erfolg Ohrwürmern wie «Bella Musica». Ihr Lachen war ansteckend. Privat war ihr Leben allerdings von körperlichem und seelischem Schmerz geprägt. Sie habe mehr geweint als gelacht, bekannte die Sängerin einst in einem Interview.

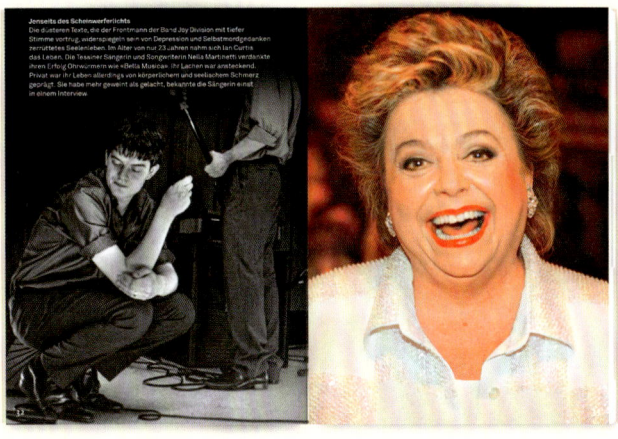

Eine Depression kann jede und jeden treffen – unabhängig vom sozialen Status, Einkommen, Alter und Geschlecht. Studien deuten darauf hin, dass vor allem Menschen, die viel leisten und hohe Anforderungen an sich selbst stellen, vermehrt an Depressionen erkranken.

Ja. Tiere können an einer Depression erkranken, wenn sie sich gestresst oder gelangweilt fühlen. Zu den weiteren Auslösern gehören Trauer, Verlust oder veränderte Tagesabläufe. Eine Depression bei Tieren zeigt sich meistens durch verändertes Verhalten: Wenn es etwa plötzlich reizbarer, anhänglicher oder ängstlicher ist als sonst.

Tatsächlich haben Kinder und Jugendliche mit depressiven Eltern ein höheres Risiko, selbst psychisch zu erkranken. Sie spiegeln die Symptome ihrer Eltern und erlernen ihre Muster. Zu den weiteren Einflussfaktoren gehören aber auch das Alter der Kinder, das familiäre Umfeld, die Dauer der Erkrankung der Eltern sowie die Genetik.

Wer einmal depressiv ist, bleibt es nicht für immer. Depressionen sind gut behandelbar – sowohl therapeutisch wie auch medikamentös. Wenn eine depressive Episode vorbei ist, sind Betroffene wieder gesund und leistungsfähig. Das Risiko für eine erneute Erkrankung bleibt jedoch erhöht. ●

CUSTOMER > Print
Magazine > Finanzen & Versicherungen

SHORTLIST

—

Credit Suisse Values –*Werte schaffen, Werte erhalten, Werte leben*: Diesem Dreiklang widmet sich das neue Magazin. *Values* spielt bewusst mit der vielschichtigen Bedeutung des Wortes „Werte". Sämtliche Artikel lassen sich in eine der drei Werte-Kategorien einteilen und möchten den Lesenden einen Anstoß geben, Werte zu schaffen, zu erhalten und zu leben.

1. *Values* orientiert sich nicht an gewöhnlichen Kundenmagazinen, sondern an attraktiv gemachten, internationalen Wirtschaftspublikationen.
2. *Values* erfüllt optisch und inhaltlich höchste Standards, will nichts „verkaufen", sondern etwas bieten: Eine wertvolle und nützliche Orientierungshilfe.
3. Im Magazin werden die Expertise und Dienstleistungen der Credit Suisse, ihre Analysen und Einschätzungen, ihre Werte und Repräsentanten menschlich und smart präsentiert und mit einem Schuss Lifestyle, Kultur und Sport angereichert. So bietet *Values* Entscheidungshilfe in Vermögensfragen aller Art und intelligente Unterhaltung in einem. *Values* hat einen dreifach höheren Leseranteil als seine Vorgänger-Publikation. Dieser konnte von 7 auf 23 Prozent gesteigert werden. Auch fühlen sich die Empfängerinnen und Empfänger in ihrem Gefühl bestärkt, dass sie bei Credit Suisse Private Banking in guten Händen sind.

—

Herausgeber Credit Suisse (Schweiz) AG (Bettina Buess: Leitung, Martina Lebherz)

Redaktion Ammann, Brunner & Krobath AG (Simon Brunner, Michael Krobath, Daniel Ammann)

Gestaltung Crafft AG (Séverine Telley, Michael Rütti), Studio Andreas Wellnitz (Bild; Benjamin Lewin, Andreas Wellnitz)

Zielgruppe Kunden des Credit Suisse Private Banking

Format 200 x 265 mm

Umfang 48 Seiten

Verbreitete Auflage 25.000 Exemplare

Distribution postalisch

Erscheinungsweise 3 x jährlich

Kontakt bettina.buess@creditsuisse.com

SHORTLIST

CUSTOMER > Print
Magazine > Finanzen & Versicherungen

CUSTOMER > Print
Magazine > Finanzen & Versicherungen

—

Think:Act – *Geopolitik 2.0: Die neue Weltkarte.* Veränderung, Krisen und Konflikte: In der Ausgabe 36 von *Think:Act* werfen wir einen intensiven Blick auf die aktuelle geopolitische Landschaft und stellen uns der Frage: Wie können wir mit dem Tempo eines sich stets verändernden globalen Umfelds Schritt halten? Dabei sind der Experte für internationale Angelegenheiten und Autor Gideon Rachman, der in der Titelgeschichte einige Schlüsselfragen anspricht, sowie ein Fotoessay von Nikita Teryoshin, World-Press-Photo-2020-Gewinner. Für unser Heft bewerteten die politischen Denker Bruno Maçães und Shivshankar Menon die neue geopolitische Lage im Zuge der Pandemie. Außerdem sprachen wir mit Dunkin'-Donuts-Gründer Robert Rosenberg, Katy Milkman (Thinkers50) und der Biochemikerin und Vordenkerin Katalin Karikó, deren Forschung zu mRNA-Arzneimitteln die Grundlage für die Covid-19-Impfstoffe von Pfizer-BioNTech und Moderna bildet. Optisch sticht die *Think:Act #36* durch die Goldprägung auf Umschlag und Rückseite hervor. Um die Leser:innen aktiv an der Ausgabe teilhaben zu lassen, haben wir ein thematisch und optisch passendes Brettspiel namens „Think:Risk" entwickelt, dessen Spielfeld ein ausziehbares Poster ist. Darauf können Leser:innen Risiken in Lieferketten und aggressive Konkurrenten managen. Das Spiel-Cover und die Titelgeschichte illustrierte das renommierte italienische Designstudio La Tigre.

—

Herausgeber Roland Berger GmbH

Realisation Axel Springer Corporate Solutions GmbH & Co. KG

Redaktion Roland Berger GmbH (Neelima Mahajan), Axel Springer Corporate Solutions GmbH & Co. KG (Mark Espiner)

Gestaltung Roland Berger GmbH (Christine Brand), Axel Springer Corporate Solutions GmbH & Co. KG (Rodolfo França, Pawel Pedziszczak, Tanja Sannwald)

Zielgruppe C-Ebene, Entscheidungsträger

Format 220 x 290 mm

Umfang 80 Seiten Inhalt + 4 Seiten Umschlag + 6 Seiten Poster

Auflage 14.000 Exemplare (Englisch, Deutsch, Chinesisch)

Erscheinungsweise 3 x jährlich

Webadresse www.rolandberger.com

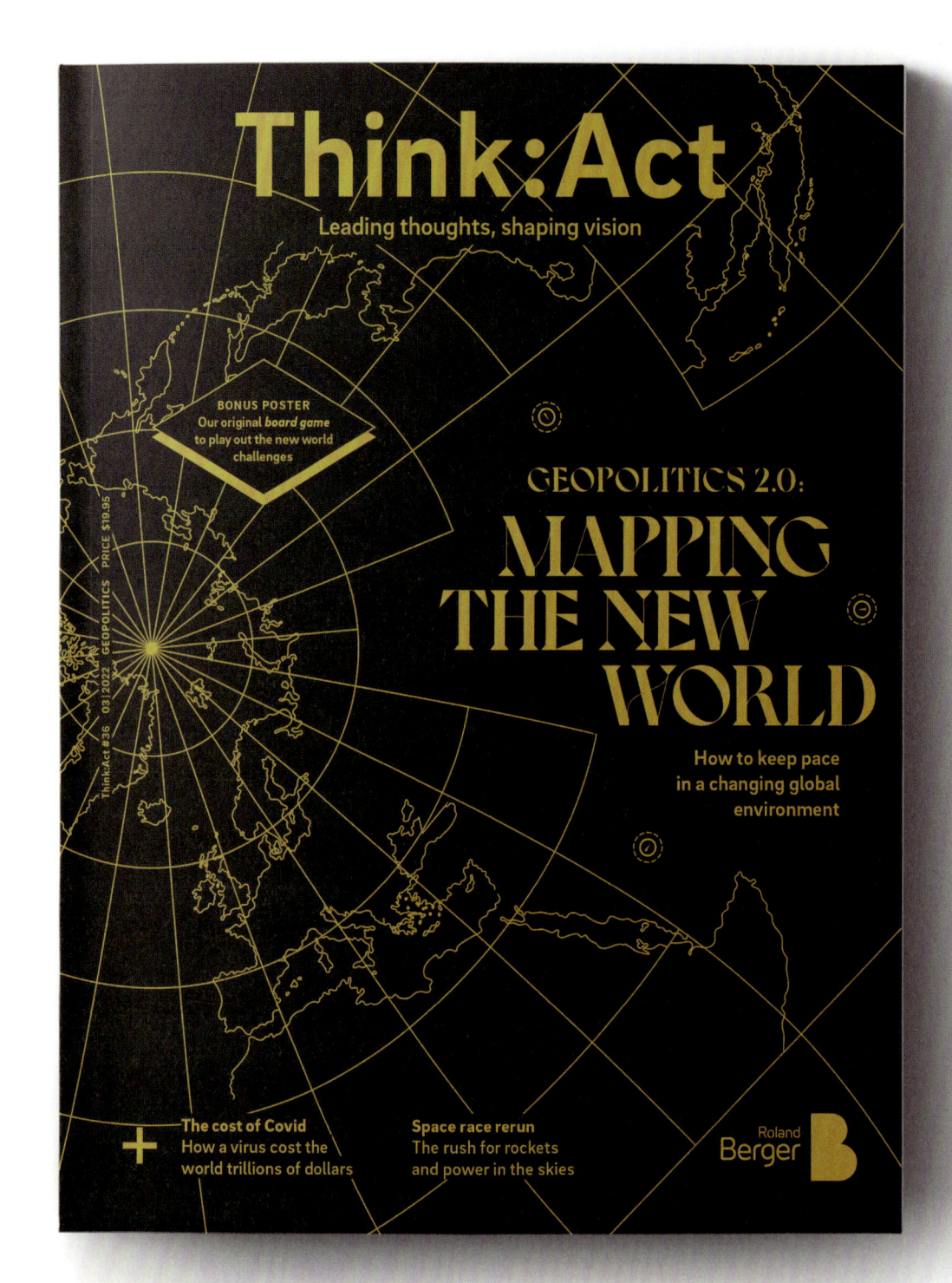

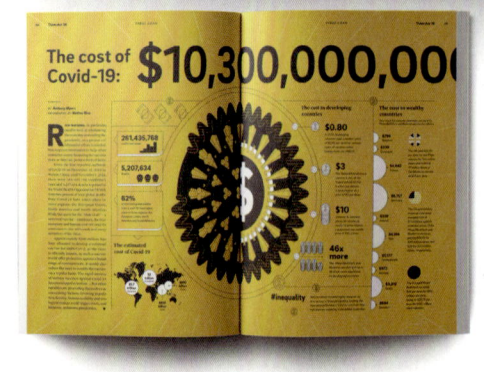

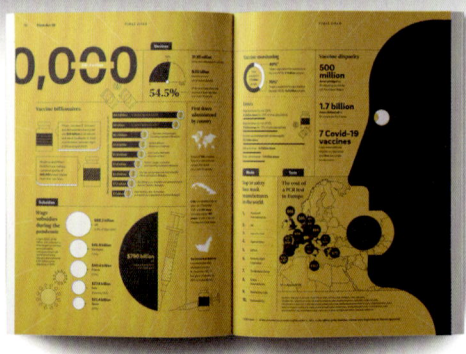

SHORTLIST

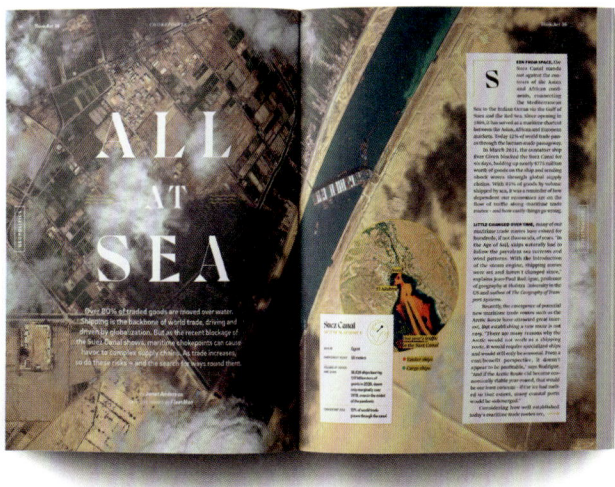

CUSTOMER > Print
Magazine > Finanzen & Versicherungen

BCM 2022　55

CUSTOMER > Print
Magazine > Finanzen & Versicherungen

SHORTLIST

WERTPAPIER. Die Luzerner Kantonalbank (LUKB) gehört zu den größten Kantonalbanken und ist die führende Finanzdienstleisterin im Kanton Luzern. Über 60 Prozent aller Privatpersonen hier sind Kunden. Das halbjährlich erscheinende Magazin besteht aus zwei Teilen (Storys und Ratgeber) und kann damit sowohl Imagewerte als auch Know-how transferieren. Jede Ausgabe fokussiert sich unterschwellig auf ein strategisches Thema (z. B. Vorsorge, Wohnen usw.).

Im Teil „Storys" geht es um Geschichten, die in der Region passieren und unterhaltenden Charakter haben. Die LUKB hält sich in diesem Teil zurück. Ziel: Die LUKB ist nahe an den Menschen im Kanton und weiß, was sie bewegt und was, wo passiert.

Besonderheiten: Mit jeder Magazinausgabe wird für online zusätzlicher Content entwickelt (Selbstchecks, Checklisten, Tipps etc.). Solche weiterführenden Inhalte sind im Magazin mit Shortlinks aufgeführt. Zusätzlich werden eigens fürs Magazin Videos produziert, welche mit QR-Codes markiert sind und auch auf den Social-Media-Kanälen Eingang finden.

Alleinstellungsmerkmal: Nicht nur ein bisschen Luzern wie die anderen, sondern ausschließlich. Dies führt zu einer Dichte an Storys, die regional geschehen, teilweise aber an globale Themen andocken.

Herausgeberin Luzerner Kantonalbank AG (Projektverantwortliche: Martina Jenny)

Realisation Agentur Guido Von Deschwanden, Polarstern AG (Leitung: Pascal Zeder; Andreas Renggli, Laura Scheiderer)

Gestaltung Agentur Guido Von Deschwanden

Zielgruppe Bankkund:innen im Alter von 30 bis 55 Jahren

Format 220 x 297 mm

Umfang 52 Seiten

Auflage 74.000 Exemplare

Distribution Postversand

Ersterscheinung September 2019

Erscheinungsweise 2 x jährlich, Deutsch

Webadresse www.lukb.ch/de/lukb/magazin-wertpapier

Kontakt martina.jenny@lukb.ch

SHORTLIST

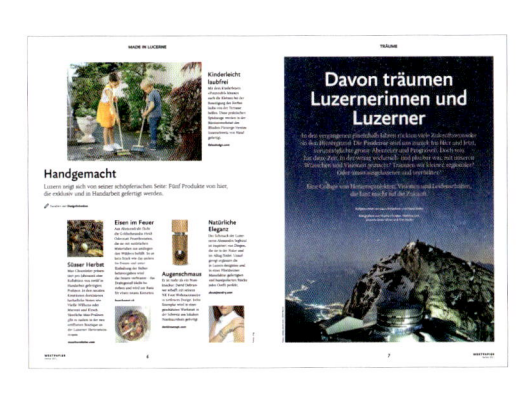

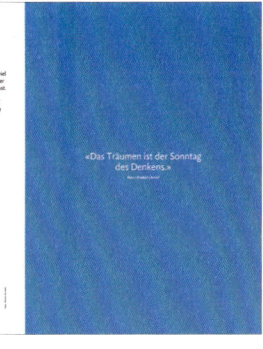

CUSTOMER > Print
Magazine > Finanzen & Versicherungen

CUSTOMER > Print
Magazine > Finanzen & Versicherungen

SHORTLIST

—

ZH – *Gold.* Aufgabe der Publikation sind Kundenbindung und Imagepflege. Idee: Die Zürcher Kantonalbank gehört den Zürcherinnen und Zürchern. Ihr Leistungsauftrag umfasst eine Grundversorgung mit Bankdienstleistungen, eine Gewinnausschüttung an Kanton und Gemeinden sowie ein reiches Engagement für Kultur, Sport und Natur. So leistet die Zürcher Kantonalbank einen wesentlichen Beitrag zu einem lebenswerten Kanton Zürich. Diese USP – die enge Verbundenheit mit dem Heimmarkt Zürich – transportiert das Kundenmagazin *ZH*.

Lösung: Der Name *ZH* – das Kürzel des Kantons Zürichs – ist beim Kundenmagazin der Zürcher Kantonalbank Programm: Im Fokus des redaktionellen Konzepts stehen die Menschen und Unternehmen im Kanton Zürich sowie die Themen, die sie bewegen – getreu dem Unternehmensclaim „Die nahe Bank". Jeder Beitrag spielt im Kanton Zürich, was anhand verschiedener Layoutelemente verdeutlicht wird. Bei der Bearbeitung setzt das Magazin auf journalistische Grundsätze und ein ansprechendes Storytelling. Jede Ausgabe umfasst einen facettenreich bespielten Themenschwerpunkt (z. B. *Gold*). Hintergrundberichte, Experteninterviews, Tipps zu Finanzthemen etc. lassen die Leserschaft an der Expertise der Bank teilhaben und verleihen der Publikation einen hohen Nutzwert.

Im Jahr 2020 erfuhren das redaktionelle und das gestalterische Konzept des Magazins ein umfassendes Redesign. Hauptzielgruppe des *ZH* bilden vermögende Privatkunden. Diese haben aufgrund von Alter, Bildung und Lebensstil eine gewisse Affinität zu (hochwertigen) Printprodukten. Es war deshalb ein bewusst gewählter Entscheid, das Kundenmagazin *ZH* weiterhin als Printprodukt zu realisieren – entgegen einem derzeit beobachtbaren Trend zur Digitalisierung von Unternehmenspublikationen.

—

Herausgeber Zürcher Kantonalbank
Realisation Raffinerie AG für Gestaltung
Redaktion Zürcher Kantonalbank
Gestaltung Raffinerie AG für Gestaltung

Umfang 52 Seiten
Auflage 45.000 Exemplare
Webadresse
www.zkb.ch/de/blog.zh-magazin.html

SHORTLIST

CUSTOMER > Print
Magazine > Finanzen & Versicherungen

CUSTOMER > Print
Magazine > Handel & Konsum

PREISTRÄGER

Jurybegründung

KREO könnte auch als Nachhaltigkeitsmagazin durchgehen. Ein rundes Magazinkonzept – inhaltlich wie optisch – rund um das Thema Bio mit redaktionell interessanten Geschichten. Sehr eigen, im positiven Sinne

PREISTRÄGER CUSTOMER > Print
Magazine > Handel & Konsum

KREO – *das BioMarkt Magazin*

Herausgeber dennree GmbH
Realisation TERRITORY GmbH

CUSTOMER > Print
Magazine > Handel & Konsum

PREISTRÄGER

—

KREO – *das BioMarkt Magazin*. Das Kundenmagazin *KREO* ist zentrales Element einer umfassenden Kommunikationsstrategie, die die Agentur Territory für den BioMarkt-Verbund umsetzt. Diesem gehören sowohl etwa 350 Denns BioMärkte als auch über 150 einzelhändlergeführte BioMärkte an. Als Content Partner unterstützt Territory den Verbund bei strategischen, redaktionellen und konzeptionellen Aufgaben. 2021 setzte der BioMarkt Verbund mit der Agentur die groß angelegte, multimediale Kampagne „Sei Teil einer besseren Welt" um, die die bedeutende Rolle des Bio-Fachhandels für die ökologische Wende herausstellt.
Mit dem vierteljährlich erscheinenden Magazin (Auflage: 180.000) setzt der BioMarkt Verbund konsequent auf Werte-Kommunikation. *KREO* transportiert die Kernanliegen der Bio-Branche: Tierwohl, die Verantwortung des Wirtschaftens sowie der Verzicht auf Gentechnik und chemisch-synthetische Pflanzenschutzmittel. Mit provokanten Themen und einer emotionalen Heftgestaltung vermittelt der BioMarkt Verbund seine klare Haltung zu diesen Grundsätzen. Jede Ausgabe beleuchtet ein zentrales Thema aus unterschiedlichen Perspektiven mit spannenden Hintergrundberichten, lebensnahen Reportagen und Interviews. Die Ausgabe 1/2022 widmet sich dem Thema „Mut". Sie befasst sich mit der Bedeutung von Innovationen für die Bio-Branche und dem Mut von Bio-Pionier:innen. Der Klapptitel mit Stanzung ist provokant sowie überraschend gestaltet. Im Innenteil erzeugen illustrative Designelemente und das Spiel mit Typografie eine dynamische Heftrhythmik. Plakativ, anders, auffallend: *KREO* bringt Veränderung.

—

Herausgeber dennree GmbH (Projektleitung: Lena Grießhammer, Unternehmenskommunikation/Teamleitung Redaktion)

Realisation TERRITORY GmbH (Publication Management: Sandra Wirkus; Lead Managing Editor: Martina Gatzka; Lead Art Direction: Anja Ternes; Chefredaktion: Ann-Christin Meermeier; Art-Direktion: Andrea Stitz)

Umfang 68 Seiten
Auflage 180.000 Exemplare
Erscheinungsweise 4 x jährlich
Webadresse www.bio-blog.de/kreo-das-biomarkt-magazin/

PREISTRÄGER

CUSTOMER > Print
Magazine > Handel & Konsum

CUSTOMER > Print
Magazine > Handel & Konsum

SHORTLIST

EDEKA Mit Liebe. *Mit Liebe* bietet in einem Umfang von bis zu 164 Seiten hochwertigen Food-Content der Spitzenklasse. Alle Rezepte und Food-Fotos werden eigens für das Magazin produziert. So bietet jede Ausgabe saisonale Food-Inspirationen, eine ernährungswissenschaftliche Kolumne, Warenkunden und Produktinformationen. Zahlreiche Impulse zum verantwortungsvollen Umgang mit Lebensmitteln erhalten die Leser:innen unter anderem in der Rubrik „Gemeinsam nachhaltig". Fester Bestandteil von *Mit Liebe* ist auch die große Lifestyle-Rubrik „Mit Liebe leben". Hier gibt es Wohlfühl- und Verwöhntipps rund um das Thema Beauty, praktische Ratgeberthemen für den Haushalt, Wissenswertes zu Haustieren sowie aktuelle Buchvorstellungen. Mit diesem unterhaltsamen Themenmix deckt *Mit Liebe* alle für EDEKA relevanten Produktgruppen ab.

—

Auftraggeber Edeka Media GmbH

Realisation C3 Creative Code and Content GmbH

Redaktion Edeka Media GmbH (Nico Schiller-Claussen, Chefredakteur; Pauline Löffler, Projektmanagement), C3 Creative Code and Content GmbH (Götz Poggensee, Redaktionsleitung; Chiara Kleinke und Jessica Winter, Art-Direktion; Nina Ziebell, Projektmanagement)

Gestaltung C3 Creative Code and Content GmbH

Zielgruppe Alle EDEKA-Kund:innen. Die Leserschaft besteht zu 80 % aus Frauen (Leserschaftsbefragung 2021)

Format 195 x 263 mm

Umfang 100 – 164 Seiten

Auflage 1.648.150 Exemplare

Distribution Gratis-Abgabe in den EDEKA-Märkten

Erscheinungsweise 6 x jährlich

Ersterscheinung Oktober 2007

Webadresse edeka.de/mitliebe, verbund.edeka/mitliebe

SHORTLIST

CUSTOMER > Print
Magazine > Handel & Konsum

CUSTOMER > Print
Magazine > Handel & Konsum

SHORTLIST

frisch – *DAS KRÖSWANG MAGAZIN* wird den rund 30.000 deutschen und österreichischen Kunden des Lebensmittellieferanten KRÖSWANG direkt zugestellt. Das Gastromagazin möchte Profiköchen, Gastronomen sowie F&B-Managern mit fundiert recherchierten Artikeln Mehrwert für die tägliche Arbeit bieten. Das gelingt durch Themen rund um zukunftsweisende Gastronomiekonzepte aus aller Welt, ökonomisch sinnvollen Wareneinsatz und ernährungsrelevante Hintergründe. Mit diesem Ansatz hat sich *frisch* als Fachmagazin etabliert, das sich über Anzeigen finanzieren kann. Bei Text wie Aufmachung tritt die Marke KRÖSWANG bewusst zurück. Kaufanreize werden indirekt durch Anregung zu neuen Ideen und frisch gestaltete Seiten gesetzt. Dadurch wird das Image von KRÖSWANG als kompetenter Partner der Gastronomie gestärkt.

Herausgeber KRÖSWANG GmbH
Realisation Le Fritz Publishing
Redaktion Le Fritz Publishing (Christoph Rösch, Anita Orthner, Peter Skudnigg, Melanie Müller)
Gestaltung Le Fritz Publishing (Florian Bürstl)
Zielgruppe Köche, F&B-Manager, Hotelmanager, Gastroprofis
Format 225 x 297 mm
Umfang 112 + 4 Seiten
Verbreitete Auflage 30.000 Exemplare
Distribution Direktzustellung
Ersterscheinung 2012
Erscheinungsweise 6 x jährlich
Webadresse www.lefritz.wien
Kontakt zur Redaktion roesch@lefritz.wien

SHORTLIST

CUSTOMER > Print
Magazine > Handel & Konsum

CUSTOMER > Print
Magazine > Handel & Konsum

SHORTLIST

KREOmi –*Das BioMarkt Magazin für Kinder ab 6 Jahren*. Die KREO, das erfolgreiche Kundenmagazin des BioMarkt Verbundes, hat im vergangenen Jahr Nachwuchs bekommen: die *KREOmi*. Das von der Agentur Territory konzipierte und gemeinsam mit dem BioMarkt Verbund umgesetzte Kindermagazin richtet sich an junge Leser:innen im Alter von 6 bis 12 Jahren und erscheint vierteljährlich parallel zur KREO. Es liegt mit einer Auflage von 180.000 Exemplaren gratis in allen Denns BioMärkten und vielen BioMärkten aus. *Die KREOmi* bereitet das zentrale Thema des Erwachsenenmagazins kindgerecht auf. Wichtige Inhalte rund um die Ernährung, den Ökolandbau und nachhaltiges Handeln werden aufgegriffen. *Die KREOmi* ist als bildstarkes Mitmach-Magazin gestaltet, das alle Sinne anspricht und spielerisch Wissen und Werte vermittelt. Das Maskottchen Enrico, ein Kohlrabi aus Ökozüchtung, begleitet die Kinder durch das 24-seitige Heft. In jeder Ausgabe können die jungen Leser:innen rätseln und kreativ werden. So verbindet die KREOmi interessantes Wissen zu Lebensmitteln und Landwirtschaft mit der Freude an natürlichen Schätzen, für deren Erhalt sich Bio-Erzeuger:innen und Ökozüchter:innen stark machen. Die dritte Ausgabe, die im Januar 2022 erschien, widmet sich dem Thema Mut und was dieser für die Kinder persönlich und die Gesellschaft bedeutet. Dem 2020 gegründeten BioMarkt Verbund gehören sowohl etwa 350 Denns BioMärkte als auch über 150 einzelhändlergeführte BioMärkte in Österreich und Deutschland an. Als Content Partner unterstützt Territory den Verbund bei strategischen, redaktionellen und konzeptionellen Aufgaben für verschiedene Bereiche.

Herausgeber dennree GmbH
(Projektleitung: Lena Grießhammer)

Realisation TERRITORY GmbH
(Brand Management: Sandra Wirkus)

Redaktion TERRITORY GmbH
(Lead Managing Editor: Martina Gatzka; Chefredaktion: Isabell Karch)

Gestaltung TERRITORY GmbH
(Lead Art Direction: Anja Ternes; Art-Direktion: Andrea Stitz)

Umfang 24 Seiten

Auflage 180.000 Exemplare

Erscheinungsweise 4 x jährlich

Webadresse www.bio-blog.de/kreomi-das-biomarkt-kinder-magazin

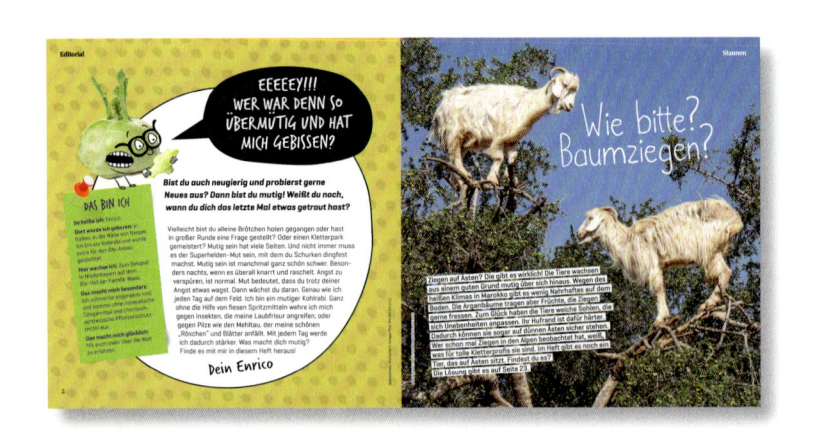

SHORTLIST

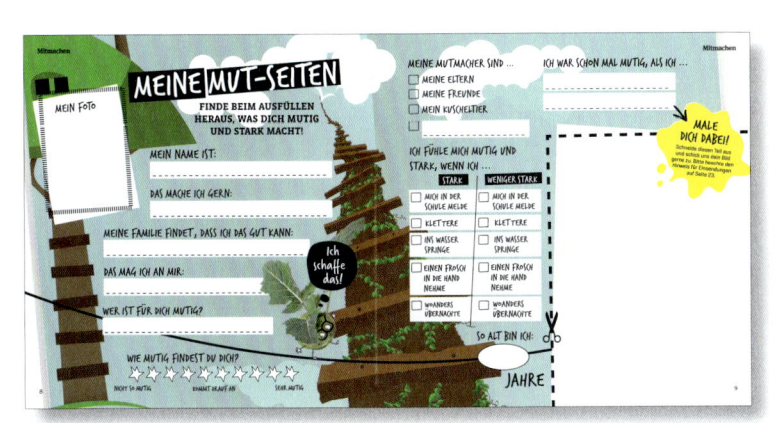

CUSTOMER > Print
Magazine > Handel & Konsum

CUSTOMER > Print
Magazine > Handel & Konsum

SHORTLIST

prio – *Privatkunden-Magazin.* Aufgabe: Kund:innenmagazin Print für ein breites Publikum entwickeln und produzieren. Das Magazin ist eine Gratispublikation an eine Leserschaft mit unterschiedlichsten Interessen und einem großen Alters- und Bildungsspektrum.
Idee: Ein packendes Heft für alle gestalten: Das Magazin soll das Publikum mit interessanten Geschichten und emotionaler Gestaltung ansprechen. Es soll einen eigenen Charakter besitzen, nicht austauschbar sein und sich von anderen Konzernpublikationen abheben. Es soll gutes Infotainment, gehaltvoller Inhalt und spannende Geschichten zu Themen aus der Post bieten.
Lösung: Den Blick raus aus dem Glashaus machen: Das Layout folgt einer eigenen Vision, die Bildsprache entspricht nicht dem Corporate Design, die Sprache wiederholt nicht interne Konzernsprache – sie ist frisch, kompakt, konkret und entspricht gutem Magazinjournalismus.
Nicht Kommunikationskonzepte und interne Timelines treiben die Inhalte an, sondern deren Aktualität in der Öffentlichkeit und ob Geschichten eine große Leserschaft betrifft oder interessieren kann. Auch Humor darf stattfinden.
Die Bildsprache ist zeitgemäß und vielfältig: Es hat Fotostrecken, Illustrationen, spielerisches Layout und großzügig angelegte Bilder. Das Storytelling geschieht auf journalistischem Niveau.

Herausgeber Die Schweizerische Post AG
Realisation Die Schweizerische Post AG
Redaktion Die Schweizerische Post AG (Chefredaktion: Claudia Langenegger)
Gestaltung Die Schweizerische Post AG (Visuelles Konzept/Creative Director: Dieter Röösli, Layout: Kaspar Eigensatz, Natalie Fankhauser)

Zielgruppe Privatkund:innen
Format 220 x 285mm
Umfang 48 Seiten
Auflage 1.824.426 Exemplare
Ersterscheinung Juni 2021
Erscheinungsweise 2 x jährlich
Webadresse www.post.ch/de/ueber-uns/aktuell/privatkundenmagazin
Kontakt dieter.roeoesli@post.ch

SHORTLIST

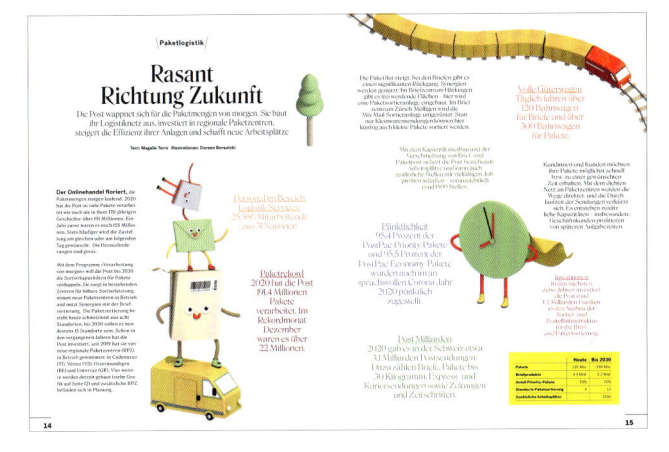

CUSTOMER > Print
Magazine > Handel & Konsum

CUSTOMER > Print
Magazine > Handel & Konsum

SHORTLIST

—

YUMMI – *DAS KINDERMAGAZIN VON EDEKA* (Relaunch-Ausgabe). Spannend, abwechslungsreich und unterhaltsam: *YUMMI – DAS KINDERMAGAZIN VON EDEKA* vermittelt 7 bis 12-Jährigen zielgruppengerecht wissenswerte Inhalte zu allen Themen rund um Ernährung, Bewegung und Nachhaltigkeit. Unterhaltsame Warenkunde und spannende Einblicke in die EDEKA-Welt zeigen den kleinen (und großen) Leser:innen, dass eine ausgewogene Ernährung schmeckt und Spaß macht. Leckere Rezepte, altersgerechte Rätsel und Bastelideen motivieren die Kinder und ihre Eltern zum Mit- und Nachmachen. *YUMMI* wird mit viel Liebe zum Detail konzipiert, jedes Thema individuell aufbereitet. Das kommt gut an: Bereits seit 2017 erhält *YUMMI* das Gütesiegel der Stiftung lesen. Außerdem ist das EDEKA Kindermagazin, welches sechs Mal im Jahr mit einer Auflage von 482.450 Exemplaren erscheint, laut AWA 2021 klarer Reichweitensieger in der Kategorie Kinder- und Jugendzeitschriften. Doch wer weiter vorankommen möchte, muss weitergehen – daher erhielt *YUMMI* zur Ausgabe 05/2021 einen Relaunch. Das EDEKA Kindermagazin ist nun insgesamt aufgeräumter, Titel und Seiten übersichtlicher gestaltet. Zudem wurde eine Brücke zum YUMMI Podcast geschlagen, um die digital *YUMMI* Welt und das Heft noch besser miteinander zu verbinden. *YUMMI* ist in allen teilnehmenden EDEKA-Märkten erhältlich.

—

Herausgeber EDEKA Verlagsgesellschaft GmbH (Gesamtverantwortung: Nico Schiller-Claussen)

Realisation EDEKA Verlagsgesellschaft GmbH (Objektmanagement: Carolin Vosberg), C3 Creative Code and Content GmbH (Projektleitung: Sabrina Jentsch)

Redaktion C3 Creative Code and Content GmbH (Redaktionsleitung: Kathrin Jacobi)

Gestaltung C3 Creative Code and Content GmbH (Artdirektion: Melanie Kollath; Bildredaktion: Ravenina Prawiradinata)

Umfang 36 Seiten
Auflage 486.850 Exemplare (IVW 1/22)
Erscheinungsweise 6 x jährlich
Kontakt verlag@edeka.de

SHORTLIST

CUSTOMER > Print
Magazine > Handel & Konsum

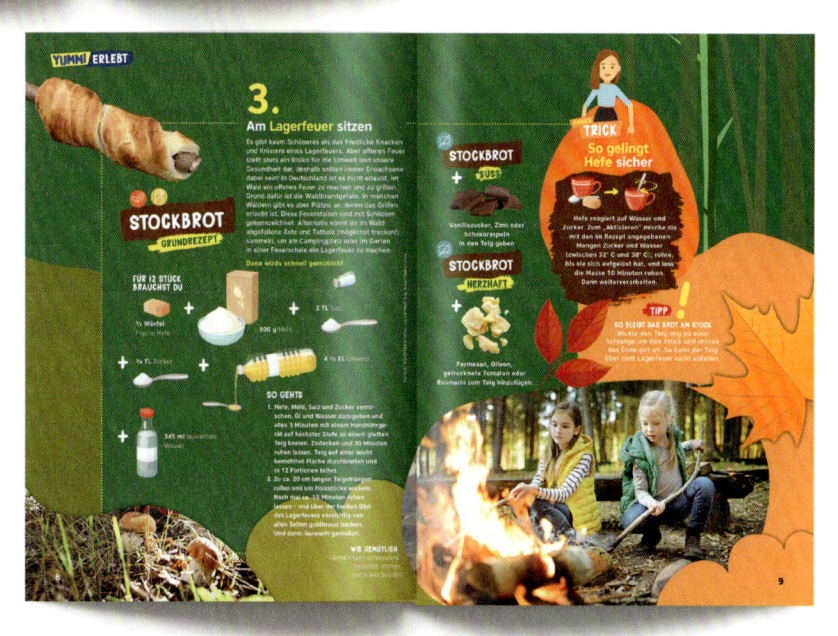

Jurybegründung

Ein richtig starkes Pfund, das vor allem (Natur-)Wissenschaft mit den Menschen verbindet. Eine in Print gegossene „Sendung mit der Maus" für Erwachsene. Inhaltlich unglaublich stark und überzeugend.

PREISTRÄGER

CUSTOMER > Print
Magazine > Industrie, Chemie, Pharma & Gesundheit

BASF Creating Chemistry – *Jetzt geht's rund*

Herausgeber BASF SE
Realisation Axel Springer Corporate Solutions GmbH & Co. KG

CUSTOMER > Print
Magazine > Industrie, Chemie, Pharma & Gesundheit

PREISTRÄGER

Creating Chemistry – *Jetzt geht's rund! Creating Chemistry*, das Nachhaltigkeitsmagazin von BASF, gibt Einblicke in globale Herausforderungen und beschreibt, wie das Unternehmen mit Innovationen aus der Chemie zu deren Lösung beiträgt. Die Perspektive von BASF ist nur eine von vielen im Magazin. Auch Akteure aus Politik, Wirtschaft, Wissenschaft und Gesellschaft kommen zu Wort. Ziel ist es, dass sich die Leserinnen und Leser auf Basis der angebotenen Informationen ihre eigene Meinung bilden können. Aus unterschiedlichen Blickwinkeln, am Puls der Zeit, wissenschaftlich genau und allgemein verständlich aufbereitet, sorgt die Publikation für eine hohe Glaubwürdigkeit und untermauert das Image von BASF als vorausdenkender, verantwortungsbewusster Partner für die Gesellschaft – ganz nach dem Unternehmenszweck „We create chemistry for a sustainable future".

—

Herausgeber BASF SE (Corporate Communications & Government Relations: Dr. Nina Schwab-Hautzinger)

Realisation Axel Springer Corporate Solutions GmbH & Co. KG (Projektleitung: Katrin Meyer)

Redaktion BASF SE (Holger Kapp, Lisa Herz, Jennifer Moore-Braun), Axel Springer Corporate Solutions GmbH & Co. KG (Janet Andersen, Heike Dettmar)

Gestaltung Axel Springer Corporate Solutions GmbH & Co. KG (Laura Holdack)

Zielgruppe Entscheider aus Politik und Wirtschaft, Analysten und Investoren, Kunden, Mitarbeiter, Journalisten, Wissenschaftler sowie an Wissenschaft Interessierte

Format 210 x 278 mm

Umfang 60 Seiten

Auflage 200.000 Exemplare

Erscheinungsweise 1 x jährlich (Sprache: Deutsch, Englisch)

Webadresse basf.com/creating-chemistry-magazin

PREISTRÄGER

CUSTOMER > Print
Magazine > Industrie, Chemie, Pharma & Gesundheit

BCM 2022

CUSTOMER > Print
Magazine > Industrie, Chemie, Pharma & Gesundheit

PREISTRÄGER

Jurybegründung

Der Thoughtleader-Ansatz wird inhaltlich und gestalterisch erfüllt. Sehr eigenständige/eigenwillige Publikation, die mit den Sehgewohnheiten bricht und im Kopf bleibt.

PREISTRÄGER

CUSTOMER > Print
Magazine > Industrie, Chemie, Pharma & Gesundheit

The Quintessence of Sustainable Energy

Herausgeber EBV Elektronik GmbH & Co KG
Realisation IndustryAgents GmbH

CUSTOMER > Print
Magazine > Industrie, Chemie, Pharma & Gesundheit

PREISTRÄGER

The Quintessence of Sustainable Energy. Der Übergang zur Klimaneutralität ist eine der größten Herausforderungen unserer Zeit. Dank innovativer Technologien gelingt dieser auch mit zunehmender Geschwindigkeit. Getreu des Claims „Future Markets Magazine" stellen wir unseren Kunden diesen Zukunftsmarkt vor und positionieren uns als Experte und Partner. Mit aufwendig recherchierten Beiträgen zeigen wir die neuesten Markttrends und bahnbrechenden Lösungen auf, die mit unserer Unterstützung und unserem Produktportfolio realisiert werden können. Dadurch inspirieren wir unsere Kunden in einen zukunftsorientierten Dialog mit uns zu treten.

Alle Artikel werden von einem unabhängigen technischen Redakteur verfasst. Dazu werden zahlreiche Experten (in dieser Ausgabe u. A. ENEL, das weltweit größte Energieunternehmen) interviewt, um besonders qualitative Einblicke in die aktuellen Trends zu geben. Das Magazin folgt einem klaren Farbkonzept, dennoch ist jeder Artikel ein individuelles Artwork, das die Kernaussagen auch optisch auf den Punkt bringt. Das Design des Covers greift den Kern des Themas auf und verdeutlicht durch die Hoch- (O_2) und Tiefprägung (C) des Wortes CO_2, das kaum sichtbar ist und doch einen Fußabdruck hinterlässt, die Relevanz und Bedeutung der nachhaltigen Energie.

Jede Ausgabe des Magazins generiert rund 35.000 Leads, Kontakte und Klicks über Bestellungen, Homepage-Besuche, Newsletter und soziale Medien. Es ist unser erfolgreichstes Tool in Sachen Leadgenerierung.

Unternehmen EBV Elektronik GmbH & Co KG
Realisation IndustryAgents GmbH

Umfang 90 Seiten
Auflage 10.000 Exemplare
Erscheinungsweise 2 x jährlich (Deutsch und Englisch), zusätzlich als App (TQ by EBV) für Smartphones, Tablets und Internetbrowser
Webadresse https://future-markets-magazine.com

PREISTRÄGER

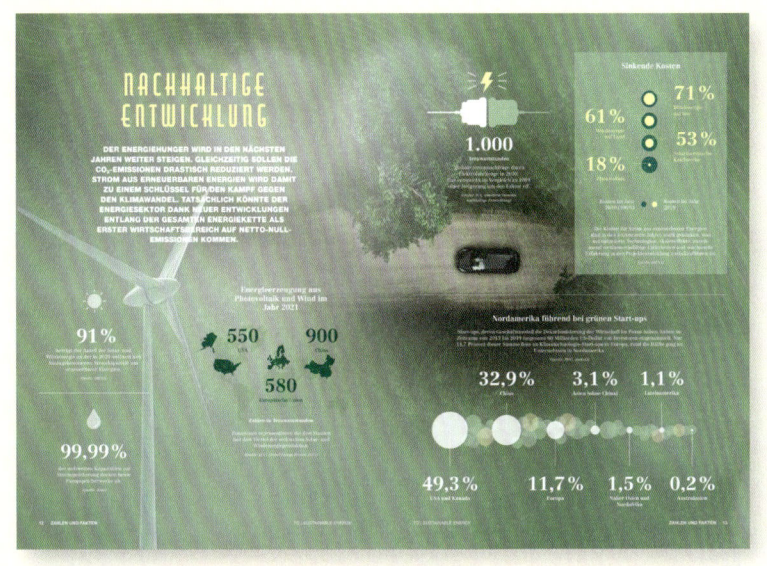

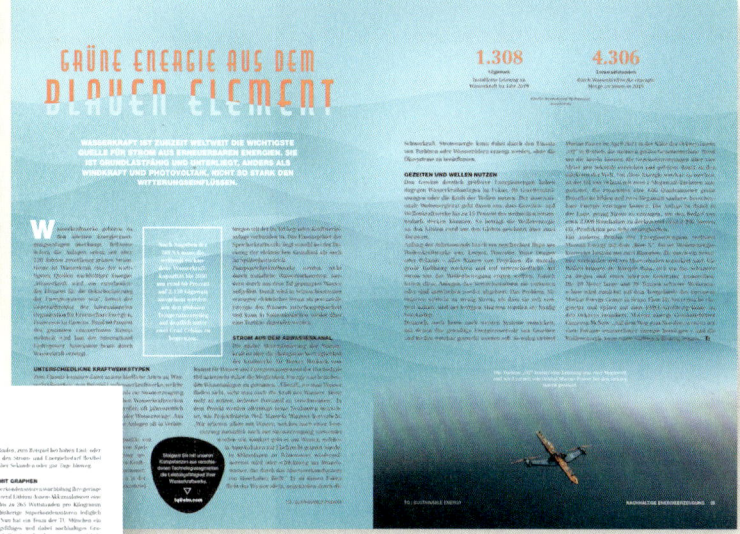

CUSTOMER > Print
Magazine > Industrie, Chemie, Pharma & Gesundheit

„2020 markiert den Beginn des Jahrzehnts der erneuerbaren Energien. Die Kosten sinken, die Märkte für saubere Technologien wachsen und noch nie waren die Vorteile der Energiewende so deutlich."

Francesco La Camera, Generaldirektor IRENA

CUSTOMER > Print

Magazine > Industrie, Chemie, Pharma & Gesundheit

SHORTLIST

ABOUT TRUST. Vertrauen zahlt sich aus – vor allem für einen globalen Prüfdienstleister wie TÜV SÜD. Das Kundenmagazin *ABOUT TRUST* vermittelt glaubwürdig das Leitbild von TÜV SÜD als zuverlässiges, globales und zukunftsorientiertes Unternehmen. Die Storys des Magazins transportieren die Begeisterung von TÜV SÜD für Technologie und reflektieren zugleich die Auswirkungen des technologischen Fortschritts. Das Multichannel-Kundenmagazin hält höchsten journalistischen Ansprüchen stand und vereint Themen aus den Bereichen Wirtschaft, Technologie sowie Sicherheit. TÜV SÜD distribuiert das Magazin auf fünf Kontinenten – in deutscher sowie englischer Ausführung. Als wichtiges Instrument in der globalen Kommunikation spiegelt es neben der Internationalität auch die Diversität von TÜV SÜD wider. muehlhausmoers betreut *ABOUT TRUST* redaktionell, grafisch sowie konzeptionell. Die Agentur verantwortet Projektleitung, Redaktion, Gestaltung und Produktion des Printtitels sowie die Erstellung des Webmagazins.

Herausgeber TÜV SÜD AG (Projektleitung: Jörg Riedle)

Realisation muehlhausmoers corporate communications gmbh (Projektleitung: Florine Geller)

Redaktion TÜV SÜD AG (Jörg Riedle); muehlhausmoers corporate communications gmbh

Gestaltung muehlhausmoers corporate communications gmbh (Áine Gibbons)

Zielgruppe Kunden von TÜV SÜD, Interessierte am Unternehmen, Technik- und Wirtschaftsinteressierte sowie die breite Öffentlichkeit

Umfang 44 Seiten

Erscheinungsweise 3 x jährlich

SHORTLIST

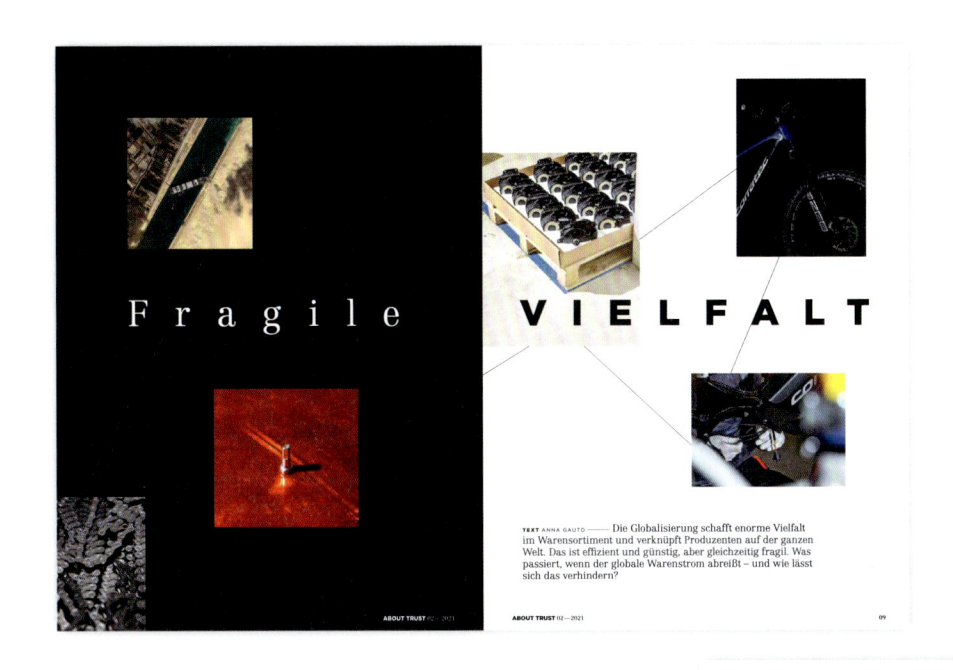

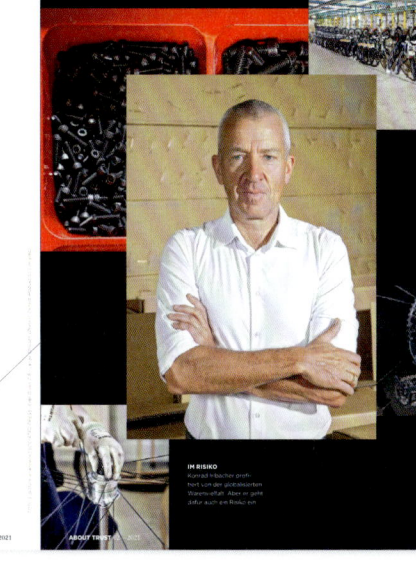

CUSTOMER > Print
Magazine > Industrie, Chemie, Pharma & Gesundheit

CUSTOMER > Print
Magazine > Industrie, Chemie, Pharma & Gesundheit

SHORTLIST

ELEMENTS – *Auf Wiedersehen.* Evonik will die Welt mit innovativen Lösungen jeden Tag ein Stück besser machen. Im Kampf gegen Ressourcenknappheit und den Klimawandel sucht der Spezialchemiekonzern aktuell nach Möglichkeiten, um Energie- und Materialkreisläufe nachhaltig zu schließen. Bereits entwickelte Innovationen und aussichtsreiche Ideen rückt Evonik in einer monothematischen Ausgabe in den Fokus. Unter dem Titel *Auf Wiedersehen* zeigt das Innovationsmagazin, wie Evonik-Lösungen den Weg zu einer nachhaltigen Kreislaufwirtschaft ebnen. *ELEMENTS* bietet hochwertigen Wissenschaftsjournalismus, der Lust auf Forschungsthemen macht. Die Inhalte werden allgemeinverständlich aufbereitet und aus verschiedenen Perspektiven dargestellt. Namhafte Expert:innen bekommen die Gelegenheit, ihre Positionen zu teilen. Dabei legt *ELEMENTS* großen Wert auf Meinungsvielfalt: Ein Beleg ist das Streitgespräch zwischen einem Vertreter des Fachverbands Plastics Europe und einem WWF-Experten über eine nachhaltige Kunststoffökonomie.
Berichte, Fachartikel, Meinungsbeiträge und Interviews liefern ebenso wie Fotostrecken und Schaubilder einen lebendigen Formatmix.

Herausgeber Evonik Industries AG

Realisation KNSK Group

Redaktion Evonik Industries AG (Chefredaktion: Matthias Ruch; Textchef: Jörg Wagner; CvD: Deborah Lippmann), KNSK Group (CvD: Inga Borg; Textchef: Christian Baulig; Creative Director: Stefanie Wille)

Gestaltung KNSK Group (Art Direction: Wiebke Schwarz; Bildredaktion: Nadine Berger)

Zielgruppe Expertinnen und Experten aus Wissenschaft, Wirtschaft und Politik sowie die wissenschaftlich interessierte Öffentlichkeit

Format 230 x 300 mm

Umfang 64 Seiten

Auflage 20.000 Exemplare

Distribution Einzelheftversand

Erscheinung 24.03.2021

Erscheinungsweise 3 x jährlich

Webadresse https://elements.evonik.de

Kontakt zur Redaktion elements@evonik.com

SHORTLIST

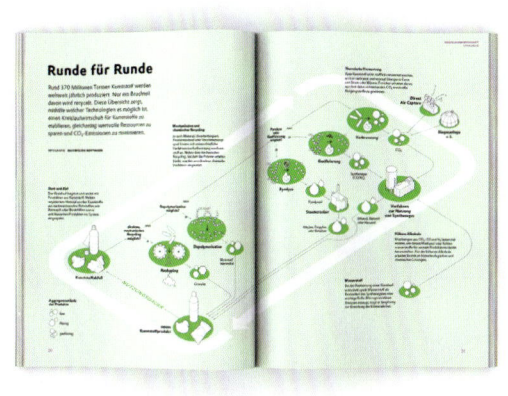

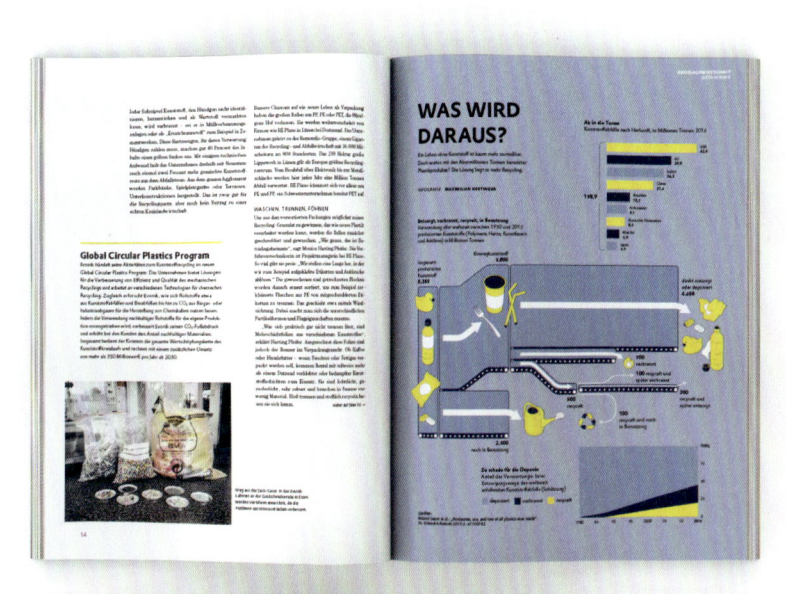

CUSTOMER > Print
Magazine > Industrie, Chemie, Pharma & Gesundheit

CUSTOMER > Print

Magazine > Industrie, Chemie, Pharma & Gesundheit

SHORTLIST

—

FST – ESSENTIAL *Robotics:* Roboter faszinieren. Sie stehen seit jeher für Hoffnungen, aber auch für Ängste. Doch was ist ein Roboter? Dem geht die aktuelle Ausgabe der *ESSENTIAL* nach: „Mensch oder Maschine?". Sie unterstreicht damit Thought-Leadership, Forschung und Ideen rund um die Robotik. *ESSENTIAL* ist das Unternehmensmagazin von Freudenberg Sealing Technologies. Zwei Mal jährlich bietet sie Einblicke in Themenwelten, die direkt oder indirekt mit Dichtungen zu tun haben, berichtet über innovative Anwendungen und gibt faszinierende Einblicke ins Unternehmen. Zielgruppe sind internationale Kunden und Geschäftspartner. Die journalistische Qualität der *ESSENTIAL* findet sich auch im hochwertigen Erscheinungsbild. Jede Ausgabe erhält eine eigenständige Visualisierung des Titelthemas. Die Printausgabe ist Teil eines vernetzten Themenzyklus. Zum Start jedes neuen Zyklus lenkt ein Video-Teaser die Aufmerksamkeit auf die Printausgabe. Begleitend wird wöchentlich das Online-Magazin bespielt. Hier finden sich auch „online exklusiv" Artikel sowie Multimediareportagen oder Produktstorys zum jeweiligen Themenzyklus.
Eine Bewerbung findet organisch über Intranet, Website und LinkedIn statt. Seit der Ausgabe 01/21 werden acht handverlesene Artikel in einem Audio-Guide vertont und zum Hören angeboten. Eine Auswertung der Online-Nutzung findet quartalsweise statt.

—

Herausgeber Freudenberg FST GmbH (Isolde Grabenauer: Chefredaktion, Senior Director Corporate Communications, Ulrike Reich: Vice President Corporate Communications, Silke Herzog: Senior Manager Corporate Communications)

Realisation Profilwerkstatt GmbH (Dr. Claudia Klemm: Director Content Development, David Frogier de Ponlevoy: Chefredaktion, Florian Damaschke: Strategie, Jessica Feldmann: Project Management, Julia Wilhelmy: Redaktion, Matthias Kneifl: Redaktion, Matthias Weber: Produktion, Nadine Hippe: Illustration, Nina Berg: Project Management, Nora Kerscher: Art Direction, Tanja Lutz: Media Design),

Redaktion Winterhagen.de (Johannes Winterhagen)

Branche Dichtungstechnik
Erscheinungsrhythmus 2 x jährlich
Format 215 x 265 mm
Umfang 68 Seiten
Auflage ca. 8.400 Stück (DACH, EU, Asien, USA)
Webadresse https://www.fst.com/de/corporate/magazin/uebersicht

SHORTLIST

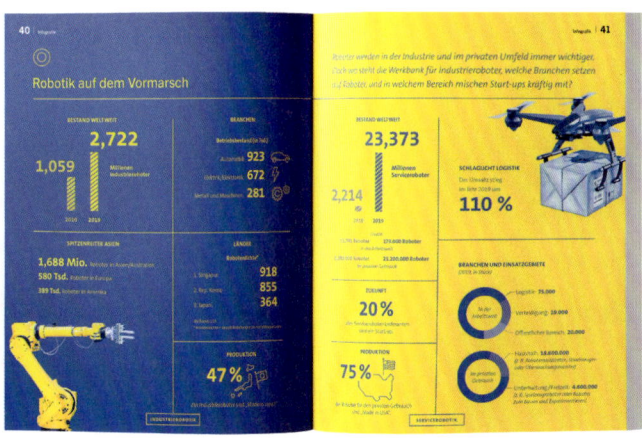

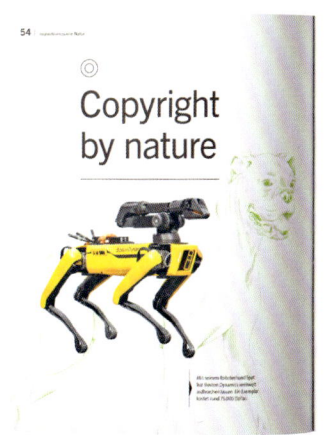

CUSTOMER > Print
Magazine > Industrie, Chemie, Pharma & Gesundheit

CUSTOMER > Print
Magazine > Industrie, Chemie, Pharma & Gesundheit

SHORTLIST

—

REVUE – *NARBEN*. Narben – wir alle haben welche. Kleine, große, versteckte, auffällige, charakteristische oder teilweise störende. Narben, die Spuren hinterlassen, ob sichtbar oder unsichtbar. Die aktuelle, vierte Ausgabe der *REVUE* des Gesundheitszentrum Fricktal GZF widmet sich dem Thema Narben aus verschiedenen Blickwinkeln und lässt Menschen mit ihren ganz unterschiedlichen und persönlichen Geschichten zu Wort kommen. Diese Storys wecken Emotionen und bleiben in Erinnerung.
Fotos unterstreichen die Intimität der Thematik auf eindrückliche und ästhetische Weise zugleich. Über die Seiten verteilte Illustrationen mit individuellen Narben-Zitaten von Mitarbeitenden des GZF beleben das Layout zusätzlich und ziehen sich als roter Faden durch das Magazin.
Die Idee ist, mit der *REVUE* jährlich ein Magazin zu publizieren, das einerseits das GZF als wichtige Gesundheitsinstitution im Fricktal positioniert und andererseits über die Darstellung des eignen Angebots hinausgeht. Die *REVUE* soll weit mehr sein als ein klassisches Unternehmensmagazin. Aus diesem Grund fließen neben medizinischen Aspekten jeweils auch unerwartete und unkonventionellen Blickwinkel mit ein. Texte, Fotos und Illustrationen ergänzen sich gegenseitig und das Layout ist jeweils passend zum Inhalt gestaltet. Immer mit dem Ziel, für Gesundheitsthemen zu sensibilisieren und den Lesern gleichzeitig eine spannende und anregende Lektüre zu bieten, die nachwirkt.

—

Herausgeber Gesundheitszentrum Fricktal

Realisation Modulator AG

Redaktion Gesundheitszentrum Fricktal, (Sibylle Augsburger Hess, Miriam Crespo Rodrigo, Jennifer Küng, Gianna Meisel, Anneliese Seiler), Modulator AG

Gestaltung Modulator AG

Zielgruppe Im Einzugsgebiet lebende Bevölkerung, Besucherinnen und Besucher, Patientinnen und Patienten des Gesundheitszentrums Fricktal

Format 210 x 296 mm

Umfang 58 Seiten

Verbreitete Auflage 65.000 Exemplare

Ersterscheinung 2021

Erscheinungsweise jährlich

Webadresse/Digitale Kanäle www.gzf.ch

Kontakt miriam.crespo@gzf.ch

SHORTLIST

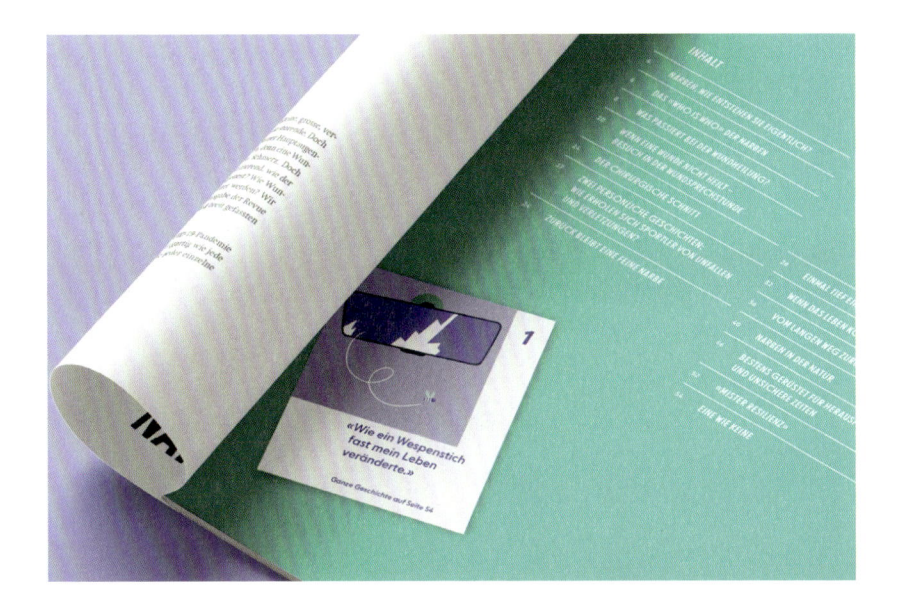

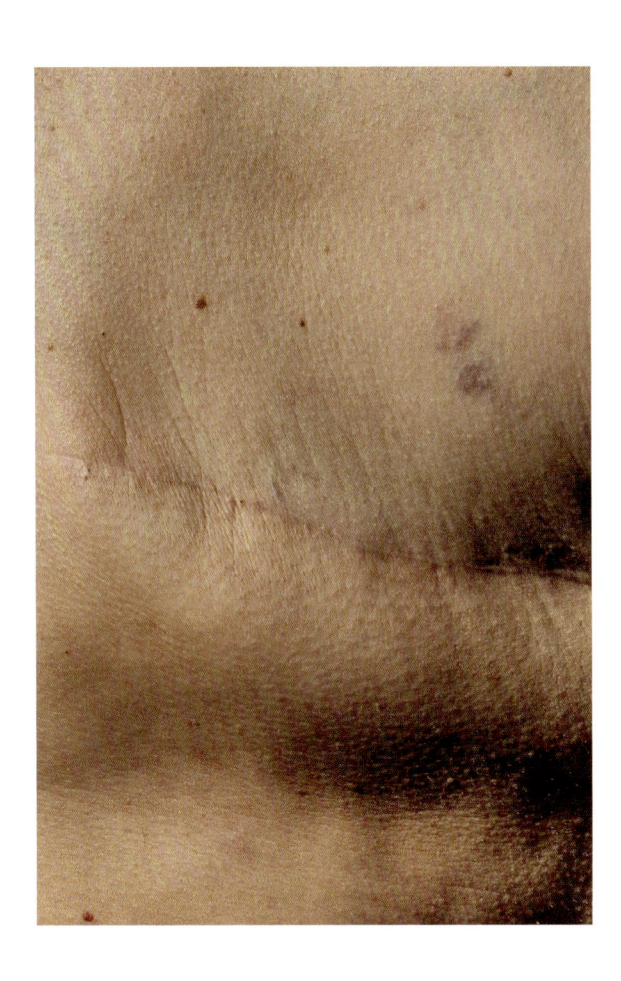

CUSTOMER > Print
Magazine > Industrie, Chemie, Pharma & Gesundheit

Jurybegründung

Eine tolle Publikation, die mit jedem kommerziellen Magazin mithalten kann. Eine tolle Balance zwischen hochwertigen Themen und Texten, hervorragendem und vor allem zweckmäßigem Layout und einer mutigen, frischen und trotzdem nicht zu verrückten Aufmachung!

PREISTRÄGER CUSTOMER > Print
Magazine > Medien & Kultur

—

mPaper – *Geht's noch? Mehr Raum für Ideen.*

Herausgeber muehlhausmoers corporate communications gmbh
Redaktion muehlhausmoers corporate communications gmbh

CUSTOMER > Print
Magazine > Medien & Kultur

PREISTRÄGER

—

mPaper – *Geht's noch? Mehr Raum für Ideen.* Der Garten Eden, Olymp und Hades, Alice im Wunderland – Orte jenseits der alltäglichen Wirklichkeit faszinierten die Menschen schon immer. Heute bauen innovative Unternehmen ein Metaversum. Sie erschaffen Welten, in denen ihre Kund:innen digitale Kunst, Mode oder Immobilien erleben und kaufen können. Alles virtuell, aber von echtem Wert.

Im Magazin *mPaper* beleuchtet die Agentur muehlhausmoers die Spielräume zwischen virtuellen, fiktiven und realen Sphären. Wir sind unter anderem bei Außerirdischen zu Gast, tauchen in die Gedanken einer Schachspielerin ein und erleben im Versuchslabor, wie Mikroplastik aus dem Meer gefiltert werden kann. Solche Reisen in die Fantasie und Theorie lohnen sich. Denn hier werden Ideen erprobt, die sich auch auf die Welt der Tatsachen auswirken.

Das *mPaper* ist eine moderne Zeitung, die einen Querschnitt über zukunftsrelevante Themen aus Gesellschaft, Technologie und Medien bietet. Der Anspruch: hochwertiges Design, außergewöhnliche Bildsprache und journalistische Qualität. Einmal im Jahr. Print. Mehrfach Online. Ein Kernthema. Ein Fokus.

—

Herausgeber muehlhausmoers corporate communications gmbh

Redaktion muehlhausmoers corporate communications gmbh (Felix Enzian, Tanita Hecking, Vivane Philipps, Matea Prgomet, Rebecca Reinhard, Florian Sievers, Chefredaktion: Matea Prgomet)

Gestaltung muehlhausmoers corporate communications gmbh (Áine Gibbons, Anja-Martina Hamann, Charlotte Zellerhoff: Bildredaktion)

Zielgruppe Kunden, potenzielle Kunden und Mitarbeitende, Nachwuchskräfte, Multiplikatoren der Kommunikationsbranche

Format 425 x 310 mm

Umfang 32 Seiten

Erscheinungsweise 1 x jährlich Print, digital kontinuierlich

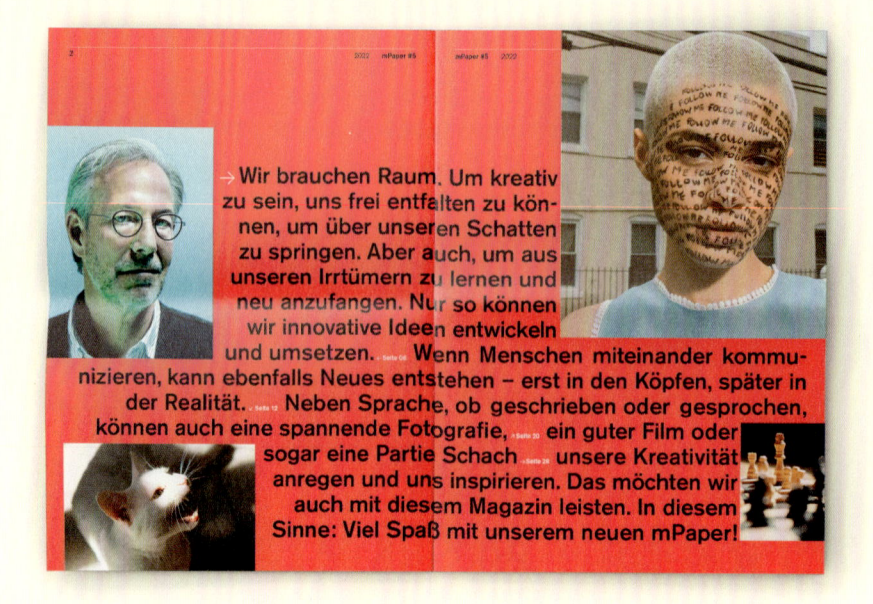

PREISTRÄGER

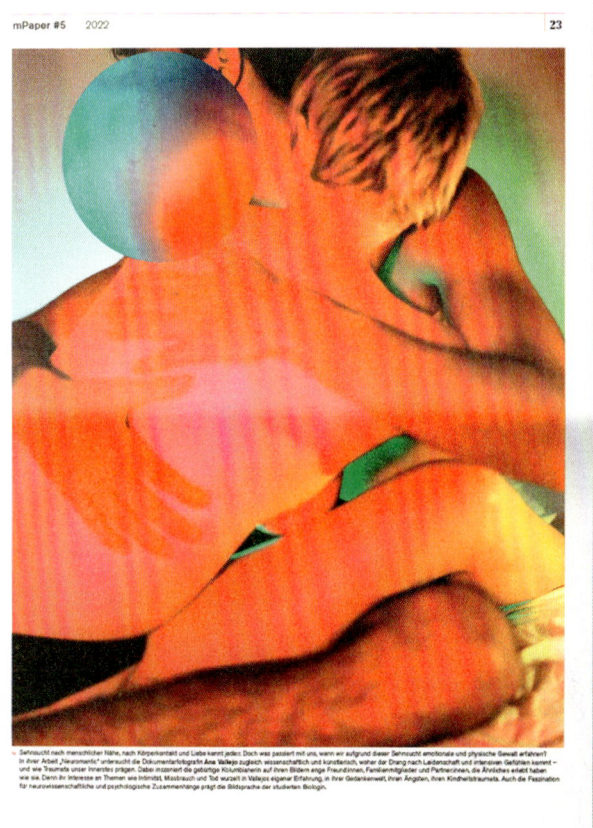

CUSTOMER > Print
Magazine > Medien & Kultur

CUSTOMER > Print
Magazine > Medien & Kultur

SHORTLIST

ARTE Magazin. Das *ARTE Magazin* ist die Zeitschrift des Europäischen Kulturkanals ARTE. Es richtet sich an alle, die das ARTE-Programm schätzen und intelligente Unterhaltung, anspruchsvolle Dokumentationen, zeitgeschichtliche Themen und kulturaffine Lebensart lieben. Das *ARTE Magazin* übersetzt die in Deutschland einzigartige Programmkultur des TV-Senders ARTE in Magazinform.
Seit Januar 2021 präsentiert sich das *ARTE Magazin* mit einem neuen Auftritt und wird dem gewandelten Zuschauerinteresse gerecht. Neben Informationen zu dem linear ausgestrahlten TV-Programm präsentiert das *ARTE Magazin* auch verstärkt die Highlights aus der Mediathek und den Webangeboten. Das *ARTE Magazin* bietet eine sorgfältig kuratierte Übersicht, mit der die Leser Ihre Programmfavoriten schnell und einfach finden. Das journalistisch anspruchsvolle *ARTE Magazin* überzeugt durch redaktionelle Kompetenz und moderne Gestaltung, die bei Lesern und Medienprofis gleichermaßen geschätzt wird. Das *ARTE Magazin* informiert, inspiriert und macht Lust auf ARTE. Es ist vielfältig, weltoffen, authentisch, wohltuend reflektiert und differenziert. Ein Magazin für Leserinnen und Leser, die bewusst leben und ihre Zeit gewinnbringend investiert wissen wollen.

Herausgeber ARTE G.E.I.E.

Realisation Axel Springer Corporate Solutions GmbH & Co. KG

Redaktion ARTE G.E.I.E. Axel Springer Corporate Solutions GmbH & Co. KG (Jenny Hoch – Chefredakteurin)

Gestaltung Axel Springer Corporate Solutions GmbH & Co. KG (Alexander Ahlert – Art Director)

Zielgruppe Zuschauer des Europäischen Kulturkanals ARTE

Format 215 mm x 280 mm

Umfang 84 Seiten

Auflage 125.000 Exemplare

Erscheinungsweise monatlich

Webadresse www.arte-magazin.de

Kontakt redaktion@arte-magazin.de

SHORTLIST

CUSTOMER > Print
Magazine > Medien & Kultur

CUSTOMER > Print
Magazine > Medien & Kultur

SHORTLIST

TWELVE – *Von Träumen zu Tech-Trends: Wie der Mensch das digitale Morgen prägt.* Die Serviceplan Group gibt als „House of Communication" einmal im Jahr das Magazin *TWELVE* heraus. TWELVE ist eine Plattform für Meinungen, Perspektiven und Menschen, die die Kommunikationsbranche beeinflussen. Die Ausgabe 2021/2022 stellt den Menschen als Innovationstreiber in den Mittelpunkt: *Von Träumen zu Tech-Trends: Wie der Mensch das digitale Morgen prägt.*

Dieser Ansatz sollte sich nicht nur durch die Artikel und Interviews ziehen. Auch die optische Gestaltung sollte ihn aufgreifen und außerdem vermitteln, dass die Serviceplan Group den Menschen stets in den Mittelpunkt stellt. Unsere Idee: Wir baten den Künstler Stephan Balkenhol, für das Magazin ein exklusives Kunstwerk zu schaffen, das die Mitarbeitenden der Serviceplan Group feiert.

Stephan Balkenhol wählte anhand von Porträtfotos zwölf Serviceplan-Mitarbeitende aus und fertigte von ihnen hölzerne Porträtreliefs. Für die typografische Gestaltung des Magazins stellte er Buchstabenstempel zur Verfügung. Das so entstandene Gesamtkunstwerk dokumentiert ergänzend zu den Inhalten die Bedeutung des Menschen und die Relevanz der menschlichen Kreativität im digitalen Zeitalter.

Unternehmen Serviceplan Group SE & Co. KG
Realisation Serviceplan Group SE & Co. KG

Auflage 9000 Exemplare
Erscheinungsweise jährlich
Webadresse https://twelve.serviceplan.com/de/2022/mobile/index.html

SHORTLIST

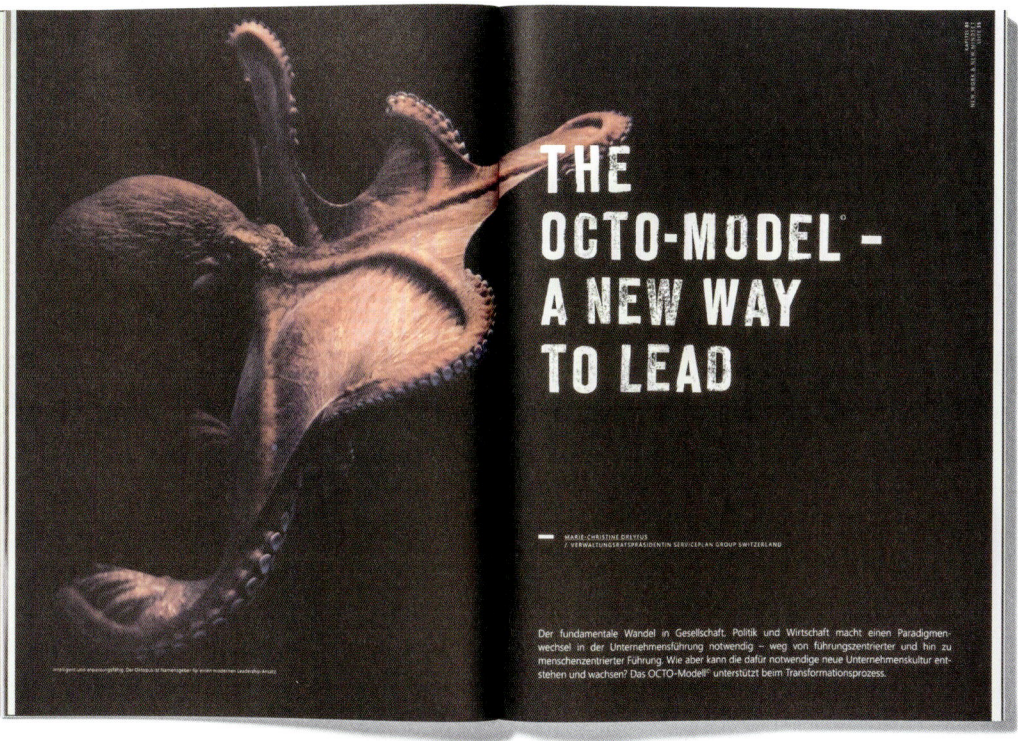

CUSTOMER > Print
Magazine > Medien & Kultur

CUSTOMER > Print
Magazine > Non-Profit, Verbände & Institutionen

PREISTRÄGER

Jurybegründung

Das Thema Arbeitssicherheit könnte so langweilig daherkommen. *HUNDERT PROZENT* ist das genaue Gegenteil: Spannend aufbereitete Geschichten und leicht verständliche Informationen sorgen für Mehrwert.

HUNDERT PROZENT – *das Magazin der Berufsgenossenschaft Handel und Warenlogistik.*

Herausgeber Berufsgenossenschaft Handel und Warenlogistik (BGHW)
Realisation TERRITORY GmbH

CUSTOMER > Print
Magazine > Non-Profit, Verbände & Institutionen

PREISTRÄGER

HUNDERT PROZENT – *das Magazin der Berufsgenossenschaft Handel und Warenlogistik.* Das Thema Arbeitsschutz ist überhaupt nicht langweilig. Voraussetzung dafür sind spannende Geschichten über Menschen sowie verständliche Informationen, die die Leser mit interessantem Mehrwert versorgen. Das schafft das Mitglieder-Magazin der Berufsgenossenschaft Handel und Warenlogistik HUNDERT PROZENT drei Mal jährlich auf jeweils 40 Seiten. Zum Beispiel mit dem Fokusthema Schlaf, das aus verschiedenen Perspektiven beleuchtet wird. In einer emotionalen Vor-Ort-Reportage erzählen Schichtarbeiter, wie sie es schaffen, in der Nacht hellwach zu bleiben. Oder ein Schlafmediziner erklärt, warum immer mehr Menschen schlecht schlafen. Dazu gibt's viel Wissenswertes über das Schlafen, besonders über den schlechten Schlaf und seine Folgen. Abgerundet wird das Fokusthema durch eine Infografik, die Schichtarbeitenden viele Tipps für einen guten Schlaf vermittelt. So wird das Thema Arbeitsschutz unterhaltsam und hautnah vermittelt und noch mehr Neugierde geweckt. Denn jede Geschichte ist mit dem E-Magazin von *HUNDERT PROZENT*. verlinkt. Dort findet der Leser weiteren Content, Videos, Studien, Ansprechpartner usw. Arbeitsschutz kann so spannend sein, wenn man's hundertprozentig erzählt.

Herausgeber Berufsgenossenschaft Handel und Warenlogistik (BGHW)
Realisation TERRITORY GmbH
Redaktion Siegrid Becker, Astrid Hopp, Andrea Mühlbacher, Michael Siedenhans
Gestaltung TERRITORY GmbH (Maria-Christina Klein, Nadine Schröder)
Zielgruppe Mitgliedsunternehmen und Versicherte der BGHW
Format 210 x 297 mm
Umfang 40 Seiten
Verbreitete Auflage 5000 Exemplare
Distribution postalische Versendung
Ersterscheinung Januar 2021
Erscheinungsweise 3 x jährlich
Webadresse www.bghw.de
Kontakt lueker.svea@territory.group

PREISTRÄGER

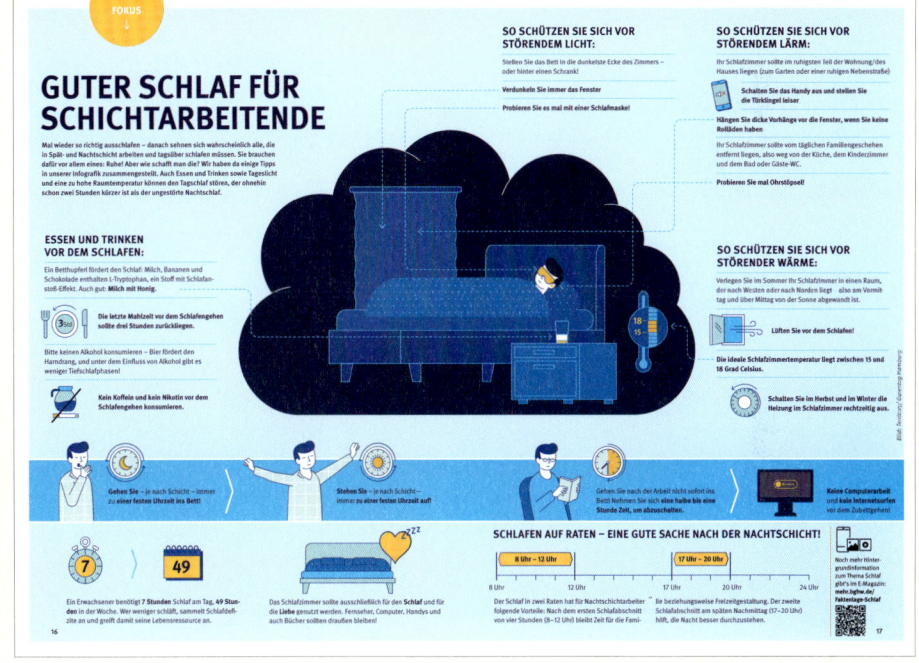

CUSTOMER > Print
Magazine > Non-Profit, Verbände & Institutionen

CUSTOMER > Print
Magazine > Non-Profit, Verbände & Institutionen

SHORTLIST

akzente. Das Kundenmagazin der Deutschen Gesellschaft für Internationale Zusammenarbeit (GIZ) GmbH, bietet authentische, vertrauenswürdige und spannende Einblicke in die internationale Zusammenarbeit. Von einem internationalen Journalistennetzwerk verfasste Reportagen, Porträts und Stimmen beschreiben die vielfältige Arbeit der GIZ in 120 Ländern weltweit. Analysen und Infografiken ordnen komplexe Themen ein und schaffen den größeren Kontext. Namhafte Autor:innen anderer Organisationen, aus Politik oder Medien sind in Interviews und Namensbeiträgen präsent und unterstreichen die Relevanz der Themen für die globale Entwicklung.

akzente hat einen hohen ästhetischen Anspruch mit Wiedererkennungswert: Die Reportage-Fotografie stellt Menschen als handelnde Akteure in den Mittelpunkt. Illustrationen kommen zum Einsatz, wo es nicht um unmittelbar handelnde Personen geht. Infografiken bieten leichte Zugänge zu komplexen Sachthemen.

akzente zeigt Menschen in ihrem Lebens- und Arbeitsumfeld, als Teil eines starken Netzwerks und als aktiv Handelnde. Gesellschaftliche Pluralität und eine Vielfalt der Lebensstile sind Grundmuster der Arbeit der GIZ. Die Bildwelt von *akzente* spiegelt diese Vielfalt wider, eröffnet einen glaubwürdigen Einblick und schafft Vertrauen.

Herausgeber Deutsche Gesellschaft für Internationale Zusammenarbeit (GIZ) GmbH (Verantwortung Ute Schaeffer)

Realisation Fazit Communication GmbH

Redaktion GIZ (Nicole Annette Mueller), Fazit Communication GmbH (Sabrina Pfost, Friederike Bauer, Brigitte Spitz)

Gestaltung Oliver Hick-Schulz

Zielgruppe Schlüsselpersonen aus dem In- und Ausland sowie nationale und internationale Meinungsbildner:innen aus der Politik, dem politischen Umfeld, den Medien und der Wirtschaft

Distribution Verteiler der GIZ, Online-Veröffentlichung als PDF

Ersterscheinung 1993

Format 210 x 280 mm

Umfang 52 Seiten

Auflage 11.500 Exemplare

SHORTLIST

CUSTOMER > Print
Magazine > Non-Profit, Verbände & Institutionen

CUSTOMER > Print
Magazine > Non-Profit, Verbände & Institutionen

SHORTLIST

gomagazin. Das *gomagazin* wirbt nicht in erster Linie für eine Organisation, sondern für christliche Werte. Es will Führungskräften in Wirtschaft, Politik, Wissenschaft und Kultur die Bedeutung dieser Leitplanken zeigen. Das Magazin ist von und für Führungskräfte und beinhaltet Interviews und Porträts von Menschen. Um einen Kontrapunkt zur hektischen Wirtschaftswelt zu setzen, kommt es optisch ruhig, aber hochwertig daher und geht inhaltlich in die Tiefe. In jeder Ausgabe wird ein Schwerpunktthema von verschiedenen Seiten beleuchtet. Lange Reportagen, Interviews und Bildstrecken fallen in der schnelllebigen Online-Newswelt auf. Das *gomagazin* legt Wert auf eine frische, aber gepflegte Sprache, um den Ton seines Zielpublikums zu treffen. Ein besonderer Fokus liegt auf Führungskräften ohne kirchliche Bindung. Führungskräfte sehen sich im Alltag einer Informationsflut ausgeliefert. Darum will das *gomagazin* optische Ruhe und Aufgeräumtheit vermitteln und setzt exklusive Fotografien und Illustrationen ein. Schon Gestaltung und Umfang des *gomagazins* signalisieren, dass es nicht Kurzfutter, sondern Kraftnahrung beinhaltet.

—

Herausgeber IVCG Publikationen
Realisation Basel West Unternehmenskommunikation AG

Umfang 102 Seiten
Auflage 20.000 Exemplare
Distribution *gomagazin* wird vorwiegend durch Abonnements und durch die Communities der lokalen Gruppen der IVCG „Internationale Vereinigung Christlicher Geschäftsleute und Führungskräfte" vertrieben, ist aber auch an Kiosks erhältlich und liegt in gehobenen Hotels und Airport Lounges aus.
Erscheinungsweise vierteljährlich
Webadresse www.gomagazin.de

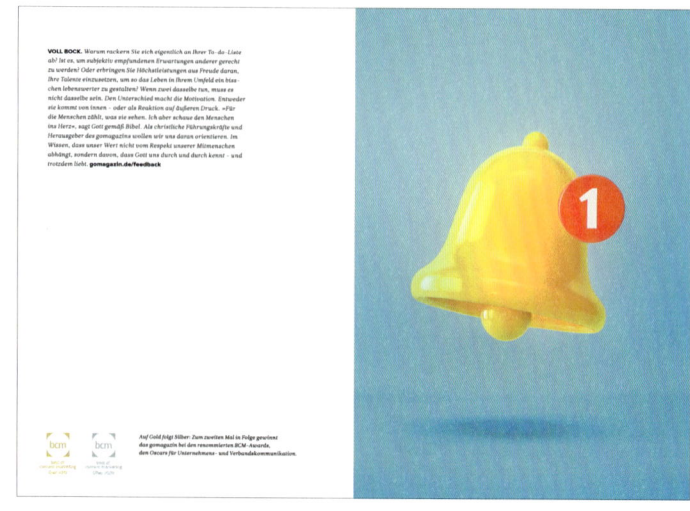

SHORTLIST

CUSTOMER > Print
Magazine > Non-Profit, Verbände & Institutionen

Wenn man in einem Kaff wie Heidelberg aufwächst«, sagt Julia Sentman, genannt Jules, ganz beiläufig. So, als sei es das Selbstverständlichste der Welt. Doch der Halbsatz verrät mehr über die lebenshungrige Frau als über die rund 160 000 Seelen beherbergende Großstadt mit der ältesten Universität Deutschlands. Denn obwohl sie ihre Studienzeit mit vielen Aufenthalten in Los Angeles als die »beste Zeit ihres Lebens« bezeichnet, findet sie in ihre Berufung in ihrer Heimat.

Der Vater stirbt früh, die Mutter bleibt allein. Vormittags arbeitet sie als Schneiderin, nachmittags braucht sie ihre Ruhe. Geschwister gibt es keine, auch keinen Fernseher. Also lernt Jules von klein auf, sich selbst zu beschäftigen und entwickelt viel Kreativität. In den Ferien besuchen sie regelmäßig die Großeltern in einem 150-Einwohner-Dorf in Rheinland-Pfalz. Der Großvater nimmt Jules stets mit in die Natur. »Er war Korbflechter und Imker, blind und fast taub. Ihm gehörten ein paar Streuobstwiesen, daneben baute er Kräuter an.« Sie beobachtet ihn, wie er in die Bienenhäuser mit seinem geringen verbliebenen Hörvermögen hineinlauscht und genau weiß, was sich dort gerade tut. Sie pflückt mit ihm Minze und Salbei, schaut zu, wie er sie bündelt, um später Tee daraus zu machen. »Dieses Langsame und Grüne hat mich immer fasziniert.« Seitdem trägt Jules die Liebe zur Natur in ihrem Herzen.

IMMER DEM ZIEL ENTGEGEN

LEBEN FÜR DIE GÄSTE

Wieso sind Sie nur jedes dritte Jahr CEO, *Herr IT-Spezialist?*

CUSTOMER > Print
Magazine > Non-Profit, Verbände & Institutionen

SHORTLIST

involved. Das neue Magazin *involved* zieht eine breite, technikaffine Leserschaft in die Welt der Industrie hinein: Starke Bilder, Interviews, Reportagen, Infografiken und ein Podcast machen vielseitig erlebbar, welche Lösungen die über 320.000 Menschen aus der MEM-Branche entwickeln, um das Leben auf der Erde besser zu machen. Denn: Die Schweizer Industrie entwickelt jeden Tag Lösungen für die Herausforderung unserer Zeit. Ihre Innovationen stecken in nahezu allen Bereichen der Gesellschaft: Man findet sie etwa rund um die Mobilität, Umwelt oder Armutsbekämpfung. Die Schweizer Industrie ist eben *involved*, mittendrin, ein aktiver Teil der (internationalen) Gesellschaft. So zeigt auch das Magazin eine enorme Bandbreite an Themen, Personen und Rubriken auf. Der Lesende merkt: In der Branche zu arbeiten muss sinnstiftend, herausfordernd und inspirierend sein. Und natürlich menschelt es gewaltig: Man liest von Patrons und Nachwuchskräften, erlebt Unternehmergeist und Ideenreichtum – nicht nur gedruckt, sondern auch per Tonspur im Podcast „Guete Morge, Chef*in" zum *involved*". Im Magazin wird über den Tellerrand der Produktionshallen hinaus geschaut.

Herausgeber Verband Swissmem (Ivo Zimmermann)
Realisation Studio Edit GmbH, Zürich
Redaktion Gabriela Schreiber, Alena Sibrava (Swissmem) Katharina Rilling (Studio Edit)
Gestaltung Peter Kruppa (Studio Edit)
Zielgruppe Techinteressierte Leserschaft
Format 280 x 210 mm
Distribution Versand an Mitglieder, Distribution an Veranstaltungen
Ersterscheinung April 2021
Erscheinungsweise 2 x jährlich
Webadresse www.studio-edit.ch

SHORTLIST

CUSTOMER > Print
Magazine > Non-Profit, Verbände & Institutionen

BCM 2022 **107**

CUSTOMER > Print
Magazine > Non-Profit, Verbände & Institutionen

SHORTLIST

Ruperto Carola – *VERBINDEN & SPALTEN*. Die Ruprecht-Karls-Universität Heidelberg ist die älteste Universität Deutschlands und ein bedeutendes Forschungszentrum. Durch leserfreundlich aufbereitete Inhalte und eine starke visuelle Gestaltung leistet ihr Forschungsmagazin einen wesentlichen Beitrag zum Verständnis der komplexen Herausforderungen unserer Zeit. Jede Ausgabe widmet sich einem anderen gesellschaftlich relevanten Thema. Der Universitäts-Claim «Zukunft seit 1386» gibt dabei den Impuls für Gegensätze, die Inhalte und Gestaltung prägen. Die von uns gestaltete 18. Ausgabe des Forschungsmagazins der Universität Heidelberg trägt den Titel *VERBINDEN & SPALTEN*. Wie aktuell dieses Gegensatzpaar ist, zeigt unter anderem die Corona-Pandemie. Die Sorge vor der Spaltung unserer Gesellschaft ist zur zentralen Frage geworden, mit der sich die Wissenschaftler:innen der Universität Heidelberg in ihrer jeweiligen Disziplin auseinandersetzen. Wie gehen wir damit um, wenn Menschen nur noch die Fakten gelten lassen, die ihren eigenen Standpunkt untermauern und kein echter Dialog mehr stattfindet? Welche Folgen hat es für uns, wenn soziale Kontakte plötzlich mit Gefahr assoziiert werden? Und was passiert mit einer Gemeinschaft, wenn sich ein Teil nicht an die Regeln hält?

Herausgeber Universität Heidelberg
Realisation KMS TEAM GmbH
Redaktion Universität Heidelberg
Gestaltung KMS TEAM (Designer: Angelo Ressegatti, Account Director: Silke Streppelhof, Senior Implementation Manager: Matthias Karpf, Senior Implementation Media Designer: Angela Keesman, Praktikantin Design: Nina Geromin)

Zielgruppe Wissenschaftliche Mitarbeiter:innen, Studierende, Freunde & Alumni der Universität, Forschungseinrichtungen, außeruniversitäre Partner in Politik, Wirtschaft und Gesellschaft sowie die interessierte Öffentlichkeit
Format 215 x 270 mm
Distribution postalisch
Erscheinungsweise 2 x jährlich
Webadresse www.uni-heidelberg.de
Kontakt hello@kms-team.com

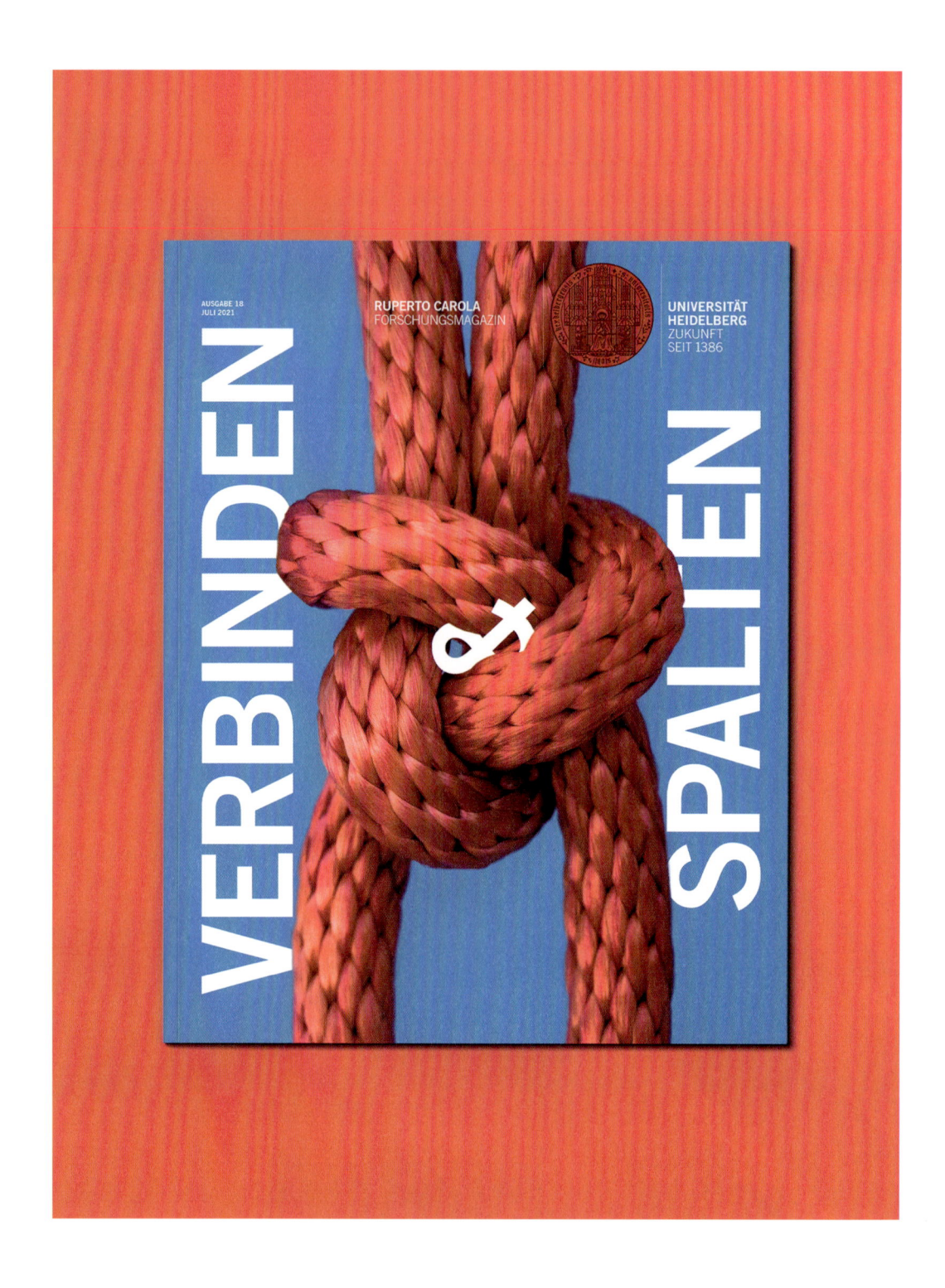

SHORTLIST

CUSTOMER > Print
Magazine > Non-Profit, Verbände & Institutionen

CUSTOMER > Print

Magazine > Non-Profit, Verbände & Institutionen

SHORTLIST

The Good Business Magazine ist ein Business Magazin des gleichnamigen Impact Entrepreneurship Programm's „The Good Business" (TGB) – NOAH Foundation. Das TGB Business Development Programm fördert Social-Impact Unternehmen durch Wissenstransfer, Zugang zu internationalem Netzwerk und Finanzierung. Im *TGB Magazin* werden die 18 teilnehmenden Unternehmen des TGB Programms in Afrika und ihre inspirierenden Geschäftsmodelle vorgestellt. Das *TGB Magazin* wurde in Zusammenarbeit mit der GIZ in Afrika umgesetzt. Insgesamt 5.000 Exemplare wurden in Deutschland und Afrika gedruckt und in den Umlauf gebracht und sind kostenfrei erhältlich.

Herausgeber NOAH Foundation
(Toni Kappesz)

Realisation Commandante Berlin GmbH

Redaktion Commandante Berlin GmbH
(Supervisor & Copy Editor: Annette Franklin Stokes, Editorial Team: Natalie Heidinger, Patricia von Thien, Nick Nitschke, Pauline Stölzel, Kidist Getachew, Alexa Käser)

Gestaltung Commandante Berlin GmbH
(Art Director: Shona Stark, Design: Stelan Mergenthaler, Illustrations: Iva Arandjelovic)

Zielgruppe NGO's, Potenzielle Partner, Impact Unternehmen

Format 21 x 29,7 cm

Ersterscheinung Juni 2021

Erscheinungsweise 2 x jährlich

Webadresse
www.thegoodbusiness.com/tgb-magazine

SHORTLIST

CUSTOMER > Print
Magazine > Non-Profit, Verbände & Institutionen

TGB Magazine

Meet Ethiopia's entrepreneurs

CUSTOMER > Print
Magazine > Tourismus & Verkehr

PREISTRÄGER

bcm

Jurybegründung

Tolles Storytelling. Die Inhalte sind hervorragend aufbereitet, Texte, Bilder, Grafiken und Videos ergänzen sich schön.

PREISTRÄGER

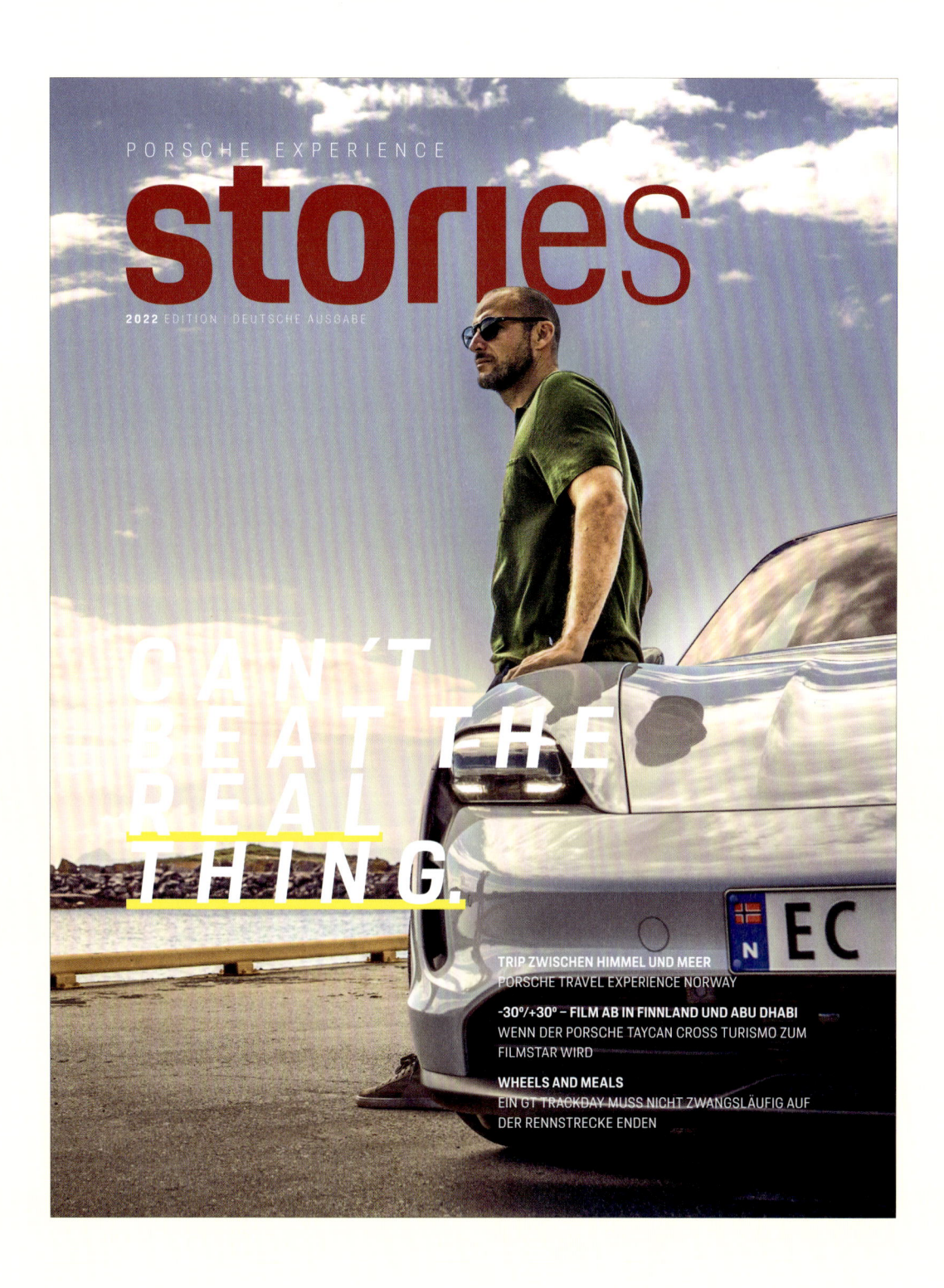

CUSTOMER > Print
Magazine > Tourismus & Verkehr

Porsche Experience stories – *2022 Edition*

Herausgeber Dr. Ing. h.c. F. Porsche AG
Realisation BrandsOnSpeed GmbH, 888 Productions GmbH

CUSTOMER > Print
Magazine > Tourismus & Verkehr

PREISTRÄGER

—

Porsche Experience stories – *2022 Edition.* Reiseträume verwirklichen, die auf der Bucket List ganz oben stehen – das hat sich Porsche Experience auf die Fahne geschrieben. Und macht mit seinem Reise- und Erlebnismagazin *stories* Lust auf besondere Erlebnisse. Zum 25jährigen Jubiläum der Porsche Travel Experience musste ein Makeover her. Die Challenge: Mehr Content. Mehr Emotionen. Mehr Erleben. Mehr Awareness. Und ja: auch mehr Buchungen. Die Lösung: Ein intelligentes Storytelling-Konzept. Präziser im Handling. Dynamischer im Layout. Kraftvoller im Erleben. Hochwertiger in der Ausstattung – *Porsche Experience stories 2.0.* Vier Porsche Experiences gibt es: TRAVEL, ICE, TRACK und RACING. Sie sind gleichzeitig die Rubriken und bestimmen den Heftaufbau. Dazu kommt die Rubrik INSPIRATION INTERNATIONAL – haptisch durch einen Papierwechsel unterstrichen –, prallvoll mit spannenden Stories, die Porsche-Enthusiasten begeistern. Und sie umso mehr motiviert, eine der Porsche-Experience-Reisen zu buchen, um die Marke gemeinsam mit Gleichgesinnten zu erleben. Denn schneller kann man Träume nicht wahr werden lassen.

—

Auftraggeber Dr. Ing. h.c. F. Porsche AG (Projektleitung: Ralph Kimmerle)

Realisation BrandsOnSpeed GmbH, 888 Productions GmbH

Redaktion BrandsOnSpeed GmbH (Berthold Dörrich, Christina Rahmes, Gerald Enzinger, Elisa Weber, Björn Springorum, Lukas Walter)

Gestaltung BrandsOnSpeed GmbH, 888 Productions GmbH, Lutz Suendermann (Art-Direction)

Zielgruppe Porsche-Enthusiasten

Format 215 x 280 mm

Umfang 152 Seiten

Erscheinungsweise 1 x jährlich

PREISTRÄGER

CUSTOMER > Print
Magazine > Tourismus & Verkehr

BCM 2022

Jurybegründung

Stadtmagazin der Wiener Neustadt mit modernem Einstieg, ohne Brauchtumstümelei. Attraktiv aufbereitete Inhalte. Ein wirklich tolles Leservergnügen, man kriegt gleich Lust hinzufahren.

PREISTRÄGER

CUSTOMER > Print
Magazine > Tourismus & Verkehr

Nº 1/2021

WIR
ENTDECKEN NEUSTADT NEU

Der Zauber des Adventmarkts | Die legendäre Kipferltante | Die Strahlkraft des Bösendorfer Festivals | Der Mann mit dem magischen Auge | Zwischen Schachtelhalm und Saunasalz | Winnetou im Witetschka | Erinnerungen von Viktor Gernot

DAS NEUE MAGAZIN FÜR WIENER NEUSTADT

Hoch soll er leben!

—
WIR

Herausgeber WN Kul.Tour.Marketing GmbH
Realisation Red Bull Media House Publishing

CUSTOMER > Print
Magazine > Tourismus & Verkehr

PREISTRÄGER

WIR. Liebe auf den ersten Blick ist ein romantisches Märchen. Wer wirklich lieben will, muss genau hinsehen, genau hinhören, genau hinfühlen. Und dann seine Hingabe entdecken. Das ist bei einer Stadt nicht anders. Und genau das ist die Idee des Magazins: Die Möglichkeit schaffen, sich durch die vielen schönen, erstaunlichen, belebenden Seiten Wiener Neustadts zu blättern. Mit ihrer großen Geschichte, ihrem innovativen Geist zwischen Tradition und Moderne, ihrem Glanz und ihrem Grün. Und vor allem mit ihren Menschen – vom Verkäufer bis zur Bäckerin, vom Wirt bis zur Marktfrau, von der Historikerin bis zu prominenten Sportlern und Künstlern. *WIR* ist so bunt, fröhlich, dynamisch, selbstbewusst und herzlich wie die Bewohnerinnen und Bewohner der Stadt. Es ist anders und besonders, mit einem liebenswerten Charakter. Und wie geschaffen für ein lesenswertes Rendezvous.

Herausgeber WN Kul.Tour.Marketing GmbH
Realisation Red Bull Media House Publishing
Redaktion Red Bull Media House Publishing (Michael Hufnagel)
Gestaltung Red Bull Media House Publishing (Sophie Weidinger)

Zielgruppe Menschen aus der Stadt, der Region und weitere – vor allem nationale – Gäste Wiener Neustadts
Format 190 x 250 mm
Umfang 56 + 4 Seiten
Auflage ca. 40.000 Exemplare
Distribution Beilage im Amtsblatt der Stadt Wiener Neustadt, Beilage im Magazin „Wirtschaft NÖ", Direktversand, Sampling
Ersterscheinung 12.11.2021
Erscheinungsweise 2 x jährlich
Werbeträger Magazin – Doppelseite oder Einzelseite
Webadresse https://tourismus.wiener-neustadt.at/wir-magazin
Kontakt copublishing@redbull.com

PREISTRÄGER

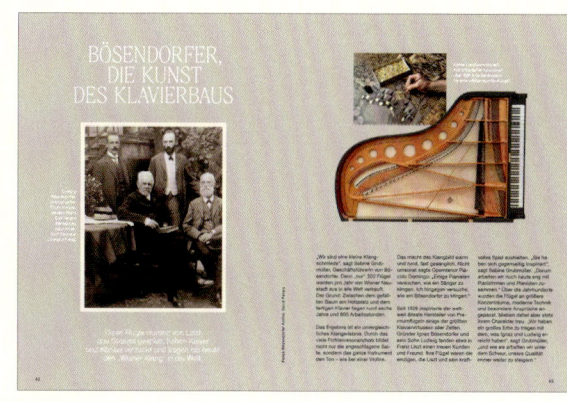

CUSTOMER > Print
Magazine > Tourismus & Verkehr

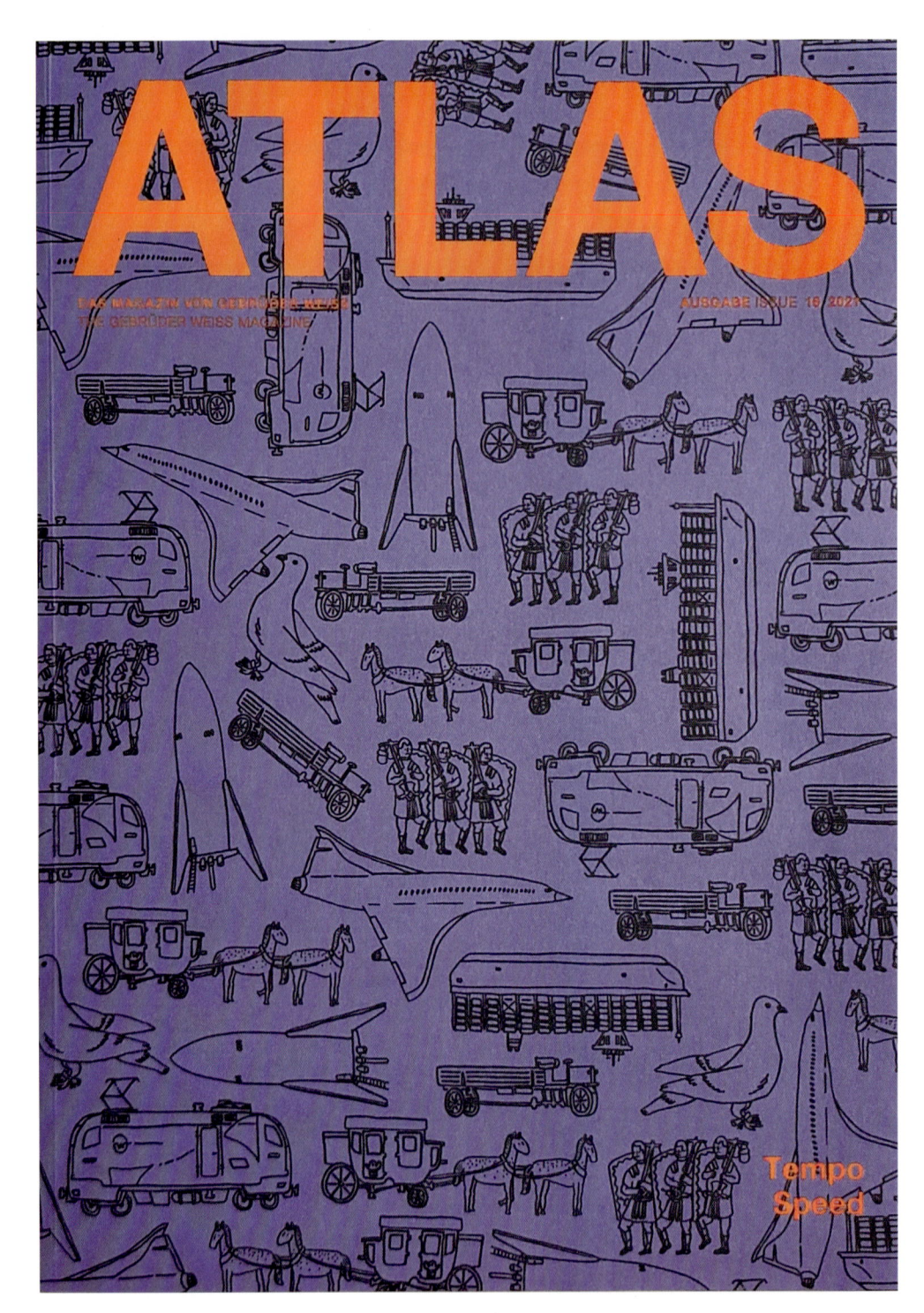

CUSTOMER > Print
Magazine > Tourismus & Verkehr

SHORTLIST

—

ATLAS – *The Gebrüder Weiss Magazine*. *ATLAS* ist das Kundenmagazin von Gebrüder Weiss. Es bildet Weltoffenheit und Interesse am Menschen, an Mobilität und Bewegung ab – und damit die Haltung des global tätigen Logistikers aus Österreich.
Die Inhalte des Magazins sind einerseits dem Unternehmensalltag entnommen, zum anderen finden sich im *ATLAS* aber auch Erzählungen und Informationen, die weit darüber hinausweisen, z. B. wird für jede Ausgabe eine Reportage beauftragt, die aus Ländern berichtet, in denen Gebrüder Weiss vertreten ist. So will der *ATLAS* seine Leserinnen und Leser nicht nur unterhalten, sondern auch bilden und erfreuen.
Ein Schwerpunktthema zu finden, das einerseits weltweit von Interesse ist und zugleich den Werten des Vorarlberger Familienunternehmens entspricht, ist die Herausforderung, die sich mit jeder Ausgabe neu stellt. Die 16. Ausgabe befasst sich mit Tempo/Speed – ein Qualitätsfaktor in der Logistik, aber eine relative Größe in der Welt. Und weil die Welt nicht alles ist, informiert ein Special über die Simulation einer Reise zum Mars. Eine englische Übersetzung ist so integriert, dass sie sich von den deutschen Texten abhebt, zugleich eng mit ihnen und mit den Bebilderungen verwoben ist – denn das Magazin wird in allen 35 Ländern vertrieben, in denen Gebrüder Weiss Niederlassungen hat. Und überall kann der *ATLAS* gelesen und verstanden werden.

—

Herausgeber Gebrüder Weiss Gesellschaft m.b.H.
Realisation Groothuis. Gesellschaft der Ideen und Passionen mbH
Redaktion Frank Haas (Chefredaktion), Merlin Herrmann, Imke Borchers, Miriam Holzapfel
Gestaltung Sandra Gerstenfeldt, Susan Schulz
Zielgruppe Kunden, Geschäftspartner, Mitarbeitende und Interessierte
Format 225 x 310 mm
Umfang 92 Seiten
Verbreitete Auflage 11.000 Stück
Distribution Direktvertrieb und über gw-atlas.com
Erscheinungsweise halbjährlich
Webseite gw-atlas.com
Kontakt redaktion@gw-atlas.com

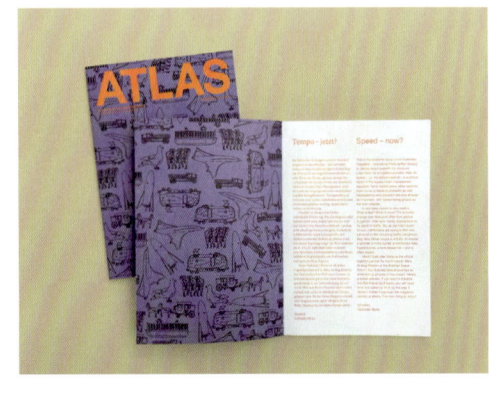

SHORTLIST

CUSTOMER > Print
Magazine > Tourismus & Verkehr

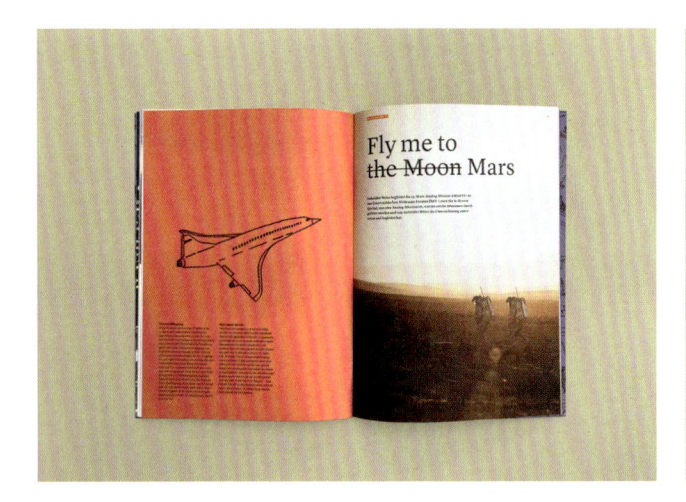

CUSTOMER > Print
Magazine > Tourismus & Verkehr

SHORTLIST

Norderney – *Die Königin der Nordsee.* Die Gäste der zweitgrößten Ostfriesischen Insel Norderney verstehen sich nicht als Touristen, sondern nehmen die Insel angesichts einer „Wiederholer"-Quote von über 70% als zweite Heimat wahr. Im Sinne der Gästebindung und Schaffung von Identität richtet sich das seit 2014 jährlich erscheinende Reise- und Lifestylemagazin *Norderney – Die Königin der Nordsee.* vorrangig an diese Zielgruppe sowie Interessierte aus den Quellmärkten Bayern, Baden Württemberg und der Schweiz, die ihren Antrittsbesuch auf der Thalassoinsel Norderney planen. Auf 26,3 km² Nordseesand finden sich Perspektiven, Entdeckungen und Erlebnisse.

Nach zwei Jahren Pandemie wird das Sehnsuchtsthema „Freiheit" im Magazin 2022 thematisiert. Auf 100 großzügig bebilderten Seiten öffnet die Publikation das Herz für die majestätische Inselnatur, das Kernthema „Thalasso", Kultur, Events, Gastronomie und Shopping sowie für die Menschen der Insel. Abwechslungsreiche Reportagen, Anekdotisches, Infos, Tipps und kulinarische Empfehlungen inspirieren die Leserinnen und Leser dazu, „ihre" Insel mit neuen Augen wahrzunehmen.

Eine unkonventionelle Bildsprache und hochwertiges Bildmaterial sowie unbefangen kombinierte Details spiegeln die maritime Welt der ganzjährig beliebten Urlaubsinsel.

Herausgeber Staatsbad Norderney GmbH
Realisation greenbox design GbR
Gestaltung greenbox design GbR (Anka Reinhardt, Mariola Holka)
Redaktion und Text CMS – Cross Media Solutions (Friederike Sauerbrey)
Zielgruppen Erholungsuchende, Familien, Thalasso- und Wellness-Gäste, Sport- und Kurzurlauber
Heftformat 210 x 297 mm
Umfang 100 Seiten
Auflage 35.000 Exemplare
Distribution online, Bahnhofsbuchhandel
Erscheinungsweise jährlich
Webadresse www.norderney.de
Kontakt Wilhelm Loth, Staatsbad Norderney GmbH, info@norderney.de

SHORTLIST

CUSTOMER > Print
Magazine > Tourismus & Verkehr

CUSTOMER > Print
Specials & Annuals

PREISTRÄGER

bcm

Jurybegründung

20 Jahre Musikgenre-Geschichte. Zitat Ralf Lülsdorf: „Wir wollten auch Chronisten der Generation Rave sein" – *Electronic Beats* hat diese Mission vollumfänglich erfüllt.

PREISTRÄGER

CUSTOMER > Print
Specials & Annuals

Electronic Beats

Herausgeber Deutsche Telekom AG
Realisation MEIRÉ UND MEIRÉ GmbH & Co. KG

CUSTOMER > Print
Specials & Annuals

PREISTRÄGER

Electronic Beats. Telekom feiert 20 Jahre *Electronic Beats* mit einem Buch über Musik, Kultur, Marken und digitale Räume. Dass Musik Menschen erreicht und bewegt, haben in der Geschichte viele Marken erkannt. Eine tiefergehende Symbiose mit der Musik einzugehen, geschweige denn eine langfristige Beziehung zu der einzigartigen Welt des Pop aufzubauen, gelang den wenigsten.
Dass seit 20 Jahren ausgerechnet der ehemalige Staatskonzern Telekom mit seinem Musikmarketing-Programm *Electronic Beats* eine der zentralen Plattformen der elektronischen Musikkultur etabliert hat, ist keine Serendipität und zugleich eine Geschichte voller interessanter Wendungen und guter Entscheidungen. *Electronic Beats* ist nicht nur ein Kompendium zu Musik, Kultur, Kommunikation und Gesellschaft, sondern nimmt auch Marken in den Fokus, um die Rolle, die sie im Leben von Konsument:innen erfüllen, zu kontextualisieren.
Hochwertige Haptik sowie eine klare Struktur, zurückhaltend gesetzte Brüche und der charismatische Strich des Künstlers Stefan Marx runden die Buchgestaltung neben Fotografien von Marie Staggat oder Beiträgen mit Billie Eilish, Dixon, Honey Dijon, Bryan Ferry und Designs von Meiré & Meiré ab. *Electronic Beats* bewegt sich in einer Vielfalt visueller Codes von Street Art bis Postdigital und bietet eine ausgewogene Mischung aus Essays, Interviews, Pop- und Lifestyle-Collagen sowie Merchandise- und Szene-Dokumentationen. Dabei sind die Beiträge so vielschichtig wie die Geschichte von *Electronic Beats* selbst.

Herausgeber Deutsche Telekom AG
Realisation MEIRÉ UND MEIRÉ GmbH & Co. KG

Auflage 5000 Exemplare
Umfang 304 Seiten
Erscheinungsweise einmalig
Webadresse
www.electronicbeats.net/20years-book

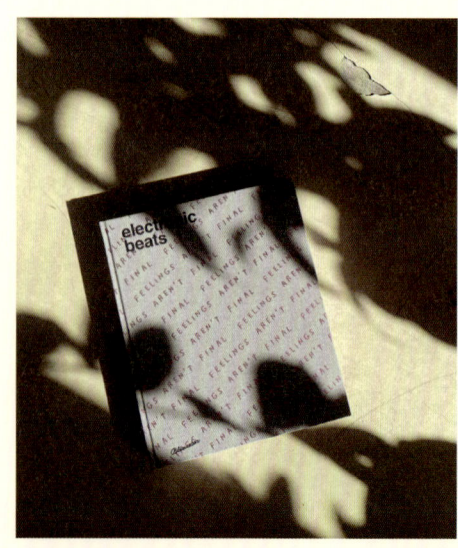

PREISTRÄGER

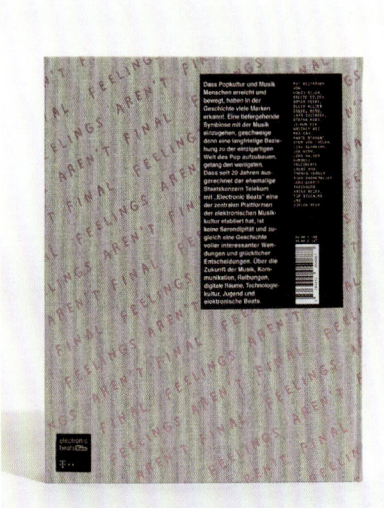

CUSTOMER > Print
Specials & Annuals

EDEKA Mit Liebe vegan Spezial. Das Sonderheft *Mit Liebe vegan Spezial* sieht zunächst aus wie eine ganz normale *Mit Liebe*, wie sie die Kund:innen von EDEKA seit vielen Jahren kennen. Aber mit einem gewaltigen Unterschied: Hier ist alles vegan. Auf 128 Seiten beweist das Magazin unter dem #Veginner, wie leicht es inzwischen geworden ist, einfach mal vegan zu genießen. So erleichtert ein kompletter Wochenplan den Einstieg in einen veganen Alltag. Dass Genuss hier an erster Stelle steht und alles erlaubt ist, was Spaß macht, zeigen tolle Pasta-Rezepte und vegane Fast-Food-Alternativen. Influencer:innen wie Maren Schiller und Ceddo verraten im Magazin, warum sie vegan ins Jahr starten und was ihr Lieblingsrezept ist. Dazu ordnet Ernährungswissenschaftler Achim Sam vom Podcast ISS SO das Thema fachlich ein. In einem exklusiven Interview erklärt Ria Rehberg, Geschäftsführerin von Veganuary, wie die internationale Kampagne Menschen auf dem Weg zu einer pflanzlichen Ernährung unterstützt. Mit der *Mit Liebe vegan Spezial* beteiligte sich EDEKA im Januar 2022 am Veganuary, der in diesem Jahr mehr als 600.000 Menschen in über 200 Ländern dabei inspirierte, sich einen Monat lang pflanzlich zu ernähren.

Herausgeber EDEKA Media GmbH
Realisation C3 Creative Code and Content GmbH
Redaktion EDEKA Media (Chefredakteur: Nico Schiller-Claussen; Projektmanagement: Pauline Löffler, Katharina Schmauch), C3 Creative Code and Content GmbH (Redaktionsleitung: Götz Poggensee; Art-Direktion: Melanie Kollath, Jessica Winter; Bildredaktion: Ulrike Jürgens; Projektmanagement: Rebecca Böger, Nina Ziebell)
Gestaltung C3 Creative Code and Content GmbH
Zielgruppe Alle EDEKA-Kund:innen mit einem Interesse an einer zeitweiligen oder dauerhaften pflanzenbasierten Ernährungsweise sowie Kund:innen, die sich bereits vegetarisch oder vegan ernähren.
Format 195 x 263 mm
Umfang 128 Seiten
Auflage 2,5 Millionen Exemplare
Distribution Gratis-Abgabe in den EDEKA-Märkten
Erscheinungsweise einmaliges Spezial
Ersterscheinung Januar 2022
Webadresse edeka.de/mitliebe, verbund.edeka/mitliebe

SHORTLIST

CUSTOMER > Print
Specials & Annuals

CUSTOMER > Print
Specials & Annuals

SHORTLIST

—
Greenpeace-Jubiläumszeitung – *50 Jahre – 50 Portraits*. Die *Greenpeace-Jubiläumszeitung* ist eine Hommage an die Menschen hinter dem unermüdlichen Engagement seit 50 Jahren.
50 Portraits und persönliche Statements über Erfahrungen, Motivation und Überzeugung rücken die Akteure ins Zentrum.
Die 50-jährige Geschichte von den Anfängen bis heute wird in sechs Kapiteln erzählt. In Infografiken werden die wichtigen Meilensteine, Erfolge und Misserfolge auf der Zeitachse verortet, gut recherchiert und plakativ abgesetzt.
Das Zeitungsformat unterstreicht das Konzept der großzügigen Portraits. Die Produktion ist dennoch Greenpeace-typisch nachhaltig. Also Großzügigkeit ohne Hochglanz. Der Regenbogen, das Symbol von Greenpeace, wird subtil in die Gestaltung einbezogen und zieht sich durch die ganze Zeitung. Raffiniert werden im Lauftext typografische Referenzen zu den Jahreszahlen und Portraits gesetzt.

—
Herausgeber Greenpeace Schweiz
Realisation Raffinerie AG

Umfang 48 Seiten
Auflage 120.000 Exemplare
Erscheinungsweise einmalig
Webadresse www.greenpeace.ch

SHORTLIST

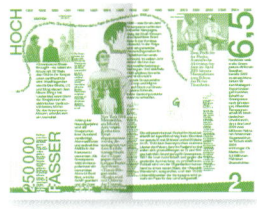

CUSTOMER > Print
Specials & Annuals

AUF DIE NÄCHSTEN 50 JAHRE

Heute ist Greenpeace zu einer internationalen Organisation mit über 4000 Mitarbeitenden in mehr als 55 Länderbüros herangewachsen. Gemeinsam mit unzähligen Freiwilligen und Unterstützer*innen setzt sie sich weltweit für eine ökologische, soziale und gerechte Gegenwart und Zukunft ein – und dies noch immer hartnäckig und gewaltfrei, wie es einst die zwölf ersten Greenpeacer vormachten: «Wir müssen uns stets daran erinnern, wie weit wir gekommen sind, wie viel Kraft wir haben und wie weit wir in Zukunft kommen können, wenn wir uns gegenseitig unterstützen und zusammenhalten», so Jennifer Morgan, Geschäftsleiterin von Greenpeace International. Angefangen mit dem Thema Atom, wurde aus Greenpeace über die Jahre hinweg eine multithematische Bewegung, die sich in den Bereichen Meer, Chemie, Antarktis, Arktis, Wald und Zero Waste engagiert. Und heute stellt sie sich der dringlichsten Herausforderung unserer Zeit: der Klima- und Biodiversitätskrise. Für Greenpeace ist klar, dass wir nur gemeinsam den Wandel hin zum Klimaschutz und zum Schutz aller Lebewesen schaffen. Hierfür kämpft die Organisation so lange, bis dies endlich nicht mehr nötig ist.

CUSTOMER > Print
Specials & Annuals

SHORTLIST

Im Strom der Zeit – *Klybeck-Mook.*
Als 2017 klar wurde, dass Novartis das Basler Klybeckareal veräussern würde, haben wir begonnen, die Vergangenheit dieses Industriequartiers unter die Lupe zu nehmen. Das Klybeck hat eine lange Geschichte. Im 13. Jahrhundert erstmals urkundlich erwähnt, hat es wichtige Meilensteine der Innovation für die chemisch-pharmazeutische Industrie der Stadt hervorgebracht, vor allem für Novartis und ihre Vorgängerunternehmen. Sie reichen von der Produktion neuartiger synthetischer Farbstoffe für die Seidenbandindustrie im 19. Jahrhundert über die Erfindung von auf Naturstoffen beruhenden Medikamenten im 20. Jahrhundert bis hin zu den biotechnologischen Verfahren der Gegenwart. Mit der nun beginnenden Umwandlung des Areals zu einem modernen, auf Nachhaltigkeit ausgerichteten Wohngebiet hat das Klybeck auch in städtebaulicher Hinsicht eine besondere Bedeutung für Basel und weit darüber hinaus gewonnen. Ein weiterer Grund dafür, uns intensiv mit dem Viertel auseinanderzusetzen und der breiten Öffentlichkeit unseren Blick auf das Quartier offenzulegen.
Diese Spezialausgabe des Live-Magazins von Novartis stellt nicht nur die industriehistorische Entwicklung des Areals detailliert und unter Einbezug von einzigartigen, bisher noch nicht veröffentlichten Bild- und Textdokumenten dar, sondern bietet auch einen spannenden Ausblick auf die Stadtentwicklung der Zukunft.

Herausgeber Novartis International AG, Friedrich Reinhardt Verlag AG
Realisation Novartis International AG (Chefredaktion: Goran Mijuk)
Gestaltung Schneider & Visuelle Kommunikation (Tabea Schneider)

Zielgruppe Mitarbeitende von Novartis, Ciba-Geigy und Leser in der Schweiz
Format 180 x 235 mm
Umfang 160 Seiten
Auflage 1500 Exemplare
Distribution Reinhardt Verlag Basel
Ersterscheinung März 2022
Erscheinungsweise 1 – 2 x jährlich
Webadresse live.novartis.com
Kontakt goran.mijuk@novartis.com

Eine Fotowanderung durchs Jahrhundert

Seide, Salz und ein kleiner Spaziergang

CUSTOMER > Print
Specials & Annuals

SHORTLIST

NOW – *Das Nachhaltigkeitsmagazin der otto group.* Die Nachhaltigkeitsberichterstattung von Unternehmen hat sich in den vergangenen Jahren stark verändert. Sie konzentriert sich zumeist auf den strategischen Ansatz von Corporate Responsibility, folgt internationalen Reporting-Richtlinien und erreicht oft jedoch nur eine sehr spitze Leserschaft: eine kleine Gruppe von Nachhaltigkeitsexpert:innen.
Die Otto Group entschied sich für einen neuen Ansatz. Sie wollte ihr seit mehr als 30 Jahren konsequentes Nachhaltigkeitsengagement in radikal journalistischer Weise beleuchten – und fand Deutschlands größtes Nachhaltigkeitsmagazin GEO als Partner. Die ungewöhnliche Aufgabe: eine Unternehmenspublikation zu produzieren, die den kritischen Blick von außen und nach außen zulässt. Das Ergebnis: Auf insgesamt 108 Seiten skizzieren und hinterfragen GEO-Journalist:innen in 16 Reportagen und Interviews die Herausforderungen, denen sich die Otto Group im Rahmen ihrer gesellschaftlichen Verantwortung stellen muss.
Die 100.000 Print-Exemplare des Magazins NOW wurden an die weltweit 50.000 Beschäftigten der Otto Group versandt. Außerdem an Politik, Wissenschaft, Wirtschaft, Verbände, NGOs und die Kommunikations- und Medienbranche – je nach Zielgruppe in deutscher oder englischer Sprache. Auf der Website der Otto Group steht das Magazin ebenfalls zweisprachig als ePaper- und PDF-Version kostenfrei zur Verfügung. Ein Exzerpt lag den beiden Wirtschafts- und Finanzmedien Handelsblatt und Wirtschaftswoche bei.

Herausgeber Otto Group

Realisation GEO, eine Medienmarke von Gruner + Jahr Deutschland GmbH

Umfang 108 Seiten

Auflage 100.000 Exemplare

Erscheinungsweise einmalig

Webadresse www.ottogroup.com/de/NOW2021.php

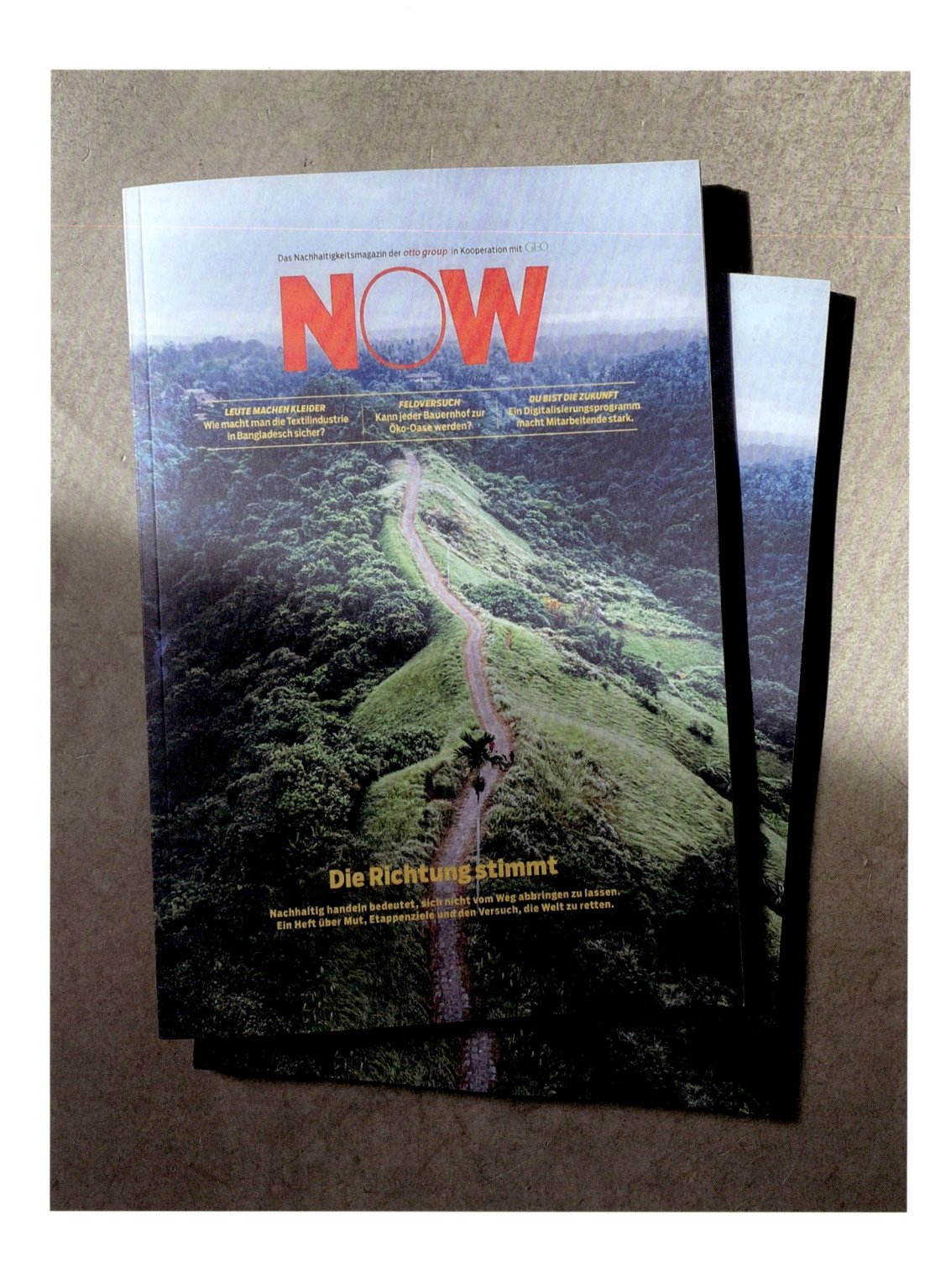

SHORTLIST

CUSTOMER > Print
Specials & Annuals

CUSTOMER > Print
Specials & Annuals

SHORTLIST

Wald Kalender 2022. Wie kann man ein ganzes Jahr lang bei seinen Kund:innen und Stakeholdern präsent sein und diese dabei für ein Thema sensibilisieren? Die Österreichischen Bundesforste (ÖBf) versuchen das mit einem Wandkalender. Die Idee: Ein Kalender hängt ein ganzes Jahr, die Marke „ÖBf" ist also 365 Tage im Fokus und mit ihr auch das Thema, das die ÖBf erzählen möchten.

Die Voraussetzung ist, dass die Kunden den Kalender tatsächlich aufhängen. Er muss also schön sein. Und zweitens muss das Thema so spannend erzählt werden, dass man sich ein Jahr damit befassen will.

2022 setzen die ÖBf auf Biodiversität im Wirtschaftswald. Die ÖBf als größter Waldbewirtschafter Österreichs leisten einen wichtigen Beitrag für den Erhalt der Artenvielfalt. Im Storytelling wird die Biodiversität aber nicht direkt angesprochen: Stattdessen erzählt der Kalender von 12 Urlaubslocations für Tiere, in denen diese sich ganz besonders wohl fühlen. Die Optik ist konsequenterweise an Tourismusplakate der 60er Jahre angelehnt und setzt auf ein schlichtes, aber elegantes Artwork. Die Stakeholder hängen sich also 12 schöne Plakate ohne belehrenden Text an die Wand.

Dennoch verzichten die ÖBf nicht auf ihre Botschaft. Diese kommt über ein multimediales Gadget. Die Kalenderblätter sind nämlich animiert. Hält man ein Smartphone auf sie, dann beginnen die Blätter darin zu leben. In der Tonspur dazu hört man dann, was die Bundesforste unternehmen, um die Artenvielfalt in unterschiedlichen Lebensräumen zu unterstützen.

Herausgeber Österreichische Bundesforste
Realisation Wald Verlags GmbH
Gesamtkonzeption Wald Verlags GmbH
Gestaltung ÖBf-TEAM (Andrea Kaltenegger, Viktioria Kiss-Geyer: Unternehmenskommunikation)
Fachliche Begleitung Martina Keilbach, Claudia Kubista, Christina Laßnig-Wlad, Stefan Schörghuber, Nadine Werner, Alexandra Wieshaider

Umfang 13 Seiten
Verbreitete Auflage 4200 Exemplare
Erscheinungsweise jährlich

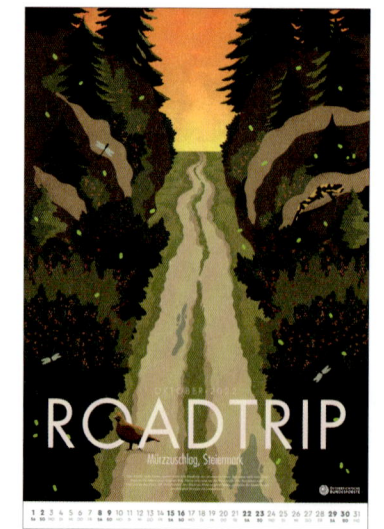

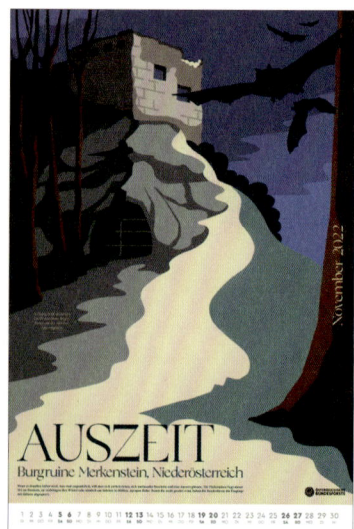

JUNI 2022
Pollenstraße
Faistenau-Hintersee, Salzburg

JULI 2022
BERGSOMMER
Gasteinertal, Salzburg

AUGUST 2022
AM SEE
Wörthersee, Kärnten

SEPTEMBER 2022
ABENTEUER
Kobernaußerwald, Oberösterreich

CUSTOMER > Print
Sales Specials, VKF & Magaloge

PREISTRÄGER

Jurybegründung

Die Qualität der Publikation passt zum Premiumanspruch der Marke Porsche. Gut strukturiert, redaktionell und visuell ansprechend. Macht Lust auf die Angebote.

PREISTRÄGER

CUSTOMER > Print
Sales Specials, VKF & Magaloge

Porsche Experience stories – *2022 Edition*

Herausgeber Dr. Ing. h.c. F. Porsche AG
Realisation BrandsOnSpeed GmbH, 888 Productions GmbH

CUSTOMER > Print
Sales Specials, VKF & Magaloge

PREISTRÄGER

Porsche Experience stories – *2022 Edition.* Reiseträume verwirklichen, die auf der Bucket List ganz oben stehen – das hat sich Porsche Experience auf die Fahne geschrieben. Und macht mit seinem Reise- und Erlebnismagazin *stories* Lust auf besondere Erlebnisse. Zum 25jährigen Jubiläum der Porsche Travel Experience musste ein Makeover her. Die Challenge: Mehr Content. Mehr Emotionen. Mehr Erleben. Mehr Awareness. Und ja: auch mehr Buchungen. Die Lösung: Ein intelligentes Storytelling-Konzept. Präziser im Handling. Dynamischer im Layout. Kraftvoller im Erleben. Hochwertiger in der Ausstattung – *Porsche Experience stories 2.0.* Ob bei der TRAVEL EXPERIENCE zum Schlemmer-Roadtrip nach Rheinhessen, der ICE EXPERIENCE zum Driften ins eiskalte finnische Levi, der TRACK EXPERIENCE zum Performance Training in die Grüne Hölle oder während der RACING EXPERIENCE an die eigenen Grenzen: Hinter jeder der emotional und überraschend erzählten Stories findet sich das konkrete Reiseangebot in Kurzform. Wer vom Reisefieber gepackt wird, gelangt per QR-Code zu experience.porsche.com mit detaillierteren Informationen zum Programm – und kann direkt buchen, um die Reise gemeinsam mit gleichgesinnten Porsche-Enthusiasten zu erleben.

Auftraggeber Dr. Ing. h.c. F. Porsche AG (Projektleitung: Ralph Kimmerle)

Realisation BrandsOnSpeed GmbH, 888 Productions GmbH

Redaktion BrandsOnSpeed GmbH (Berthold Dörrich, Christina Rahmes, Gerald Enzinger, Elisa Weber, Björn Springorum, Lukas Walter)

Gestaltung BrandsOnSpeed GmbH, 888 Productions GmbH, Lutz Suendermann (Art-Direction)

Zielgruppe Porsche-Enthusiasten

Format 215 x 280 mm

Umfang 152 Seiten

Erscheinungsweise 1 x jährlich

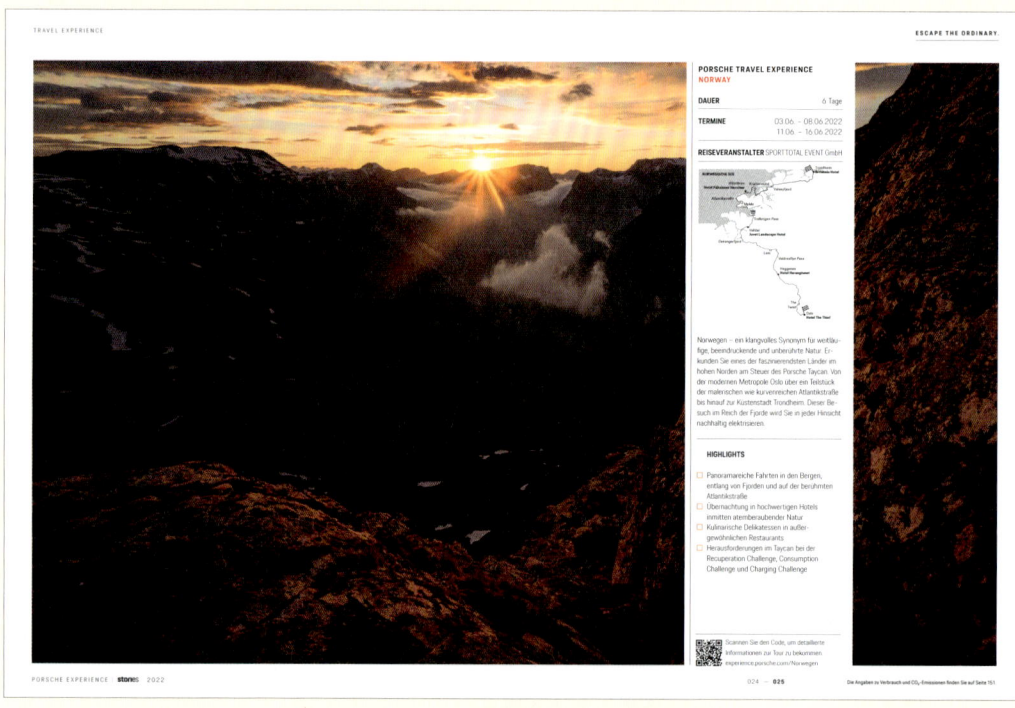

PREISTRÄGER

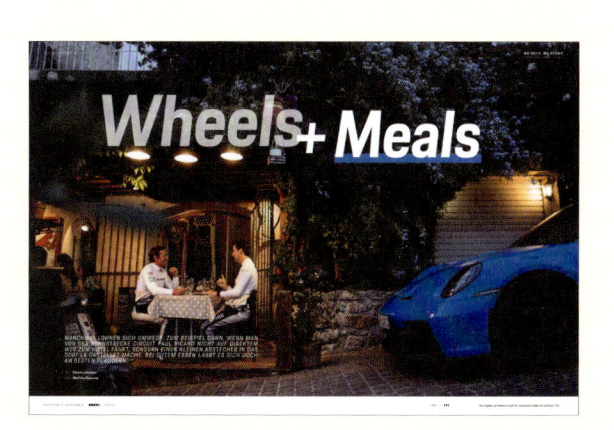

CUSTOMER > Print
Sales Specials, VKF & Magaloge

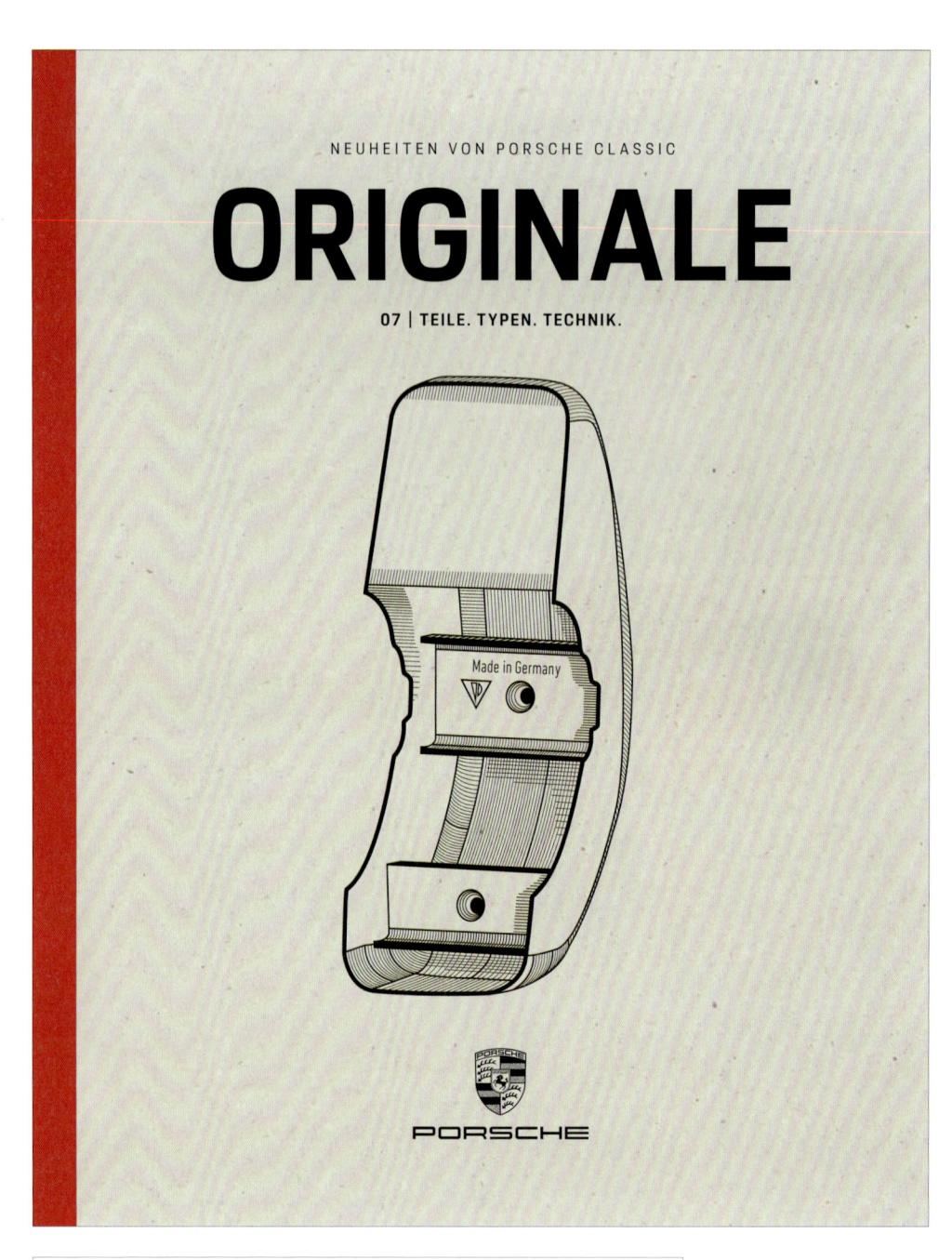

CUSTOMER > Print
Sales Specials, VKF & Magaloge

SHORTLIST

ORIGINALE 07 – *Teile. Typen. Technik.*
Die Aufgabe: *ORIGINALE – Teile. Typen. Technik* ist das kommunikative Aushängeschild von Porsche Classic. Insgesamt wurden über 375.000 Exemplare der ersten sechs Ausgaben weltweit an Kunden und Fans übergeben. Es wurde zum Sammlerstück. Angelehnt an den neuen Brand Purpose „Driven by Dreams" des Gesamtunternehmens soll der Magalog eine Fortentwicklung erfahren. Wichtig dabei ist, dass das Magazin auch nach der Überarbeitung leicht wieder zu erkennen ist.
Die Idee: Die Neuausrichtung von Porsche Classic mündet im Claim „Hüter der Träume". Der Ansatz verändert sich in Richtung der menschlichen Komponente: weg vom Klassiker als reinem Besitzgegenstand hin zum einzigartigen Gefühl, das er seinem Besitzer vermittelt – was sich auch in *ORIGINALE* widerspiegeln soll.
Die Lösung: Das Konzept wurde behutsam weiterentwickelt. *ORIGINALE* ist jetzt leichter zu lesen, sowohl was die Aufbereitung der Themen als auch die Aufmachung anbelangt. Auffälligste Änderungen sind der jetzt zwei- statt vierspaltige Umbruch sowie die Integration von mehreren, größeren Bildern. Pro Ausgabe präsentiert *ORIGINALE* drei „Hero"-Produkte. Dieser Teil des Magazins ist weiterhin das Herzstück. Diese werden nun von authentischen Personen aus der Porsche Community präsentiert. Vollflächige Fotografien eröffnen die Geschichten und präsentieren die drei Produkte auf außergewöhnliche Weise. Auch in den weiteren Kapiteln und im Katalogteil erfährt die Fotografie eine deutliche Aufwertung.

Herausgeber Dr. Ing. h.c. F. Porsche AG
Realisation ramp.space GmbH & Co KG

Umfang 116 Seiten
Auflage 70.000 Exemplare
Erscheinungsweise jährlich
Webadresse www.porsche.com

SHORTLIST

CUSTOMER > Print
Sales Specials, VKF & Magaloge

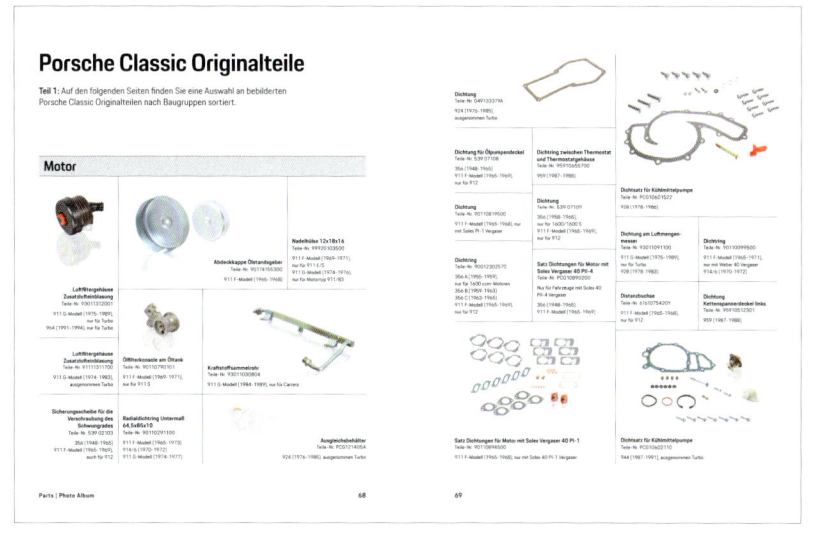

Jurybegründung

Ein Buch, das sofort in den Bann zieht! Das großartige Konzept ist konsequent bis hin zur besonderen Papierwahl umgesetzt. Die langen Erzählstücke sind atmosphärisch dicht und nachhaltig in ihrer Dramatik.

PREISTRÄGER

CUSTOMER > Print
Corporate Books

STONES OF BEIRUT

Herausgeber Gruner + Jahr
Realisation TERRITORY GmbH

CUSTOMER > Print
Corporate Books

PREISTRÄGER

STONES OF BEIRUT. 4. August 2020 – eine verheerende Explosion zerstört Beirut. Die Einwohner werden von ihrem Staat im Stich gelassen. Für westliche Staaten und Medien ist das Leid zu weit weg. Die Folge: Es fehlen internationale Aufmerksamkeit und dringend benötigte Gelder.

STONES OF BEIRUT macht das Schicksal der Menschen greifbar. Wortwörtlich. Herzstück ist ein Buch aus Steinpapier, hergestellt aus dem Schutt der Explosion. Mit einer speziellen Technik wird aus den Trümmern der Stadt ein Buch, das die Schicksale der Menschen erlebbar macht. Reportagen über 5 Überlebende, 5 Gebäude und 5 Viertel geben einen eindrucksvollen und authentischen Einblick in das Leben mit der Katastrophe, die verlorene Kultur und die aktuelle Situation Beiruts. Recherchiert und dokumentiert mit renommierten Journalisten aus dem G+J-Netzwerk. Bereits bei der Recherche wird die multimediale Ausspielung mitgedacht und produziert. Auf der Webseite und auf Social Media werden die Inhalte multimedial aufbereitet, mit Hintergründen ergänzt und in Videobeiträgen erlebbar.

Die Schicksale werden digital erlebbar, es kann auf der Webseite gekauft und gespendet werden. STONES OF BEIRUT erzeugt Aufmerksamkeit und finanzielle Hilfe. Verkaufseinnahmen und Spenden gehen an die NGO Beit El Baraka in Beirut, die Stromrechnungen bezahlt und Häuser renoviert. So wird mit den Trümmern Beiruts zumindest ein Teil der zerstörten Stadt wieder aufgebaut. Und das Projekt geht weiter.

Herausgeber Gruner + Jahr
Realisation TERRITORY GmbH
Auflage 1000 Exemplare
Webadresse www.stones-of-beirut.com

PREISTRÄGER

CUSTOMER > Print
Corporate Books

CUSTOMER > Print
Corporate Books

SHORTLIST

PULVERZAUBER UND METALLURGENKUNST. Plansee ist seit 100 Jahren auf die Verarbeitung der Metalle Molybdän und Wolfram spezialisiert – zwei seltene Elemente, die schwerer, hitzebeständiger, härter und wertvoller als andere Metalle sind. Die Endprodukte finden sich weltweit in Luftfahrt, Smartphones, Medizintechnik u. v. m. Die 100-jährige Erfolgsgeschichte des Hidden Champions ist den wenigsten Kunden und auch Mitarbeiter:innen bekannt. Verbunden mit den Werten, Produkten, Herstellungsprozessen als auch der Unternehmensphilosophie soll ein hochwertiges Buch die vielen Facetten von Plansee widerspiegeln. Die Vielschichtigkeit der Pulvermetallurgie – vom groben Erz zum Hightech-Produkt – bildet den roten Faden des Jubiläumsbuches: pulvrig-raues Papier am Umschlag, metallisch glänzende Folien im Innenteil, kontrastreiche, klare Gestaltung, präzise Verarbeitung des Buches … und wie die beiden Metalle ist das gesamte Buch nur in schwarz-weiß und Grautönen gehalten.

Know-how und Komponenten von Plansee finden sich nahezu überall in täglichen Anwendungen und Produkten – naheliegend auch im Buch! Mittels einer Molybdän- und einer Wolfram-Platte – jeweils rund 400 g schwer, im Umschlag verbaut und durch eine Rasterlaserung sichtbar. Damit wird das Buch, Sinnbild der beiden schweren Metalle, selbst zum überraschenden Schwergewicht.

Herausgeber Plansee Group
Agentur kest werbeagentur gmbh & kopf.arbeit – Agentur für Geschichte
Redaktion plansee Group (Dénes Széchényi), kopf.arbeit (Stefan Ecker)
Gestaltung kest werbeagentur gmbh
Zielgruppe Mitarbeiter:innen, Kunden, Partner
Format 240 x 330 mm
Umfang 136 Seiten
Verbreitete Auflage 7000 Stück
Distribution persönliche Ausgabe
Ersterscheinung Juni 2021
Erscheinungsweise einmalig
Webadresse www.plansee.com

SHORTLIST

CUSTOMER > Print
Corporate Books

CUSTOMER > Print
Corporate Books

SHORTLIST

Stadt gemeinsam gestalten! – *Neue Modelle der Koproduktion im Quartier.* In Altenburg, Hannover, Münster und Nürnberg haben junge Menschen von 2018 bis 2021 neue Wege der gemeinwohlorientierten Stadtentwicklung beschritten. Gefördert vom Bundesministerium des Innern, für Bau und Heimat (BMI) und begleitet vom Bundesinstitut für Bau-, Stadt- und Raumforschung (BBSR) haben sie zivilgesellschaftliches Engagement vor Ort aktiviert, um die Zukunft ihrer Quartiere mitzugestalten. „STADTMENSCH" in Altenburg erzeugt Aufbruchsstimmung inmitten bröckelnder Leerstände. Die „Gesellschaft für außerordentliche Zusammenarbeit" in Hannover errichtet eine Sharing Economy fürs Quartier. Das „Hansaforum" in Münster setzt das Recht auf Mitgestaltung des sich rasant wandelnden Hansaviertels um. Und das „Quartier U1" in Nürnberg schafft in der dichtgedrängten Großstadt Raum für neue Ideen. *Stadt gemeinsam gestalten! Neue Modelle der Koproduktion im Quartier* funktioniert wie ein junges Magazin mit einem bunten Strauß journalistischer Inhalte und einem „lauten" Layout, das mit Codes der Straße spielt. In Reportagen, Fotoessays, Interviews oder Kurzfeatures ziehen die Macherinnen und Macher Bilanz: Was waren ihre Ziele? Was haben sie erreicht? Was muss überdacht werden? Stadtentwicklungsexpertinnen und -experten ordnen die Projekte aus wissenschaftlicher Perspektive ein.

—

Herausgeber Bundesinstitut für Bau-, Stadt- und Raumforschung (BBSR)

Realisation Behnken, Becker + Partner GbR

Gestaltung Behnken, Becker + Partner (Wolfgang Behnken, Alexandra von Béry, Sandra Sodemann)

Redaktion Behnken, Becker + Partner GbR

Format 270 x 200 mm

Umfang 240 Seiten

Verbreitete Auflage 2. Auflage (2000 Exemplare)

Erscheinung Oktober 2021

Webadresse www.nationale-stadtentwicklungspolitik.de

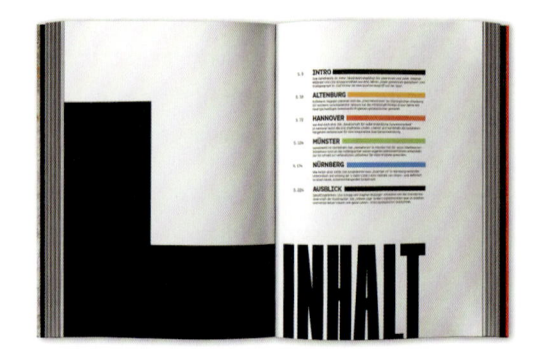

SHORTLIST

CUSTOMER > Print
Corporate Books

CUSTOMER > Print
Corporate Books

SHORTLIST

—

WISSEN. MACHT. SPASS – *Telekom Bookazine*. Ein Unternehmen, das Produkte und Services in der IT-und Telekommunikationsbranche anbietet, befindet sich kontinuierlich im Wandel. Kundenanforderungen ändern sich im Takt mit technologischem Fortschritt und gesellschaftlichen Entwicklungen. Um dieser Dynamik immer einen Schritt voraus zu sein, braucht es einen Wissensvorsprung, der nur durch ein perfektes Zusammenspiel von Unternehmensstrategie, Führungskultur und internen Lern-und Weiterbildungsangeboten zu erreichen ist. Über seine Bücher tritt Dr. Ferri Abolhassan, Geschäftsführer Sales und Service Telekom Deutschland, mit der eigenen Kundschaft, den Mitarbeitenden sowie externen Expert:innen in den Dialog. Er selbst vermittelt – und die Erfahrungsberichte im Buch bestätigen –, welchen hohen Stellenwert fachliches Know-how und die ständige Erweiterung des Wissenspools im Unternehmen haben. Lebenslanges Lernen bedeutet, Wissen als Bereicherung und festen Bestandteil der Arbeitskultur anzusehen. Und das schreibt Mitarbeitenden mit ihren individuellen Fähigkeiten eine wichtige Rolle zu. Persönliche Weiterentwicklung sowie Erfolg im Team machen Spaß. Daraus entsteht die Antriebskraft, sich stets weiterzuentwickeln, eigene Ideen einzubringen und der Mut, diese umzusetzen. So spielt der Titel bewusst mit dem berühmten Diktum „Wissen ist Macht" und wandelt es um in „Wissen macht Spaß". Unterteilt in die Rubriken „Wollen", „Können" und „Machen" beleuchten 27 Expert:innen Fragestellungen rund um Aufbau, Nutzung und Weitergabe von Wissen in Unternehmen. Unterschiedliche Perspektiven bieten Ansätze, die so kraftvoll, kreativ und vielfältig sind wie die Gestaltung des Buches.

—

Herausgeber Dr. Ferri Abholhassan, Deutsche Telekom Service GmbH, (Chefredaktion: Tatjana Geierhaas)

Agenturen Fazit Communication GmbH (Marke Frankfurter Allgemeine Buch), 3st Kommunikation

Gestaltung 3st Kommunikation (Lisa Grunau, Sabrina Merten, Maike Werner)

Format 170 x 240 mm

Umfang 200 Seiten

Ersterscheinung 10.5.2021

SHORTLIST

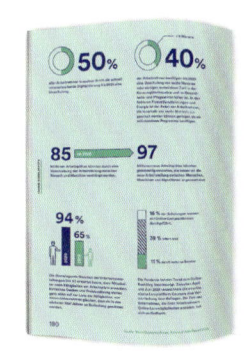

CUSTOMER > Print
Corporate Books

CUSTOMER DIGITAL

CUSTOMER DIGITAL

CONTENT PLATTFORMEN

156   B2B
170   B2C
182   Non-Profit

SOCIAL MEDIA

188   Social Media

Jurybegründung

Modernes und sehr umfangreiches Online-Magazin. Spannende Themen, die große Zukunftsrelevanz haben. Eine rundum gelungene Plattform, die den User auf unterschiedlichen Ebenen abholt und mit einer guten Navigation führt.

PREISTRÄGER

CUSTOMER > Digital
Content Plattformen > B2B

ELEMENTS Online

Herausgeber Evonik Industries AG
Realisation KNSK Group

CUSTOMER > Digital
Content Plattformen > B2B

PREISTRÄGER

ELEMENTS Online. Evonik trägt mit innovativen Produkten dazu bei, globale Herausforderungen zu bewältigen und das Leben der Menschen besser zu machen. Wie genau das gelingt, darüber berichtet der Spezialchemiekonzern in seinem Online-Magazin *ELEMENTS*. Das Ziel: die User:innen mit spannenden Inhalten und einer modernen Inszenierung für Forschungsthemen zu begeistern.

Wie das gleichnamige Print-Heft setzt auch das Online-Magazin auf hochwertigen Wissenschaftsjournalismus mit gesellschaftlicher, ökonomischer und politischer Einordnung. Geschichten über Forschungsprojekte oder visionäre Akteure stillen den Wissensdurst, kontroverse Debattenbeiträge regen zu Diskussionen an. Optische Akzente setzt *ELEMENTS* durch einen großzügigen Bildeinsatz; interaktive Grafiken und Videos sorgen für einen kanalgerechten Formatmix und liefern Inhalte jenseits des Print-Angebots.

Die Kernzielgruppen von *ELEMENTS* sind Wissenschaftler:innen, Analyst:innen und Entscheider:innen in Zielindustrien und Multiplikatoren aus Wirtschaft und Politik.

Herausgeber Evonik Industries AG
Realisation KNSK Group
Redaktion Evonik Industries AG (Chefredaktion: Matthias Ruch; Textchef: Jörg Wagner; CvD: Deborah Lippmann), KNSK Group (CvD: Inga Borg; Textchef: Christian Baulig; Creative Director: Stefanie Wille)
Gestaltung KNSK Group (Art Direction: Wiebke Schwarz; Bildredaktion: Nadine Berger)

Zielgruppe Expertinnen und Experten aus Wissenschaft, Wirtschaft und Politik sowie die wissenschaftlich interessierte Öffentlichkeit
Format Website
Distribution Newsletter-Ankündigung; SoMe-Kampagnen
Launchdatum April 2018
Aktualisierungsfrequenz wöchentlich
KPI 93,716 Besuche im Jahr 2021, durchschnittliche Verweildauer: 8,19 Minuten
Webadresse https://elements.evonik.de
Kontakt zur Redaktion elements@evonik.com

PREISTRÄGER

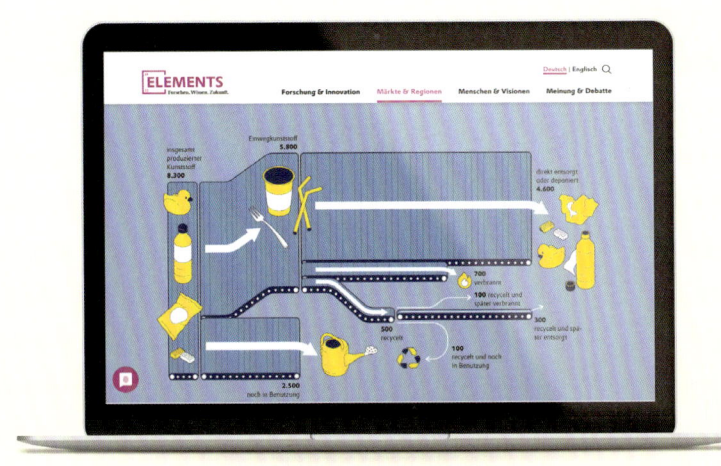

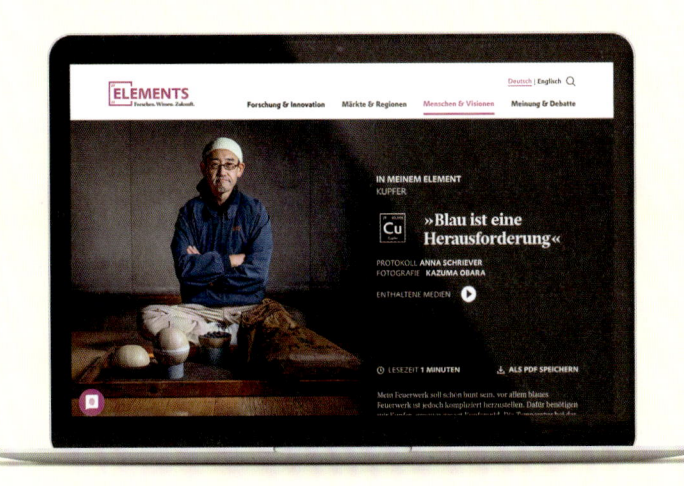

CUSTOMER > Digital
Content Plattformen > B2B

Jurybegründung

Sehr gut gemachtes, interaktives Community-Portal zur Bindung von Nutzfahrzeug-Piloten aller „Fachrichtungen" an die Marke Mercedes-Benz. Hohe Brand Awareness, die Fans zu noch größeren Fans macht.

PREISTRÄGER

CUSTOMER > Digital
Content Plattformen > B2B

RoadStars powered by Mercedes-Benz Trucks

Herausgeber Daimler Truck AG
Realisation Code Red. GmbH

CUSTOMER > Digital
Content Plattformen > B2B

PREISTRÄGER

RoadStars powered by Mercedes-Benz Trucks. *RoadStars* ist Community-Plattform und Trucker-Magazin in einem. Immer im Mittelpunkt unserer Content-Strategie: die Menschen, ihre Trucks und ihre Geschichten. Um die unterschiedlichen Interessen der User anzusprechen, bietet *RoadStars* einen bunten Mix aus ausgewählten Fahrerinterviews, spannenden Fahrerporträts, Oldtimer-Steckbriefen, Reportagen über den Trucker-Alltag weltweit, Videoserien mit prominenten Figuren aus der Szene, längeren Artikelspecials und Produkt-Highlights aus der Welt von Mercedes-Benz Trucks. Kommunikation ist auf *RoadStars* aber keine Einbahnstraße. User Generated Content wird genauso gefördert wie das Kommentieren aller Inhalte oder der Austausch über Postbox und Pinnwände. So entsteht eine dynamische Community mit echtem „Lagerfeuer-Feeling".

Herausgeber Daimler Truck AG
Realisation Code Red. GmbH

Zielgruppe Lkw-Fahrer und Truck-Liebhaber
Erscheinungsweise täglich
Webadresse
www.roadstars.mercedes-benz.com

PREISTRÄGER

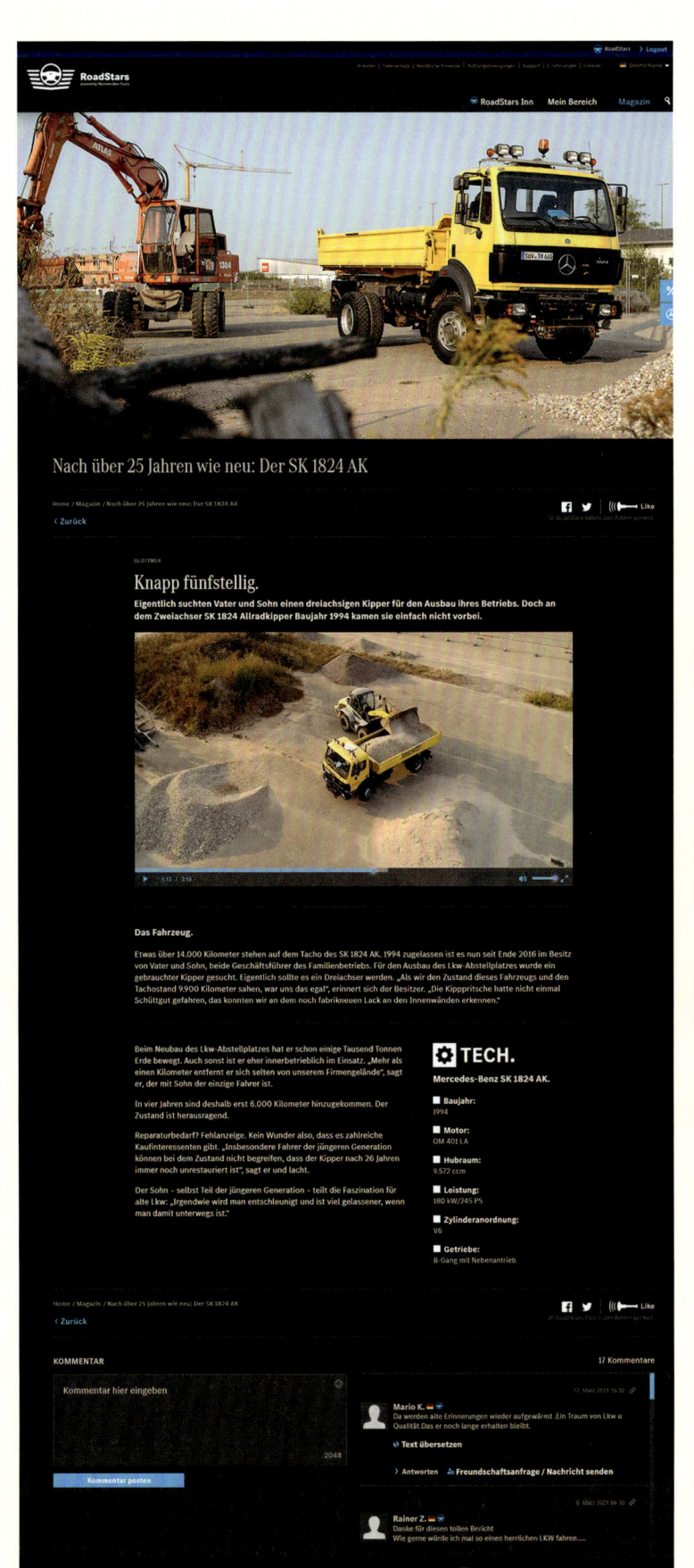

CUSTOMER > Digital
Content Plattformen > B2B

CUSTOMER > Digital
Content Plattformen > B2B

SHORTLIST

Porsche Newsroom – *Information. Intensified.* Tagesaktuelle Nachrichten, Hintergrundberichte, ein breites Multimedia-Angebot sowie Beiträge von Mitarbeitern. Besondere Ereignisse können über einen Live-Stream mitverfolgt werden. So wird der *Newsroom* zu einem Content Hub für alles, was im Netz über Porsche veröffentlicht wird. Mit dem integrierten Video-Portal „NewsTV" können Clips abgespielt, auf Webseiten eingebunden, geteilt und für redaktionelle Zwecke heruntergeladen werden.

Der Anspruch von Porsche an seine Sportwagen – form follows function – gilt auch für den *Newsroom* als visuelle Leitlinie. Modernes Webdesign trifft auf intelligente User-Führung und User Experience. Das Ergebnis ist der Look eines modernen News-Portals.

Große Media-Dateien werden über ein Content Delivery Network schnell an den User ausgeliefert. Durch die Abkopplung externer und interner Inhalte wird die Ladezeit verkürzt.

Der *Newsroom* steht für Content, Context und Conversation. Um auf externe und interne Inhalte zugreifen zu können, bildet die an das Magnolia-CMS angebundene Elastic Search-Suchmaschine das datenseitige Rückgrat. Resultat: Sehr schnelle Zugriffszeiten auf unterschiedlichste Content-Elemente, ergänzt um Social Media-Postings und weitere Medien-Assets.

—

Herausgeber Dr. Ing. h.c. F. Porsche AG (Dr. Sebastian Rudolph, Sabine Schröder, Manuel Zagovec, Julian B. Hoffmann)

Realisation C3 Creative Code and Content GmbH (Patrick Amor, Stephan Erdmann, Ingo Jäger, Verena Joos, Emily Kienzle, Sven Humburg)

Zielgruppe Journalisten, Blogger und Online-Multiplikatoren

Webadresse newsroom.porsche.com

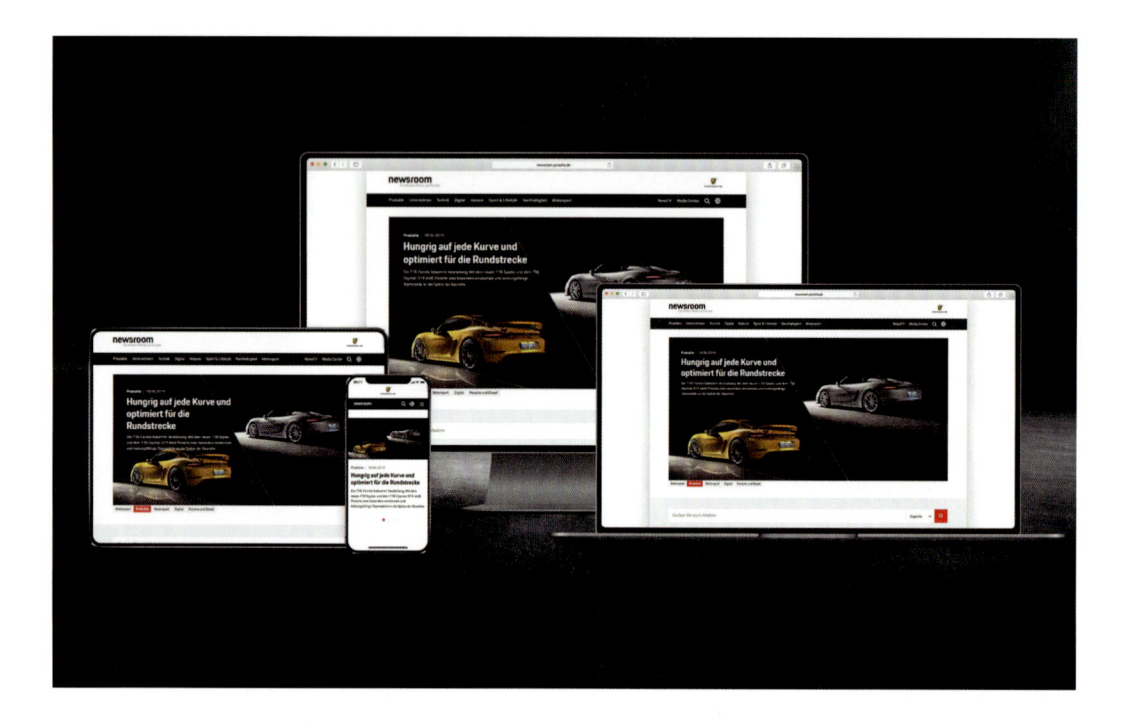

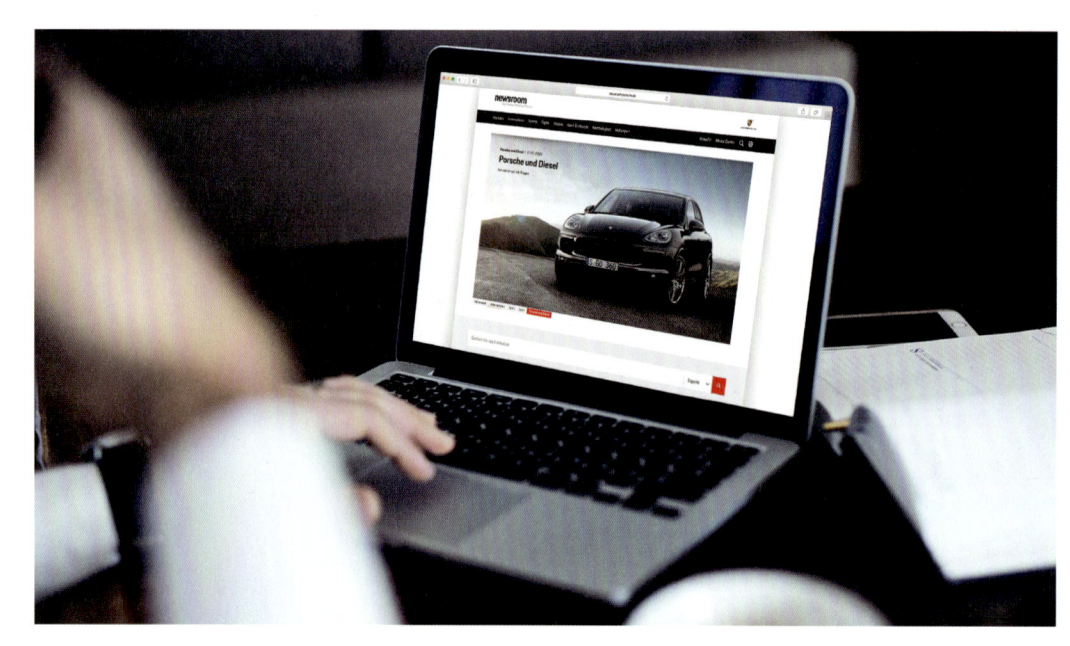

SHORTLIST

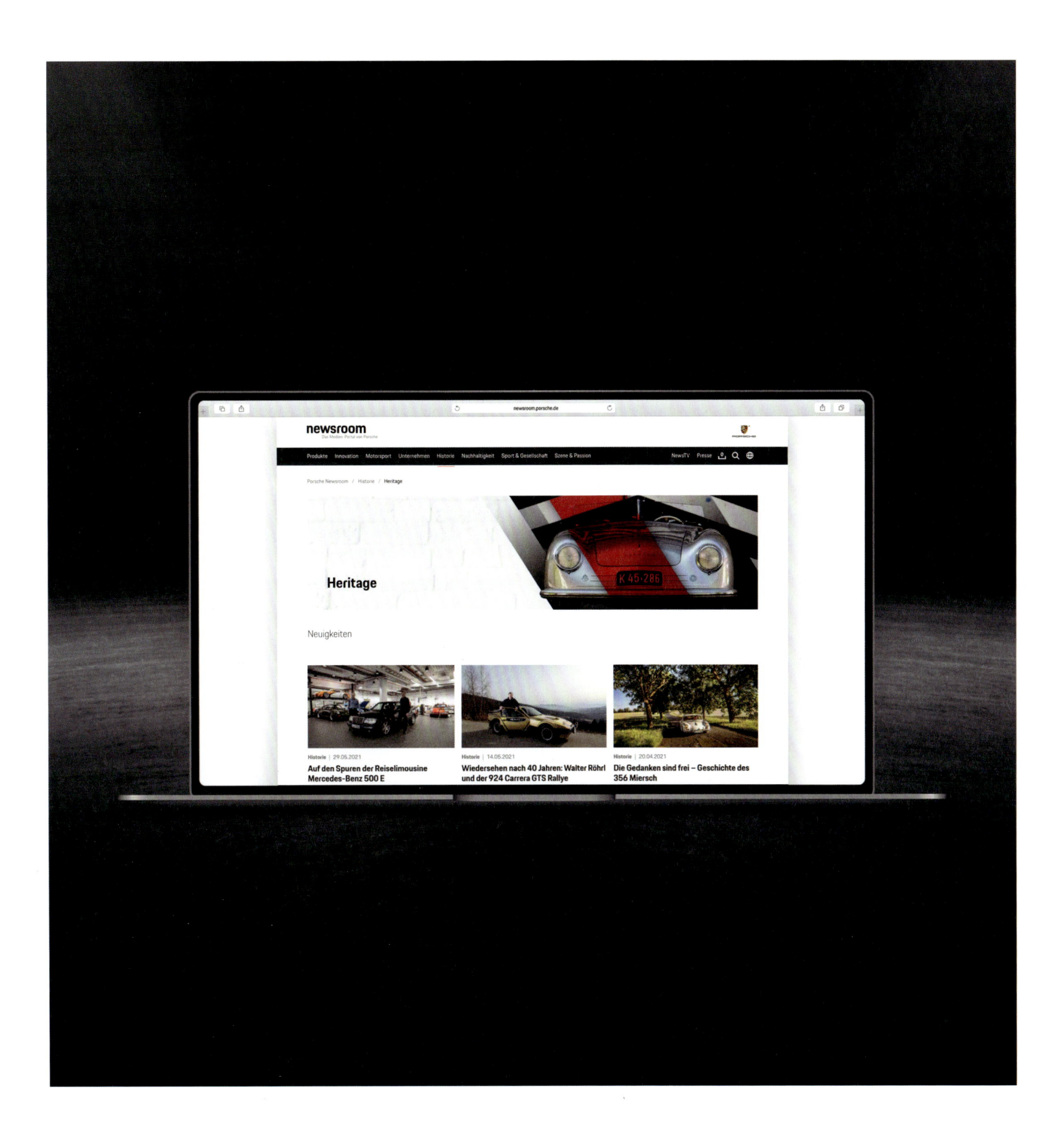

CUSTOMER > Digital
Content Plattformen > B2B

CUSTOMER > Digital
Content Plattformen > B2B

SHORTLIST

—

Rise by lifting others – *KMS TEAM Website Relaunch.* KMS TEAM verbindet strategisches und kreatives Wissen zu richtungsweisenden Lösungen. Mit unseren Auftraggeber:innen schaffen wir Ergebnisse, die Sinn stiften und begeistern. Unser Motto ist *Rise by lifting others*: Wir glauben an die Kraft der Zusammenarbeit – daran, sich zu unterstützen, sich herauszufordern und sich dadurch weiterzubringen.

Diese Haltung spiegelt unsere neue Website: Neben allgemeinen Agenturinformationen gibt sie vor allem den Projekten unserer Auftraggeber:innen Raum. Über 20 detaillierte Referenz-Landingpages gehen weit über eine gewöhnliche Case-Darstellung hinaus. Neben der bloßen Inszenierung von Design und Ergebnis liefern sie fundierte Einblicke in Projektgrundlagen, strategische Aufgabenstellungen und kundenspezifische Lösungswege. Angereichert durch Videos, Einblicke in den Entwicklungsprozess und Hintergrundinformationen entsteht ein eindrucksvolles Gesamtbild des Leistungsspektrums der Agentur.

Der Einsatz von Animation und UX-Behaviours zahlt stets auf die Kernideen von «Rising» und «Uplifting» ein. Cases erscheinen im Look-and-Feel des jeweiligen Kunden, während sich die Agenturseiten auf eine Darstellung in Schwarz oder Weiß beschränken.

Als einer der ersten Anwender weltweit setzen wir unsere neue Hausschrift Helvetica Now in einer exklusiv von Monotype erstellten Variable Font auf der Website ein. Die damit programmierten typografischen Animationen tragen dazu bei, das Prinzip von *Rise by lifting others* visuell zu unterstützen.

—

Herausgeber KMS TEAM GmbH

Realisation KMS TEAM GmbH

Redaktion KMS TEAM GmbH

Gestaltung KMS TEAM GmbH (Knut Maierhofer, Patrick Märki, Markus Sauer, Annette Koch, Jana Schauhuber, Günter Leyherr, Sabrina Weigert, Robin Scholz, Gabriel Weiss, Frederik Mair, Marcel Menke)

KPI Analytics im Vergleich zum Vorjahreszeitraum: Klickrate +100%, Absprungrate –25%, Steigerung der Anfragen +50%

Webadresse kms-team.com

Kontakt hello@kms-team.com

SHORTLIST

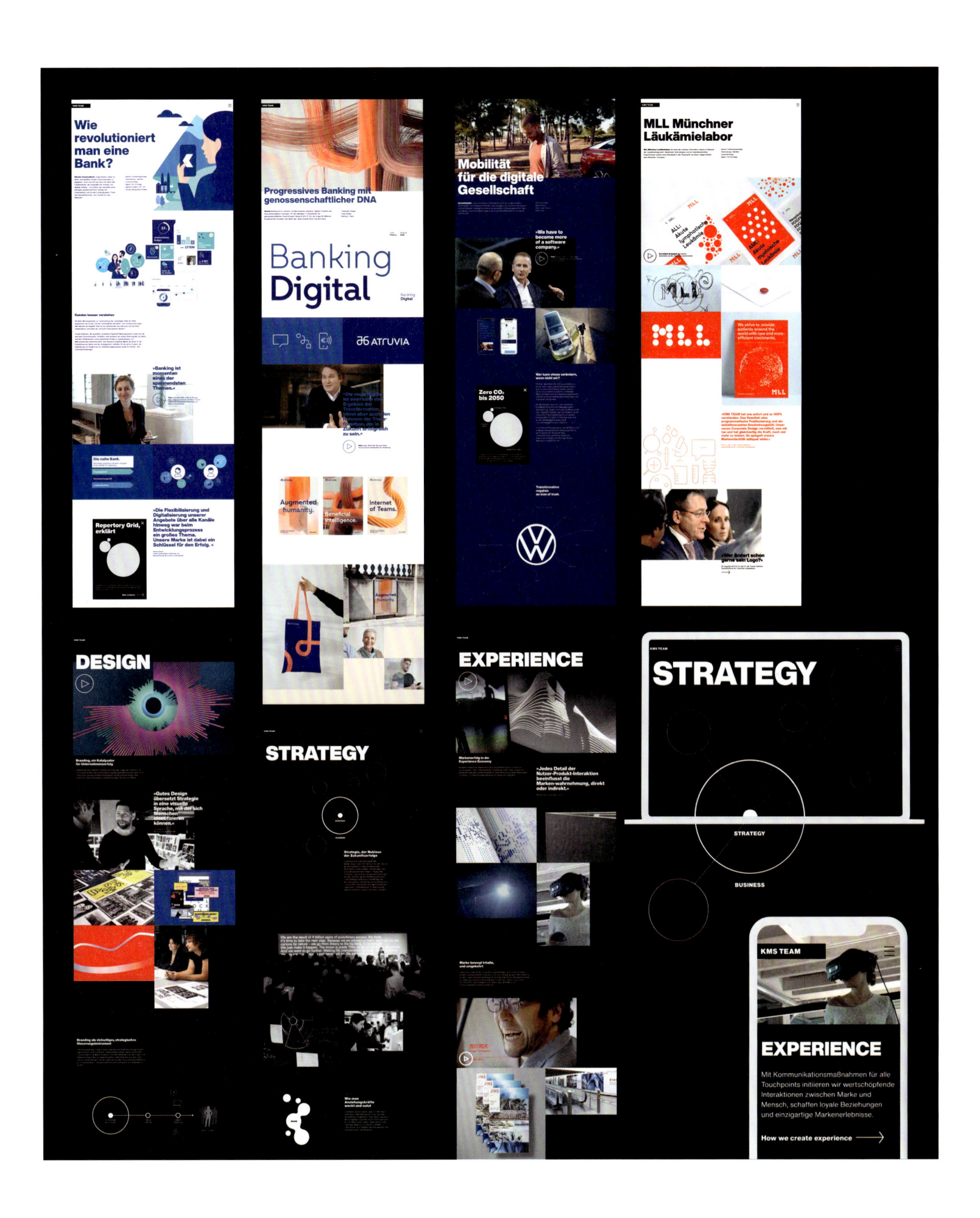

CUSTOMER > Digital
Content Plattformen > B2B

CUSTOMER > Digital
Content Plattformen > B2B

SHORTLIST

UBS Growth Talk. Die Aufgabe: Entrepreneurs sind täglich damit konfrontiert, Entscheidungen treffen und Risiken eingehen zu müssen. Dies kann sie vorwärtsbringen, aber auch zurückwerfen. Gemäss unseren Beobachtungen werden solche Erfahrungen selten geteilt – obwohl gerade sie wertvolle Erkenntnisse für das Wachstum von Unternehmen liefern. Hier eröffnet sich für UBS die Chance, sich im digitalen Raum noch konsequenter nach den Bedürfnissen der Zielgruppe Unternehmerinnen und Unternehmer auszurichten. Die Herausforderung: Wie können wir die Aufmerksamkeit der Entrepreneurs gewinnen und zu mehr Wachstum von KMU beitragen?

Die Idee: Wer Informationen über Erfahrungen und konkrete Insights zum Thema Unternehmenswachstum sucht, wird selten fündig. Doch genau solche Erkenntnisse anderer stossen bei der Zielgruppe auf reges Interesse. Weshalb also nicht eine Content-Plattform lancieren, bei der persönliche Erfahrungen anderer Unternehmerinnen und Unternehmer im Fokus stehen?

Die Lösung: Im Sommer 21 haben wir die *UBS Growth Talks* ins Leben gerufen. Diese bieten direkt umsetzbare Tipps, konkrete Denkanstösse und wertvolle Unterstützung rund um das Thema Unternehmenswachstum. Dabei stellen wir die Interessen der Zielgruppe konsequent und radikal in den Vordergrund, indem Erfahrungen und Best Practices von Entrepreneuren zum Ausgangspunkt aller Inhalte gemacht werden. Highlight der Serie ist das hochwertig produzierte Videoformat *UBS Growth Talk*, welches es in dieser Art kein zweites Mal gibt.

Herausgeber UBS Switzerland AG
Realisation Farner Consulting AG

Webadresse www.ubs.com/growth-talk

SHORTLIST

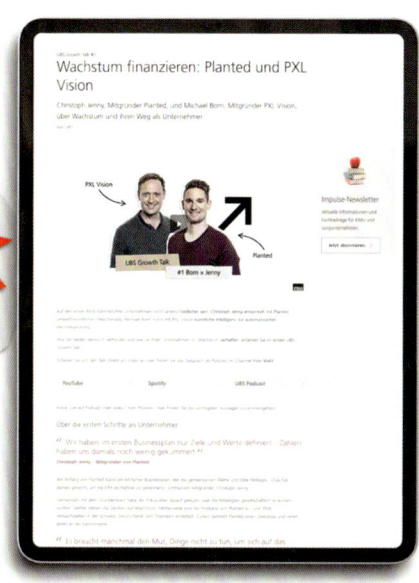

CUSTOMER > Digital
Content Plattformen > B2B

UBS Growth Talk

Fünf Tipps für Personal Growth

Wachstum oder Profitabilität?

Wachstum finanzieren: Planted und PXL Vision

«Neugierig sein und ausprobieren. Profitabilität hat nicht immer Priorität.»

Christoph Jenny
Mitgründer von Planted

«Verkaufe nicht nur einen Traum. Mach dein Versprechen greifbar.»

Michael Born
Mitgründer und CEO PXL Vision

Jurybegründung

Wie wird Smart-Home-Automatisierung mehr als Technologie, sondern Teil des „Zuhauses"? Das hat Bosch hier treffend umgesetzt und optisch wie redaktionell gelungen verpackt. Gute Userführung mit Sales-Absprung.

PREISTRÄGER

CUSTOMER > Digital
Content Plattformen > B2C

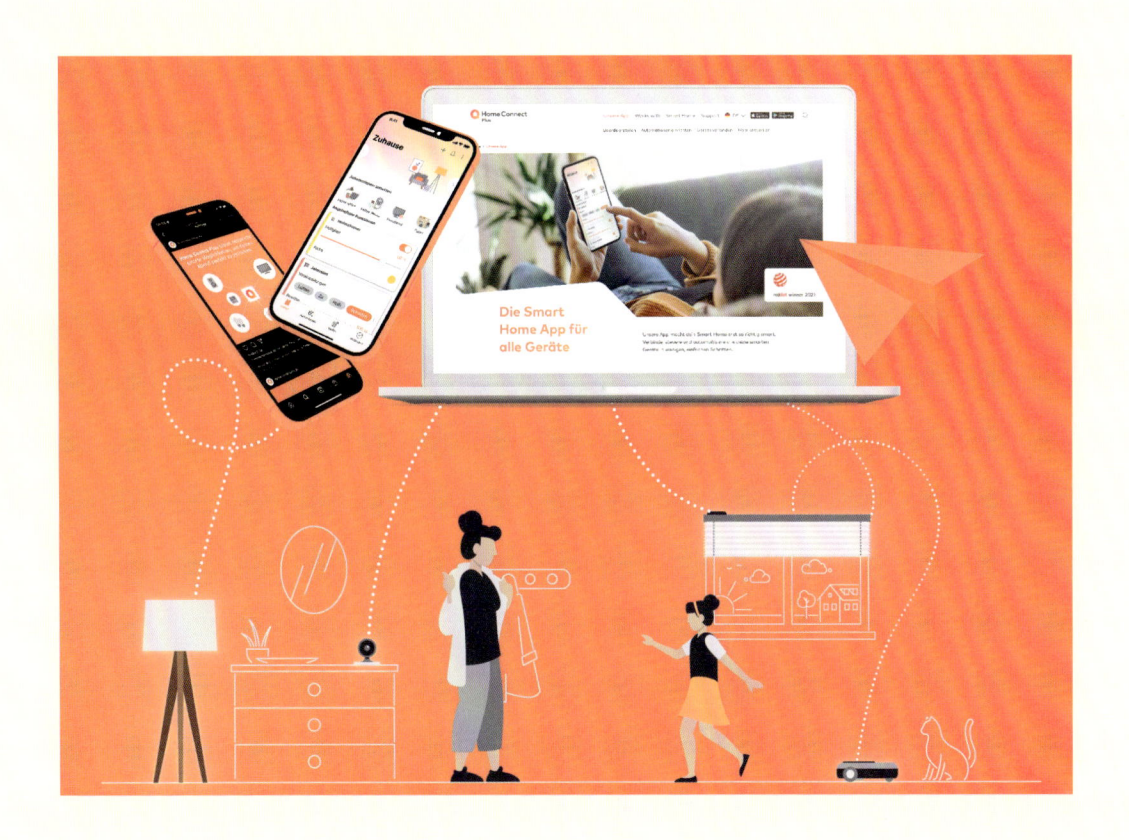

Bosch Home Connect Plus

Herausgeber Robert Bosch GmbH, Home Connect Plus
Realisation C3 Creative Code and Content

CUSTOMER > Digital
Content Plattformen > B2C

PREISTRÄGER

Bosch Home Connect Plus. Wie etabliert man eine neue Smart Home App in einem umkämpften Markt? Diese Frage stellte sich die Content-Marketing-Agentur C3 im Auftrag des Start-ups Residential IoT Services GmbH, einer 100-Prozent-Tochter der Robert Bosch GmbH. Die Lösung: Smart Home nicht als Selbstzweck, sondern als Mittel zum Zweck. Dabei lag der Fokus auf den Smart Home Enthusiasten als wichtigste Zielgruppe. Für sie wurde ein effizientes kanalübergreifendes Kommunikations-Ökosystem entwickelt. Die Botschaft, die sich dabei durch alle Inhalte zog: Feels like Home, das Gefühl von „ZUHAUSE". Angepasst an unsere Zielgruppen und ihrer Lebenssituation zeigen wir, wie Nutzer ihren Alltag mit Smart Home erleichtern können. Damit wurde nicht nur die Marke erfolgreich aufgebaut, sondern auch über 100K registrierte Nutzer gewonnen. Dank gezielter Owned-, Earned-, und Paid-Media-Maßnahmen konnten die Inhalte entlang der Costumer Journey kontinuierlich optimiert werden. Alles war stets auf drei KPIs ausgerichtet: CPM, CPD und CPAD. Diese wurden fortlaufend analysiert und optimiert, sodass das Ziel der 100K registrierten User am Ende sogar übertroffen werden konnte.

Herausgeber Robert Bosch GmbH, Home Connect Plus (Steffen Manke, Thomas Holfelder, Melanie Frank, Hanna Loges)

Realisation C3 Creative Code and Content (Alisa Facher, Anastasia Kalimanova, Andre Gartner, Anna Hubmann, Cedric Arnaud, Cornelia Schauer, Eduardo Castaneda, Elke Latinovic, Greta Lukasch, Holger Weis, Julia Malysch, Lea Förster, Malu Maas, Markus Wegertseder, Michaela Wurstbauer, Niklas Bonnen, Paula Ciko, Rossella Gioia, Sarah von Derschatta, Sophie Bruns, Sophie Thion)

KPI >75 Mio. Paid Impressions, 110.000 registrierte User, Platz 1 im Google Ranking für die Suchbegriffe: „smart home app" und „universal smart home app" in nur 4 Monaten nach dem Launch

Webadresse www.home-connect-plus.com/de/de/

Kontakt Sarah.Derschatta@c3.co

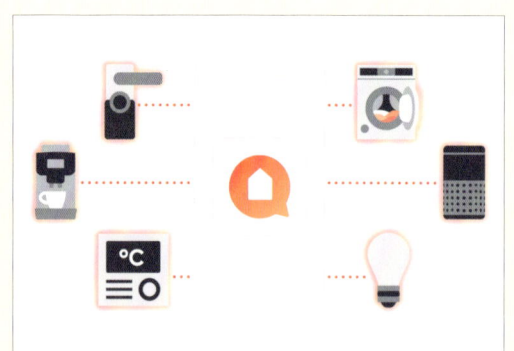

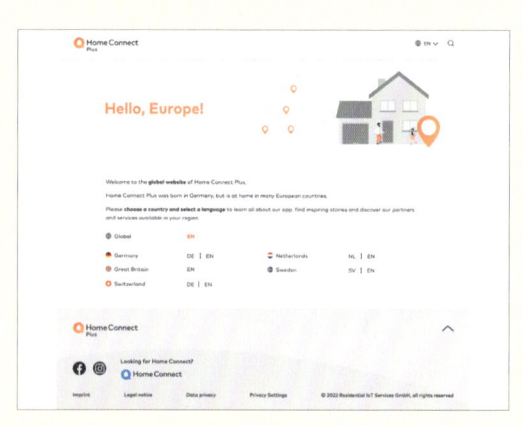

PREISTRÄGER

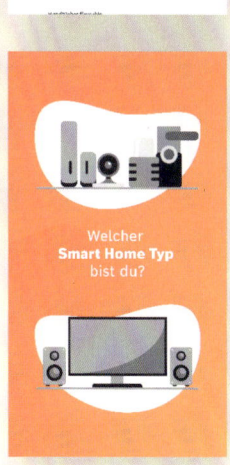

CUSTOMER > Digital
Content Plattformen > B2C

Jurybegründung

Der Ansatz überzeugt, mit Content das kühle Thema Baufinanzierung in ein emotionales zu übersetzen. Tolles Webmagazin mit einer frischen Optik, guten Storys, die die Zielgruppe in den Mittelpunkt stellt. Gute Herleitung. Die KPI geben den Machern recht, dass sie auf dem richtigen Weg sind.

PREISTRÄGER

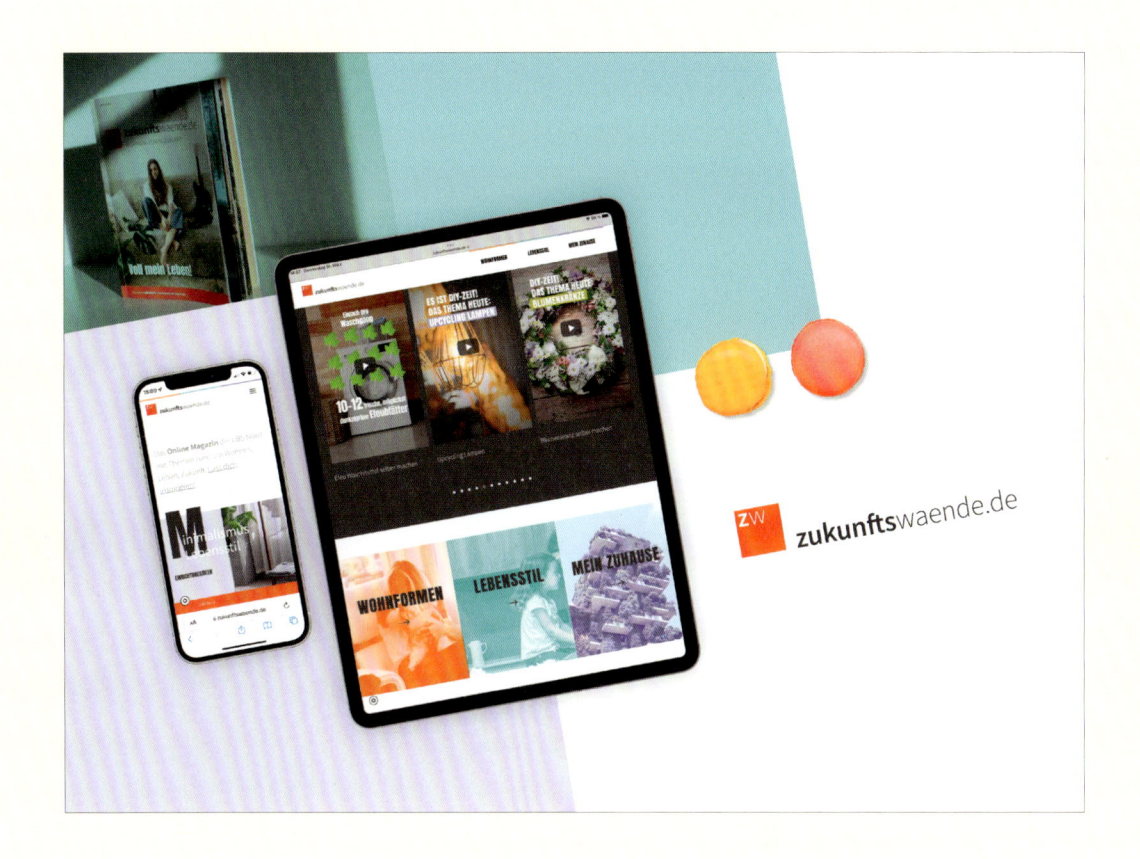

CUSTOMER > Digital
Content Plattformen > B2C

zukunftswaende

Herausgeber LBS Norddeutsche Landesbausparkasse Berlin – Hannover
Realisation neuwaerts GmbH

CUSTOMER > Digital
Content Plattformen > B2C

PREISTRÄGER

zukunftswaende. Der Content Hub *www.zukunftswaende.de* ist der Kern der digitalen Kommunikationsstrategie der LBS Norddeutsche Landesbausparkasse Berlin – Hannover (LBS Nord). Die Inhalte und die zielgruppenspezifischen Themen stehen hier im Fokus, um einen Mehrwert für die Leser:innen zu bieten. Ziel des Hubs ist eine Kommunikation „around the product". Die Inhalte orientieren sich stark an den Interessen der Zielgruppe und bieten Impulse, indem die Redaktion trendbasierte Themen rund um das eigene Zuhause aufgreift. Ein entscheidender Faktor ist die emotionale Auflösung, die hinter jedem Artikel steht: das eigene Zuhause. Über die Social-Media-Kanäle Instagram und Pinterest werden die Themen möglichst zielgruppengerecht aufbereitet und weitergedacht. Um das Projekt noch greifbarer zu machen, wird *zukunftswaende* aus der digitalen in die analoge Welt geholt, indem ausgewählte Inhalte jährlich in einem Printmagazin veröffentlicht werden.

Herausgeber LBS Norddeutsche Landesbausparkasse Berlin – Hannover
Realisation neuwaerts GmbH
Redaktion neuwaerts GmbH
Gestaltung neuwaerts GmbH

Zielgruppe Millenials und jung gebliebene Menschen (20–40 Jahre), die interessiert am Zeitgeschehen sind, einen großen Wert auf Nachhaltigkeit legen und Inspiration fürs eigene Zuhause suchen. Themen wie Bausparen oder Immobilienfinanzierung stehen für sie nicht primär im Fokus. Manche stehen am Anfang ihrer Zukunftsplanung, andere sind bereits Immobilienbesitzer:innen und interessieren sich für Modernisierungsthemen.
KPI 23.946 einmalige Seitenansichten, 2 Min. 30 Sek./Besucher:in Verweildauer, 2,4 Aktionen pro Besuch
Launch-Datum 15.08.2019
Aktualisierungsfrequenz wöchentlich
Webadresse www.zukunftswaende.de
Kontakt zukunftswaende@lbs-nord.de

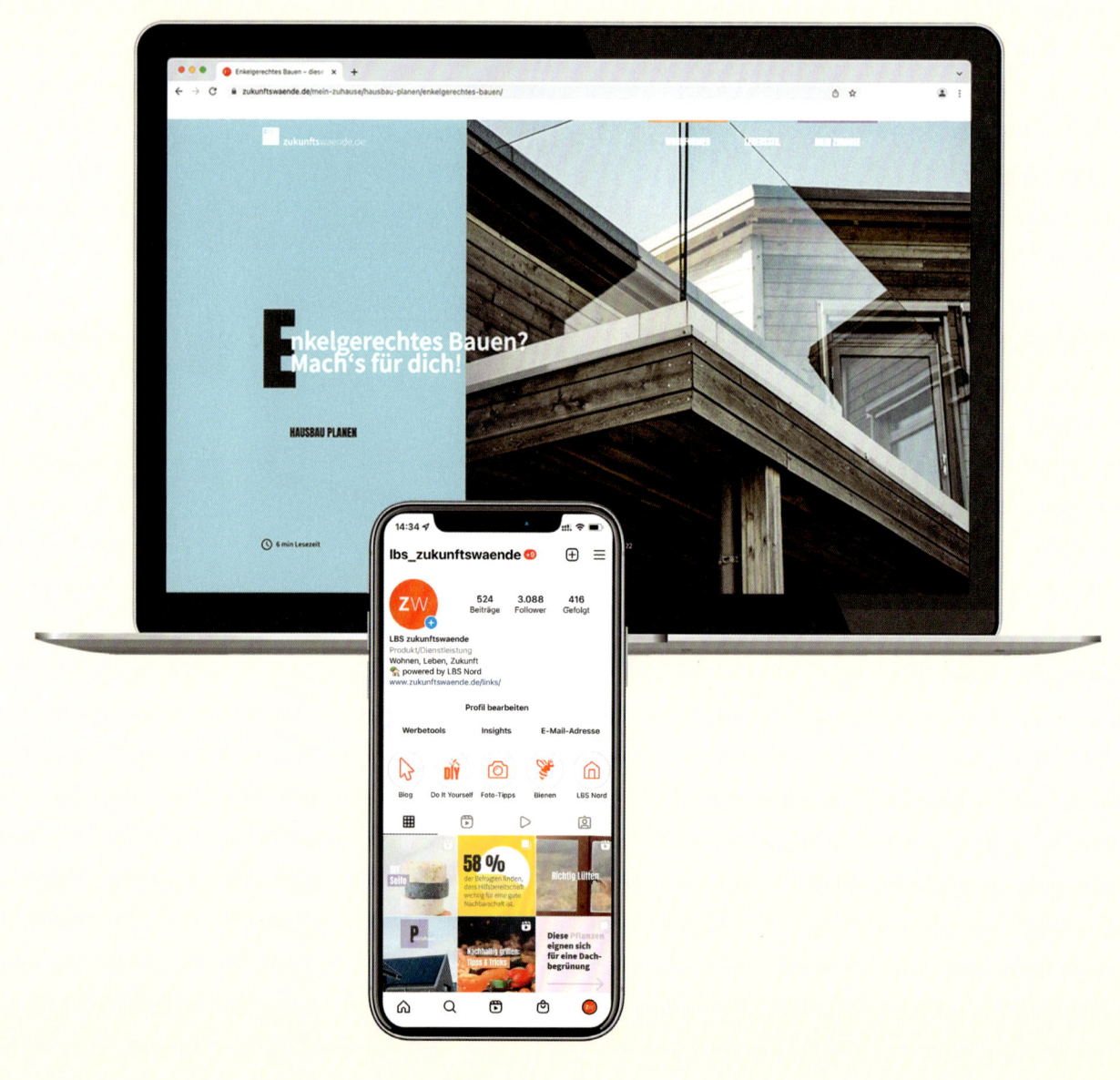

PREISTRÄGER

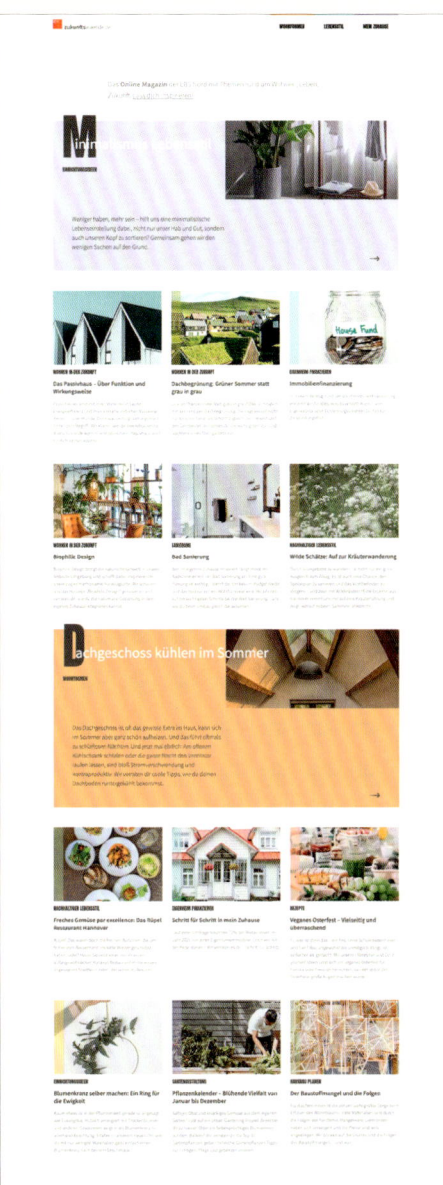

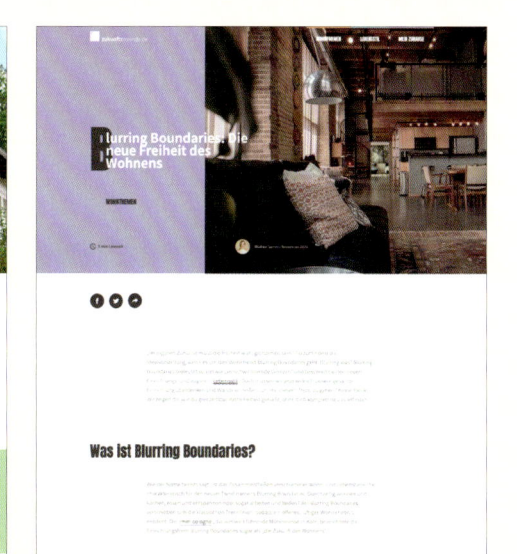

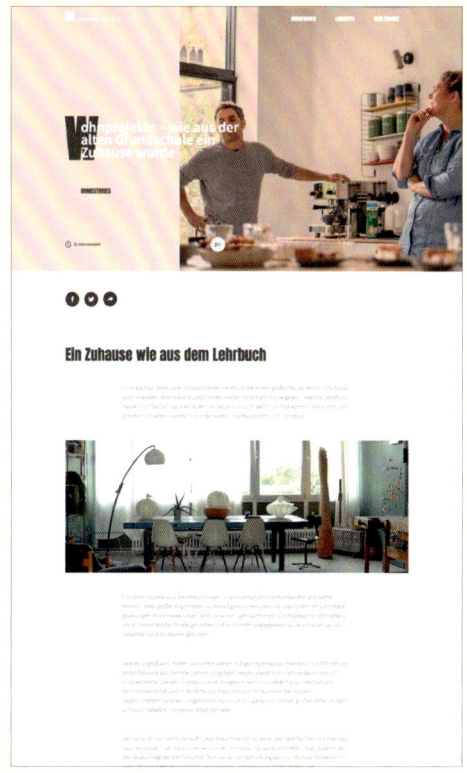

CUSTOMER > Digital
Content Plattformen > B2C

CUSTOMER > Digital
Content Plattformen > B2C

SHORTLIST

AMEXcited – *das digitale Magazin.*
AMEXcited ist das innovative Lifestyle-Magazin von American Express für anspruchsvolle User, die Wert auf zeitgemäßen Konsum legen und sich als selbstbewusste Vorreiter in Sachen Trends verstehen. Dabei steht *AMEXcited* für genau das Lebensgefühl, das American Express seinen Kunden vermitteln möchte: Bereit für Besonderes. Bereit für Inspiration. Bereit für Vielfalt. Bereit für mehr.

Das digitale Magazin ist stylisch, modern, innovativ und in seiner UX einzigartig überraschend: Dynamische Features und eine besondere Haptik machen den Content mit allen Sinnen erlebbar. Der Einstieg in die *AMEXcited*-Welt erfolgt über die drei großen Themenhubs Discovery, Trends und Lifestyle.

Die Botschaft von *AMEXcited*: Nicht nur auf Reisen und bei Veranstaltungen ist die American Express der beste Begleiter, den man sich wünschen kann. Auch in den vielen kleinen Momenten kann jeder Inspiration für große Ideen finden und den Mut haben, Neues zu entdecken.

—

Herausgeber American Express
Realisation ODALINE, ContentFleet
Redaktion ContentFleet
Gestaltung ContentFleet

Webadresse amexcited.de

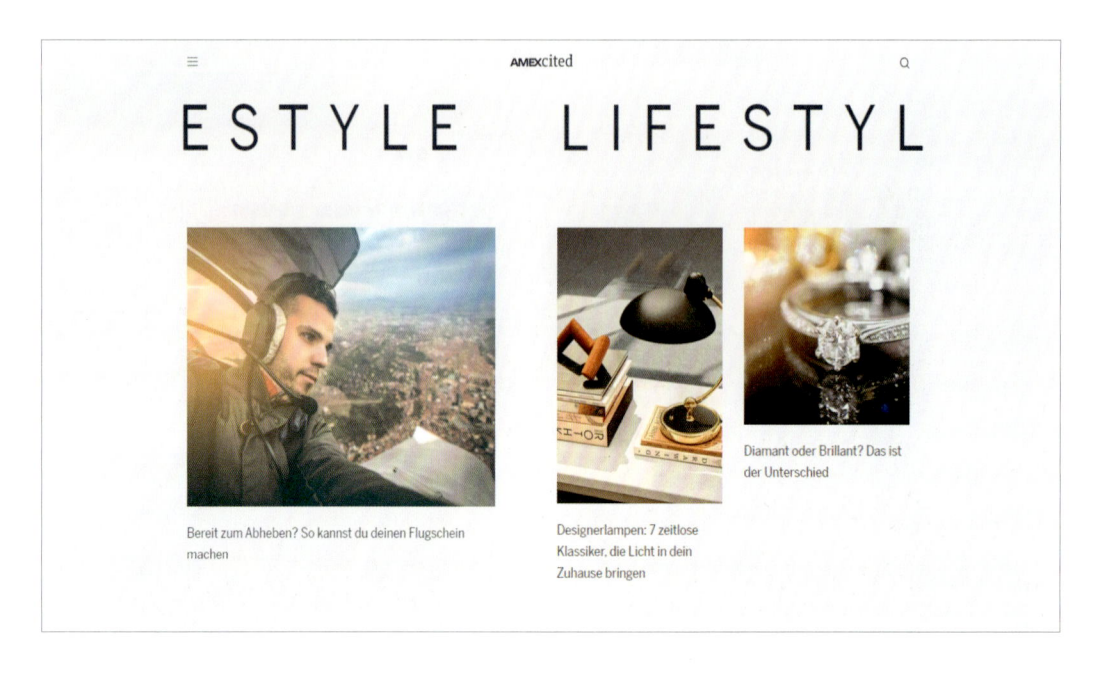

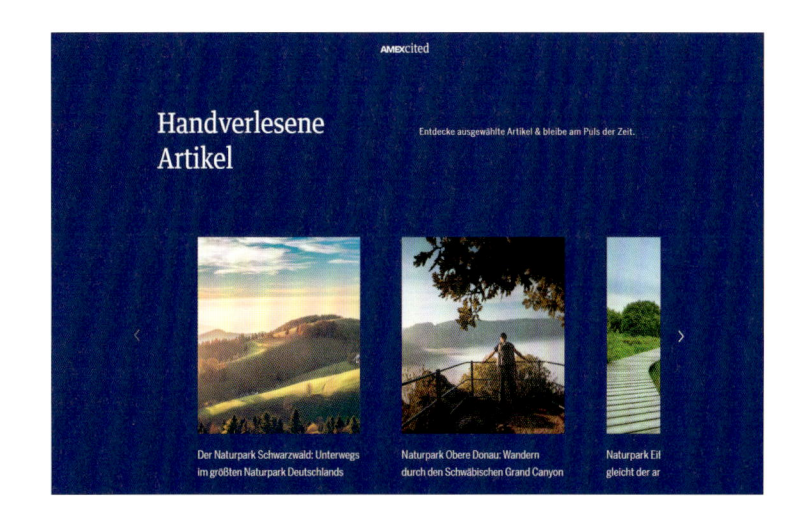

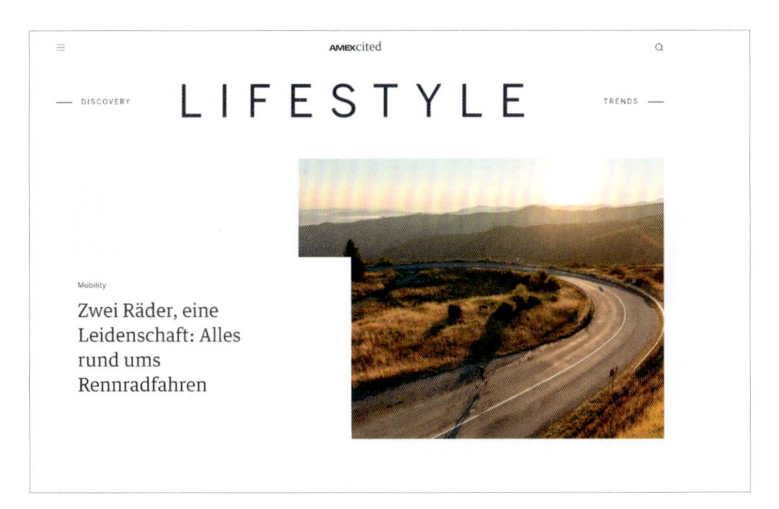

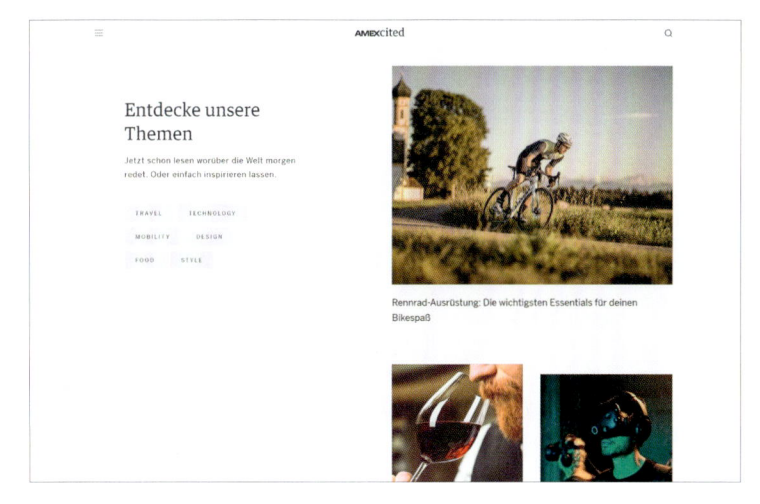

SHORTLIST

CUSTOMER > Digital
Content Plattformen > B2C

CUSTOMER > Digital
Content Plattformen > B2C

SHORTLIST

Junge Klassik. Mit der Webseite www.junge-klassik.de wird die Philharmonie in Ludwigshafen zur virtuellen 3D-Erlebniswelt. Die User:innen treten durch die immersiven Touren, die auf Basis einer Punktwolke und 360°-Panoramen aufgenommen wurden, in die Räumlichkeiten der Staatsphilharmonie ein. Geschaffen wurde ein Gesamterlebnis, das Jung und Alt zum Entdecken einlädt. Durch die Kombination von lehrreichen Inhalten und der heterogenen Gamification ist eine völlig neue Art der Wissensvermittlung im Bereich der klassischen Musik entstanden. Durch verschiedene Points of Interests (POI), die sowohl Texte, Bilder als auch Videos beinhalten, wird die reale Umgebung digital spür- und erlebbar. Dieser „digital twin" der Philharmonie in Ludwigshafen ist auch Ort der Begegnung für digitale und hybride Zusammentreffen und ermöglicht digitale Bildung und Teilhabe. Das Projekt der *Jungen Klassik* sieht sich aus diesem Grund als Pilotprojekt, das neue digitale Formate nutzen will, um Klassik mit Innovation und Humanität unterhaltsam zu vermitteln.

Herausgeber Deutsche Staatsphilharmonie Rheinland-Pfalz (Intendant: Beat Fehlmann)
Realisation acameo GbR (Norbert Ropelt, Dr. Frank Dürr)
Redaktion Keller & Stanzl GdbR, Sabine Kemper, Beat Fehlmann, Susanne Jung, Catharina Waschke
Gestaltung acameo GbR (Dr. Frank Dürr, Norbert Ropelt), digifant GmbH, Die Media-Schmiede
3D-Scan: Vesatec GbR

Zielgruppe Menschen ab 5 Jahren
Format Webseite
Besonderheiten Erlebnis-Plattform mit Headless-CMS; Virtuelle Touren basierend auf 3D-Punktwolke und 360°-Panoramen; Spiele-Entwicklung und umfangreiche Videoproduktion; KI-unterstützte Suchmaschine
KPI 3.000 Seitenaufrufe/Tag
Launch-Datum 21. März 2022
Aktualisierungsfrequenz mehrmals täglich
Webadresse www.junge-klassik.de
Kontakt info@staatsphilharmonie.de

SHORTLIST

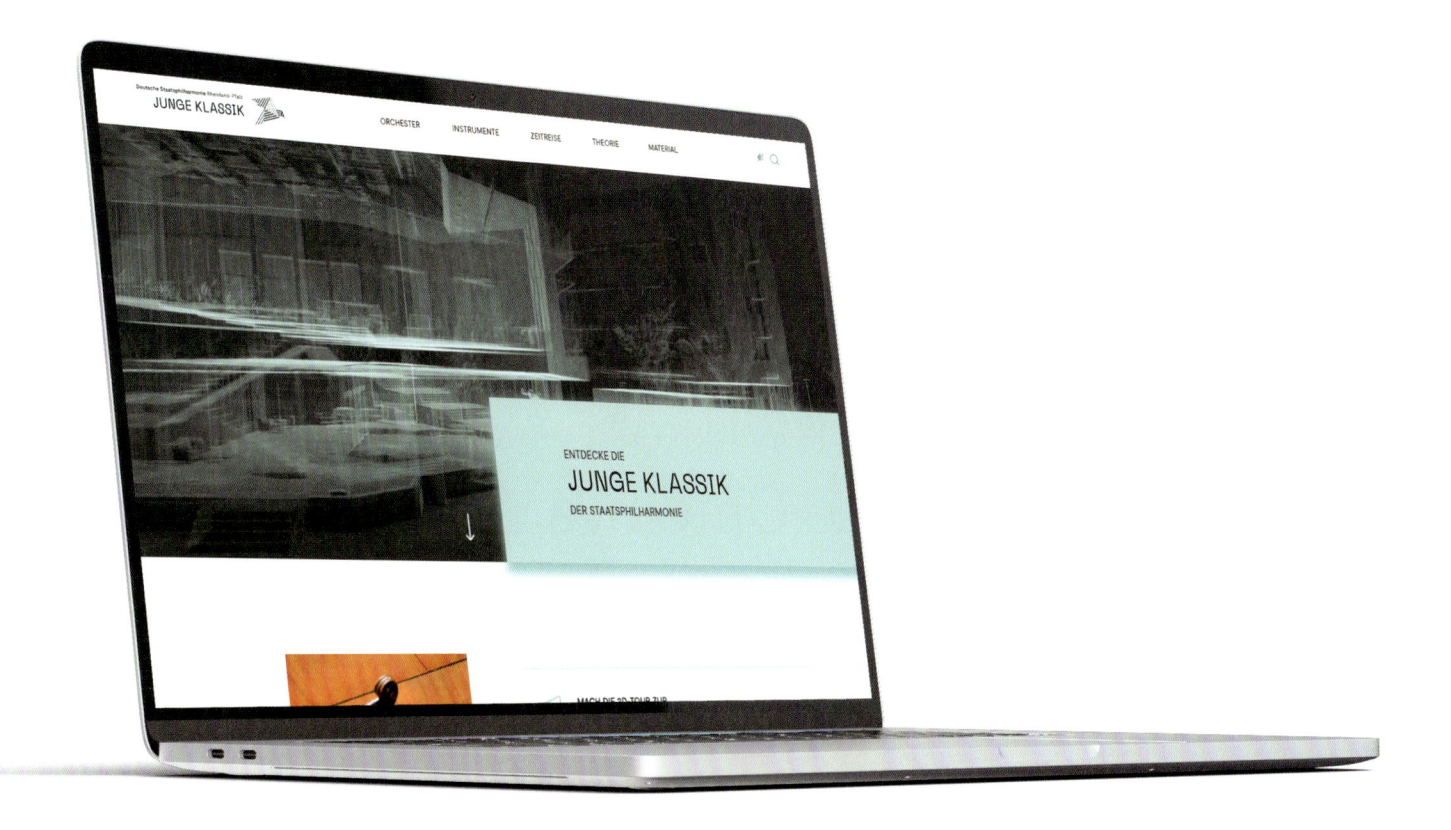

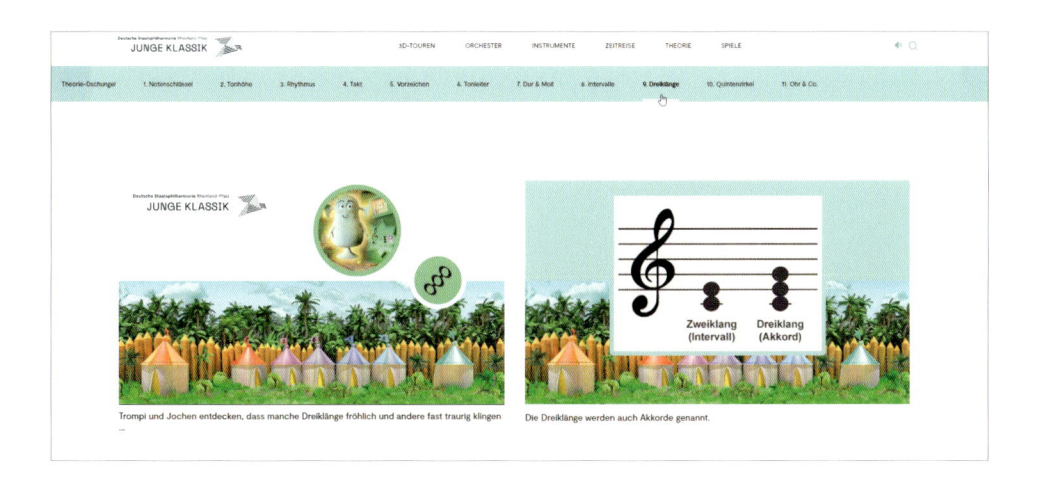

CUSTOMER > Digital
Content Plattformen > B2C

CUSTOMER > Digital
Content Plattformen > Non-Profit

PREISTRÄGER

Jurybegründung

Großartiger Titel, schlau aus der Perspektive der Zielgruppe heraus entwickelte Contentplattform. Ohne Scham und rote Ohren vermittelt die Seite alle Informationen, die für junge Menschen wichtig (oder interessant) sind.

PREISTRÄGER

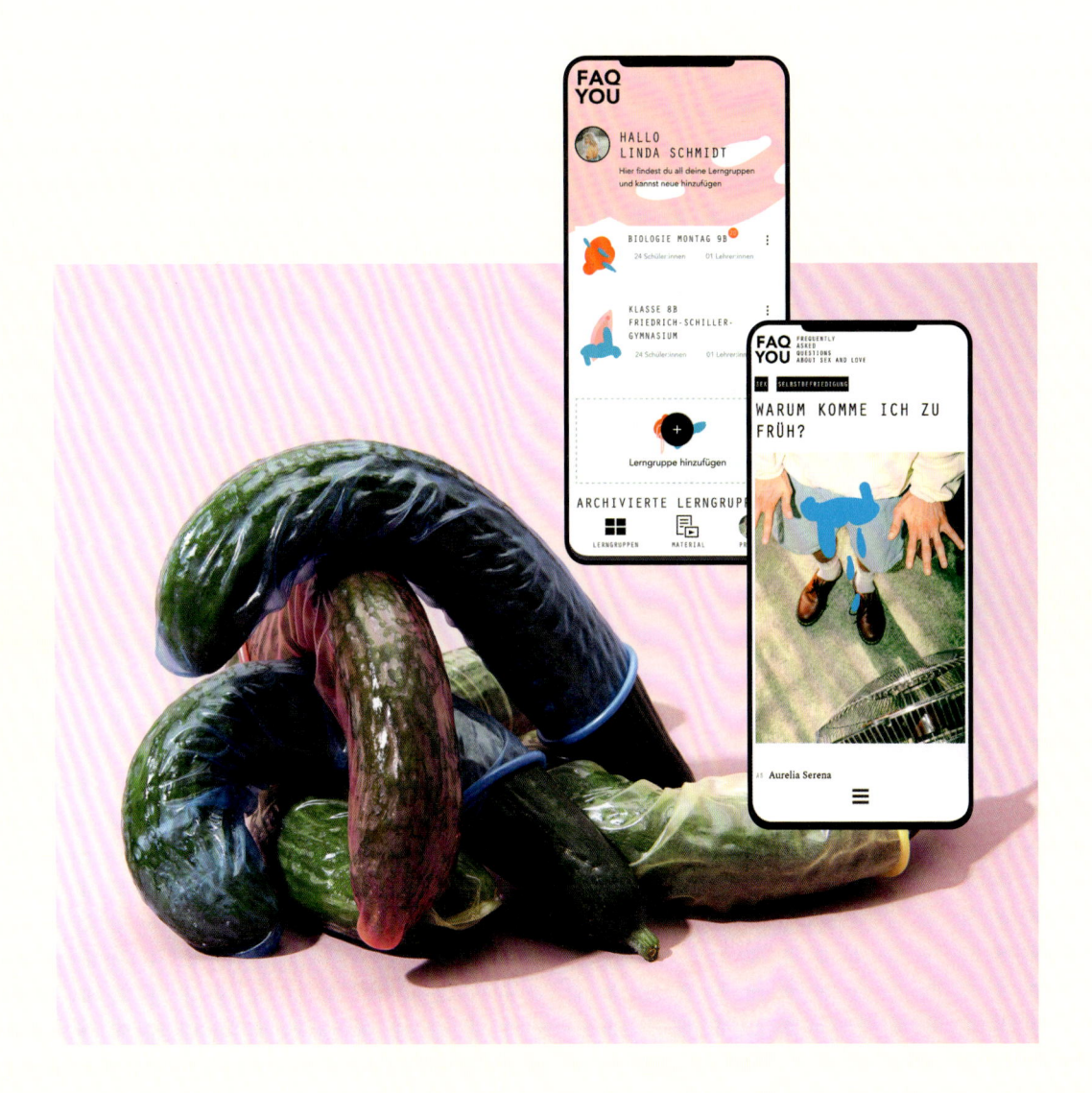

CUSTOMER > Digital
Content Plattformen > Non-Profit

FAQ YOU – *Eine Aufklärungsplattform*

Herausgeber ohhh! Foundation
Realisation loved GmbH

CUSTOMER > Digital
Content Plattformen > Non-Profit

PREISTRÄGER

—

FAQ YOU – *Eine Aufklärungsplattform.* Mit dem Aufklärungsbuch FAQ YOU brachte NGO Jugend gegen AIDS (heute: Ohhh! Foundation) vor zwei Jahren das Thema Aufklärung in die Gegenwart. Aufklärung auf Augenhöhe – ohne erhobenen Zeigefinger, unechte Körper und Diskriminierung, dafür mit einer positiven Grundhaltung gegenüber allen Formen von Safer Sex. Was als analoges Informationstool startete, wurde nun zu einem digitalen Safe Space ausgebaut: faqyou.com. Die Plattform basiert auf dem Buch, bietet jedoch noch viel mehr – und natürlich auch mehr Möglichkeiten, einzelne Themen interaktiv aufzubereiten und redaktionelle Schwerpunkte zu setzen.

Hier bekommen Jugendliche Antworten auf ihre meistgestellten Fragen zu Themen rund um Sex, Liebe und Identität, wie zum Beispiel: Wie viel Sex macht glücklich? Was sind Geschlechterrollen? Was ist ein sexueller Übergriff? Sind Pornofilme gut oder schlecht für mich? Ist es normal, eifersüchtig zu sein? Wieso fühle ich mich zu jemandem hingezogen?

Auf der Plattform gibt es außerdem einen Chatbot, der persönliche Fragen beantwortet, informiert, Testzentren findet und sogar dabei hilft, einen Termin beim richtigen Arzt zu machen. Auf einer separaten E-Learning Plattform werden Lehrerinnen und Lehrern außerdem kostenlose Unterrichtsmaterialien zur Verfügung gestellt.

—

Herausgeber ohhh! Foundation
Realisation loved GmbH
Redaktion Ohhh! Foundation
Gestaltung NEON Software Solutions GmbH, Dakitec GmbH

Webadresse www.faqyou.com
Kontakt info@loved.de

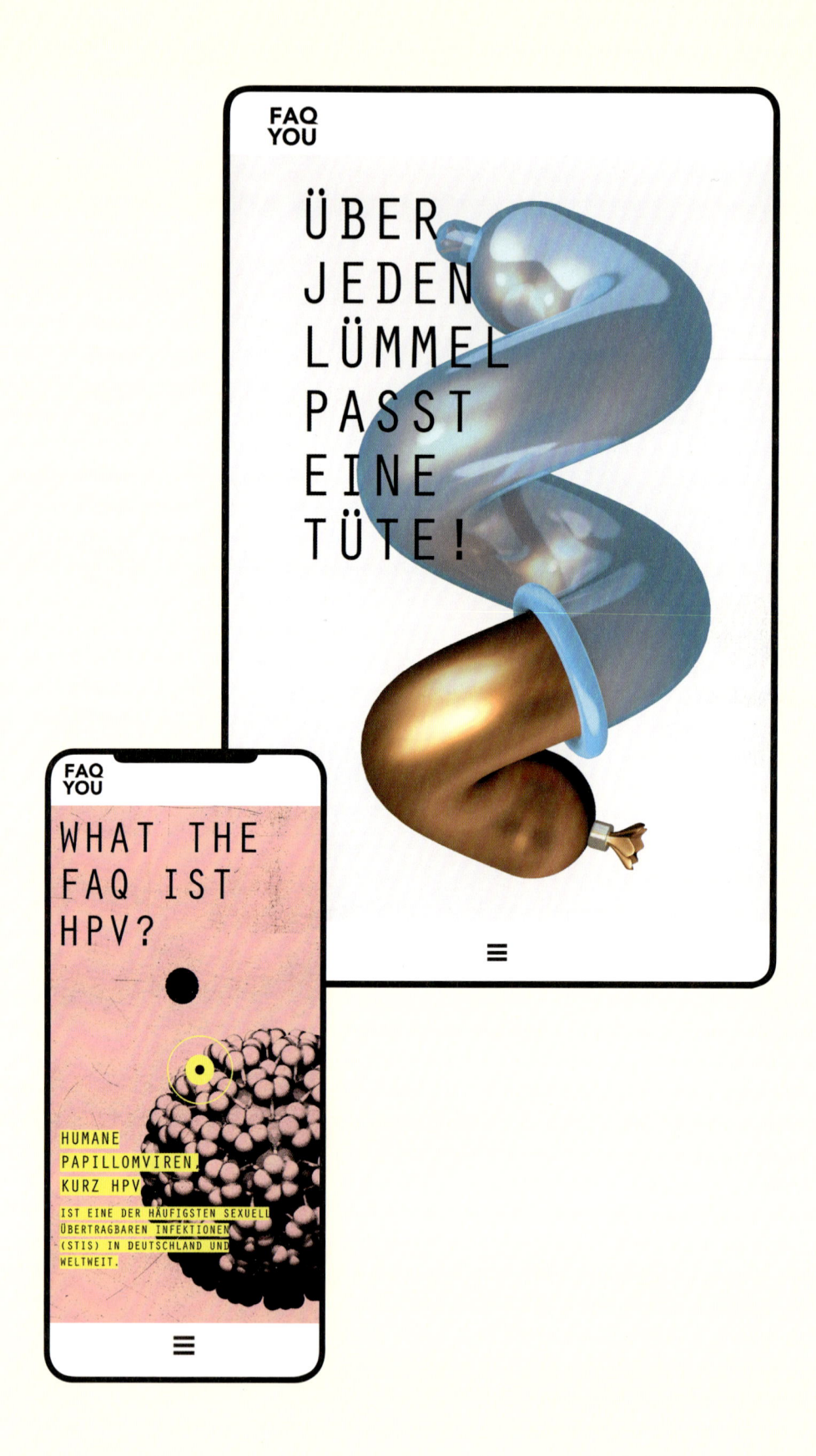

PREISTRÄGER

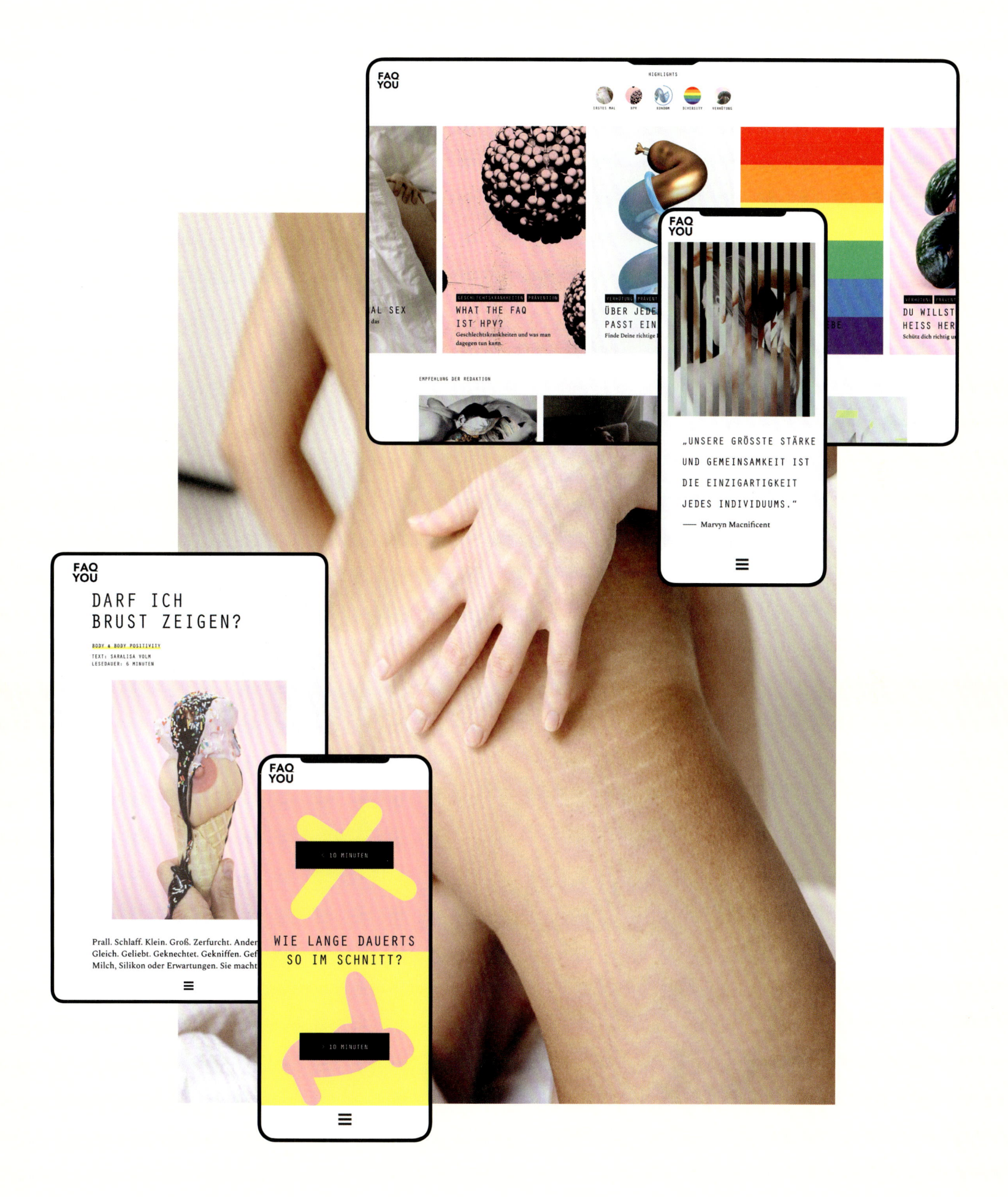

CUSTOMER > Digital
Content Plattformen > Non-Profit

CUSTOMER > Digital
Content Plattformen > Non-Profit

SHORTLIST

—

STONES OF BEIRUT. 4. August 2020 – eine verheerende Explosion zerstört Beirut. Die Einwohner werden von ihrem Staat im Stich gelassen. Für westliche Staaten und Medien ist das Leid zu weit weg. Die Folge: Es fehlen internationale Aufmerksamkeit und dringend benötigte Gelder.
STONES OF BEIRUT macht das Schicksal der Menschen greifbar. Wortwörtlich. Herzstück ist ein Buch aus Steinpapier, hergestellt aus dem Schutt der Explosion. Mit einer speziellen Technik wird aus den Trümmern der Stadt ein Buch, das die Schicksale der Menschen erlebbar macht. Reportagen über 5 Überlebende, 5 Gebäude und 5 Viertel geben einen eindrucksvollen und authentischen Einblick in das Leben mit der Katastrophe, die verlorene Kultur und die aktuelle Situation Beiruts. Recherchiert und dokumentiert mit renommierten Journalisten aus dem G+J-Netzwerk. Bereits bei der Recherche wird die multimediale Ausspielung mitgedacht und produziert. Auf der Webseite, Social Media werden die Inhalte multimedial aufbereitet, mit Hintergründen ergänzt und in Videobeiträgen erlebbar.
Die Schicksale werden digital erlebbar, es kann auf der Webseite gekauft und gespendet werden. *STONES OF BEIRUT* erzeugt Aufmerksamkeit und finanzielle Hilfe. Verkaufseinnahmen und Spenden gehen an die NGO Beit El Baraka in Beirut, die Stromrechnungen bezahlt und Häuser renoviert. So wird mit den Trümmern Beiruts zumindest ein Teil der zerstörten Stadt wieder aufgebaut. Und das Projekt geht weiter.

—

Herausgeber Gruner + Jahr
Realisation TERRITORY GmbH

Auflage 1000 Exemplare
Webadresse www.stones-of-beirut.com

SHORTLIST

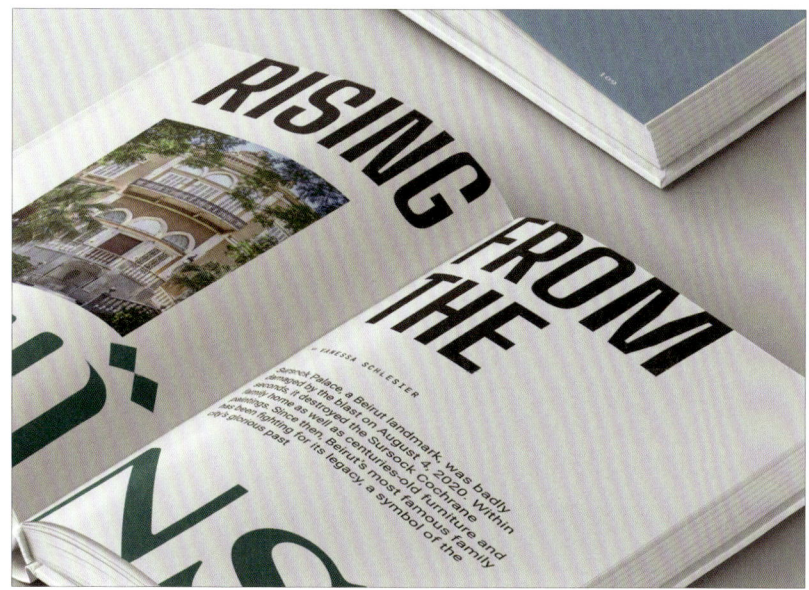

CUSTOMER > Digital
Content Plattformen > Non-Profit

Jurybegründung

Hier geht es nicht „nur" um eine neue Kampagne. Hier sortiert sich eine Marke neu ins Lebensumfeld ihrer Zielgruppe ein. Mit einer glaubwürdigen Plattform zum Teilen, Liken und Inspirieren. Clever verknüpft mit Social-selling-Funktionen.

PREISTRÄGER

CUSTOMER > Digital
Social Media

JACK WOLFSKIN – *Mit dem Rucksack ins Herz der GenZ*

Herausgeber JACK WOLFSKIN
Realisation ODALINE, JUSTADDSUGAR

CUSTOMER > Digital
Social Media

PREISTRÄGER

JACK WOLFSKIN – *Mit dem Rucksack ins Herz der GenZ.* Jack Wolfskin – kennst du. Hast du was von im Schrank. Viel zu oft aber nur fürs Gassigehen. Die Marke hat im schwer gelitten. Überdistribution und zu wenig Investment in Marke resultierten in immer weniger Begehrlichkeit – insbesondere bei der GenZ.
#GOBACKPACK ist der Startschuss für ein neues Jack Wolfskin. Weg von angestaubten Anzeigen, hin zu Content, den die GenZ liebt: Die Welt entdecken – mit dem Rucksack.
Corona machte Reisen mit dem Bus noch hipper: Wir bedienen uns an dem Trend, zeigen, wie wir einen Bus umbauen – und gehen damit auf Reisen. Mit dabei sind bspw. Koch The Duc Ngo oder Musiker Tom Gregory.
Acht Minuten Long-Form Content verwandeln sich in ein Content-System, das alle digitalen Kanäle von Jack Wolfskin befüllt: TikTok, YouTube, Instagram, Website, E-Commerce. Auf TikTok bekommt Jack Wolfskin viel Liebe und wird von der W&V sogar zur TikTok-Marke des Monats gekürt. Die Kommentare bestätigen – wir verändern die Wahrnehmung bei der GenZ: „Gestern noch meinen Lehrer ausgelacht, heute auf follow gedrückt".
#GOBACKPACK heißt auch Business: Der digitale Umsatz von Jack Wolfskin zeigt in 2021 steil nach oben (+12 Prozent YOY) und auch die Markenwerte Awareness (+22 Prozent) und Consideration (+41 Prozent) bei den 20–29-Jährigen werden positiv verändert. So konnte Jack Wolfskin im Textilwirtschaft YouGov Ranking für 18–34-Jährige mit +9 Plätzen den größten Sprung nach vorne machen.
Von der Lehrer-Marke zum GenZ-Liebling.

Herausgeber JACK WOLFSKIN, JUSTADDSUGAR
Realisation ODALINE
Gestaltung JUSTADDSUGAR

Webadresse
www.jack-wolfskin.com/travelyourway

PREISTRÄGER

CUSTOMER > Digital
Social Media

CUSTOMER > Digital
Social Media

SHORTLIST

Auf dem Bike zum TikTok-Hype. In weniger als zwei Jahren zur größten Automotive Brand auf TikTok! Wie BMW Motorrad das geschafft hat? Nachdem die Marke die Produktkommunikation im Jahr 2020 komplett neu und digital ausgerichtet hatte, war es der nächste logische Schritt, die Kunden der Zukunft (insb. GenZ) verstärkt über Social Media anzusprechen.

Die 3 Hauptziele, die BMW Motorrad dabei im Jahr 2021 verfolgte:
1. Verstärkt junge und komplett neue Zielgruppen für die Marke und ihre Produkte begeistern,
2. Reichweiten und Interaktionen mit der Social Media Community weiter ausbauen und
3. Status als First Mover in der digitalen Kommunikation untermauern.

3 Faktoren spielen für den Erfolg von BMW Motorrad auf TikTok eine entscheidende Rolle:
1. Eine komplett neue Art der Kommunikation direkt aus dem Kanal heraus gedacht – Produktionsprozesse wurden angepasst, Trends stark miteinbezogen und eine für die Marke komplett neue Tonalität geschaffen.
2. Fans der Marke werden zu Stars auf TikTok – 70 Prozent aller Inhalte werden direkt von der Community produziert.
3. Als erster Motorradhersteller launchte BMW Motorrad ein neues Produkt in einem TikTok Livestream und untermauerte damit den Status als Innovationsführer.

Die Ergebnisse bestätigen den Erfolg:
– Wachstum der Community um 1,5 Mio. Follower innerhalb eines Jahres
– Insgesamt 80 Mio. Views in 2021, das sind durchschnittlich 800.000 Views pro Video
– Bei dem Launch der neuen Elektromodelle wurden 47 Prozent der Reichweite allein über TikTok erzielt.

Zudem wurde BMW Motorrad im Jahr 2021 von der W&V zur TikTok Brand des Monats Juni gekürt und erzielte massive Reichweiten in der Fachpresse!

—
Herausgeber BMW Motorrad
Realisation LOBECO GmbH

Webadresse
www.tiktok.com/@bmwmotorrad

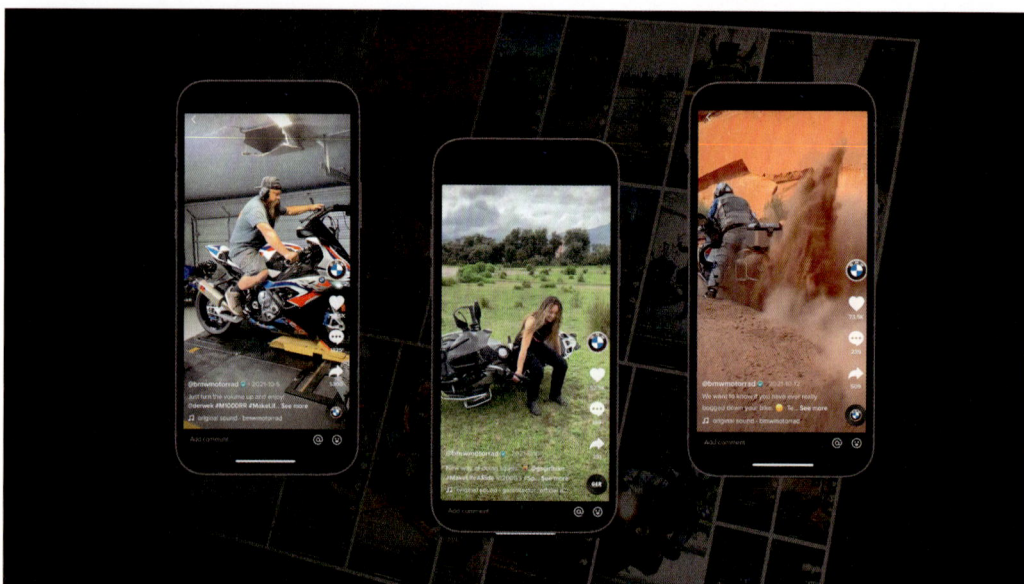

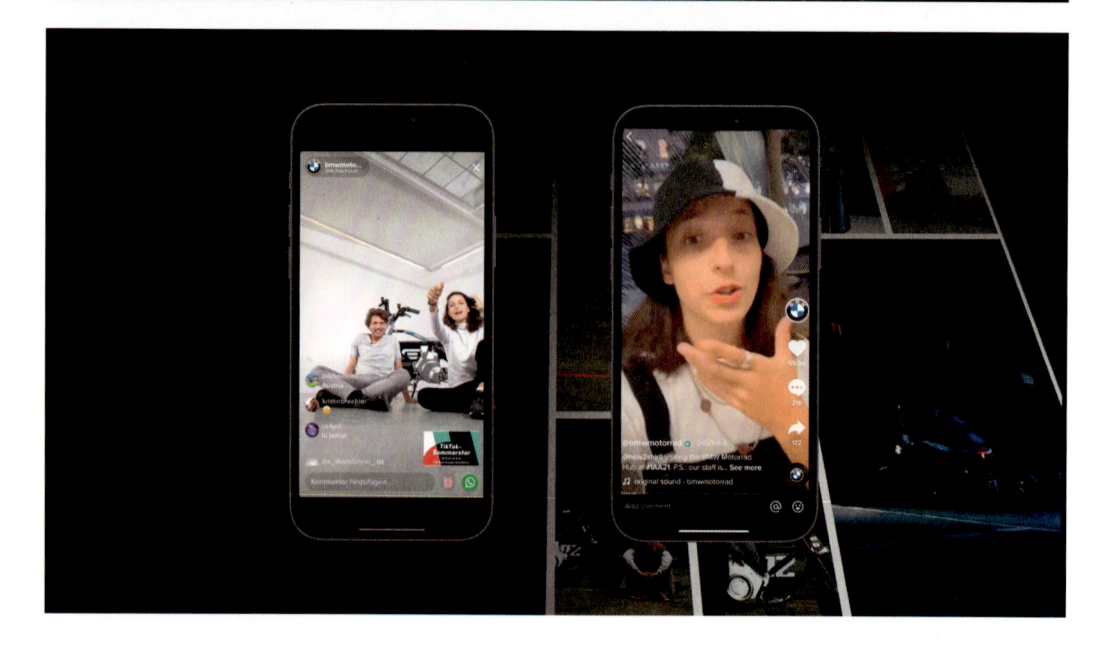

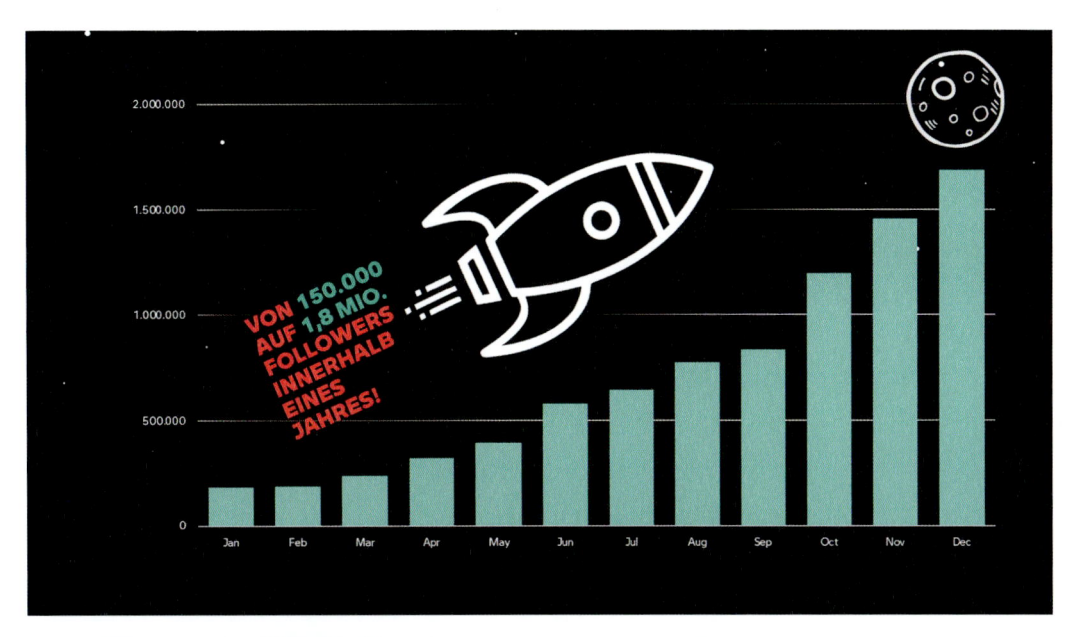

SHORTLIST

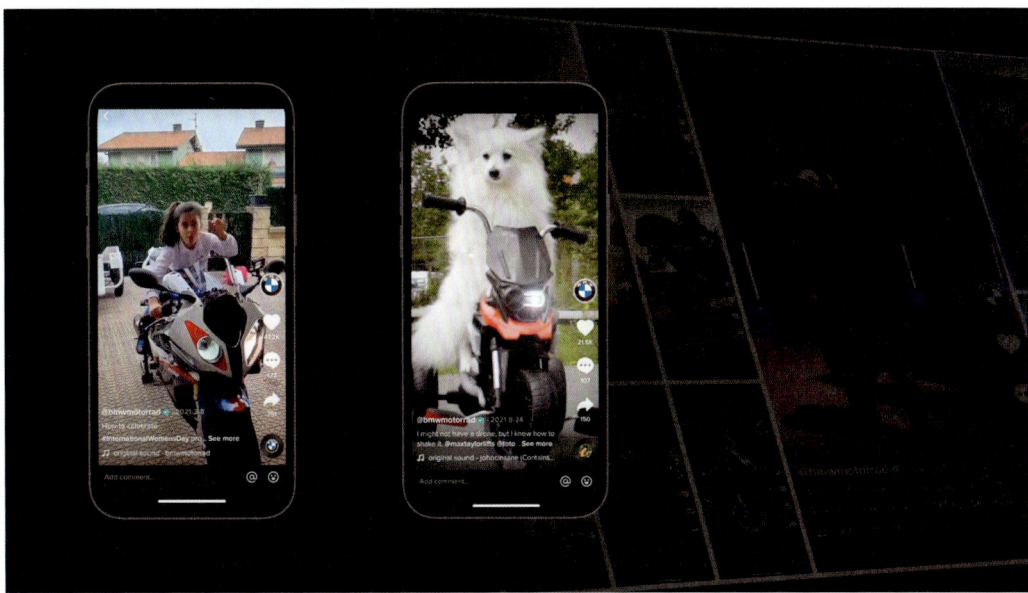

CUSTOMER > Digital
Social Media

VON 150.000
AUF 1,8 MIO.
FOLLOWERS
INNERHALB
EINES
JAHRES!

CUSTOMER > Digital
Social Media

SHORTLIST

Beethoven X – *The AI Project.*
Geschichte schreiben und die Zukunft gestalten: Ludwig van Beethovens gilt als das größte musikalische Genie aller Zeiten. Als er 1827 stirbt, hinterlässt er der Nachwelt neben neun vollständigen Sinfonien auch ein unvollendetes Werk – die 10. Sinfonie. Mit weltweit führenden Expert:innen entwickelt die Telekom eine revolutionäre künstliche Intelligenz, mit deren Hilfe Beethovens 10. Sinfonie vollendet wird. Zum 250. Jubiläum des Komponisten kommt es in seiner Geburtsstadt Bonn zur Uraufführung welche weltweit im kostenlosen Livestream gezeigt wird. Aus einem gewagten Experiment wird eine einzigartige Kooperation zwischen Mensch und Maschine. Eines der größten unvollendeten Werke der Menschheit wird Wirklichkeit. Effektives Livemarketing trifft auf datengetriebene Distribution und nutzerzentrierte Medialisierung. Die Verbindung von Kunst und Technologie wird zum weltweiten Gesprächsthema. *Beethoven X – The AI Project* sorgt für Begeisterung – bei den Besucher:innen vor Ort, in der nationalen und internationalen Presse, bei Zuschauer:innen des Livestreams und Rezipienten des Social Media Contents rund um den Globus.
Der Telekom gelang es, das Thema Künstliche Intelligenz mit der Kunst erfolgreich zu verbinden. Die bahnbrechende Kampagne beschaffte der Telekom weltweite Aufmerksamkeit und einen signifikant positiven Markenshift, der den Pionier-Status der Marke in puncto Technologie zementiert.

Herausgeber Deutsche Telekom
Realisation Kruger Media mit DDB Group Germany, Mindshare, Emetriq, DO IT!, Live Nation, DOM Digital Online Media, iProspect

SHORTLIST

CUSTOMER > Digital
Social Media

CUSTOMER > Digital
Social Media

SHORTLIST

DB Cargo – *Wir sind güter.* Alle reden über Nachhaltigkeit und den Klimawandel. Niemand redet über nachhaltige Logistik und Transportwege, die das Klima schonen. Genau das macht *DB Cargo:* Statt mit Diesel auf der Straße werden die Güter elektrisch auf der Schiene transportiert. Nur mit Güterverkehr ist unsere Logistik noch finanzierbar und unsere Klimaziele realisierbar. Das Thema ist nicht nur relevant, sondern systemrelevant und muss dringend auch für B2C erzählt werden – und zwar dort, wo die Menschen sind: auf Social Media.

„Güter gehören auf die Schiene" – dieser Satz gehört in die Köpfe aller Menschen. Die erreichen wir mit Humor und Entertainment auf Twitter, Instagram und Facebook. Das Konzept dafür: Social Media nicht nach Redaktionsplan, sondern live. Immer tagesaktuell. Immer handfest, aber herzlich. Immer eine Antwort auf jeden Kommentar. Aber vor allem Kommunikation mit Haltung und Mut.

Das Schönste an Social Media: Es ist keine Einbahnstraße, sondern ein Dialog – in Echtzeit. Nicht nur unsere Tweets und Posts wurden geshared, sondern auch unsere Retweets und Kommentare. Und das nicht nur von Fans, sondern von Meinungsmacher:innen, Politiker:innen und den ganz großen Social-Kanälen. Das hat vorher noch kein Fracht-Unternehmen gemacht, erst recht nicht für B2C. Dafür werden wir belohnt: mit über 3.500 Likes pro Beitrag und dem Vervielfachen der Follower:innen in 2021: Twitter: +314 Prozent, Instagram: +119 Prozent, Facebook: +146 Prozent. Das beweist: Güter gehören auf die Schiene und die Kommunikation gehört auf Social Media.

Unternehmen DB Cargo AG
Realisation GUD.berlin GmbH

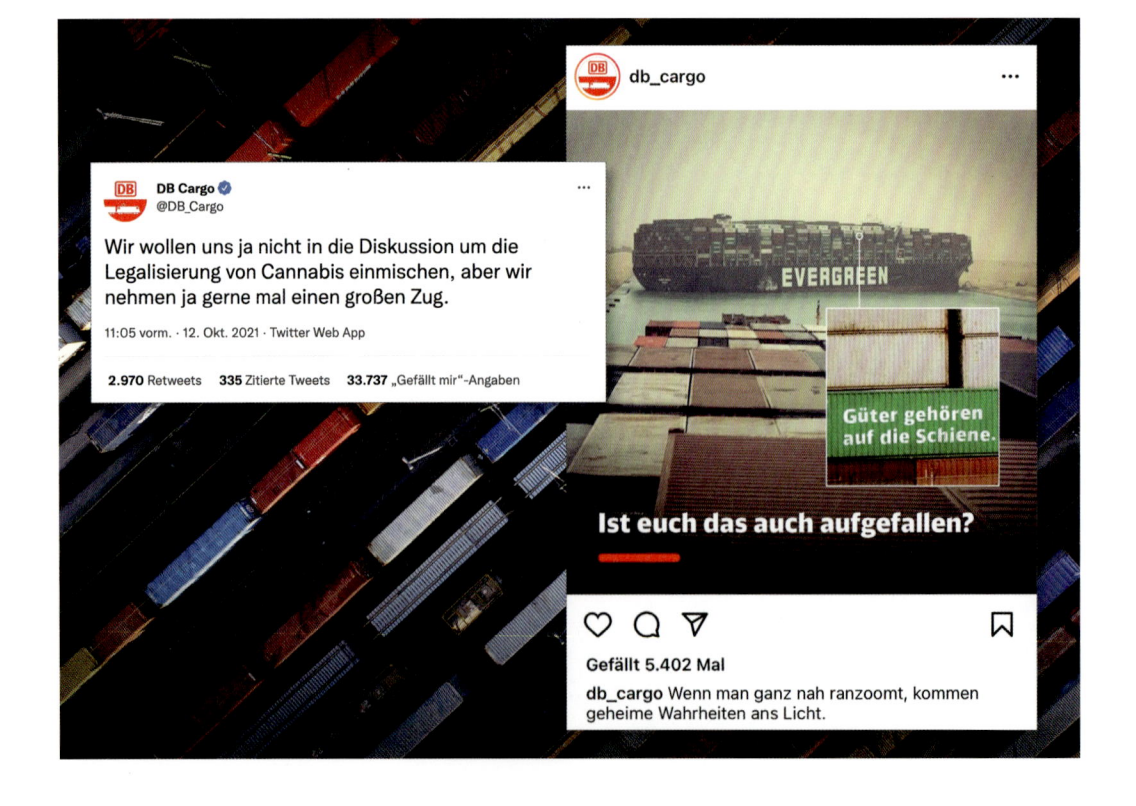

SHORTLIST

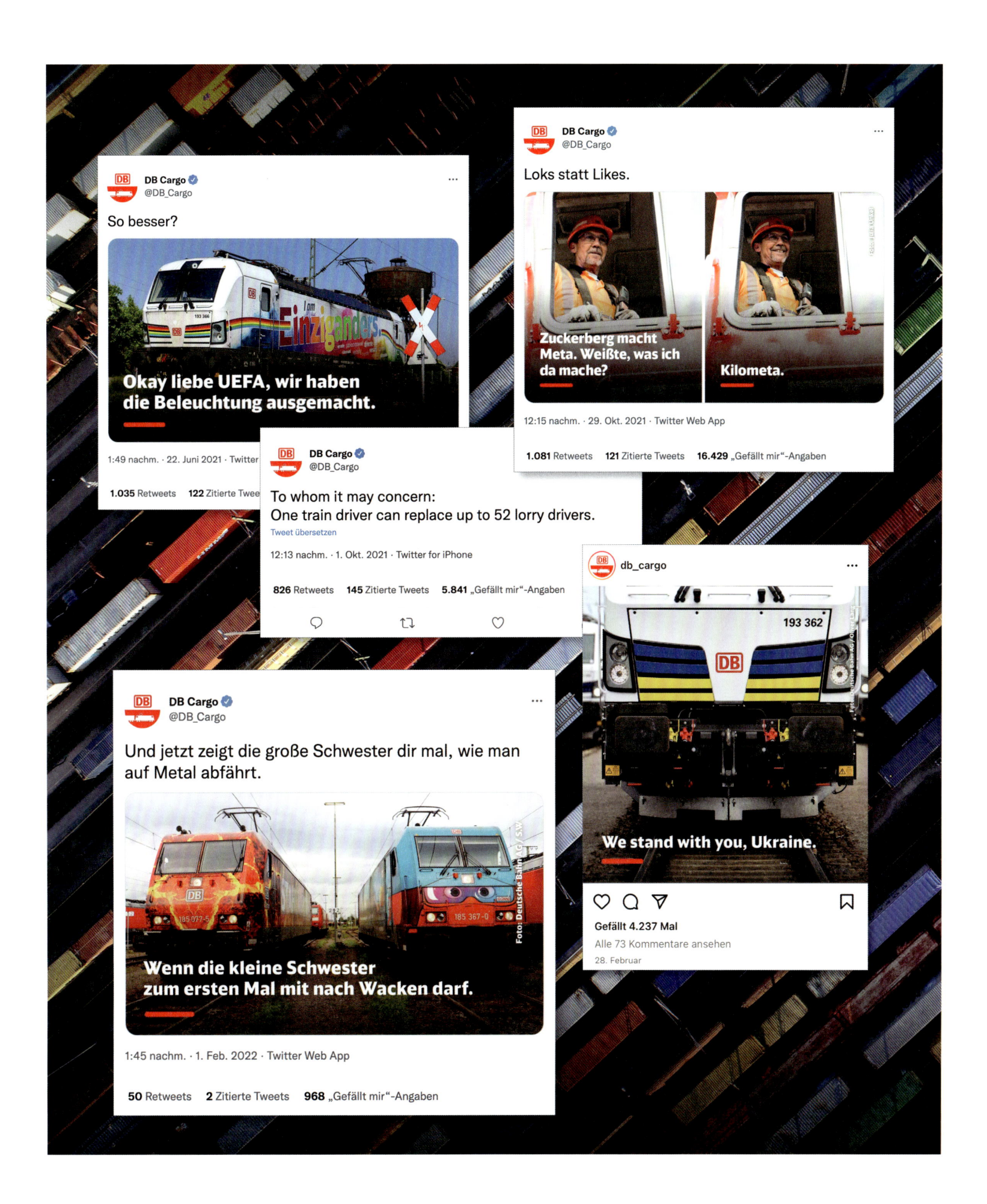

CUSTOMER > Digital
Social Media

CUSTOMER > Digital
Social Media

SHORTLIST

Die Maler – *Klingt komisch. Macht aber glücklich.* Immer weniger Jugendliche entscheiden sich für eine handwerkliche Ausbildung. Die meisten Schüler:innen haben den Malerberuf überhaupt nicht auf dem Schirm. Wenn, wird er eher mit negativen Eigenschaften assoziiert: anstrengend, schmutzig, anspruchslos. Das wollten wir ändern. Mit einer Kampagne, die das Malerhandwerk in den Köpfen der Jugendlichen positiv verankern sollte. Dass der Malerberuf glücklich macht, wird durch die Kampagne sichtbar, hörbar und fühlbar. Eindrucksvolle Close-up-Videos von Malertätigkeiten zeigen der Zielgruppe auf Instagram, welche befriedigenden Sinneseindrücke auf Maler:innen bei ihrer Arbeit einprasseln. Dabei klingt nicht nur die Ausführung der Malertätigkeiten eigenartig, sondern auch deren Bezeichnungen wie Abtönen oder Nachstacheln. Der Abbinder bringt beides zusammen: *Klingt komisch. Macht aber glücklich.* Der Kampagne gelingt es, das Malerhandwerk zu emotionalisieren. Die Reaktionen der Community sprechen für sich – genau wie die Zahlen: Der neue Kanal wächst in den ersten 1,5 Jahren auf über 2.8k Follower:innen und generiert über 21 Mio. Impressionen sowie mehr als 2 Mio. Interaktionen.

Auftraggeber Bundesverband Farbe Gestaltung Bautenschutz
Agentur ressourcenmangel GmbH
Redaktion ressourcenmangel GmbH
Gestaltung ressourcenmangel GmbH
Zielgruppe Schüler:innen
Distribution Instagram, TikTok
KPI >2.8k Follower:innen, >21 Mio. Impressionen, >2 Mio. Interaktionen
Launch-Datum September 2020
Webadresse instagram.com/die.maler und vimeo.com/535802869/1367107bd9
Kontakt Christof.Biggeleben@ressourcenmangel.de

SHORTLIST

CUSTOMER > Digital
Social Media

Finde heraus, was dich glücklich macht!

Streich nach oben!

nachstacheln.

Klingt komisch.

Macht aber glücklich.

krrrrrr...

die.maler

127.111 Aufrufe

die.maler Wenn im Job komplett die Luft raus ist und du vom Chef dafür Respekt bekommst ... Dann hast du wahrscheinlich gerade nachgestachelt. Sprich: mit der Stachelwalze flüssige Spachtelmasse entlüftet – für einen spiegelglatten Boden.

DIE MALER
WIR BILDEN DICH AUS.

CUSTOMER > Digital
Social Media

SHORTLIST

Purrfect Match. Während Corona wollte jeder ein Haustier. Als dann die Temperaturen wieder stiegen und die Corona-Fallzahlen sanken, gingen viele Menschen wieder ins Büro – und brachten die Tiere aus Zeitmangel zurück ins Tierheim. Im Frühjahr 2020 platzte das Münchner Tierheim aus allen Nähten und sie beauftragten uns, eine digitale Idee zur Vermittlung der Tiere zu entwickeln – dieses Mal im besten Fall für immer.

Für eine eigene App war nicht ausreichend Budget vorhanden. Also nutzten wir die App, auf der sowieso bereits viele einsame Seelen unterwegs sind: Tinder. So sollten einsame Tiere möglichst kostengünstig und reichweitenstark an mindestens genauso einsame Menschen vermittelt werden.

Bei einem Fotoshooting im Münchner Tierheim wurden 15 Hunde und Katzen professionell in Szene gesetzt. Jedes Tier erhielt ein kostenpflichtiges Profil auf Tinder mit individueller Beschreibung. Jedem Tier wurde außerdem ein menschlicher Pate zugeteilt, der/die das Swipen übernahm. Kam es zu einem Match, erhielt der/die potenzielle Date-Partner:in eine freundliche Nachricht mit der Info, dass man für ein erstes „Date" im Tierheim anrufen solle. Wir erreichten nicht nur 1887 Matches, sondern auch die Herzen von mehr als 500 Mio. Menschen weltweit – und vermittelten einen Großteil der Tiere.

Auftraggeber Tierschutzverein München e. V.
Realisation TERRITORY GmbH

Webadresse
https://tinder.com/@thepurrfectmatch

1.887
Matches auf Tinder

162 Dates
im Tierheim

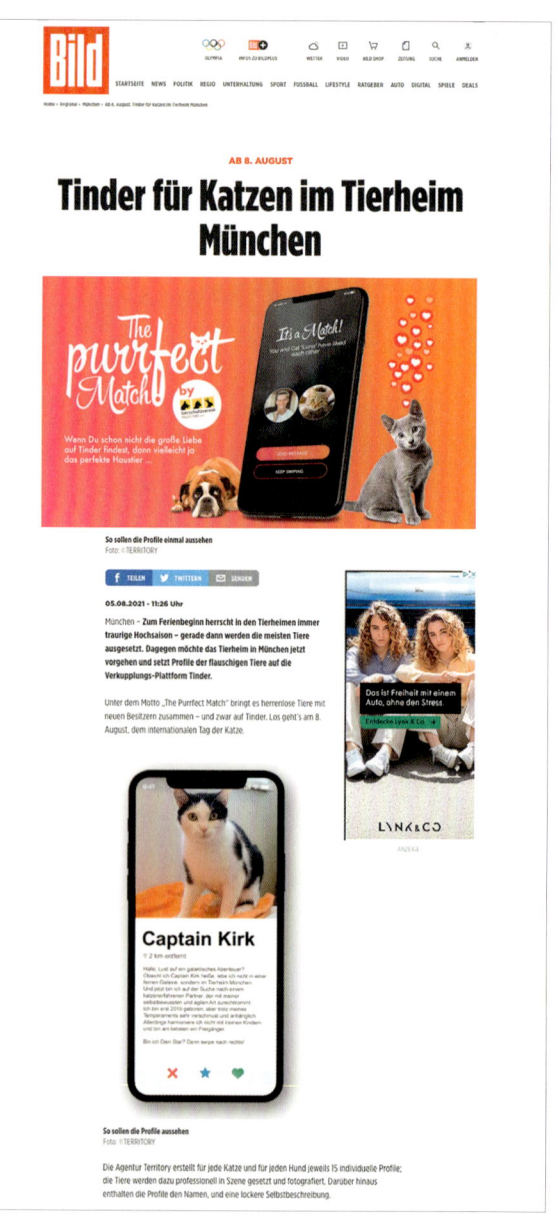

SHORTLIST

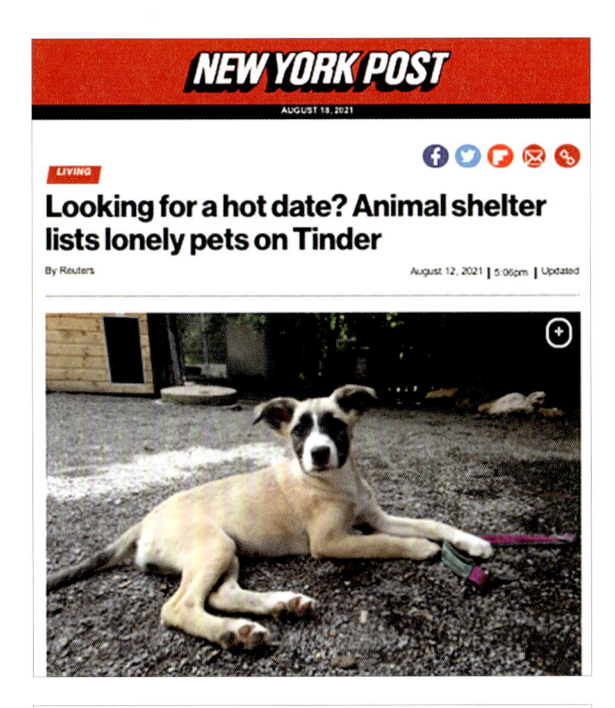

CUSTOMER > Digital
Social Media

2,5 Mio. Euro
Earned Media

> 500 Mio. Menschen
auf 5 Kontinenten erreicht

CUSTOMER BEWEGTBILD

CUSTOMER BEWEGTBILD

CUSTOMER
BEWEGTBILD

206 Serie
212 Fiction
220 Non-Fiction
230 Corporate Film

Jurybegründung

Authentisch und ehrlich! Die sympathischen Protagonisten schaffen einen hohen Identifizierungsgrad.

PREISTRÄGER CUSTOMER > Bewegtbild
Serie

Die Mutmacher – *Vom Hinfallen und Wiederaufstehen*

Herausgeber KfW Bankengruppe
Realisation Axel Springer Corporate Solutions GmbH & Co. KG

CUSTOMER > Bewegtbild
Serie

PREISTRÄGER

—

Die Mutmacher – *Vom Hinfallen und Wiederaufstehen.* Existenzängste, Ungewissheit, Ohnmachtsgefühle – die Corona-Krise hat Millionen von Unternehmerinnen und Unternehmern vor große Herausforderungen gestellt. Viele mussten ihr Geschäft temporär schließen, Angestellte in Kurzarbeit schicken und umdenken.

Die Content-Offensive *Die Mutmacher – Vom Hinfallen und Wiederaufstehen* porträtiert junge Unternehmen in einer dreiteiligen Videoserie. Im Mittelpunkt stehen Gründerinnen und Gründer, die gerade dabei waren, sich am Markt zu etablieren, als der erste Lockdown kam. Es geht um ein Café, einen Barbershop und einen Softwareentwickler.

Sie sind echte Mutmacher, da sie in der Pandemie schnell und mit Erfolg neue Wege gegangen sind. Sie haben ihre Geschäftsmodelle angepasst, sich neue Möglichkeiten und Geschäftsbereiche erschlossen, die sie auch noch nach der Pandemie weiterbringen. Sie bieten anderen Selbstständigen Inspiration und Identifikationsmöglichkeit. Die Beispiele zeigen: In der Krise liegen Chancen.

Die KfW präsentiert sich nicht primär als Förderbank, sondern zeigt sich partnerschaftlich – auch in schweren Zeiten.

—

Herausgeber KfW Bankengruppe, Inlandsmarketing (Solveig Keser, Sascha Haink, Eva-Maria Röder, Birgit Spors)

Realisation Axel Springer Corporate Solutions GmbH & Co. KG (Projektmanagement: Miriam Heinl, Markus Hohmeier)

Redaktion Axel Springer Corporate Solutions GmbH (Tatjana Graßl, Eva Buscher)

Gestaltung Axel Springer Corporate Solutions GmbH (Matteo Wiesheu; Video: András Heiberger)

Zielgruppe Gründer:innen, Nachfolger:innen, Unternehmer:innen

Umfang Drei Hauptvideos mit begleitenden Text-Bildreportagen und audio-visuellen Social Media Postings

Distribution kfw.de/mutmacher, YouTube, Instagram, LinkedIn; Reichweitenmaximierung: Ad-Formate in Display-Netzwerken und Social Media

Launch-Datum April 2021

Webadresse kfw.de/mutmacher

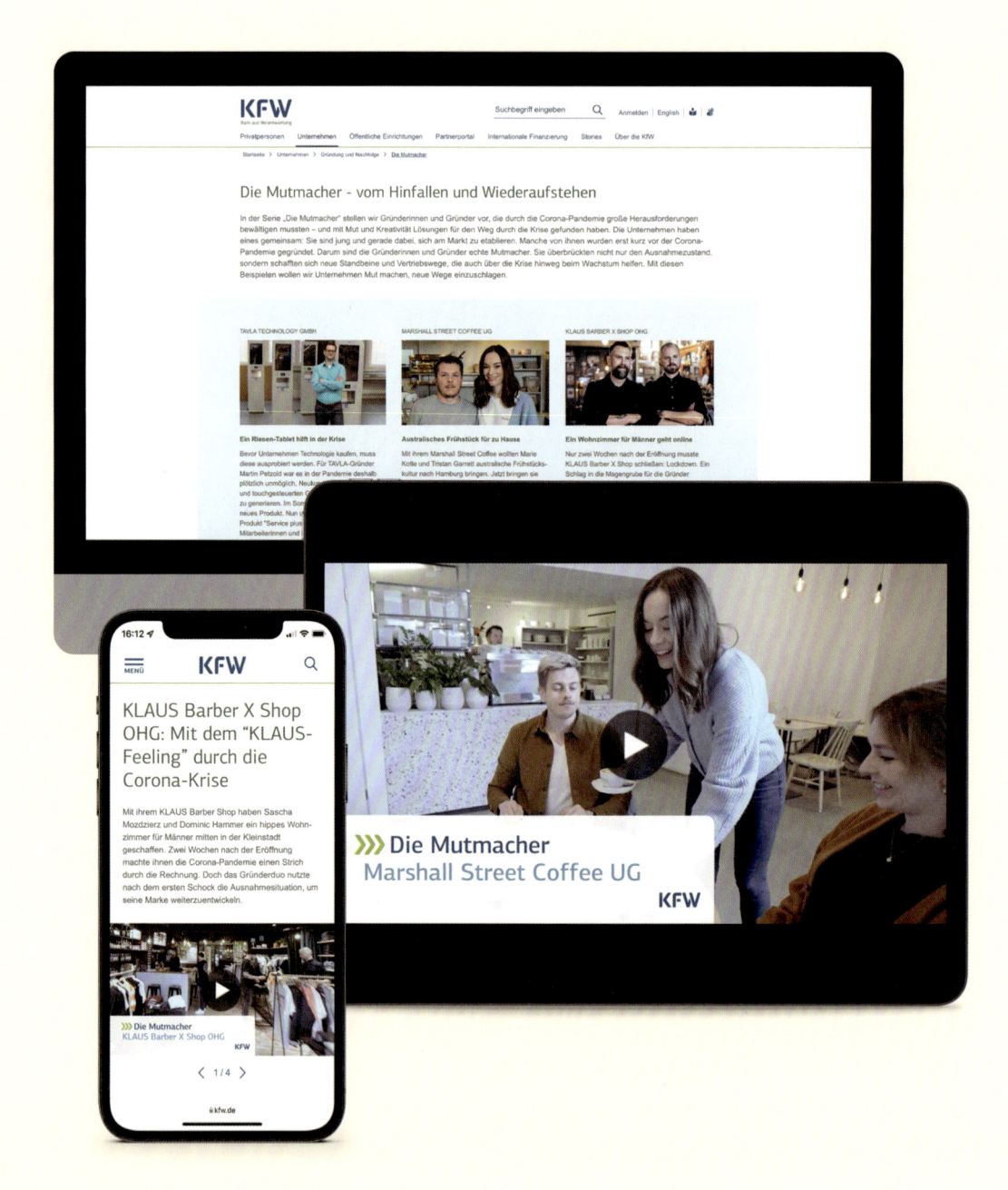

PREISTRÄGER   CUSTOMER > Bewegtbild
Serie

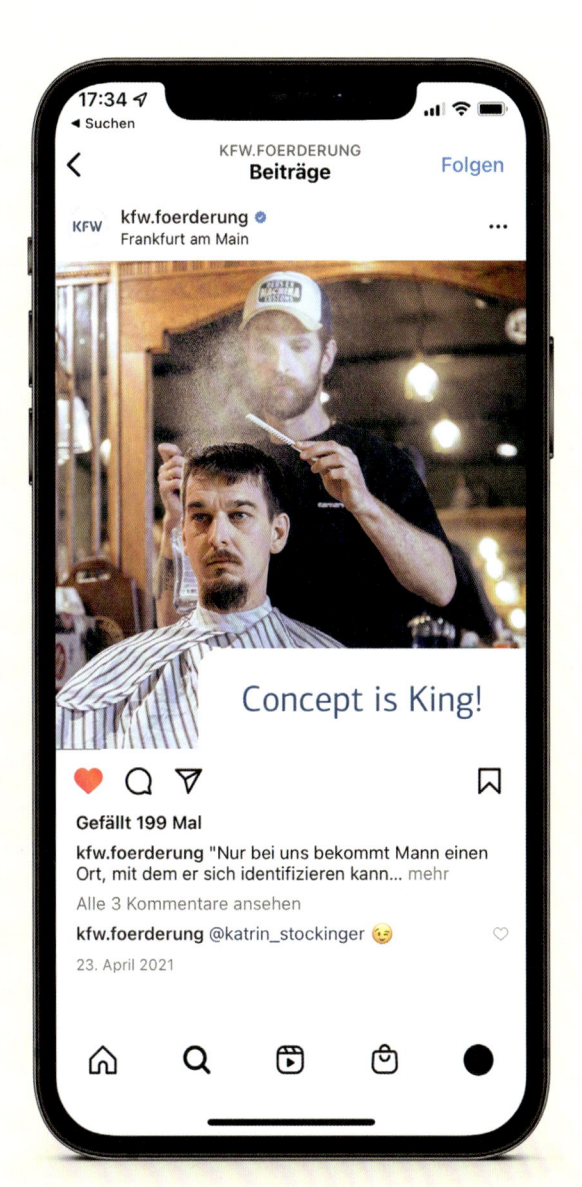

"Nur bei uns bekommt Mann einen Ort, mit dem er sich identifizieren kann."

"Als Sozialunternehmer möchte ich gesellschaftlichen Nutzen erzielen."

Liefern statt schließen

"Ich würde immer wieder mein eigenes Café gründen."

Concept is King!

Gefällt 199 Mal
kfw.foerderung "Nur bei uns bekommt Mann einen Ort, mit dem er sich identifizieren kann... mehr
Alle 3 Kommentare ansehen
kfw.foerderung @katrin_stockinger 😏
23. April 2021

| CUSTOMER > Bewegtbild | SHORTLIST |
| Serie | |

IMPFEN GEHEN.

Stills aus den drei Filmen

Ich tu's für – *Impfkampagne*. Im Frühjahr 2021 hatten die Impfungen gegen das Corona-Virus begonnen. Ca. 60–70 Prozent aller Bürger sollten sich zeitnah impfen lassen. Die Impfbereitschaft in der Bevölkerung ist jedoch nicht durchgängig vorhanden. Die bayerischen Impfkampagne sollte diese erhöhen und damit die Einstellung der Bevölkerung in Richtung „pro Impfung" beeinflussen.

Der Claim *Ich tu's für* berührt uns an einem sehr emotionalen Punkt. 2020 galt: Je mehr Passivität wir an den Tag legen, umso besser für die Bekämpfung der Pandemie. Das führte bei vielen zum Gefühl der Ohnmacht, der Hilflosigkeit, der Wertlosigkeit. Aber seit 2021 haben wir die Möglichkeit, uns AKTIV an der Bekämpfung der Pandemie zu beteiligen! Indem wir uns impfen lassen: Impfen gehen. Ich tu's für dich, für mich, für alle.

Wir arbeiteten mit prominenten und nicht prominenten Testimonials, die sich jeweils für eine Bevölkerungsgruppe impfen lassen, die weit von ihrem eigenen Leben entfernt ist. Wir entwickelten überzeichnete Stereotypen und skurrile Gegensätze, die für den nötigen Clash in der öffentlichen Wahrnehmung sorgten.

Die Umsetzung erfolgte in drei Phasen. Dabei entstanden drei Hauptfilme mit den Testimonals der jeweiligen Phase. Die Kampagne wurde bayernweit crossmedial ausgespielt. Alle Maßnahmen verlinkten auf die zentrale Landingpage mit weitergehenden Informationen, welche – auch heute noch – in stetiger Veränderung ist, da der Bedarf an Information noch nicht gedeckt ist.

Herausgeber Bayerisches Staatsministerium für Gesundheit und Pflege

Realisation Bayerisches Staatsministerium für Gesundheit und Pflege

Redaktion brandarena GmbH & Co. KG

Gestaltung brandarena GmbH & Co. KG

Webadresse https://www.stmgp.bayern.de/coronavirus/impfung/ich-tus-fuer

SHORTLIST

CUSTOMER > Bewegtbild
Serie

Für dich. Für mich. Für alle.

Out of Home Motive

ICH TU'S FÜR DIE FITNESS-STUDIOS.

Ottfried Fischer, Kabarettist

Jetzt Impftermin vereinbaren!

IMPFEN GEHEN. Für dich. Für mich. Für alle.

Danke, dass auch du dabei bist. Denn nur so schaffen wir die ersehnte Rückkehr zur Normalität. Gemeinsam sind wir stärker als das Virus. Lass dich deshalb jetzt direkt in der Praxis deiner Hausärztin oder deines Hausarztes impfen.

Alle Infos auf:
www.ichtusfuer.bayern.de

Zusammen gegen Corona   #ÄRMELHOCH FÜR DIE IMPFUNG

Bayerisches Staatsministerium für Gesundheit und Pflege

ICH TU'S FÜR DIE FRISEURE. David, 26

ICH TU'S FÜR DAS REAL-LIFE. K3v1N, 25

WIR TUN'S FÜR DIE SINGLES.

ICH TU'S FÜR DIE MEILEN-SAMMLER.

CUSTOMER > Bewegtbild
Serie

SHORTLIST

—

UNSER PURPOSE. Von Hannover bis São Paulo haben sich Tausende Mitarbeiter eingebracht, um einen Purpose für den Talanx Konzern zu finden. Das Ergebnis: „Together we take care of the unexpected and foster entrepreneurship." Drei wesentliche Gedanken spiegeln sich darin wider:
Erstens symbolisiert das „Together" die „Gegenseitigkeit" des Versicherungsvereins, aus dem die Talanx Gruppe 1903 entstanden ist. Es steht für die Nähe zu den Kunden und Partnern. Nicht zuletzt auch für das Zusammenspiel der Marken und Geschäftsbereiche im Konzern sowie für das kollegiale Miteinander.
Zweitens: Hinter „we take care of the unexpected" steht das Bewusstsein, dass Talanx das Unbekannte nicht als Bedrohung sieht, sondern es zu einem Versprechen macht: für die Kunden und Mitarbeitende in genau dem Moment da zu sein, wenn es darauf ankommt.
Und drittens: „Foster entrepreneurship" zielt darauf ab, das Unternehmertum zu stärken – sowohl bei den Kunden und Partnern als auch innerhalb der Talanx Gruppe.
Um anschaulich und emotional zu zeigen, wie dieser Purpose bei Talanx gelebt wird, wurde die Videoserie *UNSER PURPOSE* ins Leben gerufen. Die etwa 4-minütigen Videos werden in dem digitalen Mitarbeitermagazin „The Difference" ausgespielt sowie im Intranet und über einen Newsletter angeteasert.

—

Auftraggeber TALANX AG
Agentur JAHRESZEITEN VERLAG GmbH
Gestaltung True Story Filmproduktion

Webadresse https://difference-mag.com/de
Kontakt jutta.groen@jolag.de

SHORTLIST

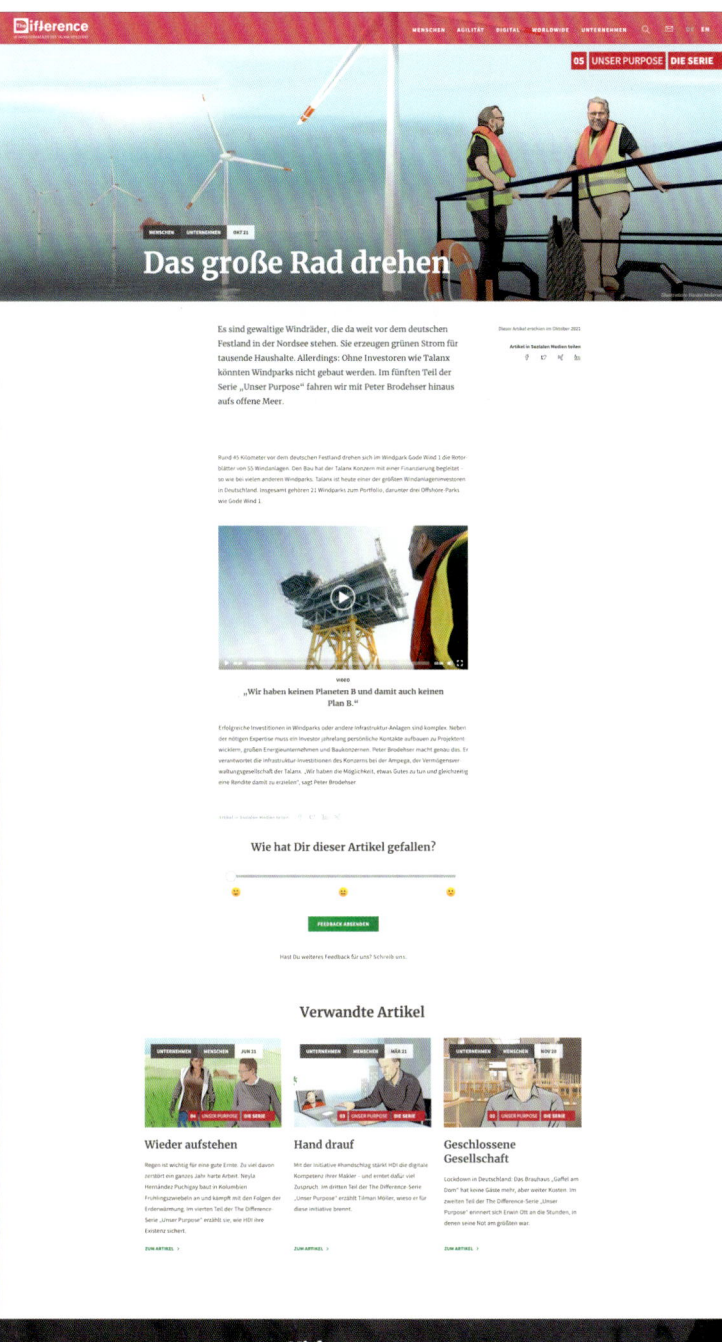

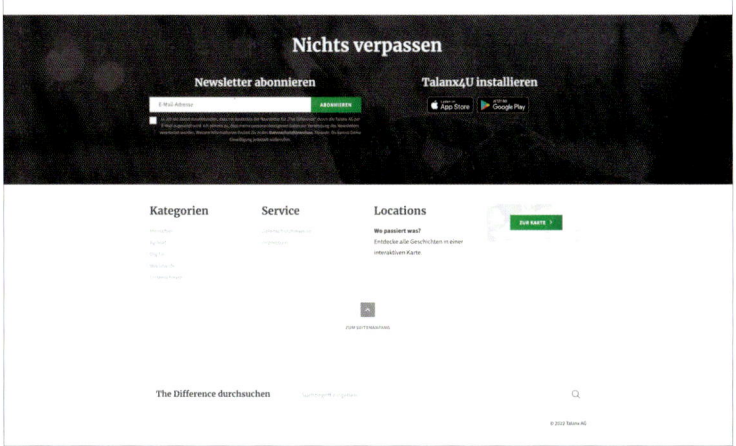

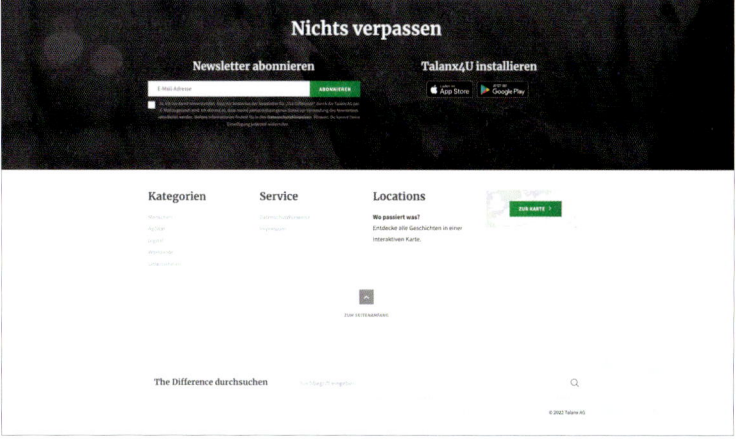

CUSTOMER > Bewegtbild
Serie

CUSTOMER > Bewegtbild
Fiction

PREISTRÄGER

Jurybegründung

Der Film berührt und hat eine große erzählerische Kraft. Hinsichtlich der Story und Umsetzung wurde ALLES perfekt gelöst, vor allem die Kameraführung. Auch beim dritten Ansehen bekommen wir noch Gänsehaut.

PREISTRÄGER CUSTOMER > Bewegtbild
Fiction

Der Wunsch

Herausgeber PENNY Markt GmbH
Realisation Serviceplan Group SE & Co. KG

CUSTOMER > Bewegtbild
Fiction

PREISTRÄGER

Der Wunsch. Keine Kontakte, Lockdowns, Home-Schooling: Corona verlangt uns allen viel ab. Besonders Jugendliche verpassen gerade wichtige Zeit und prägende Erfahrungen. Seit Beginn der Pandemie werden ihre Bedürfnisse vernachlässigt, banalisiert oder gar vergessen.
Während das ganze Land mehrmals runterfahren musste, war PENNY als Lebensmittelhändler immer da. Wir haben gesehen, wie es Jugendlichen geht, und wollten ihnen zu Weihnachten die Aufmerksamkeit schenken, die auch sie in diesen Zeiten verdienen. Ein Weihnachtswunsch wird zum Plädoyer für die Jugend. Im Film fragt ein Teenager seine Mutter, was sie sich zu Weihnachten wünscht. Ihre ungewöhnliche Antwort offenbart, was einer ganzen Generation seit zwei Jahren fehlt: „Ich wünsch mir einfach, dass du deine Jugend zurückbekommst."
Aus einem intimen Kammerspiel wird eine Achterbahnfahrt der Gefühle an dem Schauplatz der Pandemie: Zuhause. Der Monolog der Mutter, die nahtlose Kamerafahrt und die Neuinterpretation von Bon Jovis „It's my life" führen uns von jugendlichen Höhenflügen zum tiefen Schmerz des ersten Liebeskummers. Der Film erzählt ein ganzes Coming-of-Age-Drama in nur vier Minuten und entfachte eine landesweite Diskussion über die verlorene Jugend einer ganzen Generation.

Unternehmen PENNY Markt GmbH
Realisation Serviceplan Group SE & Co. KG

Webadresse https://youtu.be/MdfNqlkqSeE

PREISTRÄGER

CUSTOMER > Bewegtbild
Fiction

CUSTOMER > Bewegtbild
Fiction

SHORTLIST

FILMSZENEN

ESSENTIAL TEASER *Robotics*. Zum Auftakt jeder *ESSENTIAL*, dem Magazin von Freudenberg Sealing Technologies, weckt ein Filmteaser Neugier auf das Leitthema der Ausgabe. Ziel ist es, das Thema, in diesem Fall *Robotics*, emotional aufzuarbeiten und damit die Aufmerksamkeit kurz vor Erscheinen der Ausgabe zu erhöhen.

Dabei übersetzt er das Monothema in eine bildstarke Filmsprache. *Robotics* polarisiert. Einerseits faszinieren Roboter, sie stehen für Hoffnungen. Andererseits rufen sie aber auch Ängste hervor. Es geht um die Fragen: Was macht Maschinen menschlich? Und wo nähern wir uns den Maschinen an? Es geht um das Verwischen der Grenzen zwischen Mensch und Maschine.

Ein professioneller Breakdancer setzt diese Grenzen in Bewegung – als tanzende „Menschine". Grundlage waren ausgewählte Footage-Clips mit Roboter-Bewegungen. Die eigens für den Film entwickelte Choreografie des Tänzers greift die Bewegungen der Industrie- und Spielzeugroboter auf.

Die Aufnahmen erfolgten mit einer bewegten Kamera auf einem Gimbal. Durch die Teilung des Bildes (Split Screen) gehen die Bewegungen fließend ineinander über. Der Film ist clipartig geschnitten zum Beat der Musik. Dadurch wird die mitreißende Dynamik des Themas spürbar.

Der Teaser holt die User auf Social-Media-Kanälen (YouTube, Twitter, LinkedIn) ab und leitet sie direkt auf das Onlinemagazin weiter. Zudem erscheint er auf der Corporate Website und wird dort auf der Startseite und im Newsroom ausgespielt.

Herausgeber Freudenberg FST GmbH
(Isolde Grabenauer: Senior Director Corporate Communications, Ulrike Reich: Vice President Corporate Communications, Silke Herzog: Senior Manager Corporate Communications)

Realisation Profilwerkstatt GmbH
(Hans Frisch: Director Creative Film, Christian Heyse: Kamera, Kristina Opfer: Choreographie, Manoel Altenau (Schnitt)

Branche Dichtungstechnik
Ersterscheinung November 2021
Erscheinungsrhythmus halbjährlich
Webadresse https://youtu.be/gQB7UKTMJCE

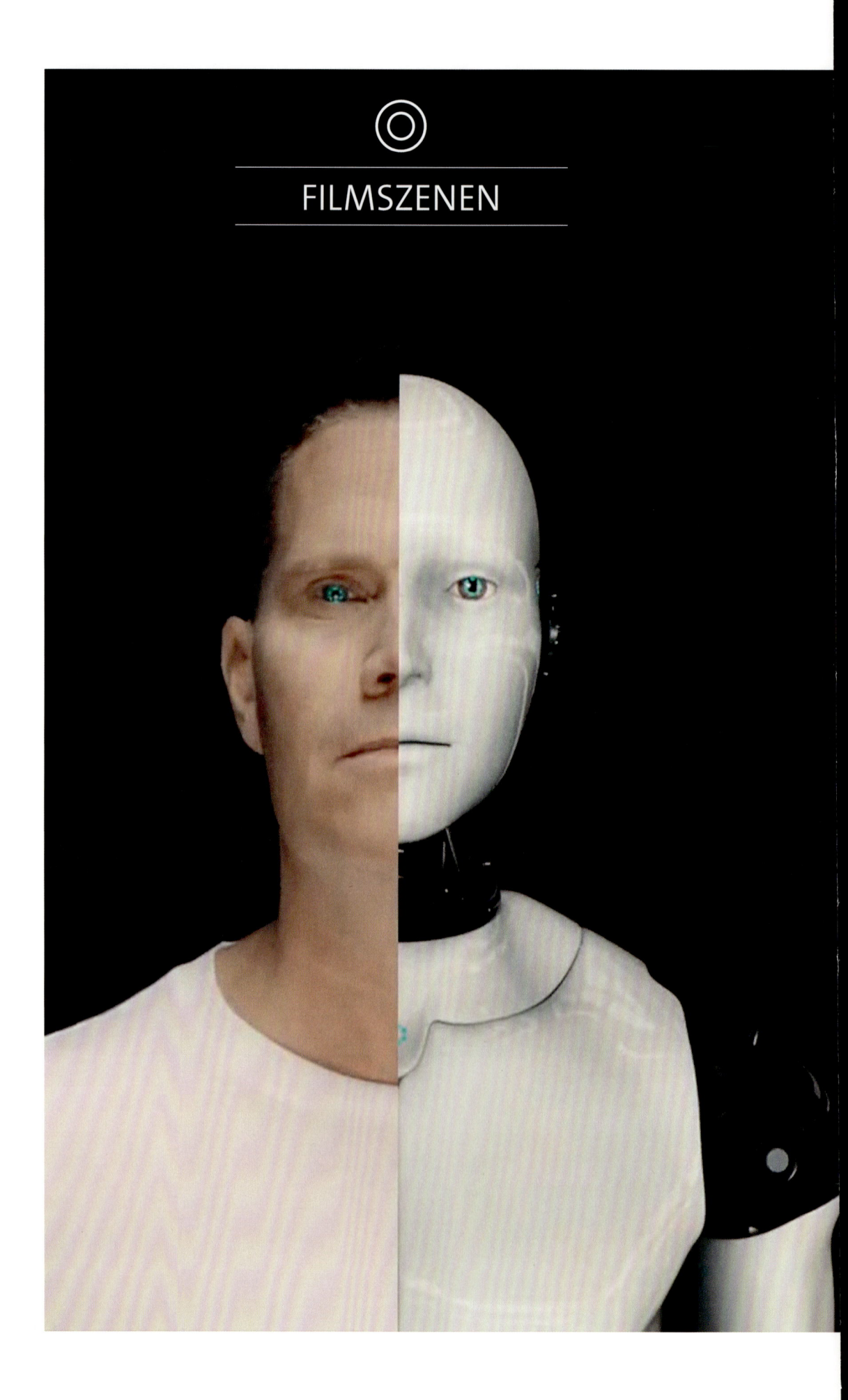

SHORTLIST

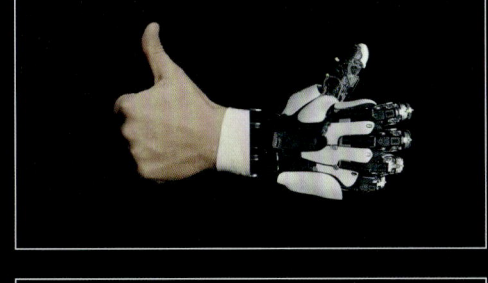

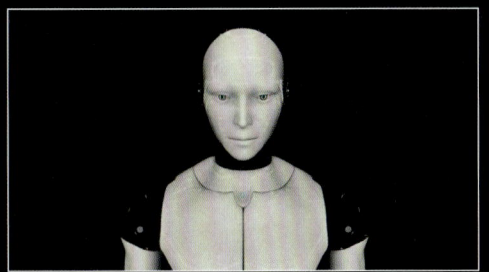

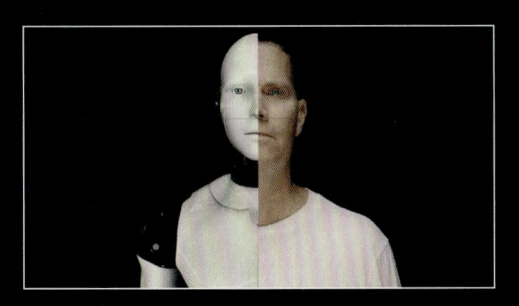

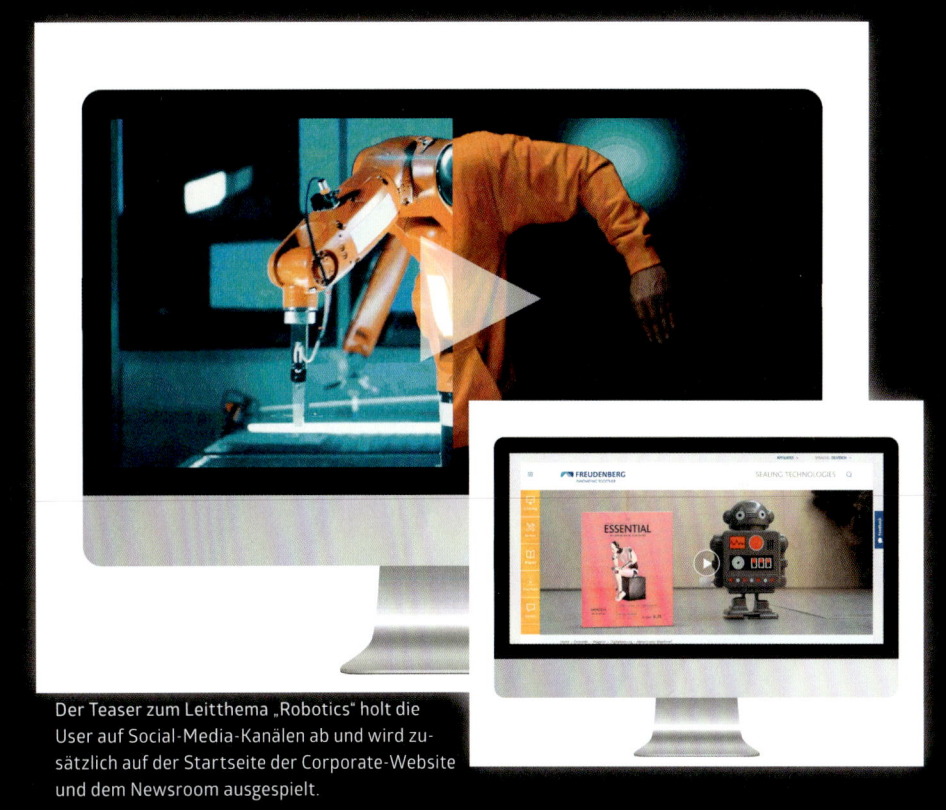

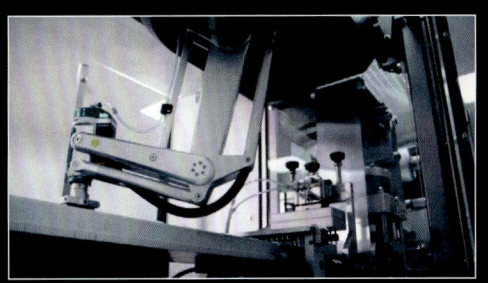

CUSTOMER > Bewegtbild
Fiction

Der Teaser zum Leitthema „Robotics" holt die User auf Social-Media-Kanälen ab und wird zusätzlich auf der Startseite der Corporate-Website und dem Newsroom ausgespielt.

| CUSTOMER > Bewegtbild | SHORTLIST |
| Fiction | |

Jedes Zuhause. Nur rund ein Drittel der Menschen in Deutschland weiß, dass O₂ auch Festnetz und Internet für zuhause anbietet. Und das, obwohl O₂ von allen Anbietern in Deutschland die größte Internet-Verfügbarkeit hat. Mehr noch: O₂ my Home bietet für jedes Zuhause und jeden Anspruch, den passenden Anschluss – vom normalen DSL-Anschluss bis hin zum superschnellen Glasfaser-Internet. Genau das galt es in einem Kinospot zu kommunizieren.

Um zu zeigen, dass O₂ für jedes Zuhause das passende Internet hat, haben wir ein Haus kreiert, das für jedes Zuhause in Deutschland steht: das *Jedes Zuhause*. Es vereint sämtliche Formen des Wohnens und die unterschiedlichsten Architekturstile in einem Gebäude – von einfach bis nobel, von städtisch bis ländlich. Insgesamt wurden über 100 Zuhause mit den unterschiedlichsten Baustilen und Architekturen sprichwörtlich unter ein Dach gebracht.

Eine Pizzabotin steht einer scheinbar simplen Aufgabe gegenüber. Sie soll eine Pizza in den obersten Stock liefern. Was folgt ist eine abenteuerliche und cineastisch inszenierte Reise durch das *Jedes Zuhause*. Auf ihrem Weg nach oben, der durch verschiedene Tageszeiten und Witterungen führt, begegnet sie unterschiedlichen Bewohnern, die das O₂ Internet auf ihre Weise nutzen. Musikalisch untermalt wurde die Story mit viel Liebe zum Detail vom preisgekrönten Filmcomposer-Duo Asger Baden & Peder.

Unternehmen Teléfonica Germany/ O₂ Deutschland

Realisation Serviceplan Group SE & Co. KG

Webadresse https://youtu.be/Z-9be4QNcOw

SHORTLIST

CUSTOMER > Bewegtbild
Fiction

Internet für zuhause.
Für jedes Zuhause.

o2.de

CUSTOMER > Bewegtbild
Non-Fiction

PREISTRÄGER

bcm

Jurybegründung

The *Art of Dreams* ist ein eindrucksvoller Film, der Porsche mit einer neuen Zielgruppe verbinden kann und die Porschewelt mit neuen Inhalten füllt. Interessant, wie sich Porsche hier ganz bewusst in den Hintergrund stellt. Der Slogan „Driven by dreams" wird künstlerisch interpretiert.

PREISTRÄGER CUSTOMER > Bewegtbild
Non-Fiction

Porsche – *The Art of Dreams*

Herausgeber Dr. Ing. hc. F. Porsche AG
Agenturen Gravity GmbH, PEAK

CUSTOMER > Bewegtbild
Non-Fiction

PREISTRÄGER

—

Porsche – *The Art of Dreams*. Mit der neuen Kunst und Event Serie *The Art of Dreams*, strategisch basierend auf dem Porsche Brand Purpose „Driven by Dreams", will sich Porsche als Partner der New Creative Leader, Driven Youth und Driven Females etablieren. Die Installation „Remember your Dreams" des Lyoneser Künstlers Cyril Lancelin wurde im Herbst 2021 in Paris präsentiert. Das Video Portrait des Künstlers und seiner Arbeit wurde auf der Website porsche.art/paris veröffentlicht.

—

Herausgeber Dr. Ing. hc. F. Porsche AG (Robert Ader: Marketingleitung, Ragnar Schulte: Werbeleitung, Klaus Cyzmoch: Projektmanager New Platforms, Christian Lehwald: Leiter Strategische Marketingprojekte)

Agenturen Gravity GmbH (Judith Hufnagel (GF), Vicky Arndt (GF), PEAK (Ralf Geutner: Creative Director & GF PEAK)

Produktion Agentur loved GmbH / moved (Sabine Cole: Redaktion & Regie, Simon Roloff: DOP & Schnitt, Red Tower Films GmbH: BTS & Social Media, Jan Schlüter & Davide Russo: Audioboutique, Musik & Sounddesign, Cyril Lancelin, Town and Concrete: Artist, Frank Höhne: Illustration, Jessica Köhler: Producerin, Sophia Mäntele: Producerin

Webadresse https://www.youtube.com/watch?v=bvd-l9VWPlw

Kontakt info@loved.de

PREISTRÄGER

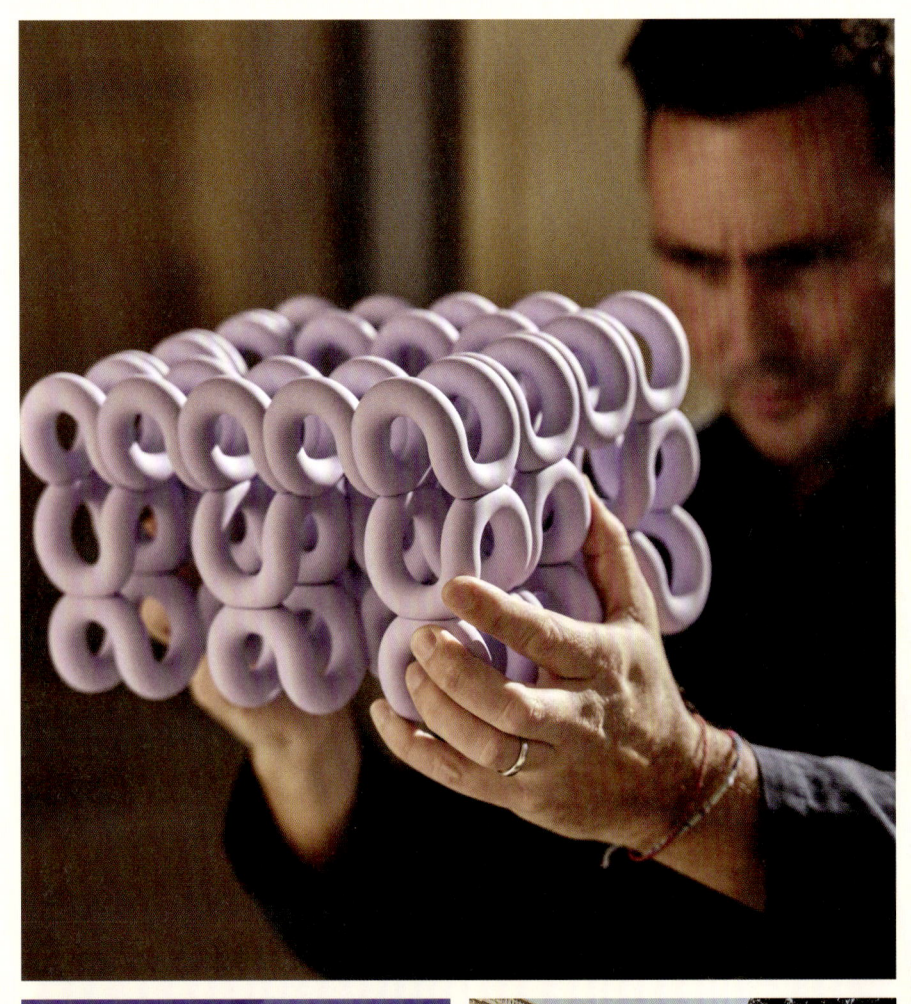

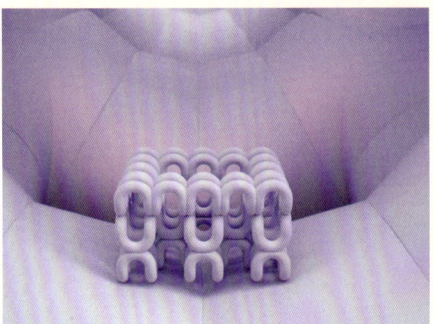

CUSTOMER > Bewegtbild
Non-Fiction

CUSTOMER > Bewegtbild
Non-Fiction

PREISTRÄGER

Jurybegründung

Eine absolut gelungene Hommage und Bezugnahme auf ein ikonisches Bild. Die Geschichte wird durch ihre Protagonisten liebevoll zum Leben erweckt.

PREISTRÄGER

CUSTOMER > Bewegtbild
Non-Fiction

The Porsche Jump

Herausgeber Dr. Ing. h.c. F. Porsche AG
Realisation KG Media Factory GmbH

CUSTOMER > Bewegtbild
Non-Fiction

PREISTRÄGER

The Porsche Jump. Immer den einen Schritt mehr gehen: Porsche hat eine ikonische Fotografie neu zum Leben erweckt. Und zwar das Foto des Sprungs über das Modell 356 B aus dem Jahr 1960 neu aufgenommen. *The Porsche Jump* zeigt den zweifachen Olympiasieger Aksel Lund Svindal, wie er auf Skiern über einen Porsche Taycan springt, der zwischen haushohen Schneewänden steht. Die Neuauflage symbolisiert die Mentalität des Stuttgarter Sportwagenherstellers und zeigt, wie Porsche Zukunftsfähigkeit interpretiert – Neues wagen und mutig vorangehen, um sich für die beste Lösung immer etwas mehr zu trauen als andere. Das Sprungfoto über den Porsche Taycan ist die moderne Neuinterpretation der historischen Schwarzweiß-Aufnahme.
Die spektakuläre Aktion des *Porsche Jump* in den österreichischen Alpen wurde als Film für das 9:11 Magazin festgehalten. Der Film verbindet beeindruckende Aufnahmen des Sprunges mit einer emotionalen Geschichte, getragen von den Protagonisten des damaligen Sprunges. So kommt beispielsweise der Bruder des mittlerweile verstorbenen Skirennfahrer Egon Zimmermann zu Wort. Und darf dem spektakulären Sprung beiwohnen.
The Porsche Jump ist also auch eine Hommage an die ikonische Vorlage und an Skifahrer Egon Zimmermann, der damals über den rubinroten Porsche 356 B gesprungen ist.

—

Auftraggeber Dr. Ing. h.c. F. Porsche AG
Realisation KG Media Factory GmbH

Zielgruppe Klassischerweise Autointeressierte, aber auch Medienschaffende und Journalisten.

Distribution Der Film wurde im Porsche Newsroom gemeinsam mit einem Artikel zum Thema veröffentlicht. Für die breite Masse wurde die Reportage auch auf YouTube in der 20. Episode des 9:11 Magazin publiziert. Außerdem wurde im Porsche Kundenmagazin Christophorus ein Artikel veröffentlicht, der ebenfalls auf den Film verwiesen hat. Zudem wurde eine längere „Making of"-Version der Produktion auf verschiedenen Kanälen veröffentlicht.
Webadresse bit.ly/theporschejump
Kontakt beratung@kgmediafactory.com

BEHIND THE SCENCES
Das Filmteam

PREISTRÄGER CUSTOMER > Bewegtbild
Non-Fiction

BEHIND THE SCENCES
Aksel Lund Svindal kurz vor dem Sprung

ZIELSETZUNG
Das tiefe Verständnis sportlicher Leistungsfähigkeit und der Wille zum Erfolg definieren bei Porsche von Beginn an die Mobilität der Zukunft. Die Herausforderung im sportlichen Wettkampf zu suchen ist Ausdruck der Motivation, aus eigenem Antrieb immer besser zu werden und die eigenen Wertvorstellungen, die Seele, zu bewahren. Das historische Foto wird immer leben und zeigt die Porsche-DNA. Die Neuauflage The Porsche Jump ist ein imposantes Symbol für die Entschlossenheit, mit der Porsche die eigenen Träume verfolgt. Das Sprungfoto über den Porsche Taycan ist die moderne Neuinterpretation der historischen Schwarzweiß-Aufnahme und ermöglicht eine selbstbewusste Rückschau auf die eindrucksvolle Unternehmensgeschichte. Dies zu unterstreichen war das Ziel dieser Produktion und der daraus entstandenen Aufnahme und des ausgezeichneten Films.

„Mit der Neuauflage schreiben wir die Geschichte fort und bilden die Brücke zwischen gestern, heute und den Innovationen von morgen."
Finanzvorstand Lutz Meschke

„Es ist für mich eine große Ehre, diesen ikonischen Sprung mit Porsche zu wiederholen und damit der Geschichte hinter dem Bild eine Bedeutung geben zu können. Es ist wichtig, Mut zu haben und Neues zu probieren."
Porsche-Markenbotschafter Aksel Lund Svindal

CUSTOMER > Bewegtbild
Non-Fiction

SHORTLIST

AMG Uncovered. Der Kunde: Mercedes-Benz-AMG ist die High-Performance-Tochter der Mercedes-Benz AG. Sie beauftragt unabhängige Ingenieure und Hersteller, um Mercedes-Fahrzeuge zu individualisieren. Diese überzeugen mit einer höheren Leistung und einem verbesserten Fahrverhalten.
Der Plot: Mit dem Ziel, das Bewegtbildportfolio zu erweitern, hat Mercedes-AMG 2020 die Content-Serie *AMG Uncovered* gestartet. Der Fokus lag dabei auf der Präsentation eines individuellen Lebensstils. Diese emotionale Einbettung der Fahrzeuge sollt es schaffen, eine noch breitere und vor allem weiblichere Hinwendung zur Marke zu inszenieren. Damit wollte Mercedes-AMG das Engagement und die Loyalität der neuen hedonistischen Zielgruppe erhöhen und gleichzeitig bestehende Kunden noch stärker motivieren.
Der Twist: Die LOOPING GROUP hat einen neuen Storytelling-Ansatz entwickelt, der das Interesse der hedonistischen Zielgruppe weckt: die LOOPING GROUP gab den AMG-Fahrzeugen ein unverwehselbares Gesicht. Konkret: International bekannte Persönlichkeiten erzählen in einzelnen Episoden der *AMG Uncovered*-Serie über ihre Leidenschaft für Autos und wie ihr AMG sie persönlich inspiriert. Wir identifizierten unter anderem will.i.am und Jess Hart als Protagonisten. Ihr Leben ist in entscheidenden Momenten eine Lektion für viele innerhalb der Zielgruppe: Mut, Hartnäckigkeit und Entschlossenheit haben Träume erfüllt. Das Überschreiten von Grenzen liegt in der DNA beider Protagonisten und das Fahren ihrer AMGs gibt ihnen den Nervenkitzel und sorgt für Unabhängigkeit und Freiheit – danach, wo sie ihr ganzes Leben lang gesucht haben!
Das Ergebnis: Über 4,1 Millionen Menschen haben sich die *AMG Uncovered*-Serie angesehen, mit einer durchschnittlichen Sehdauer von 64 %. Die durchschnittliche Zahl der weiblichen Zuschauer liegt mit 37 % über der Benchmark. In nur etwas mehr als einem Jahr hat die Serie mehr als 20 Millionen Impressions generiert.

Herausgeber Mercedes-AMG GmbH
Realisation Looping Group
Redaktion Looping Group
Gestaltung Looping Group

Webadresse https://www.youtube.com/watch?v=9BzYjc45K3Y

SHORTLIST

CUSTOMER > Bewegtbild
Non-Fiction

CUSTOMER > Bewegtbild
Corporate Film

PREISTRÄGER

Jurybegründung

9 Minuten, 11 Sekunden für den Porsche 9:11: Der Film überzeugt durch die hohe Qualität der O-Töne und seine sehr überzeugende Zielgruppen-Ansprache.

PREISTRÄGER

CUSTOMER > Bewegtbild
Corporate Film

9:11 Magazin: *E19, Kpt. 1 Best Moments*

Herausgeber Dr. Ing. h.c. F. Porsche AG
Realisation TERRITORY GmbH

CUSTOMER > Bewegtbild
Corporate Film

PREISTRÄGER

9:11 Magazin: *E19, Kpt. 1 Best Moments.*
Aufgabe: Jede Episode setzt sich aus mehreren Beiträgen zusammen und hat eine Lauflänge von 9 Minuten und 11 Sekunden. Die Rubriken „Fühlen – Verstehen – Erfahren" dienen zugleich als inhaltliche Leitplanke: Beiträge sind mal emotional, mal faktisch, aber vor allem: immer exklusiv und nah dran an der Faszination Porsche. So reichen die Themen der multimedialen Ausfahrt von vergangenen Highlights bis zum Porsche der Zukunft. Gegebenenfalls werden Extended Versions auf der Magazin-Website angeboten. Speziell in dieser Episode lag der Fokus auf dem Thema „Neue Wege".
Idee: Zwanzig Jahre Porsche in China: Robin Li, der erste Mitarbeiter in Peking, erzählt von den Anfangsjahren, der wachsenden Begeisterung seiner Landsleute und was Porsche auf dem Automobilmarkt China so einzigartig macht. Dazu berichtet der chinesische Rennfahrer Chao Li, wie er zu Porsche kam und was ihn an den Sportwagen aus Zuffenhausen fasziniert.
Lösung: Im Video des 9:11 Magazins berichten beide Porsche-Liebhaber von ihren ersten Erfahrungen mit der Sportwagenmarke Porsche. Im historischen Footage aus Peking und den Bildern des sportwagenbegeisterten China von heute entsteht ein faszinierendes Bild des Unternehmens Porsche in einem dynamischen Automobilmarkt in Fernost.

Herausgeber Dr. Ing. h.c. F. Porsche AG
Realisation TERRITORY GmbH

Webadresse https://911-magazine.porsche.com/de/neue-wege

PREISTRÄGER

CUSTOMER > Bewegtbild
Corporate Film

CUSTOMER > Bewegtbild
Corporate Film

SHORTLIST

#Overcome. In *#Overcome* von Siemens blicken sieben Protagonist:innen des FC Bayern München zurück auf die größten Herausforderungen ihres Lebens. Mit ihren *#Overcome*-Momenten inspirieren sie uns, niemals aufzugeben – und thematisieren dabei gesellschaftsrelevante Themen. Kommunikationsstrategisch liegt der Fokus der Kampagne auf inspirierendem Storytelling. Siemens und der FC Bayern München treten in den Hintergrund, um sieben Persönlichkeiten und ihren Geschichten eine Bühne zu bieten. In den Interviews teilen alle Protagonist:innen sehr persönliche Erfahrungen. Ihre Bereitschaft und Offenheit tragen wesentlich zum Erfolg der Kampagne bei.

Doch wie erreicht man mit inspirierenden Statements und Botschaften Zielgruppen, die im digitalen Raum sonst kaum Ruhemomente kennen? Die Idee: Auf der Kampagnen-Website werden die Zuschauer:innen gebeten, das Licht in ihrer Umgebung zu dimmen, bevor sie die Episoden ansehen. Der Effekt: Sie können sich voll auf die sieben *#Overcome*-Momente einlassen. Über die Website, Social Media und PR sowie über digitale Banden in der Allianz Arena und im Audi Dome erreichte die Kampagne medienweit mehr als 75 Mio. Menschen und erzielte über 220.000 Total Engagements. Genau so wertvoll waren die Reaktionen auf die Kampagne: Nutzer:innen teilten ihre *#Overcome*-Momente und Protagonist:innen machten auf ihren eigenen Social-Media-Kanälen auf ihre Episoden aufmerksam.

Auftraggeber Siemens AG
Realisation Rapid Peaks, Drop-In TV, Faktor 3
Gestaltung kivili (Website-Entwicklung)

Zielgruppe FC Bayern Fans weltweit und die Gesellschaft als Ganzes
Format Social Media, Website, PR
KPI 75 Mio. Reach und über 200.000 Total Engagements
Launch-Datum 15.11.2021
Webadresse siemens.com/overcome
Kontakt comms@rapidpeaks.com

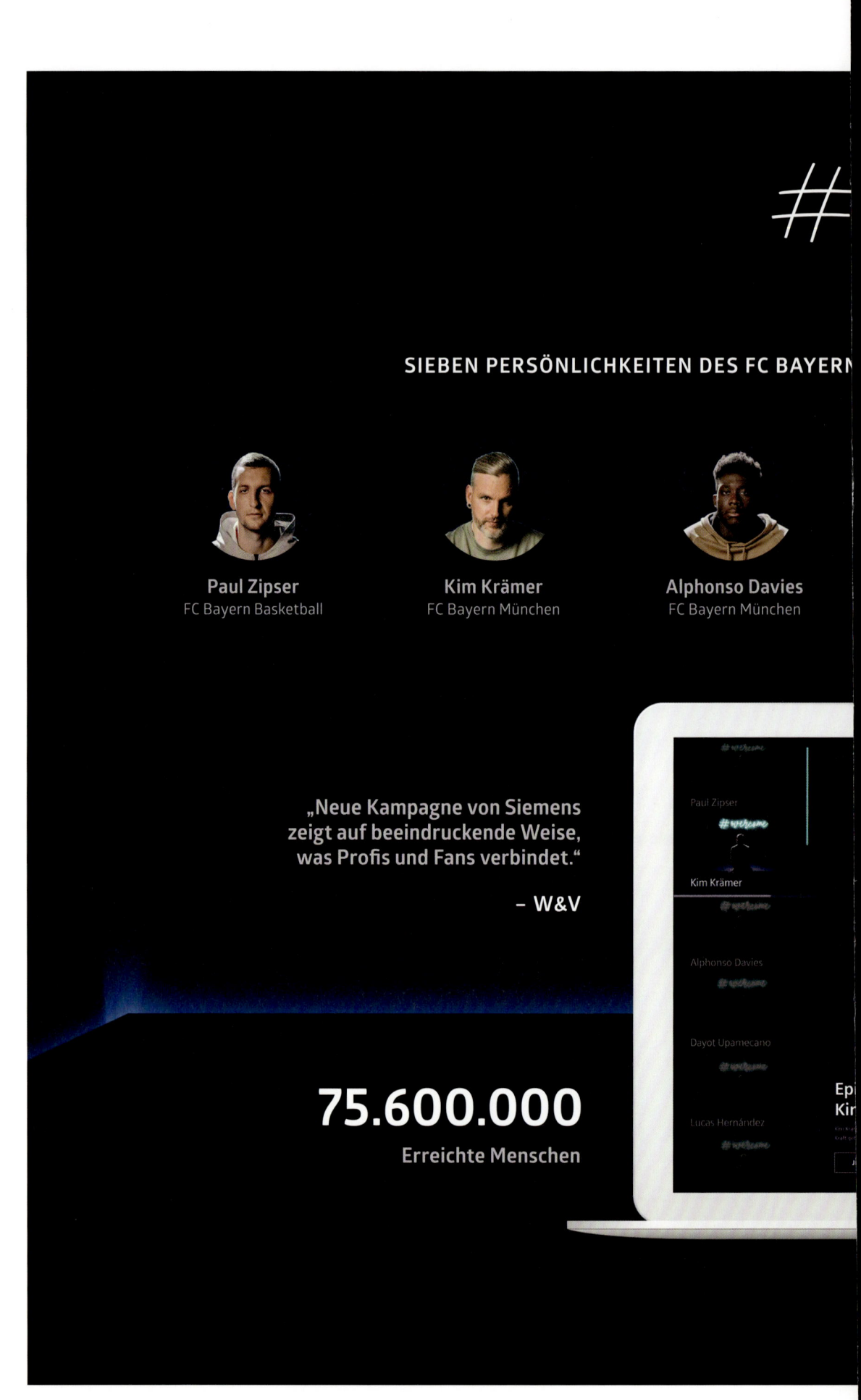

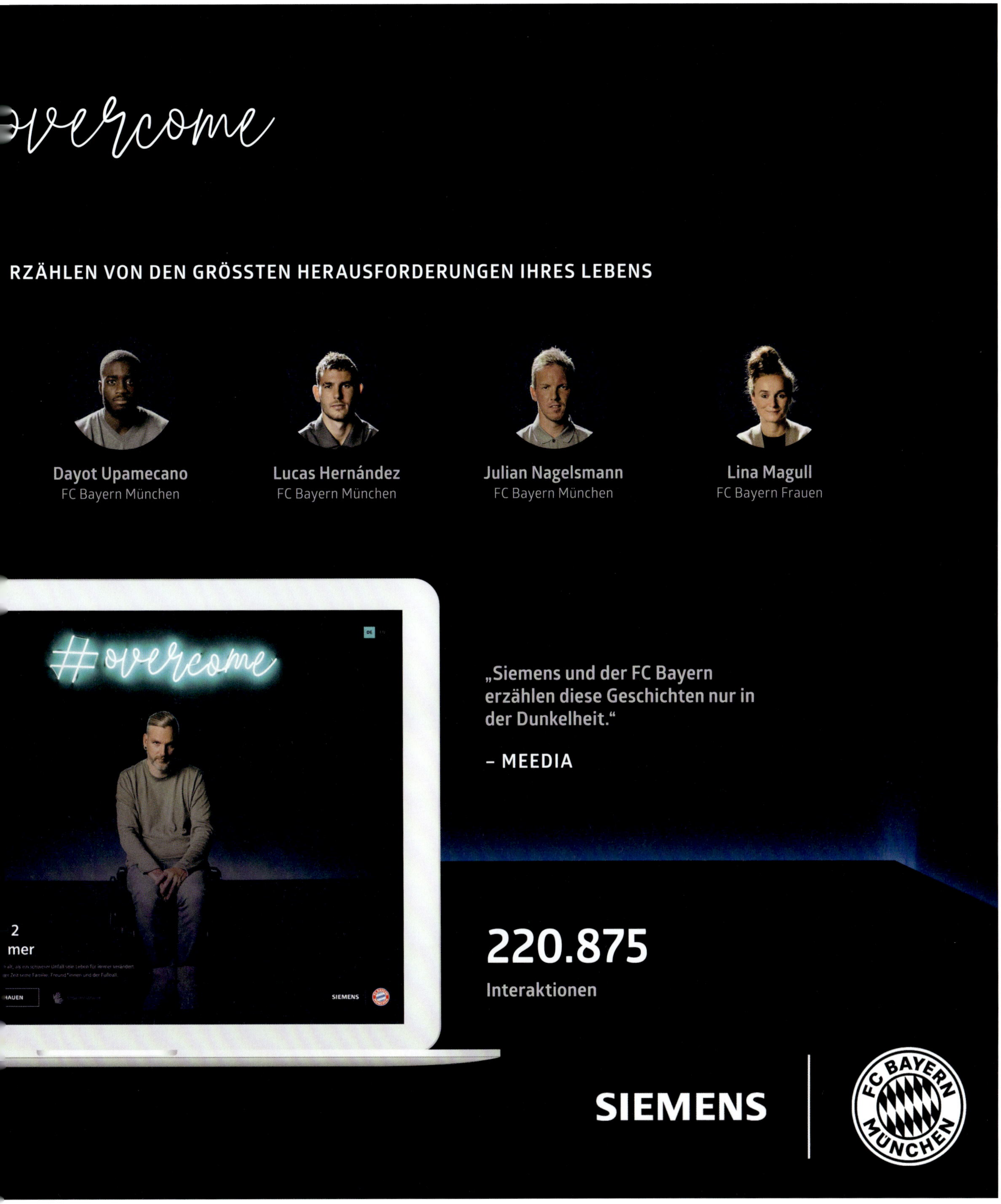

SHORTLIST

CUSTOMER > Bewegtbild
Corporate Film

overcome

RZÄHLEN VON DEN GRÖSSTEN HERAUSFORDERUNGEN IHRES LEBENS

Dayot Upamecano
FC Bayern München

Lucas Hernández
FC Bayern München

Julian Nagelsmann
FC Bayern München

Lina Magull
FC Bayern Frauen

„Siemens und der FC Bayern erzählen diese Geschichten nur in der Dunkelheit."

– MEEDIA

220.875
Interaktionen

SIEMENS | FC BAYERN MÜNCHEN

CUSTOMER > Bewegtbild
Corporate Film

SHORTLIST

UBS Growth Talk. Die Aufgabe: Entrepreneurs sind täglich damit konfrontiert, Entscheidungen treffen und Risiken eingehen zu müssen. Dies kann sie vorwärtsbringen, aber auch zurückwerfen. Gemäss unseren Beobachtungen werden solche Erfahrungen selten geteilt – obwohl gerade sie wertvolle Erkenntnisse für das Wachstum von Unternehmen liefern. Hier eröffnet sich für UBS die Chance, sich im digitalen Raum noch konsequenter nach den Bedürfnissen der Zielgruppe Unternehmerinnen und Unternehmer auszurichten. Die Herausforderung: Wie können wir die Aufmerksamkeit der Entrepreneurs gewinnen und zu mehr Wachstum von KMU beitragen?

Die Idee: Wer Informationen über Erfahrungen und konkrete Insights zum Thema Unternehmenswachstum sucht, wird selten fündig. Doch genau solche Erkenntnisse anderer stossen bei der Zielgruppe auf reges Interesse. Weshalb also nicht eine neuartige Interview-Serie lancieren, bei der persönliche Erfahrungen anderer Unternehmerinnen und Unternehmer im Fokus stehen?

Die Lösung: Im Sommer 21 haben wir die *UBS Growth Talks* ins Leben gerufen. Highlight der Serie ist das Video-Format *UBS Growth Talk*, welches es in dieser Art kein zweites Mal gibt. Darin tauschen sich zwei Unternehmenspersönlichkeiten über ihre Erfahrungen und Learnings zu Wachstumsthemen aus. Der Clou des Interviews: Die Entrepreneurs bleiben im Gespräch unter sich – ganz ohne Moderator oder Regie. Eine Box mit Fragen, die abwechselnd gezogen und gestellt werden, sorgt dafür, dass ein packendes Format entsteht.

Herausgeber UBS Switzerland AG
Realisation Farner Consulting AG

Webadresse www.ubs.com/growth-talk

SHORTLIST

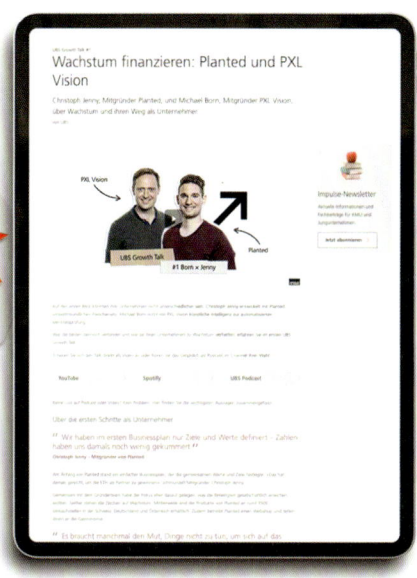

CUSTOMER > Bewegtbild
Corporate Film

UBS Growth Talk

Fünf Tipps für Personal Growth

Wachstum oder Profitabilität?

«Neugierig sein und ausprobieren. Profitabilität hat nicht immer Priorität.»

Christoph Jenny
Mitgründer von Planted

«Verkaufe nicht nur einen Traum. Mach dein Versprechen greifbar.»

Michael Born
Mitgründer und CEO PXL Vision

CUSTOMER > Bewegtbild
Corporate Film

SHORTLIST

Umweltschutz bei der Deutschen Bahn – *Für Kinder erklärt*. Aufgabe: Die Aufgabe bestand darin, das Engagement der Deutschen Bahn in den Bereichen Klimaschutz, Ressourcenschutz, Lärmschutz und Naturschutz unterhaltsam und verständlich für Kinder zu erläutern.
Im Vordergrund stand dabei, wichtige konkrete Maßnahmen und ihren jeweiligen Nutzen für die Umwelt so darzustellen, dass sich die Zielgruppe darin wiederfindet, um Interesse an weiteren grünen Ideen der Bahn zu wecken. Mit großer gestalterischer Freiheit von Seiten der Kundin entwickelten die Produzenten ein animiertes Erklärvideo in einem collagigen, frischen Stil mit Referenzen aus unterschiedlichsten gestalterischen Genres. Jede Szene ist, abgestimmt auf das jeweilige Thema, liebevoll individuell illustriert und animiert. So entsteht eine bunte, verspielte Welt, in der es auch beim wiederholten Anschauen einiges zu entdecken gibt. Als erzählerischer roter Faden tauchen immer wieder Züge auf, die sich durch die unterschiedlichen Szenerien bewegen. Das Video ist als Beginn einer Reihe zu unterschiedlichen Bahn-Themen konzipiert – zwei weitere Produktionen sind aktuell in Planung.

Herausgeber Deutsche Bahn AG
Realisation TERRITORY GmbH
Webadresse https://www.youtube.com/watch?v=zFX5BPVODBE

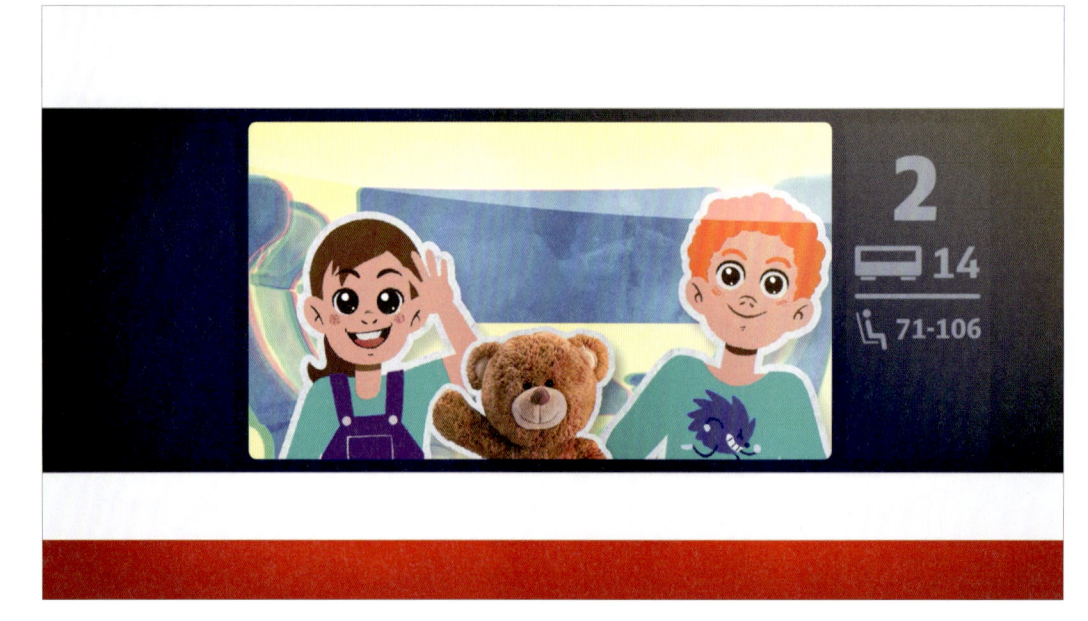

SHORTLIST

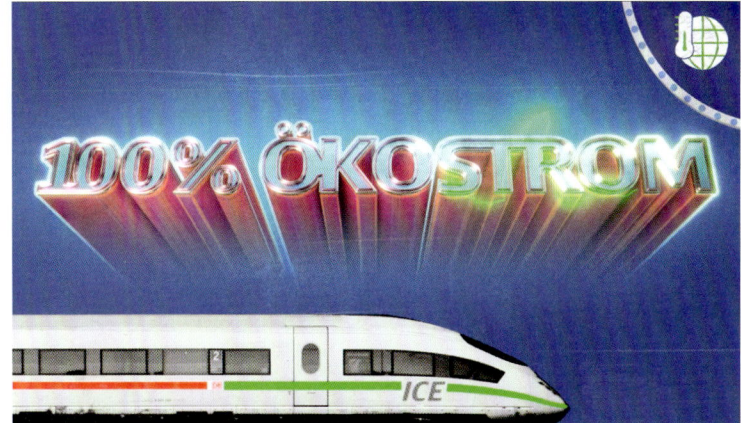

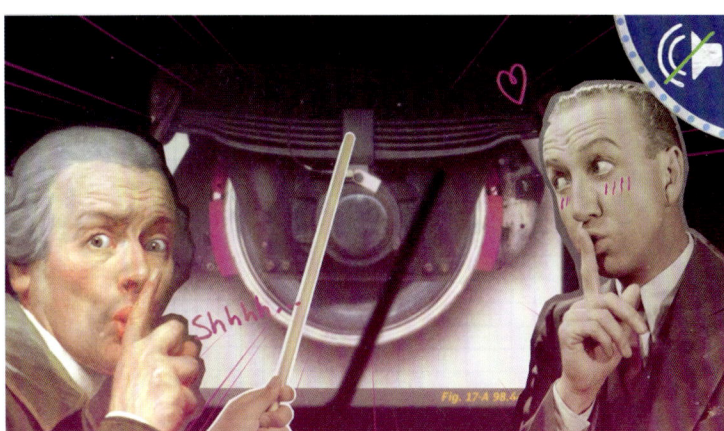

CUSTOMER > Bewegtbild
Corporate Film

CUSTOMER PODCAST

CUSTOMER PODCAST

CUSTOMER PODCAST

242 Audio
252 Video

Jurybegründung

Gute Idee und gute Umsetzung. Suchtfaktor ist gegeben. In Schwyzerdütsch! Eine echte Herausforderung für die Nordlichter in der Jury. Ohne Moderation, sehr locker und gut gemacht.

PREISTRÄGER

CUSTOMER PODCAST
Audio

UBS Growth Talk

Herausgeber UBS Switzerland AG
Realisation Farner Consulting AG

CUSTOMER PODCAST
Audio

PREISTRÄGER

UBS Growth Talk. Die Aufgabe: Entrepreneurs sind täglich damit konfrontiert, Entscheidungen treffen und Risiken eingehen zu müssen. Dies kann sie vorwärtsbringen, aber auch zurückwerfen. Gemäß unseren Beobachtungen werden solche Erfahrungen selten geteilt – obwohl gerade sie wertvolle Erkenntnisse für das Wachstum von Unternehmen liefern. Hier eröffnet sich für UBS die Chance, sich im digitalen Raum noch konsequenter nach den Bedürfnissen der Zielgruppe Unternehmerinnen und Unternehmer auszurichten. Die Herausforderung: Wie können wir die Aufmerksamkeit der Entrepreneurs gewinnen und zu mehr Wachstum von KMU beitragen?

Die Idee: Wer Informationen über Erfahrungen und konkrete Insights zum Thema Unternehmenswachstum sucht, wird selten fündig. Doch genau solche Erkenntnisse anderer stoßen bei der Zielgruppe auf reges Interesse. Weshalb also nicht eine neuartige Podcast-Serie lancieren, bei der persönliche Erfahrungen anderer Unternehmerinnen und Unternehmer im Fokus stehen?

Die Lösung: Im Sommer 2021 haben wir die *UBS Growth Talk*s ins Leben gerufen. Highlight der Serie ist das Format *UBS Growth Talk*, welches es in dieser Art kein zweites Mal gibt. Darin tauschen sich zwei Unternehmenspersönlichkeiten über ihre Erfahrungen und Learnings zu Wachstumsthemen aus. Der Clou des Podcasts: Die Entrepreneurs bleiben im Gespräch unter sich – ganz ohne Moderator oder Regie. Eine Box mit Fragen, die abwechselnd gezogen und gestellt werden, sorgt dafür, dass ein packendes Format entsteht.

Herausgeber UBS Switzerland AG
Realisation Farner Consulting AG

Webadresse www.ubs.com/growth-talk

PREISTRÄGER　　　　　　　　　　　　　　　　　　　　　CUSTOMER PODCAST
Audio

UBS Growth Talk

Fünf Tipps für Personal Growth

Wachstum oder Profitabilität?

※ UBS

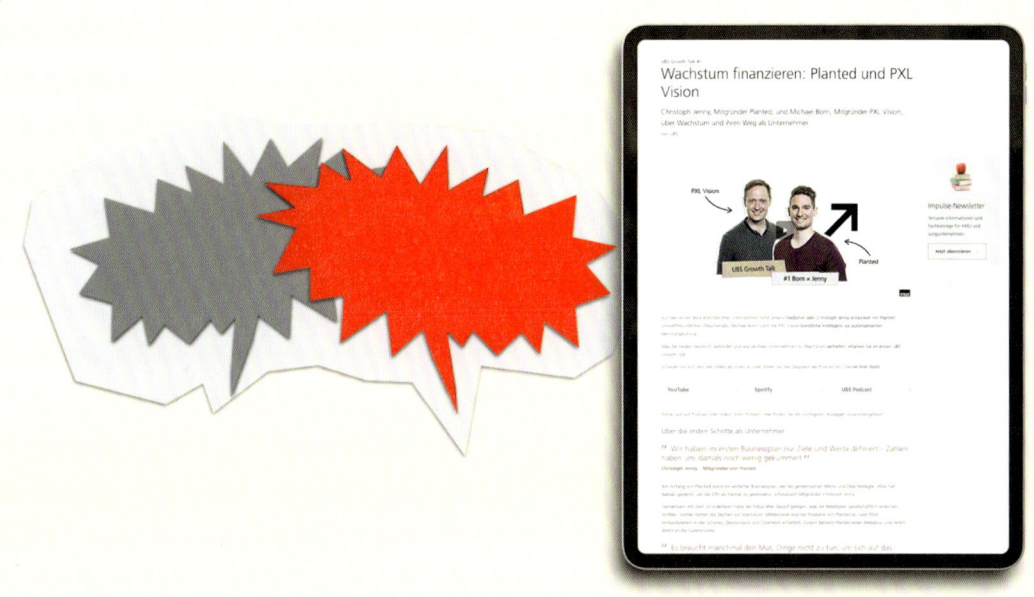

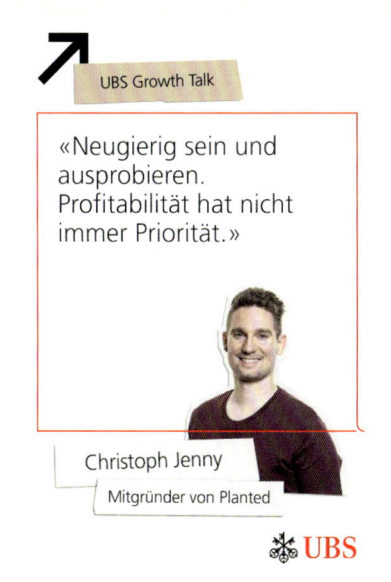

Wachstum finanzieren: Planted und PXL Vision

Christoph Jenny, Mitgründer Planted, und Michael Born, Mitgründer PXL Vision, über Wachstum und ihren Weg als Unternehmer

UBS Growth Talk

«Neugierig sein und ausprobieren. Profitabilität hat nicht immer Priorität.»

Christoph Jenny
Mitgründer von Planted

UBS Growth Talk

«Verkaufe nicht nur einen Traum. Mach dein Versprechen greifbar.»

Michael Born
Mitgründer und CEO PXL Vision

BCM 2022　245

CUSTOMER PODCAST
Audio

SHORTLIST

Ist das noch gesund? – *Podcast der Techniker Krankenkasse.* Im Podcast *Ist das noch gesund?* wird alles zum Thema gemacht, was für Gesundheit und Wohlbefinden wichtig ist. Je offener wir mit Beschwerden umgehen und darüber reden, desto besser können wir uns auch schützen.

Ist das noch gesund? soll Hörer:innen zum einen gut informieren und Ihnen zum anderen das Gefühl vermitteln, sich Herausforderungen stellen zu können. Der Podcast überzeugt mit inhaltlicher Tiefe und spannenden Expert:innen, aber auch mit dem Mut, heikle Themen anzusprechen. Empathisch und unverstellt wird über alles geredet, was Körper und Seele in Schieflage bringen kann. Er zeigt: Gesundheit ist mehr als Nicht-krank-Sein. Sie ist nicht selbstverständlich, aber zumindest etwas, für das wir selbst viel tun können. Manchmal hilft schon ein Lachen. Deswegen darf auch der Unterhaltungswert im Podcast nicht zu kurz kommen.

—

Unternehmen Techniker Krankenkasse

Realisation C3 Creative Code and Content GmbH

Redaktion C3 Creative Code and Content GmbH (Jana Heinrichsmeier, Philipp Stiens)

Gestaltung C3 Creative Code and Content GmbH

Zielgruppe Audioaktive Trendsetter, anspruchsvolle Individualist:innen, gesundheitsbewusste Hörer:innen

Launch-Datum 11.11.2019

Distribution Podigee, iTunes, Spotify, Google Podcast, Amazon Music, Deezer

Erscheinungsweise alle vier Wochen

Webadresse tkgesundheit.podigee.io/ oder www.tk.de/tpodcast

SHORTLIST

CUSTOMER PODCAST
Audio

Ist das noch gesund?

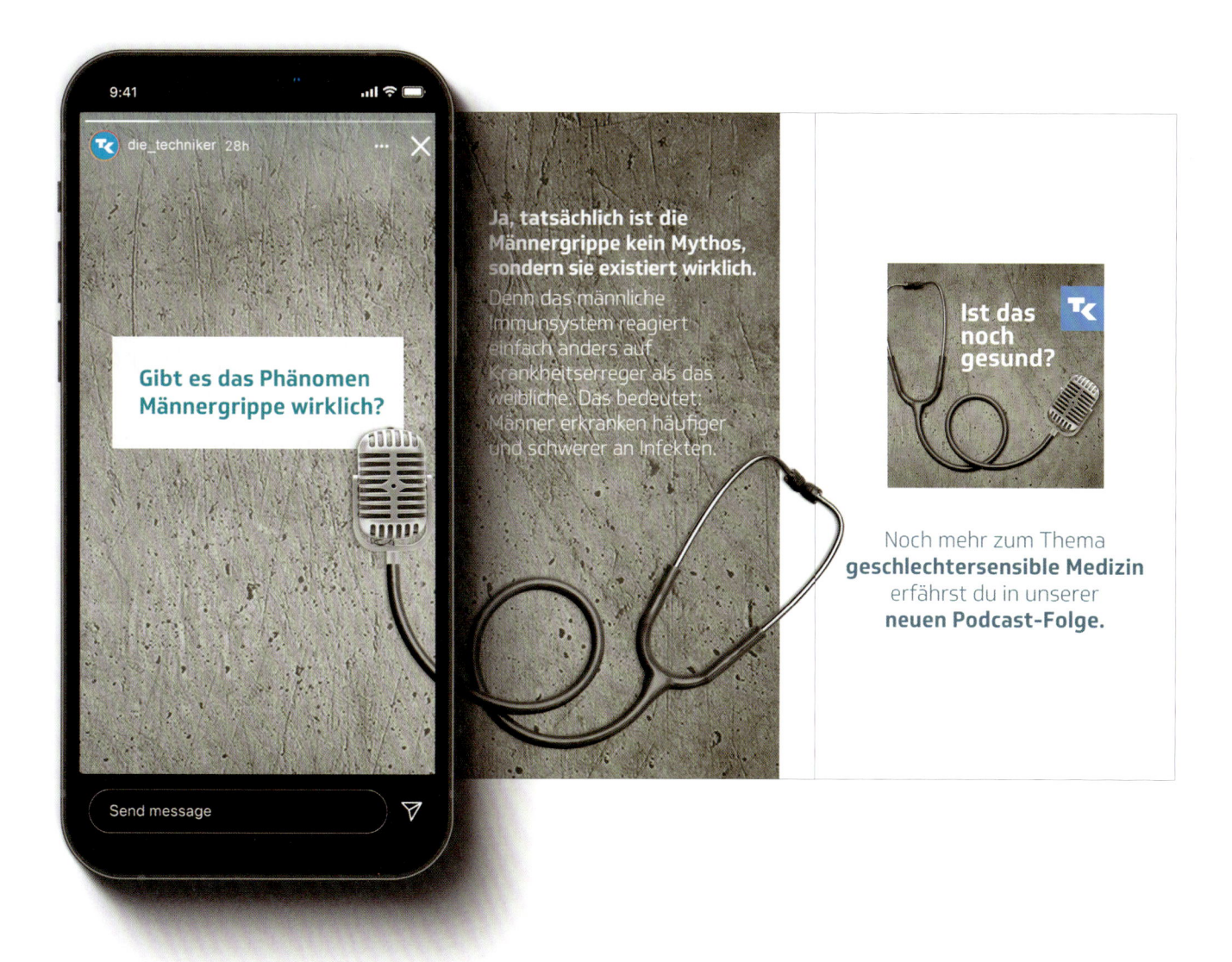

Gibt es das Phänomen Männergrippe wirklich?

Ja, tatsächlich ist die Männergrippe kein Mythos, sondern sie existiert wirklich. Denn das männliche Immunsystem reagiert einfach anders auf Krankheitserreger als das weibliche. Das bedeutet: Männer erkranken häufiger und schwerer an Infekten.

Noch mehr zum Thema **geschlechtersensible Medizin** erfährst du in unserer **neuen Podcast-Folge.**

CUSTOMER PODCAST
Audio

SHORTLIST

Ungeschönt – *der Gründungs-Podcast der KfW Bankengruppe.* Fehlentscheidungen, Tiefschläge, Zweifel, Krisen – im Gründungs-Podcast *Ungeschönt* geht es nicht um die Erfolge, sondern um die Schattenseiten des Gründens und Nachfolgens, über die man selten spricht. Gründerinnen und Gründer reden Klartext, berichten über ihre Erfahrungen und geben wertvolle Tipps, wie junge Unternehmerinnen und Unternehmer Schwierigkeiten meistern oder vermeiden können. Die Auswahl der Gründerinnen und Gründer zeichnet sich durch Vielfalt, Prominenz und ihre unterschiedlichen Erlebnisse und Lowlights aus. Ob Bäckereihandwerk, Periodenprodukte oder der Handel mit unverpackten Waren, Seifen oder Nüssen – die Geschäftsideen sind kreativ. Gäste wie Mirco Wolf Wiegert von fritz-kola oder Milena Glimbovski von Original Unverpackt schildern im ehrlichen Gespräch ihre Erfahrungen. Zu ihrem unternehmerischen Erfolg gehörten eine Menge Arbeit, Niederlagen und Learnings. So wurden aus Rückschlägen Wachstumschancen. Das spiegelt die Realität vieler Gründerinnen und Gründer wider. *Ungeschönt* ist der Gründungs-Podcast für alle, die aus Fehlern lernen wollen, ohne sie selbst zu machen. Die KfW positioniert sich so als authentischer Partner, der die Schwierigkeiten der Zielgruppe im Blick hat. Das schafft Vertrauen in die Expertise der Förderbank.

Herausgeber KfW Bankengruppe, Inlandsmarketing (Solveig Keser, Sascha Haink, Eva-Maria Röder, Birgit Spors)

Realisation Axel Springer Corporate Solutions GmbH & Co. KG (Projektmanagement: Miriam Heinl, Markus Hohmeier)

Redaktion Axel Springer Corporate Solutions GmbH & Co. KG (Tatjana Graßl, Eva Buscher; Host: Holger Thurm, Hörfunkjournalist)

Gestaltung Axel Springer Corporate Solutions GmbH & Co. KG (Matteo Wiesheu, András Heiberger)

Zielgruppe Gründer:innen, Nachfolger:innen, Unternehmer:innen, Interessierte an Gründungsthemen

Distribution kfw.de/ungeschoent, Podigee, Spotify, Google Podcasts, Apple Podcasts, Deezer; Reichweitenmaximierung: Ad-Formate in Display-Netzwerken, Social Media und auf Podcast-Plattformen

Launch-Datum Mai 2021

Aktualisierungsfrequenz zweiwöchentlich mit 9 Folgen in Staffel 1

Webadresse kfw.de/ungeschoent

SHORTLIST

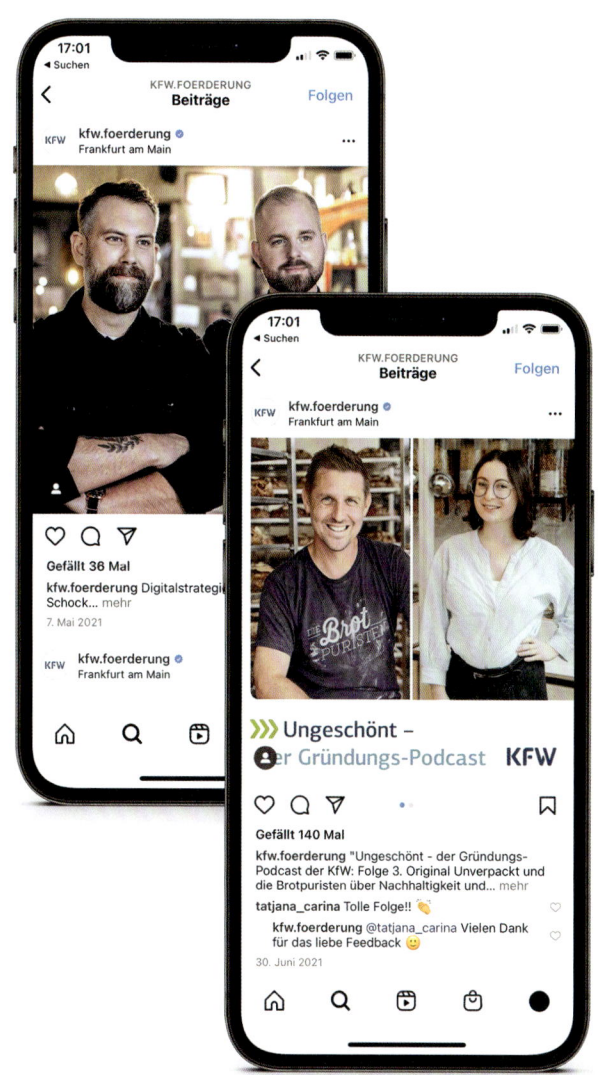

CUSTOMER PODCAST
Audio

CUSTOMER PODCAST
Audio

SHORTLIST

YUMMI PODCAST – *EDEKA*. Ernährung und Nachhaltigkeit als Abenteuerhörspiel: Das ist das Konzept von *YUMMI* – einem der erfolgreichsten Kinder-Podcasts. Mit der Audio-Erweiterung des gleichnamigen Magazins zeigt *EDEKA*, wie Content-Marketing für junge Zielgruppen geht. Keine Eigenwerbung und Erklär-Pädagogik, sondern spannende Geschichten mit den Weltreisenden Anna und Ben, die ihrer Fangemeinde auch auf Instagram und Facebook begegnen.

Herausgeber EDEKA ZENTRALE Stiftung & Co. KG

Realisation C3 Creative Code and Content GmbH

Redaktion C3 Creative Code and Content GmbH, KB&B

Gestaltung C3 Creative Code and Content GmbH

Zielgruppe Hauptzielgruppe: Kinder von 4–12 Jahren; Nebenzielgruppe: Eltern

Format Podcast inkl. Social Media; 80 Episoden à ca. 25 Minuten

Beteiligte Kanäle Spotify, Apple Podcast, Deezer, Amazon Music, Google Podcasts, Instagram, Facebook

Launch-Datum 20.11.2020

Aktualisierungsfrequenz wöchentlich

Webadresse www.edeka.de/yummi

SHORTLIST   CUSTOMER PODCAST
                                                                   Audio

CUSTOMER PODCAST
Video

SHORTLIST

CRAFT

SHORTLIST

CUSTOMER PODCAST
Video

VIDEO

CUSTOMER PODCAST
Video

SHORTLIST

UBS Growth Talk. Die Aufgabe: Entrepreneurs sind täglich damit konfrontiert, Entscheidungen treffen und Risiken eingehen zu müssen. Dies kann sie vorwärtsbringen, aber auch zurückwerfen. Gemäss unseren Beobachtungen werden solche Erfahrungen selten geteilt – obwohl gerade sie wertvolle Erkenntnisse für das Wachstum von Unternehmen liefern. Hier eröffnet sich für UBS die Chance, sich im digitalen Raum noch konsequenter nach den Bedürfnissen der Zielgruppe Unternehmerinnen und Unternehmer auszurichten. Die Herausforderung: Wie können wir die Aufmerksamkeit der Entrepreneurs gewinnen und zu mehr Wachstum von KMU beitragen?
Die Idee: Wer Informationen über Erfahrungen und konkrete Insights zum Thema Unternehmenswachstum sucht, wird selten fündig. Doch genau solche Erkenntnisse anderer stossen bei der Zielgruppe auf reges Interesse. Weshalb also nicht eine Content-Serie lancieren, bei der persönliche Erfahrungen anderer Unternehmerinnen und Unternehmer im Fokus stehen?
Die Lösung: Im Frühjahr 21 haben wir die Content-Strategie für die *UBS Growth Talks* entworfen (Details im PDF). Wir bieten konkrete Denkanstösse und wertvolle Unterstützung rund um das Thema Unternehmenswachstum. Dabei stellen wir die Interessen der Zielgruppe konsequent und radikal in den Vordergrund, indem Erfahrungen und Best Practices von Entrepreneuren zum Ausgangspunkt aller Inhalte gemacht werden. Highlight der Serie ist das hochwertig produzierte Videoformat *UBS Growth Talk*, welches in dieser Art einzigartig ist.

Herausgeber UBS Switzerland AG
Realisation Farner Consulting AG

Webadresse www.ubs.com/growth-talk

SHORTLIST | CUSTOMER PODCAST
Video

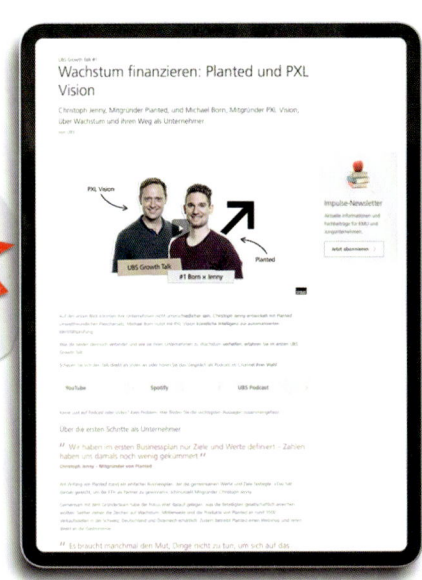

UBS Growth Talk

Fünf Tipps für Personal Growth

Wachstum oder Profitabilität?

«Neugierig sein und ausprobieren. Profitabilität hat nicht immer Priorität.»

Christoph Jenny
Mitgründer von Planted

«Verkaufe nicht nur einen Traum. Mach dein Versprechen greifbar.»

Michael Born
Mitgründer und CEO PXL Vision

MIT
ARBEITE
KOMMU
NIKATIO

MITARBEITER-
KOMMUNIKATION

R
N

MITARBEITER-
KOMMUNIKATION

258 Print
272 Digital
280 Specials
290 Employer Branding Film

Jurybegründung

Ein monothematisches Heft, das einen abgenutzten Begriff so lange formt, bis er in vielen Facetten sichtbar wird. Echter Lesestoff für Entscheider, flankiert von einer starken Bildsprache. Der Claim „Everything Connects" wird handwerklich virtuos erfüllt.

PREISTRÄGER MITARBEITERKOMMUNIKATION
Print

NETWORK Magazin

Herausgeber Deutsche Post DHL Group
Realisation beetroot Communications Agency London

MITARBEITERKOMMUNIKATION
Print

PREISTRÄGER

NETWORK Magazin. Aufgabe: Für die Führungskräfte des Konzerns gab es nur zwei zentrale Kommunikationskanäle, die sie exklusiv mit Informationen versorgten: das Printmagazin *NETWORK* sowie die Management eMails, ein Mailing, das ad hoc über Personalveränderungen der Top-Führungsebene informierte. Als Interne Kommunikation wollten wir relevante Inhalte kuratieren, Impulse setzen, ohne belehrend zu wirken, sowie eine Community schaffen.
Idee/Lösung: Um das zu erreichen, haben wir folgende Entscheidung getroffen: Wir entwickeln unser Magazin vom Berichterstatter zum hochwertigen Zukunftsmagazin weiter. Wir glauben: Im Gegensatz zu digitalen Medien, die schnell flüchtig wirken können, erzeugt Print eine stärkere emotionale Bindung und bietet tiefere Einblicke in die Hintergründe. Die neue *NETWORK* versteht sich als Business-Erklärer. Weiterhin haben wir das Magazin „personalisiert", d.h., das Heft wird an die Privatadressen verschickt – inklusive eines beiliegenden Anschreibens des Vorstandsvorsitzenden. Beide Elemente – Magazin und Anschreiben – wurden hochwertig kuvertiert.
Der neue inhaltliche Ansatz, das One-Word-Konzept, d.h., jede Ausgabe wird von einem Begriff getragen (hier „Normal"), wurde von den Lesern sehr gelobt. Auch das fein erarbeitete Layout kam gut an. Dies weicht vom bisherigen Corporate-Stil ab. Auch der erwünschte Überraschungseffekt durch den Versand an die private Hausadresse ist eingetreten. Das „Unboxing"-Erlebnis des kuvertierten Magazins fiel positiv aus.

Herausgeber Deutsche Post DHL Group

Realisation beetroot Communications Agency London

Redaktion Deutsche Post DHL Group (Canan Dogan, Eske Wright, Steffen Henke)

Gestaltung beetroot Communications Agency London

Umfang 60 Seiten

Auflage 2500 Exemplare

Erscheinungsweise 2 x jährlich

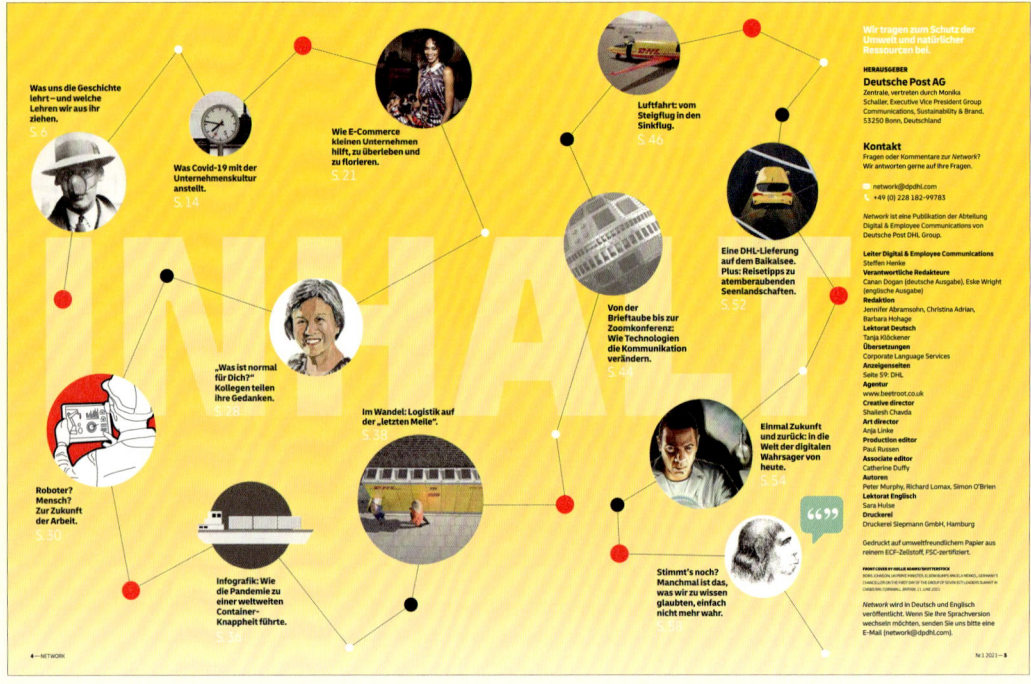

PREISTRÄGER

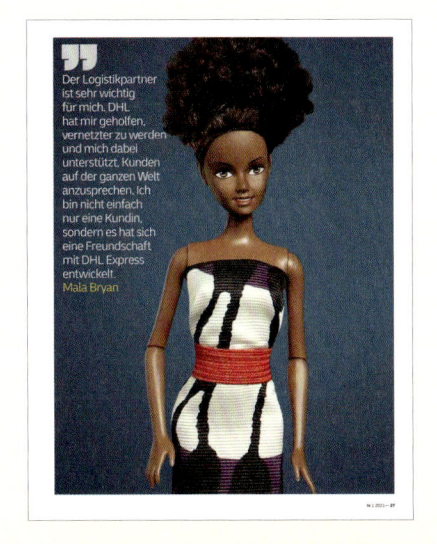

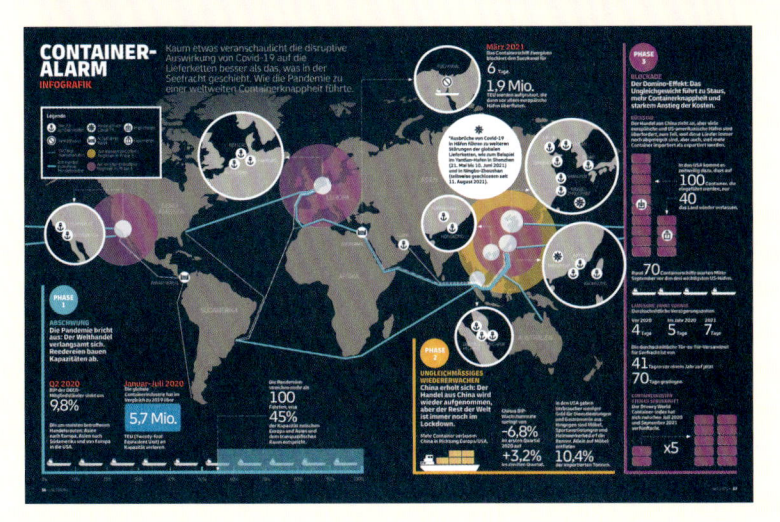

MITARBEITERKOMMUNIKATION
Print

MITARBEITERKOMMUNIKATION
Print

SHORTLIST

Bosch Zünder 3/21 – *Unter Strom.*
Das *Bosch-Zünder*-Magazin ist der Kern der internen Kommunikation des Technologieunternehmens Bosch. Die Redaktion möchte den mehr als 400.000 Mitarbeiterinnen und Mitarbeitern weltweit den Anspruch des Konzerns als Markt- und Innovationsführer in der Industrie und bei Zukunftstechnologien vermitteln.
Das *Bosch-Zünder*-Magazin überzeugt mit einer Vielzahl an Stilformen und Formaten. Alle Texte werden von der Redaktion selbst recherchiert und mit hohem journalistischen Qualitätsanspruch produziert.
Bei der dritten *Zünder*-Ausgabe des Jahres 2021 prägt die Schwerpunktstrecke das Heft und beleuchtet ein strategisch relevantes Thema in all seinen Facetten: die Elektrifizierung und die Bedeutung von Klimaneutralität. Mit der CO_2-Neutralstellung seiner 400 Standorte leistet Bosch dafür schon heute einen wichtigen Beitrag. Die Coverstory portraitiert sechs Beschäftigte, die an technischen Lösungen für mehr Klimaschutz arbeiten. Die folgende, reich illustrierte Strecke greift das Schwerpunktthema Elektromobilität auf und vermittelt der Leserschaft die Treiber und Chancen dieses Marktes. Weitere attraktive Rubriken prägen das Magazin: Infografiken, Einblicke in die Praxis und Produkterklärungen machen das Bosch-Ziel „Technik fürs Leben" verständlich. Die Rubrik „Teams" fördert den Zusammenhalt und die Wertschätzung unter den Kolleginnen und Kollegen, im Heftbereich „Leben" stehen persönliche Geschichten von Beschäftigten im Fokus.

Herausgeber Robert Bosch GmbH (Unternehmenskommunikation)

Realisation Axel Springer Corporate Solutions GmbH & Co. KG (Projektleitung: Franziska Kaminski)

Redaktion Robert Bosch GmbH (Chefredaktion: Gunter Epple)

Gestaltung Axel Springer Corporate Solutions GmbH & Co. KG

Zielgruppe Bosch-Mitarbeitende

Format 210 x 280 mm

Verbreitete Auflage 108.000 Exemplare (Deutsch, Englisch, Spanisch, Chinesisch, Portugiesisch, Türkisch, Ungarisch)

Webadresse www.bzo.bosch.com

SHORTLIST

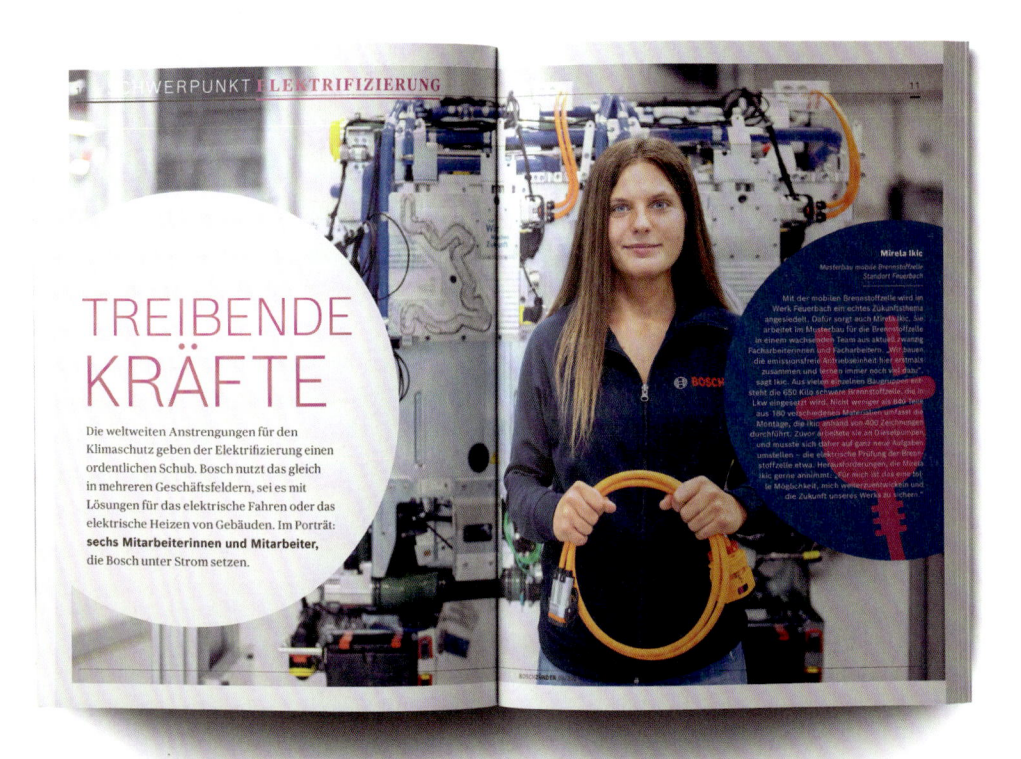

MITARBEITERKOMMUNIKATION
Print

MITARBEITERKOMMUNIKATION
Print

SHORTLIST

Grünfink #7 – *Im Gleichgewicht – DATEV, die Pandemie und Hybrid Business.* Der *Grünfink* ist ein monothematisches 50-Seiten-Magazin mit halbjährlicher Erscheinungsweise. Die Aufgabe: die facettenreichen Beiträge zum Monothema, die von der DATEV-Redaktion erstellt werden, mit einem pro Ausgabe anspruchsvollen visuellen Konzept in einem innovativen Layout umzusetzen. Die Kernthese dieser Ausgabe war, wie Corona die Arbeits- und Lebenswelt der Mitarbeitenden von DATEV verändert hat. Welche Projekte wurden trotz oder gerade aufgrund von Corona vorangetrieben? Wie hat sich die Beziehung zu den Kunden durch die Pandemie verändert? Wie gehen die Mitarbeitenden persönlich mit der Krise um?
Die Ausgabe wurde entsprechend in drei Teile untergliedert: Blick hinter die Kulissen, nah am Kunden und Leben und Lernen. Dieser Dreiklang führt zu einem Gleichgewicht, das DATEV sicher aus der Krise geführt hat. Das Magazin setzt auf eine durchgängige Illustrierung, die die Schwere des Themas Pandemie auflockert. So werden Themen wie Homeoffice oder Kontaktverbot spielerisch aufgearbeitet. Die Bildsprache setzt auf hochwertige Illustrationen, da Shootings in der Pandemie nicht möglich waren.
Bei vielen Beiträgen bietet der gedruckte *Grünfink* eine Weiterführung in der mobilen App („Mobilfink") an.

Herausgeber DATEV eG (Dr. Janina Paul: Chefredakteurin, Christian Buggisch: Leiter Corporate Publishing)
Realisation Profilwerkstatt GmbH (Alexander Bräuer: Director Content Development, Lena Mascher: Project Manager), Neuhauser Creative, Art & Design Direction (Robert Neuhauser: Creative Director, Michelle Neuhauser: Creative Director)

Zielgruppe DATEV-Mitarbeiter:innen und Rentner:innen
Format 290 x 200 mm
Umfang 50 – 60 Seiten
Auflage ca. 5200 Exemplare (Print)
Erscheinungsweise halbjährlich
Webadresse www.datev.de
Kontakt janina.paul@datev.de

SHORTLIST   MITARBEITERKOMMUNIKATION
Print

Form follows function:
So stützt das visuelle Konzept individuell und frisch das Monothema der jeweiligen Ausgabe mit hochwertigen Artworks und Illustrationen. Kein Heft gleicht optisch dem nächsten.

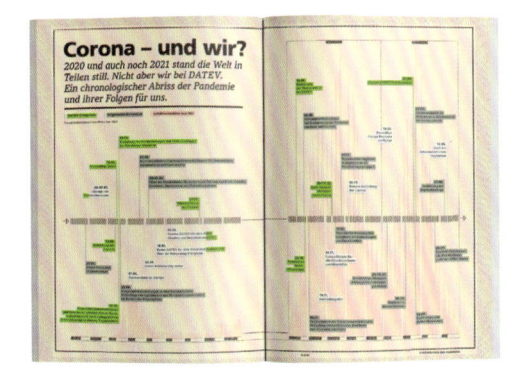

Das Magazin setzt auf eine durchgängige Illustrierung, die die Schwere des Themas Pandemie auflockert.

MITARBEITERKOMMUNIKATION
Print

SHORTLIST

—

plus – *Das Magazin der R+V Versicherung*. Die Idee des *plus-Magazins* ist es, mit Storytelling und Transparenz den Wandel der Versicherung zu begleiten. Die R+V befindet sich wie die gesamte Versicherungsbranche in einem tiefgreifenden Change, der von externen Faktoren beeinflusst wird wie Niedrigzinsphase und Regulatorik, aber auch von sich rasant wandelndem Kundenverhalten. Übergreifender Treiber ist die Digitalisierung. Die R+V ist darauf angewiesen, dass sowohl die eigenen Mitarbeiter (ca. 16.000) als auch die Mitarbeiter der wichtigsten Vertriebspartner (Volks- und Raiffeisenbanken) die Veränderungsprozesse nicht nur verstehen, sondern auch als Chance begreifen und aktiv mitgestalten. Dafür wurde das *plus-Magazin* konzipiert, um diese beiden Zielgruppen (Mitarbeiter und Genobanken) gemeinsam anzusprechen. Das Strategieprogramm der R+V gibt Themen vor, die von der internen R+V-Redaktion und der Agentur Vigl & Friends kreativ zu echten journalistischen Geschichten transformiert werden. Alle attraktiven Magazinformate kommen zur Anwendung: Reportage, Interview, Infografiken, Wimmelbild, Sammelgeschichten. Die Tonalität des Magazins ist sowohl von den Texten als auch von der Bildsprache auf Bodenhaftung, Nähe und Unterhaltsamkeit angelegt, ohne die Aufgabe zu vernachlässigen, die Unternehmensstrategie klar zu vermitteln. Der Mut, auch kritische Themen anzusprechen, Selbstkritik zuzulassen und offen zu kommunizieren belegt die Ernsthaftigkeit, mit der ein Miteinander auf Augenhöhe angestrebt wird.

—

Herausgeber R+V Versicherung AG, (Leiter Konzern-Kommunikation: Hermann Josef Knipper; Chefredakteur: Grischa Brower-Rabinowitsch)

Realisation Vigl & Friends (Leitung: Mario Vigl; Art Direction: Florian Preußler; Text & Konzeption: Michael Cornelius, Christian Gottwalt; Bild: Karin Aneser)

Redaktion Vigl & Friends (Leitung: Mario Vigl; Art Direction: Florian Preußler; Text & Konzeption: Michael Cornelius, Christian Gottwalt; Bild: Karin Aneser)

Umfang 64 Seiten
Auflage 19.000
Erscheinungsweise vierteljährlich
Webadresse www.ruv.de

SHORTLIST

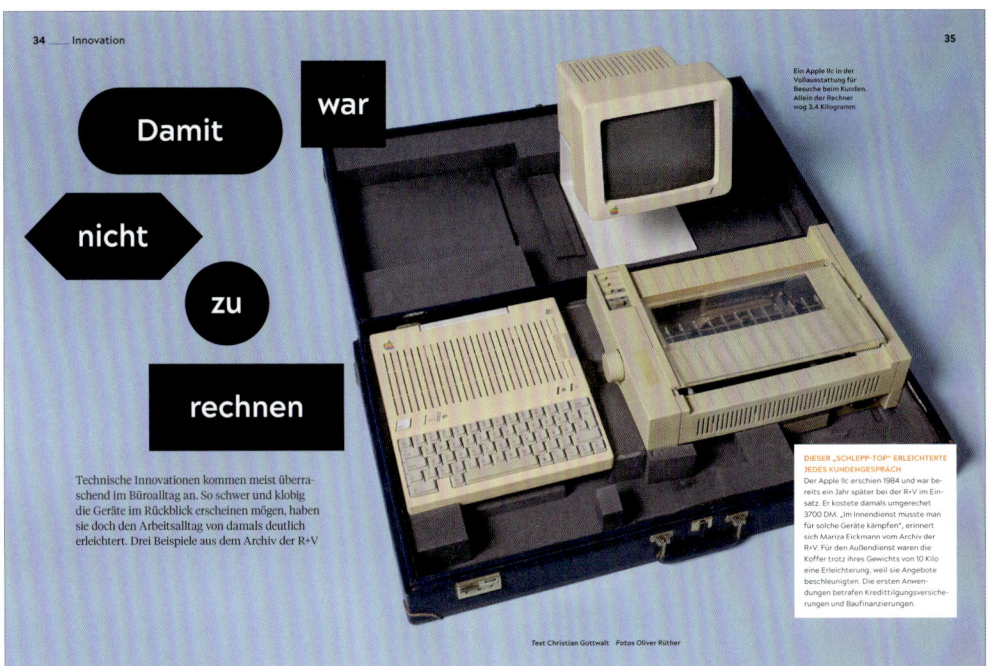

MITARBEITERKOMMUNIKATION
Print

MITARBEITERKOMMUNIKATION
Print

SHORTLIST

—

Y – *Das Magazin der Bundeswehr.*
Y ist das zentrale Printmedium der internen Kommunikation der Bundeswehr. Es hat die Aufgabe, die Soldatinnen und Soldaten und zivilen Mitarbeiterinnen und Mitarbeiter über die Arbeit der Bundeswehr zu informieren, Entscheidungen der militärischen Führung und des Verteidigungsministeriums zu erklären und über sicherheitspolitische Zusammenhänge aufzuklären.
Y besticht durch eine junge Ansprache mit betont knackigen Texte. Großzügige Reportagen, bildstarke „Pictorials" und grafisch gestaltete Strecken lenken immer wieder die Aufmerksamkeit ins Heft.
Die Heftstruktur bewegt sich entlang der Perspektive seiner Leserinnen und Leser. Von den wichtigsten Meldungen aus der Truppe über Reportagen und Geschichten aus dem Truppenalltag, bis hin zu Technik, Ausrüstung und Verfahren. Im vierten Kapitel stehen bildungsrelevante Themen zu den sicherheitspolitischen und gesellschaftlichen Rahmenbedingungen Vordergrund. Zum Abschluss folgen Tipps für die dienstfreie Zeit.

—

Herausgeber Bundesministerium der Verteidigung
Realisation C3 Creative Code and Content GmbH
Redaktion Redaktion der Bundeswehr
Gestaltung C3 Creative Code and Content GmbH
Zielgruppe In erster Linie, aber nicht ausschließlich, männliche Soldaten im Alter zwischen 18 und 35 sowie ihre Freunde und Verwandten, aber auch Zivilangestellte der Bundeswehr und Reservisten
Verbreitete Auflage ca. 35.000
Distribution Versand an nationale und internationale Standorte. Y wird an allen Standorten der Bundeswehr im In- und Ausland kostenlos verteilt. Eine digitale Kopie des gesamten Heftes ist außerdem auf bundeswehr.de verfügbar. Die interessierte Öffentlichkeit kann das Magazin abonnieren.
Ersterscheinung Juni 2009
Erscheinungsweise 6 x jährlich, inklusive einer Spezialausgabe
Kontakt zur Redaktion cvd@y-magazin.de

SHORTLIST

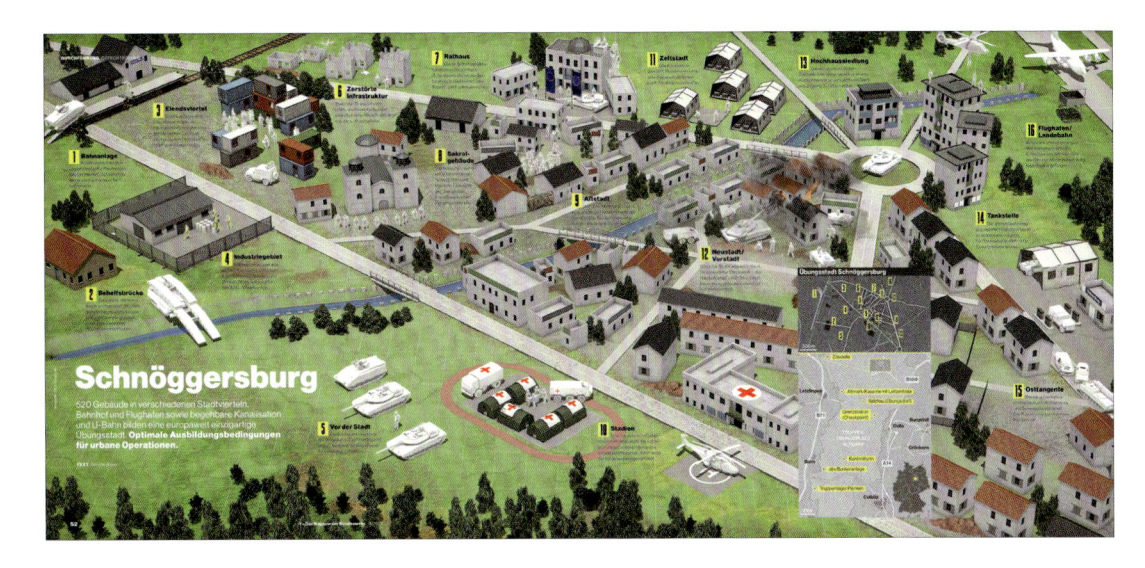

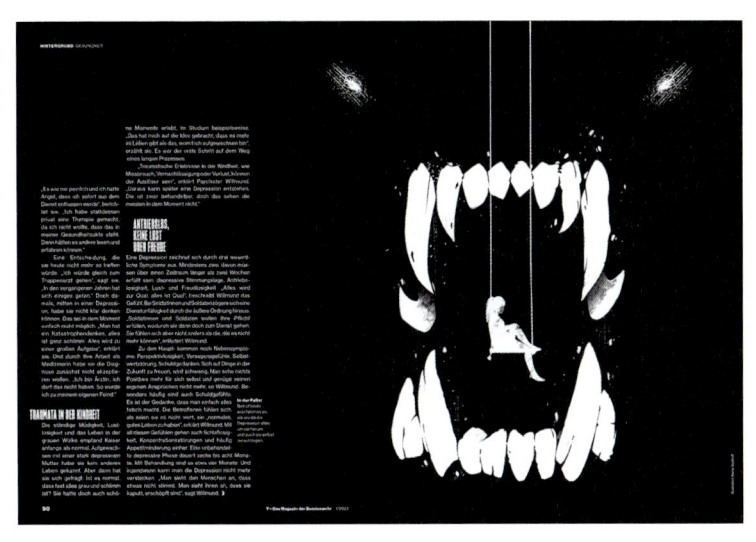

MITARBEITERKOMMUNIKATION
Print

MITARBEITERKOMMUNIKATION
Print

SHORTLIST

you and me Quarterly – *Das Magazin für die Mitarbeiter:innen der Deutschen Telekom.* Auch im Job kann es mal krachen oder eben auch nicht. Ein Problem, auch für die Telekom. Die Redaktion des Mitarbeitermagazins *you and me Quarterly* macht daher die „Streitkultur" zum Thema einer ganzen Ausgabe. Der Titel: „Zoff. Wie wir lernen, uns besser zu streiten". Ein Kulturthema, wie gemacht für das *you and me Quarterly*. Das Magazin gilt seit Jahren als Benchmark für den kritischen Unternehmensdialog. Das Magazin will insbesondere Veränderungen verständlich machen und die Unternehmenskultur verbessern. Jede Ausgabe widmet sich einem anderen Thema. Im Mittelpunkt stehen stets die Mitarbeiterinnen und Mitarbeiter.

Die Redaktion geht das Thema Streitkultur offensiv an: Schon auf dem Titel gibt's richtig Zoff! Mitarbeitende berichten von ihren Erfahrungen. Expert:innen erklären, warum und wann Konflikte eskalieren. Dazu jede Menge Service: Tipps, wie man sich richtig streitet und versöhnt. Kurzweilig, infotainig und immer mit einem Augenzwinkern. Das Layout spielt mit knalligen Farben und der Typo. Infografiken und aufwendig produzierte Mitarbeiterporträts wechseln sich ab.

Die Redaktion hat sich mit ihrer Haltung über Jahre eine hohe Akzeptanz erarbeitet. Deshalb gehen beim *you and me Quarterly* auch Dinge, die anderswo nicht funktionieren. So erscheint das Magazin im Abo (opt-in: Mitarbeitende müssen sich einmalig registrieren) und ist crossmedial. Jede Ausgabe entsteht im Dialog mit der Community im Social Intranet, dem *you and me Quartier*.

Herausgeber Deutsche Telekom AG
Realisation TERRITORY GmbH
Redaktion Deutsche Telekom AG (Philpp Schindera, Andrea Vey, Dr. Stefanie Marx, Susann Terheggen), Palmer Hargreaves (Deborah Grauert), van Laak Medien (Jörn Lotze) u.a.
Gestaltung TERRITORY GmbH (Linde Köhne)

Umfang 52 Seiten
Auflage ca. 18.000 Exemplare
Erscheinungsweise 4 x jährlich

SHORTLIST

MITARBEITERKOMMUNIKATION
Print

Jurybegründung

Nahbar, multimedial, spielerisch: Dieses digitale Mitarbeitermagazin zieht den Nutzer in die Welt der NordLB hinein – und hält ihn dort. Inhaltlich top, übersichtlich und klar in der Nutzerführung.

PREISTRÄGER

MITARBEITERKOMMUNIKATION
Digital

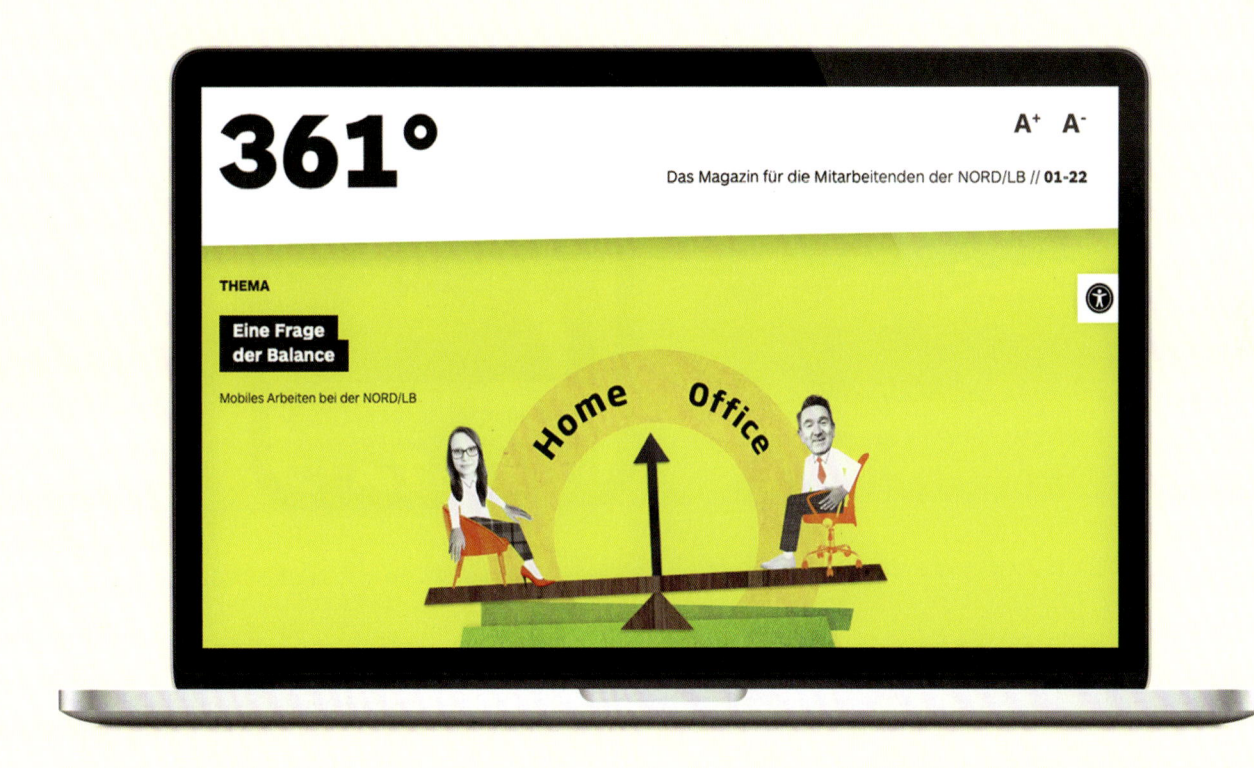

361°

Herausgeber NORD/LB Norddeutsche Landesbank Girozentrale
Realisation van laak Medien

MITARBEITERKOMMUNIKATION
Digital

PREISTRÄGER

—

361° bleibt *361°*! Nach 15 Jahren erscheint das Magazin *361°* ausschließlich als eMagazin. Schon die erste Ausgabe zeigt: Es gelingt der Redaktion, ihre Stärken – kritisch, pointiert, mitarbeiternah – auch digital auszuspielen. Im Mittelpunkt der prämierten Ausgabe 1-22 steht ein Thema, das alle bei der NORD/LB umtreibt: die neue Dienstvereinbarung zum mobilen Arbeiten. In einem digitalen Dossier kommen Mitarbeitende und Experten zu Wort. In einem Voting ist die Meinung der Leser gefragt. Weitere Themen: ein Exklusiv-Interview mit dem neuen Vorstand Jörg Frischholz, eine Glosse über persönliche Vorlieben bei der Intranet-Nutzung, ein Erklärstück über den Zukunftsmarkt der Fleisch- und Milchersatzstoffe. Dabei zieht die Redaktion darstellerisch alle Register: animierte Infografiken, Mitarbeitervideos, Slidergalerien, ein interaktives Bilderrätsel. Auch das Layout überrascht. Jede Startseite wird neu programmiert. Typisch *361°* sind schräge Flächen, knallige Farben und jede Menge Weißraum. So erscheint *361°* digital genauso eigenwillig und inszenierungsstark, wie es das gedruckte Magazin immer schon war. Die Reaktionen der User sind durchweg positiv. In einer Pop-up-Umfrage bewerten sie das neue eMagazin mit 4,3 Sternen.

—

Herausgeber NORD/LB Norddeutsche Landesbank Girozentrale

Realisation van laak Medien (Konzeption und Text: Thomas van Laak, Jörn Lotze, Henrika Stümpel)

Redaktion NORD/LB Norddeutsche Landesbank Girozentrale (verantwortlich: Gabriele Bödeker; Redaktion: Marco Behn, Thomas Breit, Mario Gruppe, Dr. Thomas Klodt, Leonie Ridinger, Marco Thomfohrde, Marion Thomsen, Claudia Wolski)

Gestaltung mann + maus (Animationen, Layouts), bluehouse (Videos), Philipp Seiffert Webdesign (technische Umsetzung)

Zielgruppe Mitarbeitende und Pensionäre
Erscheinungsweise 4 x jährlich
Umfang 10–12 Beiträge
Kontakt marco.thomfohrde@nordlb.de

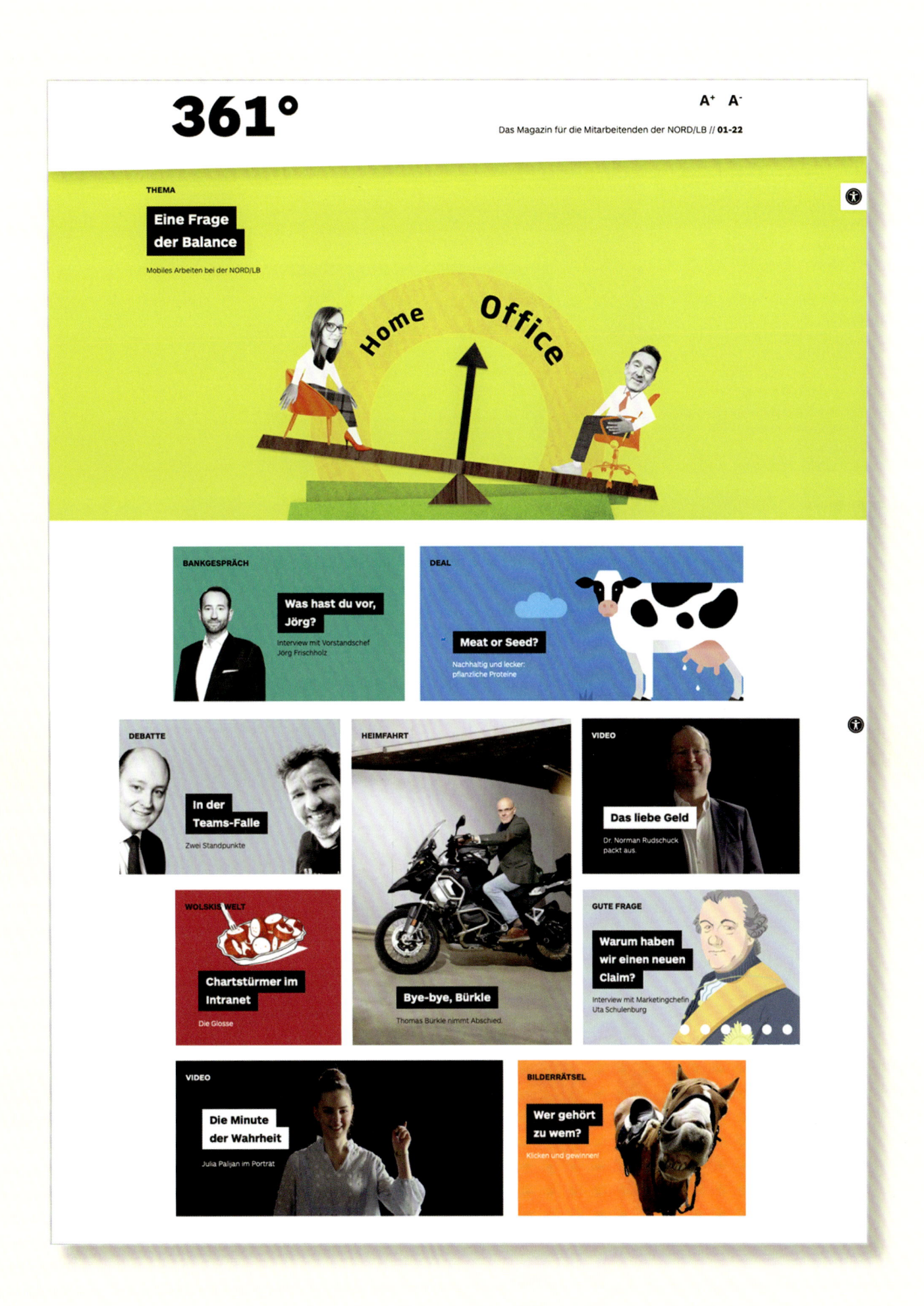

PREISTRÄGER   MITARBEITERKOMMUNIKATION
Digital

361°

A⁺ A⁻

Das Magazin für die Mitarbeitenden der NORD/LB // **01-22**

THEMA

Eine Frage der Balance

Mobiles Arbeiten bei der NORD/LB

Home Office

BANKGESPRÄCH

Was hast du vor, Jörg?

Interview mit Vorstandschef Jörg Frischholz

DEAL

Meat or Seed?

Nachhaltig und lecker: pflanzliche Proteine

DEBATTE

In der Teams-Falle

Zwei Standpunkte

HEIMFAHRT

Bye-bye, Bürkle

Thomas Bürkle nimmt Abschied.

VIDEO

Das liebe Geld

Dr. Norman Rudschuck packt aus.

WOLSKIS WELT

Chartstürmer im Intranet

Die Glosse

GUTE FRAGE

Warum haben wir einen neuen Claim?

Interview mit Marketingchefin Uta Schulenburg

VIDEO

Die Minute der Wahrheit

Julia Paljan im Porträt

BILDERRÄTSEL

Wer gehört zu wem?

Klicken und gewinnen!

| MITARBEITERKOMMUNIKATION | SHORTLIST |
| Digital | |

TEAM SPIRIT – *Das Mitarbeitermagazin von Symrise.* Symrise veröffentlicht seit über 15 Jahren das globale Mitarbeitermagazin TEAM SPIRIT in fünf Sprachen. Die beim BCM 2022 mit Silber ausgezeichnete Ausgabe beschäftigt sich mit dem Thema Diversität, denn Symrise hat sich Vielfalt auf die Fahnen geschrieben.

Mit der „diverSym Initiative" etwa setzt Symrise Talenten unabhängig von Geschlechtsidentität und Ausdruck, sexueller Orientierung oder sonstiger Merkmale das klare Zeichen: „Bei uns bist du willkommen, bei uns kannst du sein, wie du möchtest." Um das zu unterstreichen, hat Symrise Brasilien im Juni 2021 den ersten eigenen LGBTI+ Pride Month ausgerufen. Über Edutainment-Angebote wurden alle Teams an den Standorten eingebunden.

Der Titel von TEAM SPIRIT ist auch bei der Realisierung Programm: Der redaktionelle Teil für die gedruckte Ausgabe von TEAM SPIRIT wird vom CP-Partner C3 für Symrise produziert. An der digitalen Schnittstelle kommt Kammann Rossi als strategischer Partner für die digitale Umsetzung hinzu.

Herausgeber Symrise AG

Realisation Kammann Rossi GmbH

Redaktion C3 Creative Code and Content

Gestaltung Kammann Rossi, C3 Creative Code and Content

Zielgruppe alle Mitarbeitenden von Symrise weltweit

Ersterscheinung 2021

Erscheinungsweise quartalsmäßig

SHORTLIST

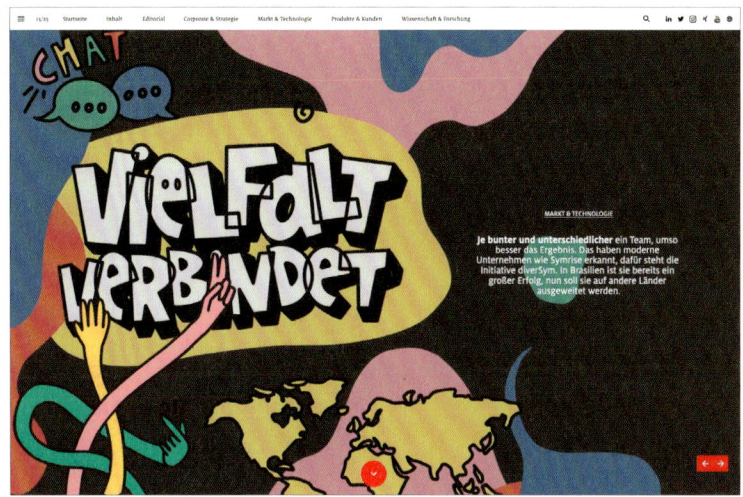

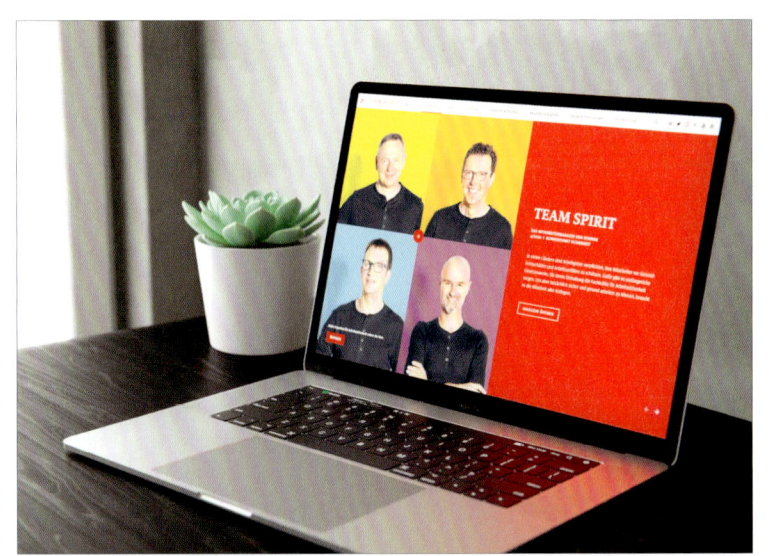

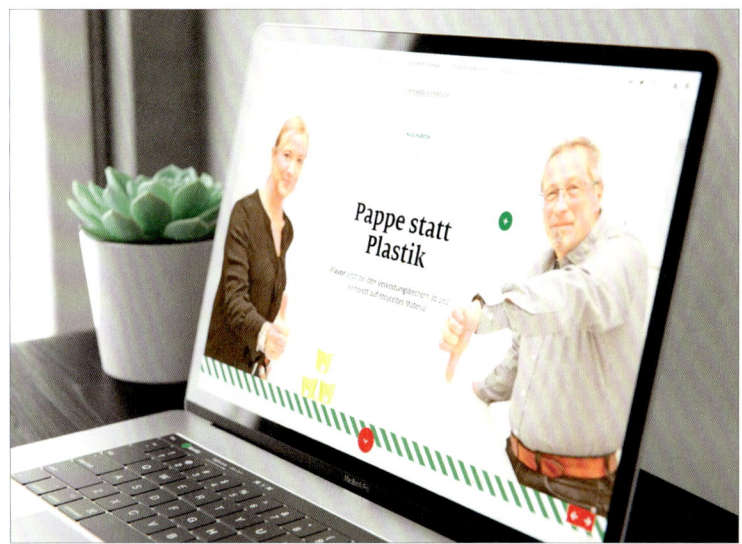

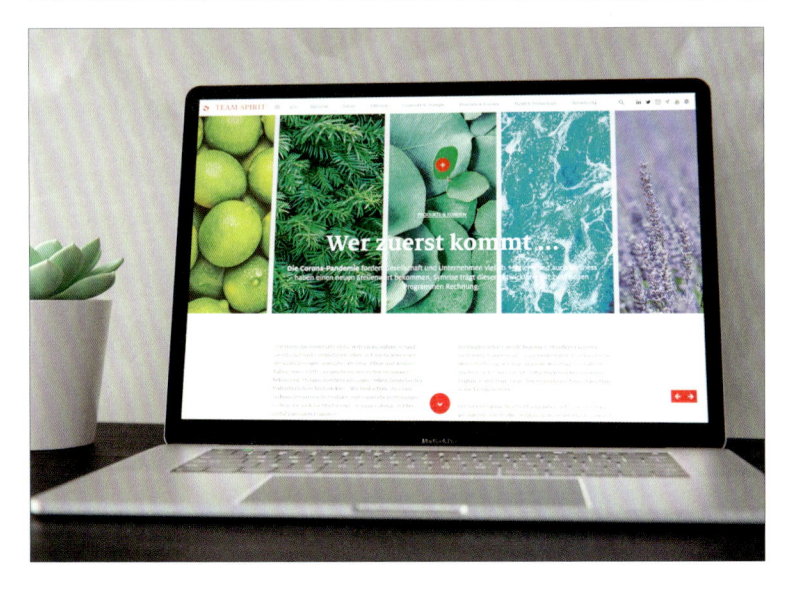

MITARBEITERKOMMUNIKATION
Digital

MITARBEITERKOMMUNIKATION
Digital

SHORTLIST

TÜV SÜD IN Webmagazin. *TÜV SÜD IN.* Digital, global, crossmedial: Der globale Prüfdienstleister TÜV SÜD geht bei seiner Mitarbeiterkommunikation neue Wege. Das Mitarbeitermagazin *TÜV SÜD IN* erscheint als Web- und Printmagazin und führt alle Mitarbeiter:innen des TÜV SÜD rund um die Welt noch näher zusammen, indem es sie optimal über mehrere Kanäle vernetzt. Die von muehlhausmoers konzipierte internationale digitale Plattform *TÜV SÜD IN* bietet dafür die passenden Voraussetzungen. Inhaltlich stehen die Internationalität und Diversität des Unternehmens und seiner Mitarbeiter:innen im Fokus. Die kommunikative Herausforderung des Mediums liegt darin, eine konzernübergreifende Identifikation zu erschaffen. Das schafft es durch uneingeschränkten Zugang, persönliche Ansprache und authentische Storys. Geschichten von der Mitarbeiter:innen und über die Mitarbeiter:innen stehen im Fokus der Publikation. Die digitalen Kanäle bieten Raum für Interaktion. Hier haben die rund 25.000 Beschäftigten die Möglichkeit, sich aktiv einzubringen. Die einzelnen Geschäftsbereiche des TÜV SÜD erhalten weiterhin Raum, um sich zu präsentieren.

Herausgeber TÜV SÜD AG (Projektleitung: Verena Hoefert)

Realisation muehlhausmoers corporate communications gmbh (Projektleitung: Martin Steuer)

Redaktion TÜV SÜD AG (Verena Hoefert, Tanja Zaremba); muehlhausmoers corporate communications gmbh (Felix Enzian, Katrin Brahner)

Gestaltung muehlhausmoers corporate communications gmbh (Áine Gibbons, Britta Siebert)

Zielgruppe Alle Mitarbeiter:innen von TÜV SÜD sowie interessierte Leser:innen

Format Webmagazin

Aktualisierungsfrequenz fortlaufend

Webadresse https://in.tuvsud.com/

SHORTLIST

MITARBEITERKOMMUNIKATION
Digital

Jurybegründung

Cybersicherheit bei EY – das Thema wird mit Gamification in Szene gesetzt und ist wirklich gut gemacht, mit Augenzwinkern und viel Spaß. So etwas kann sich nicht jedes Unternehmen leisten, aber auch nicht jedes Unternehmen, das es sich leisten kann, traut sich das auch.

PREISTRÄGER

MITARBEITERKOMMUNIKATION
Specials

Das EY Austria Management Team, das ins Windows stieg und verschwand

Herausgeber EY Österreich
Realisation Das Kommunikationsteam von EY Österreich

| MITARBEITERKOMMUNIKATION | PREISTRÄGER |
| Specials | |

Das EY Austria Management Team, das ins Windows stieg und verschwand.

Die Corona-Pandemie hat auch dieses Jahr dazu beigetragen, dass das physische Sommerfest von EY Österreich nicht stattfinden konnte. Was tun, um den Mitarbeiter-Spirit weiterhin hoch zu halten und eine gemeinsame Aktivität zu forcieren?

„Überlegt euch was Digitales, wo die Leute was zusammen machen können" – so viel Gestaltungsspielraum seitens unseres Leaderships war Treibstoff für unsere Kreativität. Doch wie bringt man rund 1.150 Mitarbeiter:innen dazu, gemeinsam an einer Problemlösung zu arbeiten und vermittelt dabei auf eine unterhaltsame Art und Weise strategisch wichtige Unternehmensinhalte?

Unser vorrangiges Ziel war es, einen würdigen digitalen Ersatz für unser Sommerfest zu kreieren und diesen zu nutzen, um die Wachstumsstrategie von EY möglichst breit und inklusiv auf spielerische Art zu transportieren und dabei unseren Kernwert „Teaming" zu fördern. Um das zu erreichen, war eine hohe Live-Teilnehmer:innenzahl notwendig. Daher war es unser Ziel, dass mindestens 40 Prozent der rund 1.150 Mitarbeiter:innen von EY Österreich mitspielen.

Wir wählten den Gamification-Ansatz, um die Unternehmensinhalte auf spielerische Art und Weise zu vermitteln. Dabei haben wir uns nicht nur auf die Online-Inhalte fokussiert, sondern die Grenze zwischen digital und analog durchbrochen und eine 360°-Aktion ins Leben gerufen, bei der die EY-Mitarbeiter:innen gefordert wurden und auch um die Ecke denken mussten.

Wir konzipierten und setzten ein Online-Escape-Room-Spiel um, das von A bis Z auf das Unternehmen zugeschnitten war. Um unserem Leadership eine Bühne zu bieten und ihnen die Möglichkeit zu geben, strategische Unternehmensinhalte zu vermitteln, machten wir sie zu Protagonist:innen des Spiels, denn sie bekamen die Hauptrolle in den zahlreichen In-Game-Videos.

Herausgeber EY Österreich
Realisation Das Kommunikationsteam von EY Österreich
Redaktion Das Kommunikationsteam von EY Österreich
Gestaltung Das Kommunikationsteam von EY Österreich
Zielgruppe Mitarbeiter:innen von EY Österreich
Ersterscheinung 01. Juli 2021
Erscheinungsweise einmalig

Ein Sommerfest etwas anderer Art fand bei EY Österreich im Sommer 2021 statt.

Eine Woche vor dem digitalen Fest wurde den EY Mitarbeiter:innen ein Package nach Hause geliefert …

… mit einem sommerlichen, aber auch mysteriösen Inhalt.

PREISTRÄGER MITARBEITERKOMMUNIKATION
Specials

Das digitale Sommerfest begann mit einem ganz gewöhnlichen Webcast der Geschäftsführung.

Währenddessen gab es einen vermeintlichen Cyberangriff und sechs Mitglieder der Geschäftsführung wurden in den digitalen Raum entführt.

Raum 1

Raum 2

Raum 3

Die mysteriöse Mappe beinhaltete Dokumente, die im Verlauf des Spiels wichtig wurden. Eines davon konnte man nur mit der mitgelieferten UV-Taschenlampe lesen.

Welches Team schafft es als erstes die Rätsel der drei Räume zu knacken und die Geschäftsführung zu befreien?

MITARBEITERKOMMUNIKATION
Specials

SHORTLIST

WIR sind die Zukunft – *Sonderausgabe des R+V Mitarbeitermagazins „plus".* Der Anlass für dieses einmalige Special war die Verkündung einer neuen Unternehmensstrategie namens „WIR@R+V". Die drei Buchstaben stehen für Wachstum, Innovation und Rentabilität. Das sind normalerweise keine Themen, die aus Mitarbeitersicht emotional oder unterhaltsam sind. Die Redaktion fokussierte sich deshalb auf das *WIR* und stellte deshalb in diesem Heft die Mitarbeiter:innen in den Mittelpunkt. 180 Kolleg:innen aus dem Innen- und Außendienst und den Genobanken beantworten im Magazin 29 Fragen. Die Fragen drehen sich allesamt um die R+V jetzt und in Zukunft und reichen vom Lieblingsessen in der Kantine bis zu besonderen Erlebnissen mit Kunden. Natürlich sind auch die Fragestellungen der neuen Unternehmensstrategie präsent, die mit den Mitteln des Storytellings vermittelt werden. Zum Beispiel: „Wo sehen Sie die größten Wachstumschancen?", „Wie würden Sie Rentabilität einem Kind erklären?" Oder: „Welche Veränderungen im Unternehmen fanden Sie misslungen?". Aber auch: „Wenn die R+V ein Tier wäre, welches wäre es?" Die Mitarbeiter:innen antworten unverblümt, kritisch und humorvoll. So entsteht aus vielen individuellen Aussagen ein aussagekräftiges Mosaik. Es zeigt die R+V im Aufbruch. Quer durch alle Hierarchien und Abteilungen kommen Menschen zu Wort: Sie alle zusammen verkörpern das *WIR*.

Herausgeber R+V Versicherung AG (Hermann Josef Knipper: Leiter Konzernkommunikation, Grischa Brower-Rabinowitsch: Chefredakteur)

Redaktion Gaby Buschlinger, Joscha Denzer

Realisation Vigl & Friends (Mario Vigl: Leitung, Florian Preußler: Art Direction, Michael Cornelius und Christian Gottwalt: Text & Konzeption, Karin Aneser: Bild)

Umfang 64 Seiten
Auflage 19.000 Exemplare
Escheinungsweise vierteljährlich
Webadresse www.ruv.de

SHORTLIST

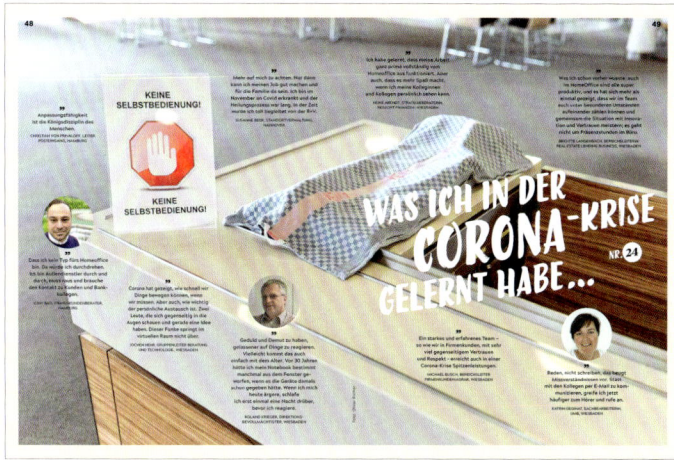

MITARBEITERKOMMUNIKATION
Specials

MITARBEITERKOMMUNIKATION
Specials

SHORTLIST

—

Y – *Das Magazin der Bundeswehr: Spezialkräfte.* Y ist das zentrale Printmedium der internen Kommunikation der Bundeswehr. Im Jahr 2021 widmete Y das alljährliche, monothematische *Spezial* dem Thema Spezialkräfte mit der Idee, die Leserinnen und Leser hinter die Maske der Spezialkräfte blicken zu lassen und den Menschen dahinter näherzukommen.

Das *Spezial* will über die Arbeit der Spezialkräfte der Bundeswehr aufklären, zeigen, warum eine moderne Armee wie die Bundeswehr die besonderen Fähigkeiten von Spezialkräften braucht, und kritisch über die Probleme innerhalb des Kommando Spezialkräfte berichten. In vier Kapiteln betrachten wir, wer die Spezialkräfte sind, woher sie kommen und was ihre Aufgaben sind. Wir erläutern, wer sie dabei wie unterstützt, und was es braucht, um zu den Spezialkräften zu gehören.

In zwei abschließenden Kapiteln legen wir den Finger in die Wunde und fragen nach Ursachen und Lösungen für die Probleme innerhalb der Spezialkräfte und wagen einen Blick in die Zukunft.

—

Herausgeber Bundesministerium der Verteidigung

Realisation C3 Creative Code and Content GmbH

Redaktion Redaktion der Bundeswehr

Gestaltung C3 Creative Code and Content GmbH

Zielgruppe In erster Linie, aber nicht ausschließlich, männliche Soldaten im Alter zwischen 18 und 35 sowie ihre Freunde und Verwandten, aber auch Zivilangestellte der Bundeswehr und Reservisten

Verbreitete Auflage ca. 35.000 Exemplare

Distribution Versand an nationale und internationale Standorte. Y wird an allen Standorten der Bundeswehr im In- und Ausland kostenlos verteilt. Eine digitale Kopie des gesamten Heftes ist außerdem auf bundeswehr.de verfügbar. Die interessierte Öffentlichkeit kann das Magazin abonnieren.

Ersterscheinung Juni 2009

Erscheinungsweise 6 x jährlich, inklusive einer Spezialausgabe

Kontakt zur Redaktion cvd@y-magazin.de

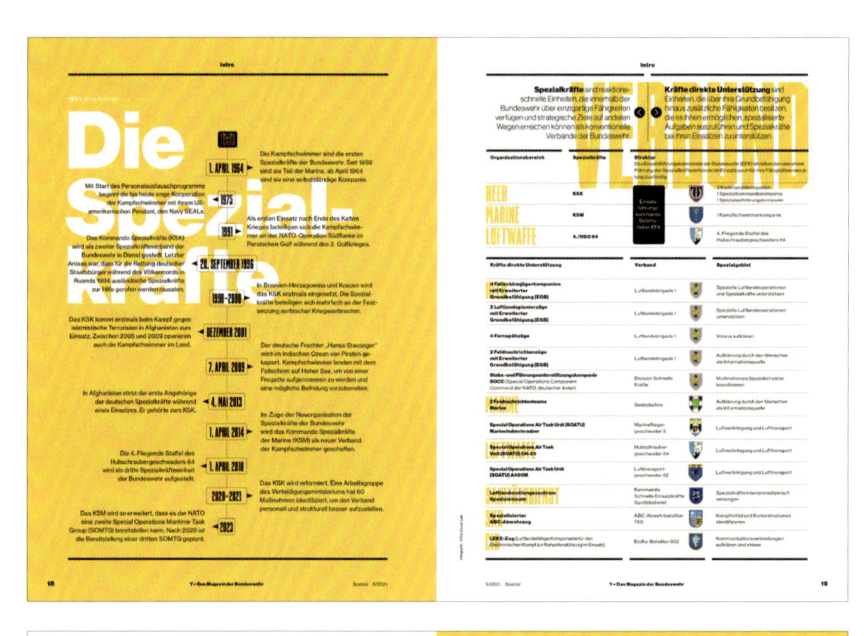

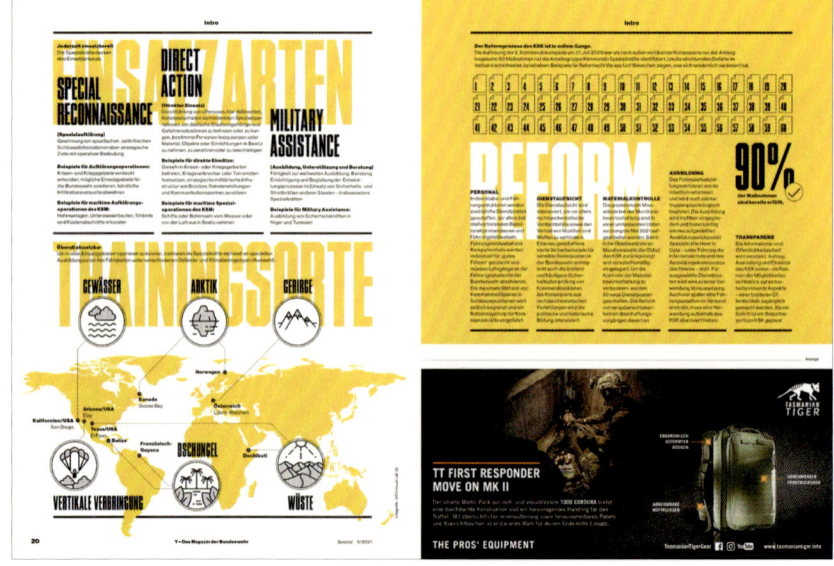

SHORTLIST

MITARBEITERKOMMUNIKATION
Specials

MITARBEITERKOMMUNIKATION
Specials

SHORTLIST

—

Folio – *Nachhaltig wachsen.* Der Spezialchemiekonzern Evonik fährt einen konsequenten Wachstumskurs. Doch wie sieht das Wachstum der Zukunft aus? In einer Welt, in der neben ökonomischen Fragen auch ökologische Aspekte in den Vordergrund drängen? Antworten liefert das Mitarbeitermagazin Folio in einer Sonderausgabe zum Thema Wachstum. Das Ziel: den rund 33.000 Mitarbeiter:innen darzulegen, wie Evonik in einer Welt des Umbruchs wachsen will, und zugleich eine Auseinandersetzung mit Herausforderungen wie dem Klimawandel oder dem steigenden Ressourcenverbrauch zu initiieren.

Seine Stoßrichtung macht das Heft gleich in der Titelzeile klar: *Nachhaltig wachsen.* Auf den Inhaltsseiten folgt ein lebendiger Themen- und Formatmix, der ein Schlaglicht auf unterschiedliche Facetten von Wachstum wirft und dabei unternehmerische, aber auch gesellschaftliche und persönliche Aspekte beleuchtet. Zu den Highlights gehören ein pointierter Überblick über 200 Jahre Wachstumsgeschichte und eine Gegenüberstellung kontroverser Statements. Mit welchen Produkten und Projekten der Konzern wachsen will, zeigen ein Bericht über nachhaltige Innovationen und eine Geschichte über grüne Investments. Auch die Beschäftigten rücken in den Fokus, etwa in einem Roundtable-Gespräch.

—

Herausgeber Evonik Industries AG (Objektleitung: Urs Schnabel)

Realisation KNSK Group

Redaktion Evonik Industries AG (Chefredaktion: Christof Endruweit), KNSK Group (CvD: Inga Borg; Textchef: Stephan Siebenbaum; Creative Director: Stefanie Wille)

Gestaltung KNSK Group (Art Direction: Matthis Eilers, Isabella Hof; Bildredaktion: Katharina Werle)

Zielgruppe Mitarbeitende und Pensionäre von Evonik

Format 200 x 260 mm

Umfang 84 Seiten

Auflage 27.000 Exemplare

Distribution Einzelheftversand, Hauspost

Erscheinung 16.11.2021

Erscheinungsweise 6 x jährlich

Kontakt zur Redaktion folio@evonik.com

SHORTLIST — MITARBEITERKOMMUNIKATION / Specials

MITARBEITERKOMMUNIKATION
Employer Branding Film

PREISTRÄGER

Jurybegründung

Gut gemachte Clips. Knackig und kompakt. Glaubhaftes Employer Branding durch authentische Inszenierung der Mitarbeitenden.

PREISTRÄGER

MITARBEITERKOMMUNIKATION
Employer Branding Film

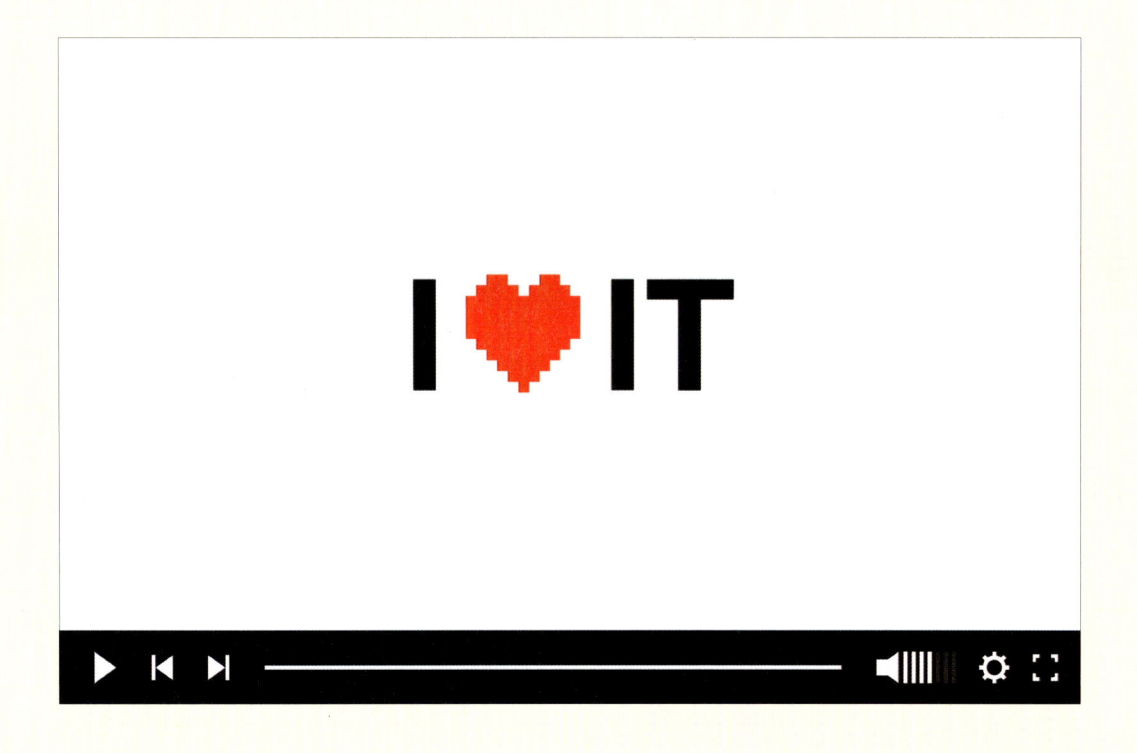

I love IT

Herausgeber Ergon Informatik AG
Realisation Ergon Informatik AG Marketingteam

MITARBEITERKOMMUNIKATION
Employer Branding Film

PREISTRÄGER

—

I love IT. Wie schaffen wir es, die Karriere bei Ergon attraktiv und nahbar zu bewerben, ohne aufdringlich zu wirken? Wie kreieren wir ein Format, das bisher unbekannte Einblicke in unser Unternehmen sowie die vielen unterschiedlichen Job-Profile verschafft, ohne „corporate" und gestellt zu wirken? Wie gelingt es, unseren Slogan „smart people – smart software" kreativ und smart einzubinden? Und wie gestalten wir eine Kampagne, die auch unter unseren Mitarbeiter:innen Freude generiert?

Diese Fragen haben wir uns gestellt. Entstanden ist eine Serie von Kurzvideos mit unseren Mitarbeiter:innen. Sie verraten, was sie an Ergon und ihrem Beruf begeistert und warum IT ihre Leidenschaft ist. Damit die Videos authentisch sind und die Personen genau so wahrgenommen werden, wie sie sind, fanden die Interviews ohne Skript und Vorbereitung der Protagonist:innen statt.

Unsere Mitarbeiter:innen waren sehr engagiert. Das Resultat unserer gemeinsamen Bemühungen sind 21 authentische Videos – voll mit wertvollen Aussagen und sympathischen Take-outs. Sie gewähren einen ungefilterten Einblick in die Ergon-Kultur sowie die tägliche Arbeit unserer Talente.

Die Videos wurden über einen Zeitraum von sechs Monaten in regelmäßigen Abständen über die Social-Media-Kanäle von Ergon gestreut. Sie sind zudem im Bereich „Karriere" auf unserer Website eingebunden.

—

Herausgeber Ergon Informatik AG

Realisation Ergon Informatik AG Marketingteam

Redaktion Ergon Informatik AG Marketingteam

Gestaltung Filmerei und Lukas Film

Zielgruppe Talente in den Bereichen Software Engineering, Security, UX, Consulting und Testing auf allen Senioritätsstufen

Distribution Website und Social Media

Premiere Juli 2021

Webadresse ergon.ch/iloveit

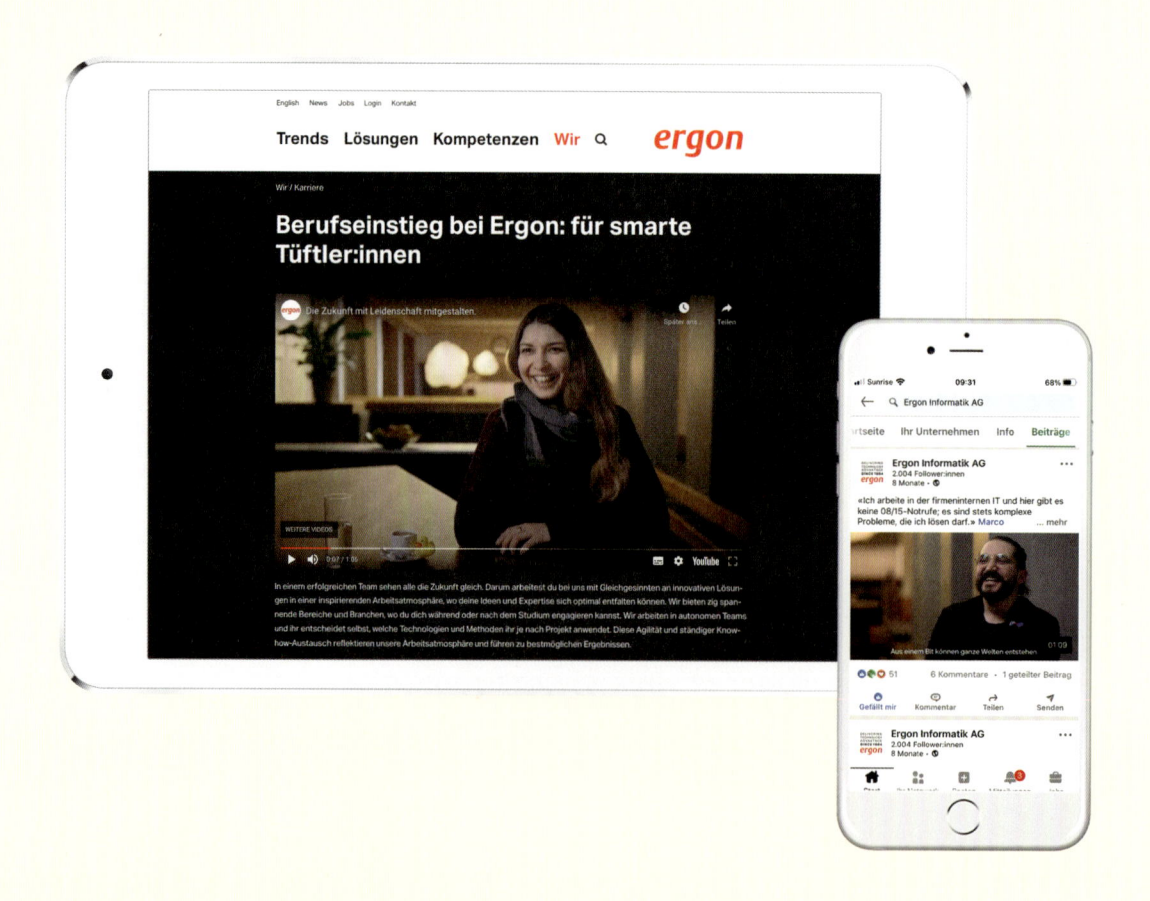

PREISTRÄGER

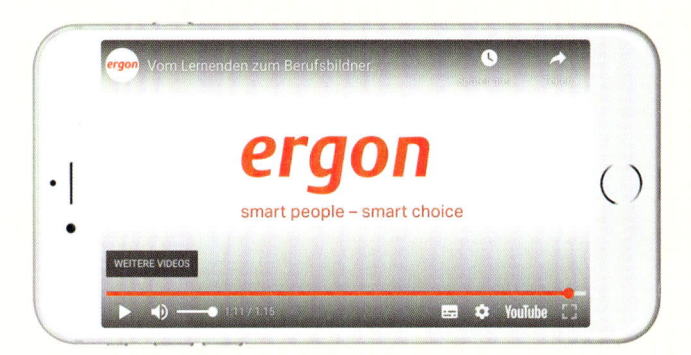

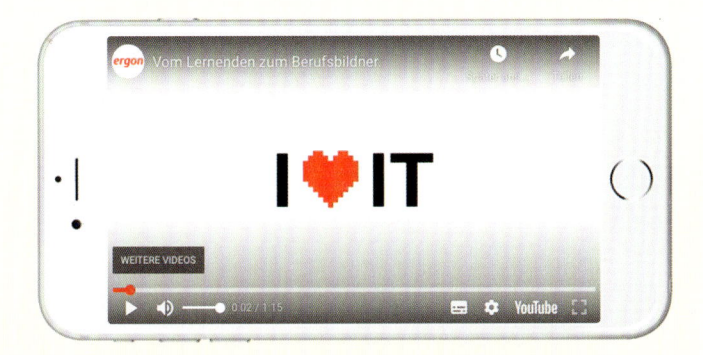

MITARBEITERKOMMUNIKATION
Employer Branding Film

ergon
smart people – smart software

ergon
smart people – smart choice

ergon
smart people – smart choice

MITARBEITERKOMMUNIKATION
Employer Branding Film

SHORTLIST

—

Die Maler – *Mal was Echtes.* Nach dem Erfolg der Kampagne „Klingt komisch. Macht aber glücklich." wollten wir Jugendliche mit einer Aktion erneut für das Malerhandwerk begeistern. Und beweisen, dass das Kampagnenversprechen nicht nur in der cleanen Welt inszenierter Malertätigkeiten-Closeup-Videos gilt, sondern auch in der echten Welt.

Mit einer Malerfirma organisierten wir eine OoH-Plakatierung der etwas anderen Art. Anstatt ein gedrucktes Plakat zu kleben, ließen wir es von drei Malern direkt an Ort und Stelle mit malerhandwerklichen Techniken gestalten. Mit einer Botschaft, die als Haltungsstatement und als Aufruf zum Start einer Ausbildung verstanden werden kann: *Mal was Echtes.* Videos von der Anfertigung des 18/1 teilten wir auf Instagram.

Mit einem Projektbudget von nur 10.000 Euro gelang es, über 250k Menschen zu erreichen. Wir erzielten fast 80k Interaktionen, mehr als 375k Impressionen und konnten knapp 24k Views zu einem sehr günstigen CPV von 0,03 Euro für uns verbuchen. Die Aktion kam gut an. So gut, dass die Malerinnung Hessen die Idee 2022 aufgriff: 50 Plakatflächen in ganz Hessen wurden von jungen Maler:innen handwerklich gestaltet.

—

Auftraggeber Bundesverband Farbe Gestaltung Bautenschutz

Agentur ressourcenmangel GmbH

Redaktion ressourcenmangel GmbH

Gestaltung ressourcenmangel GmbH

Zielgruppe Schüler:innen

Distribution Instagram

KPI >250k erreichte Menschen, fast 80k Interaktionen, >375k Impressionen, fast 24k Views, CPV von 0,03 Euro

Launch-Datum September 2021 (bis November 2021)

Webadresse instagram.com/die.maler und vimeo.com/693610289/7de24e7360

Kontakt Christof.Biggeleben@ressourcenmangel.de

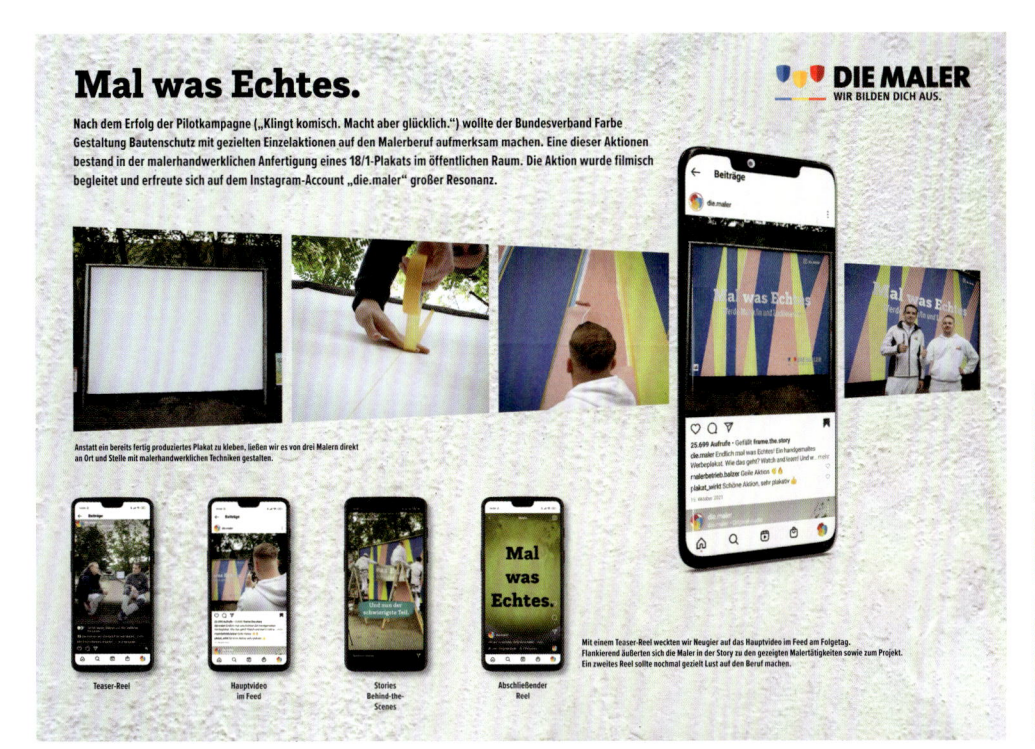

MITARBEITERKOMMUNIKATION
Employer Branding Film

Mal was Echtes.

Nach dem Erfolg der Pilotkampagne („Klingt komisch. Macht aber glücklich.") wollte der Bundesverband Farbe Gestaltung Bautenschutz mit gezielten Einzelaktionen auf den Malerberuf aufmerksam machen. Eine dieser Aktionen bestand in der malerhandwerklichen Anfertigung eines 18/1-Plakats im öffentlichen Raum. Die Aktion wurde filmisch begleitet und erfreute sich auf dem Instagram-Account „die.maler" großer Resonanz.

Anstatt ein bereits fertig produziertes Plakat zu kleben, ließen wir es von drei Malern direkt an Ort und Stelle mit malerhandwerklichen Techniken gestalten.

Teaser-Reel · Hauptvideo im Feed · Stories Behind-the-Scenes · Abschließender Reel

Mit einem Teaser-Reel weckten wir Neugier auf das Hauptvideo im Feed am Folgetag. Flankierend äußerten sich die Maler in der Story zu den gezeigten Malertätigkeiten sowie zum Projekt. Ein zweites Reel sollte nochmal gezielt Lust auf den Beruf machen.

REPOR
TING

REPORTING

REPORTING

298 Print
308 Digital

REPORTING
Print

PREISTRÄGER

Jurybegründung

Einfach CLAAS. Immer solide und höchste Qualität. Tolle Aufmachung, starkes Storytelling, gute print-technische Umsetzung. Sehr interessante Inhalte zum top-aktuellen Thema „Ernährung".

CLAAS Geschäftsbericht 2021 – *Pushing boundaries*

Herausgeber CLAAS KGaA mbH
Realisation 3st kommunikation GmbH

REPORTING
Print

PREISTRÄGER

—

CLAAS Geschäftsbericht 2021 – *Pushing boundaries*. Landwirte weltweit brauchen Innovationen auf dem Acker, wenn sie immer mehr Menschen ernähren sollen. CLAAS als Pionier der Landtechnik erweitert dazu immer wieder die Grenzen des technologisch Machbaren. Dafür steht der Geschäftsbericht *Pushing Boundaries* samt Magazin *cutting edge*. Grenzen erweitern, heißt für CLAAS das derzeit Mögliche nicht als das Maximum akzeptieren. Neue Perspektiven finden. Und bei allem Fortschritt niemals die Bodenhaftung verlieren. Diese Haltung hat der 2021 verstorbene Helmut Claas in seiner gesamten Laufbahn als Pionier der Landtechnik vorgelebt. Und diese Haltung zeichnet CLAAS als Marke bis heute aus. Beides spiegeln die Stories, Bildstrecken und Reportagen, die echte Geschichten erzählen und die unternehmerischen Highlights von CLAAS in einem vereinen. Gestalterisch zeigt sich das Grenzenerweitern unter anderem in sich berührenden Bildelementen oder farbigen Überlappungen. Passend zur Marke unterstreichen kräftige Headlines, satte Farben und unterhaltsame Illustrationen den Anspruch eines Unternehmens, das voran geht.

—

Herausgeber CLAAS KGaA mbH

Realisation 3st kommunikation GmbH

Redaktion CLAAS KGaA mbH (Wolfram Eberhardt)

Gestaltung 3st kommunikation GmbH (Marcel Teine, Rose Schwarz)

Zielgruppe Unternehmensumfeld, Anteilseigner, potenzielle Bewerber, Kunden, Mitarbeiter

Format 210 x 260 mm

Umfang 48 Seiten Magazin, 82 Seiten Finanzteil

Verbreitete Auflage 800 Exemplare Deutsch, 330 Englisch, 50 Französisch, 205 Russisch

Distribution Auf Bilanzpressekonferenz, persönliche Übergabe, postalisch

Ersterscheinung Dezember 2021

Webadresse geschaeftsbericht.claas.com/2021/index.html

Kontakt contact@3st.de

PREISTRÄGER

REPORTING
Print

REPORTING
Print

SHORTLIST

Jahresbericht Kölner Freiwilligen Agentur e.V. 2020. Die *Kölner Freiwilligen Agentur e.V. (KFA)* vermittelt in Kooperation mit kulturellen, sozialen, ökologischen und interkulturellen Organisationen ehrenamtliches Engagement für alle Altersgruppen. Der Jahresbericht des Vereins soll die Mitglieder, Sponsoren sowie Freunde und Förderer umfassend über die Aktivitäten der *KFA* informieren. Zusätzlich wird die Publikation als Instrument zur Akquise weiterer Mitglieder, Sponsoren und Förderer eingesetzt.

Der Jahresbericht der *Kölner Freiwilligen Agentur* ist ein Beispiel dafür, dass große Wirkung nicht immer große Budgets benötigt. Redaktionell punktet der Jahresbericht mit einer rund 20-seitigen Schwerpunktstrecke. Sie knüpft an ein konkretes Projekt an – fächert es so weit auf, dass die gesamtgesellschaftliche Relevanz des Themas deutlich wird. Starke Illustrationen sorgen in Verbindung mit verfremdeten Realfotos für eine außergewöhnliche Ästhetik. Das Gestaltungsmerkmal ist eine aufmerksamkeitsstarke Sonderfarbe, die ganzflächig und in Typo- sowie Bildelementen eingesetzt wird. Das offene Naturpapier unterstreicht die Wertigkeit der Publikation und macht den Nachhaltigkeitsanspruch deutlich.

Herausgeber Kölner Freiwilligen Agentur e.V. (Projektleitung: Ulla Eberhard)

Realisation muehlhausmoers corporate communications gmbh (Projektleitung: Dagmar Puh)

Redaktion muehlhausmoers corporate communications gmbh (Dagmar Puh)

Gestaltung muehlhausmoers corporate communications gmbh (Ganna Bauer)

Zielgruppe Mitglieder, Sponsoren sowie Freunde und Förderer der *Kölner Freiwilligen Agentur e.V.*

Format 210 x 280 mm

Umfang 88 Seiten

Auflage 300 Exemplare

Erscheinungsweise 1 x jährlich

SHORTLIST

REPORTING
Print

REPORTING
Print

SHORTLIST

Symrise Unternehmensbericht 2020 –
Die Kraft ganzheitlichen Handelns.
Sie ermöglicht es Symrise, begeisternde Duft- und Geschmackserlebnisse zu schaffen, natürliche Lebensmittelinhaltsstoffe zu entwickeln und zu Wohlbefinden und gutem Aussehen beizutragen. Der *Unternehmensbericht 2020* macht in abwechslungsreichen Formaten erlebbar, was das heißt. Auf der Spur von immer neuen Gerüchen und Geschmäckern erzählt der Symrise-Bericht, was fleischloses Fleisch so schmackhaft macht, begleiten die Wiedergeburt einer französischen Traditionsmarke und finden heraus, wie 40.000 antike Rezepte Forscher zu neuen Düften und Aromen inspirieren. Gleichzeitig macht der Bericht deutlich, wie Symrise dabei auf der gesamten Wertschöpfungskette wirtschaftlich erfolgreich und verantwortlich handelt. Großformatige Reportagefotos und Symrise typische Illustrationen transportieren Emotionen und die wichtigsten Informationen auf der Schnellleseebene.

Herausgeber Symrise AG

Realisation 3st kommunikation GmbH

Redaktion ag-text (Marc-Stefan Andres)

Gestaltung 3st kommunikation GmbH (Marcel Teine, Katrin Janka, Katja Mainzer)

Zielgruppe Aktionäre, Investoren, Partner, (potenzielle) Beschäftigte, Journalisten, interessierte Öffentlichkeit

Format 210 x 270 mm

Umfang 178 Seiten

Verbreitete Auflage 400 Exemplare Englisch, 400 Exemplare Deutsch

Distribution Hauptversammlung, Auslage am Standort, persönliche Übergabe

Ersterscheinung März 2021

Erscheinungsweise jährlich

Kontakt contact@3st.de

Fleischloses
Fleisch
Warum
pflanzliche
Proteine so
wichtig sind
Wie
die
Märkte
sich
entwickeln

15
67
200
„Wir sprechen
von einem Markt
für Tierpflege-
Produkte von rund
10 Mrd. €.“
Wieder-
geburt einer
Traditions-
marke

Auf dem
Weg zur
umweltfreund-
lichen Fabrik
-33%

Restlos
nützlich

Riecht
tierisch
gut

REPORTING
Print

SHORTLIST

WEISSER RING Jahresbericht 20/21 – *LAUT werden*. Der WEISSE RING ist ein gemeinnütziger Verein zur Unterstützung von Kriminalitätsopfern und zur Verhütung von Straftaten. Der *Jahresbericht 20/21* legt den Fokus auf das Risiko der häuslichen Gewalt, das sich in der Pandemie deutlich erhöht hat. Der Titel *LAUT werden* symbolisiert dabei die erhobene Stimme zum Schutz der Opfer von häuslicher Gewalt. Darüber hinaus zeichnet sich der Jahresbericht besonders durch seine mutige und auffällige Farbgebung und Illustrationen aus. Das Thema häusliche Gewalt wird zusätzlich durch verkürzte Seiten unterstrichen, die auf die bundesweite Kampagne „Schweigen macht schutzlos, mach' Dich laut" mit prominenten Vertreter:innen aufmerksam machen.

Herausgeber WEISSER RING e.V.
Realisation 3st kommunikation GmbH
Redaktion 3st kommunikation GmbH (Roman Scherer)
Gestaltung 3st kommunikation GmbH (Lisa Grunau)

Zielgruppe Spender*innen, Mitglieder
Format 210 x 280 mm
Umfang 52 Seiten
Verbreitete Auflage 2500 Exemplare
Ersterscheinung Mai 2021
Erscheinungsweise jährlich
Kontakt contact@3st.de

SHORTLIST REPORTING
Print

Jurybegründung

Eine starke Einreichung. Optisch opulent, dynamisch und elegant – passend zur Marke –, dennoch übersichtlich. Inhalte werden attraktiv und bildstark vermittelt. Perfekt, spiegelt die Marke und setzt klare Botschaften.

PREISTRÄGER

REPORTING
Digital

BMW Group Integrierter Online-Bericht 2021

Herausgeber BMW Group
Realisation 3st kommunikation GmbH

REPORTING
Digital

PREISTRÄGER

—

BMW Group Integrierter Online-Bericht 2021. Seit 2020 integriert die BMW Group Geschäfts- und Nachhaltigkeitsbericht in einem Report. Gemeinsam mit uns haben die Münchner das Konzept im Berichtsjahr 2021 weiter ausgebaut. Basierend auf dem neuen Corporate Design entstand so ein Report mit Farbverläufen in satten Tönen, emotionaler Bildsprache und spannenden Stories. Inhaltlich dreht sich alles um die Schlagworte elektrisch, digital und zirkulär. Durch den Online-Bericht klickt und wischt der User im Dark- oder im Lightmodus. Mit dabei: der BMW i Vision Circular – eine kompakte, vollelektrische Autostudie mit Fokus auf Nachhaltigkeit und Luxus. Darüber sprechen auch Vertriebsvorstand Pieter Nota und Designchef Adrian van Hooydonk im Doppelinterview. Zahlenwerk mit Cockpit-Feeling: Die wichtigsten Kennzahlen finden sich in einem visualisierten, interaktiven Mehrjahresvergleich, den der User im Cockpit-Design eines rein elektrischen BMW erlebt – inklusive Originalsound. Eine interaktive Weltkarte widmet sich dem Thema Nachhaltigkeit. Klickbare Flyouts werfen Schlaglichter auf das internationale Engagement der BMW Group und ihrer Mitarbeitenden. Insgesamt ist der Online-Report eine kompakte Reise durch Audioformate, Videos und journalistische Texte. Blickfänger sind die dynamischen Cuts, die sich beim Scrollen wie Vorhänge öffnen und die Aufmerksamkeit der User auf die einzelnen Geschichten lenken. Ein klickbares Extra ist der Bericht als interaktives PDF-Format. Darin zeigt sich nicht nur das integrierte Gesamtkonzept, alle Kapitel sind zudem über eine Navigation blitzschnell zu erreichen.

—

Herausgeber BMW Group

Realisation 3st kommunikation GmbH

Redaktion 3st kommunikation GmbH (Chefredaktion: Thilo Breider, Laurin Paschek)

Gestaltung 3st kommunikation GmbH (Marcel Teine, Marc Neumann; Clemens Gramespracher)

Zielgruppe Investoren, Finanzmarkt, Journalisten

Distribution online

Launch-Datum 16.03.2022

Webadresse www.bmwgroup.com/de/bericht/2021/index.html

Kontakt contact@3st.de

PREISTRÄGER

REPORTING
Digital

REPORTING
Digital

SHORTLIST

CLAAS Online Geschäftsbericht 2021 – *Pushing boundaries.* Landwirte weltweit brauchen Innovationen auf dem Acker, wenn sie immer mehr Menschen ernähren sollen. CLAAS als Pionier der Landtechnik erweitert dazu immer wieder die Grenzen des technologisch Machbaren. Dafür steht der Geschäftsbericht *Pushing boundaries* samt digitalem Magazin. Grenzen erweitern, heißt für CLAAS das derzeit Mögliche nicht als das Maximum akzeptieren. Neue Perspektiven finden. Und bei allem Fortschritt niemals die Bodenhaftung verlieren. Diese Haltung hat der 2021 verstorbene Helmut Claas in seiner gesamten Laufbahn als Pionier der Landtechnik vorgelebt. Und diese Haltung zeichnet CLAAS als Marke bis heute aus. So blicken die User auf CLAAS Innovationen, die die Zukunft des Unternehmens bestimmen werden – und darauf, wie Helmut Claas deren Basis schuf, weil er früh die Grenzen des Möglichen erweitern wollte. All das spiegeln Stories, Bildstrecken und Reportagen wider, die echte Geschichten erzählen und die unternehmerischen Highlights von CLAAS in einem vereinen. Scrollabhängig geht's im Magazinteil durch die Stories. Kleine Animationen verstärken die Infografiken und bringen sanft Bewegung in die Seiten. Im Finanzteil hilft etwa der Kennzahlenrechner schnell durch die wichtigsten Finanzinfos der letzten Jahre zu klicken.

Herausgeber CLAAS KGaA mbH
Realisation 3st kommunikation GmbH
Redaktion CLAAS KGaA mbH (Wolfram Eberhardt)
Gestaltung 3st kommunikation GmbH (Art Direktion: Rose Schwarz; Art Direktion Digital: Alexander Grazdanow; Programmer: Laura Lang)

Zielgruppe Unternehmensumfeld, Anteilseigner, potenzielle Bewerber, Kunden, Mitarbeiter
Distribution online
Launch-Datum 15.12.2022
Webadresse geschaeftsbericht.claas.com/2021/index.html
Kontakt contact@3st.de

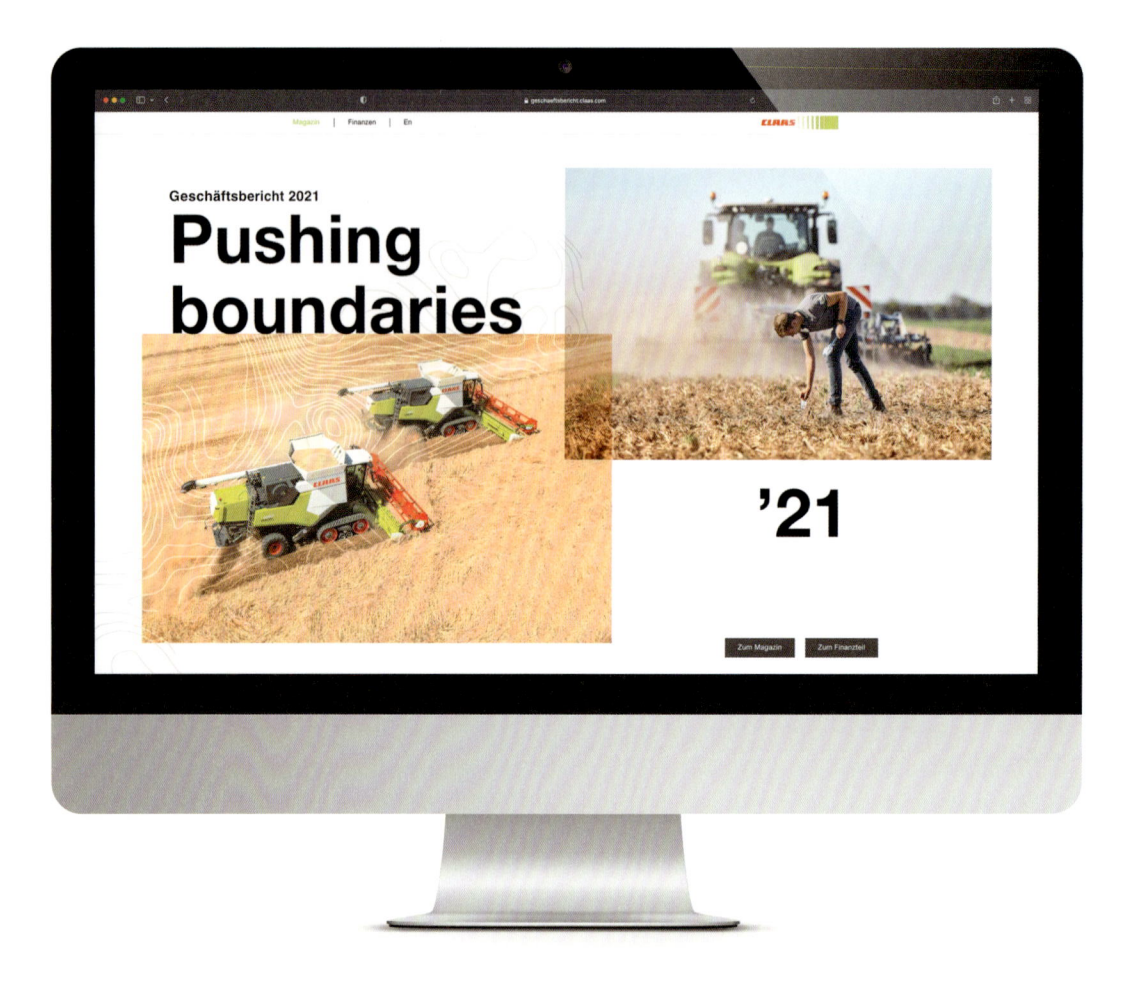

SHORTLIST

REPORTING
Digital

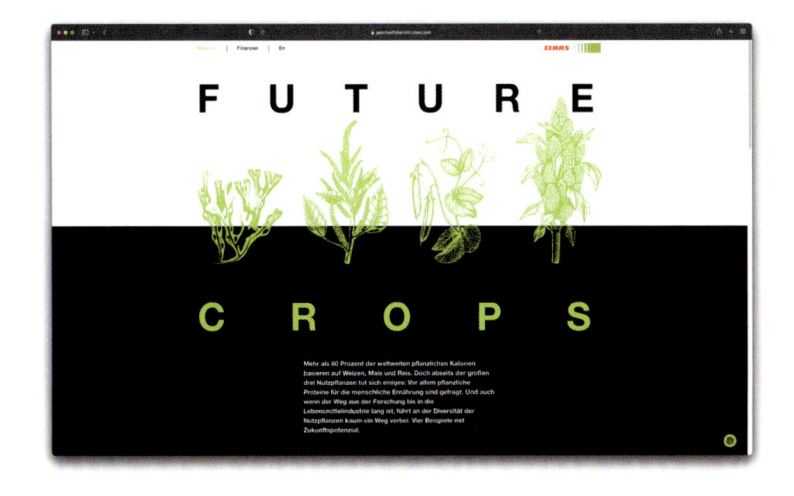

REPORTING
Digital

SHORTLIST

Clariant Integrierter Bericht. Clariant, ein weltweit führendes Spezialchemieunternehmen, kombiniert mit seinem Integrierten Bericht (IR) finanzielle und nicht finanzielle Elemente und ermöglicht so Transparenz in der Berichterstattung.

Unter dem Titel „Into the New" liefert der Bericht detaillierte Informationen über Clariants Leistung in den Bereichen Umwelt, soziale Verantwortung und Governance (ESG) und beurteilt die Auswirkungen der geschäftlichen Tätigkeiten, der Corporate-Citizenship-Aktivitäten und der Partnerschaften des Unternehmens vor dem Hintergrund der Ziele der Vereinten Nationen für Nachhaltige Entwicklung (SDGs). Anhand von Scrollytelling-Formaten „führt" der interaktive Bericht durch die Welt von Clariant und stellt einige Changemaker des Unternehmens vor, die mit ihrer Vision und ihrem Engagement Innovation voranbringen: reports.clariant.com/2020/stories
Um die Nachhaltigkeitsstrategie des Unternehmens zu unterstützen, hat Clariant beschlossen, den online verfügbaren Integrierten Bericht stärker in den Vordergrund zu stellen. Aus diesem Grund steht der vollständige Integrierte Bericht für 2020, einschließlich Corporate-Governance-Bericht, Vergütungsbericht, Finanzbericht und GRI-Bericht, online auf reports.clariant.com zur Verfügung und kann als PDF-Datei heruntergeladen werden.

Herausgeber Clariant International Ltd
Realisation Kammann Rossi GmbH, Mutabor, Nexxar, Sustainserv
Redaktion Kammann Rossi
Gestaltung Mutabor & Nexxar

Zielgruppe Der integrierte Bericht wendet sich an Stakeholder, Mitarbeitende, Entscheider und Multiplikatoren
Ersterscheinung März 2020
Erscheinungsweise jährlich
Webadresse https://reports.clariant.com/2020/integrated-report

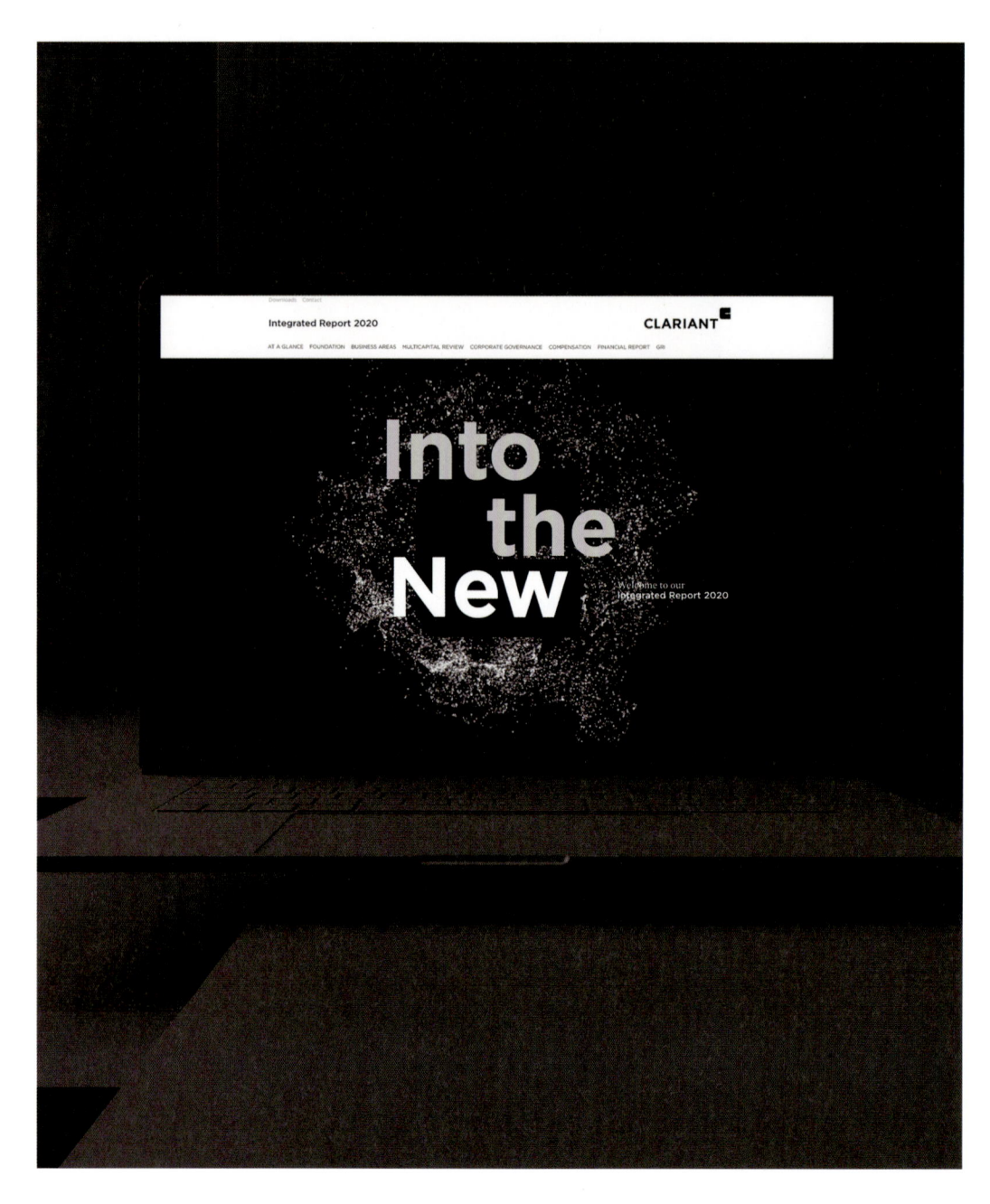

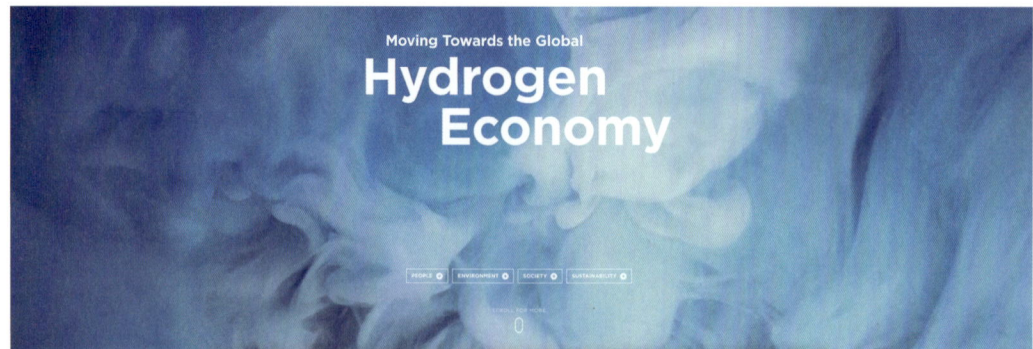

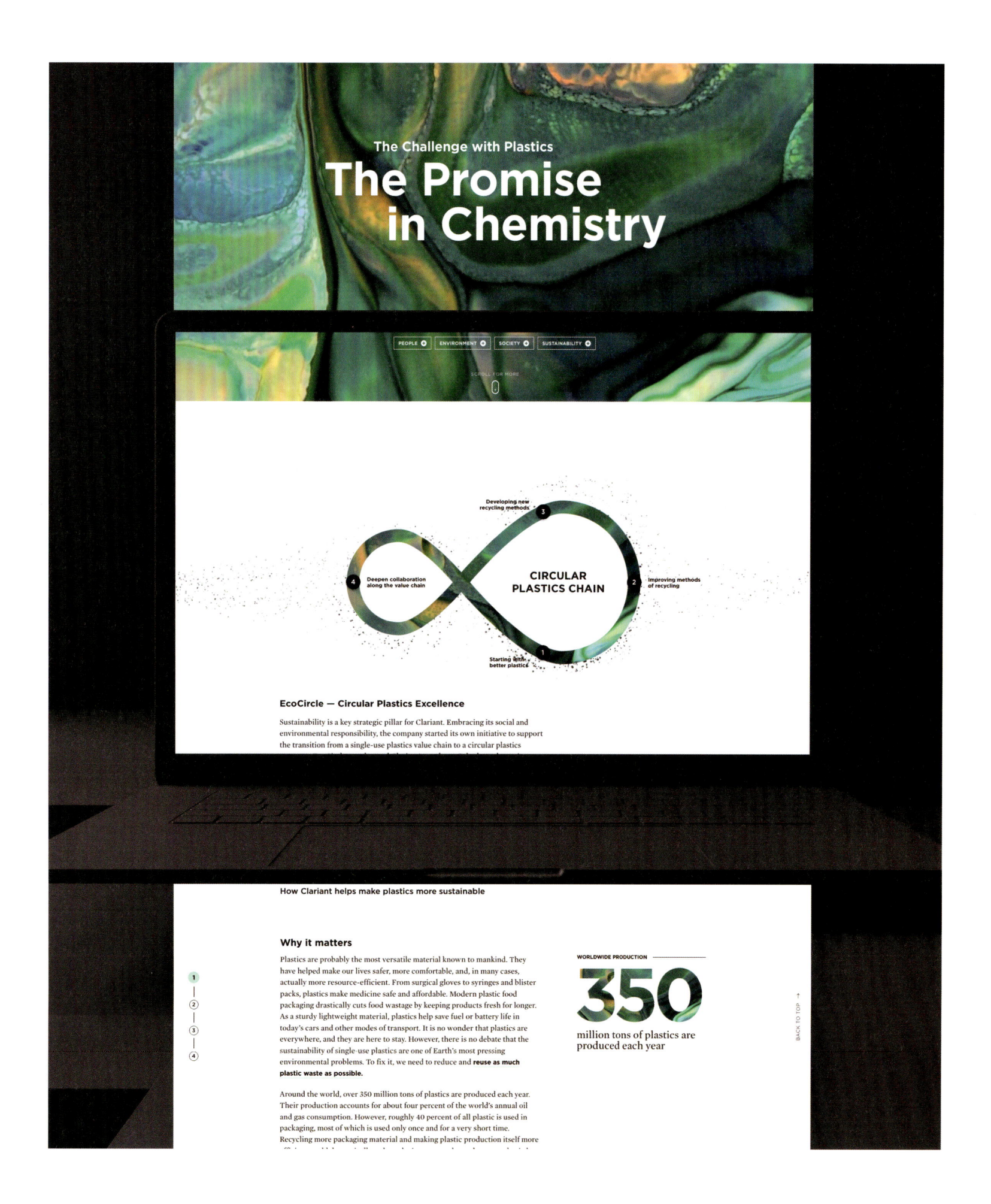

SHORTLIST

REPORTING
Digital

The Challenge with Plastics
The Promise in Chemistry

PEOPLE   ENVIRONMENT   SOCIETY   SUSTAINABILITY

SCROLL FOR MORE

3 Developing new recycling methods
CIRCULAR PLASTICS CHAIN
2 Improving methods of recycling
1 Starting with better plastics
4 Deepen collaboration along the value chain

EcoCircle — Circular Plastics Excellence

Sustainability is a key strategic pillar for Clariant. Embracing its social and environmental responsibility, the company started its own initiative to support the transition from a single-use plastics value chain to a circular plastics

How Clariant helps make plastics more sustainable

Why it matters

Plastics are probably the most versatile material known to mankind. They have helped make our lives safer, more comfortable, and, in many cases, actually more resource-efficient. From surgical gloves to syringes and blister packs, plastics make medicine safe and affordable. Modern plastic food packaging drastically cuts food wastage by keeping products fresh for longer. As a sturdy lightweight material, plastics help save fuel or battery life in today's cars and other modes of transport. It is no wonder that plastics are everywhere, and they are here to stay. However, there is no debate that the sustainability of single-use plastics are one of Earth's most pressing environmental problems. To fix it, we need to reduce and **reuse as much plastic waste as possible.**

Around the world, over 350 million tons of plastics are produced each year. Their production accounts for about four percent of the world's annual oil and gas consumption. However, roughly 40 percent of all plastic is used in packaging, most of which is used only once and for a very short time. Recycling more packaging material and making plastic production itself more

WORLDWIDE PRODUCTION

350
million tons of plastics are produced each year

BACK TO TOP ↑

REPORTING
Digital

Zwischen Pause und Fast-Forward.
Aufgabe: Wie bereits im Vorjahr, sollen Geschäfts- und Nachhaltigkeitsbericht als reine Online-Version auf einer eigenen Plattform erscheinen.
Idee: Wo immer Wandel stattfindet, wird er von einer Konstante begleitet: Zeit. Gerade im vergangenen Jahr waren die Pole „Pause" und „Fast Forward" spürbar. Der neue Online-Bericht der Gewobag zeigt, wie die Berliner Wohnungsbaugesellschaft mit diesem besonderen Geschäftsjahr umgegangen ist.
Lösung: In unterhaltsamen Geschichten erfahren die Nutzer zum Beispiel, wie lange es dauert, eine Wohnung zu bauen oder wie man richtig Pause macht. Das Gewobag-Zeitgefühl 2020 ist für jeden erlebbar. Die barrierefreie Version unterstreicht die Absicht des Unternehmens, alle Menschen zu erreichen und seiner sozialen Verantwortung gerecht zu werden. In einem kurzen Frage-Antwort-Video gibt der Vorstand persönliche Einblicke, was im Einklang mit der offenen Unternehmenskultur steht. Der Bericht bietet der Zielgruppe einen schnellen Zugang zu den Informationen in den drei Bereichen Geschichten, Finanzteil und Nachhaltigkeitsbericht. Fließende Bewegungen, Lotti-Animationen, wechselnde Kämme und Bildmotive oder Infografiken mit Scroll-Animation erwecken den Bericht zum Leben. Die Hervorhebungs- und Verweisfunktion vereinfacht die Arbeit mit dem Bericht und die klare Struktur schafft einen sofortigen Überblick und ermöglicht Analysten und Investoren den sofortigen Einstieg in den Gewobag-Kosmos.

Herausgeber Gewobag Wohnungsbau-Aktiengesellschaft Berlin
Realisation heureka GmbH
Webadresse https://berichte.gewobag.de/2020

SHORTLIST

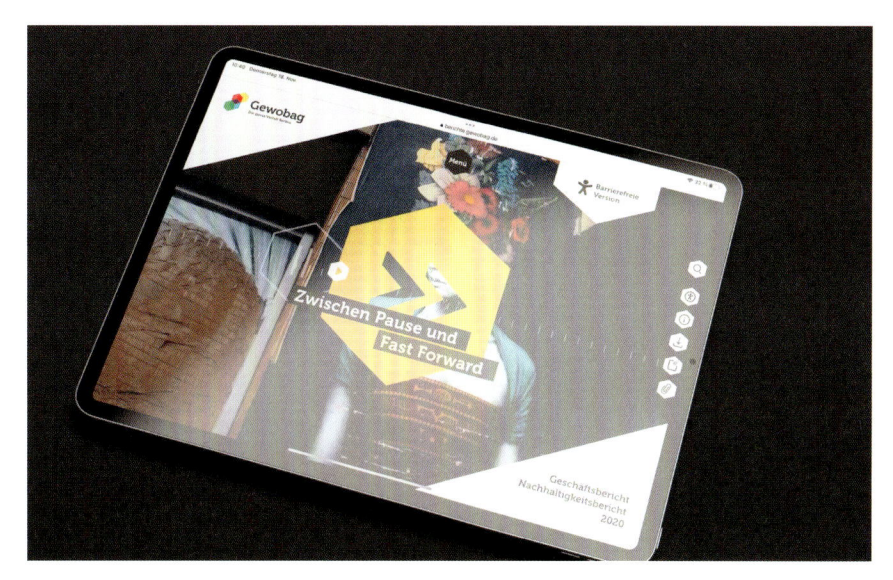

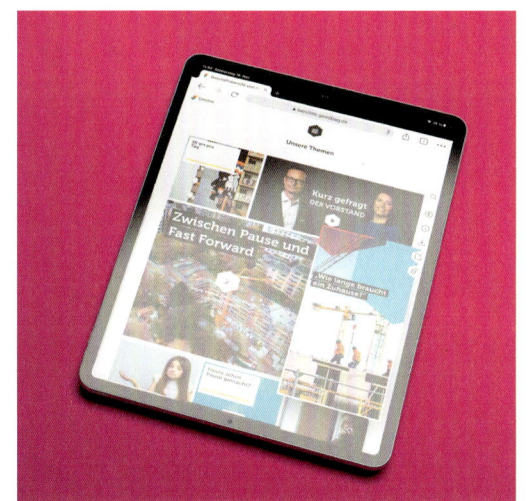

REPORTING
Digital

STRA TEGIE

STRATEGIE

STRATEGIE

320 Content
328 Kanalstrategie
332 Content Operations

STRATEGIE
Content

PREISTRÄGER

Jurybegründung

Starker überzeugender Case: fundierte Strategie mit viel Liebe zum Detail und allem, was eine gute Strategie braucht (Wettbewerbsanalyse, Persona, Kanalmix etc.).

PREISTRÄGER

STRATEGIE
Content

UBS Growth Talk

Herausgeber UBS Switzerland AG
Realisation Farner Consulting AG

STRATEGIE
Content

PREISTRÄGER

UBS Growth Talk. Die Aufgabe: Entrepreneurs sind täglich damit konfrontiert, Entscheidungen treffen und Risiken eingehen zu müssen. Dies kann sie vorwärtsbringen, aber auch zurückwerfen. Gemäß unseren Beobachtungen werden solche Erfahrungen selten geteilt – obwohl gerade sie wertvolle Erkenntnisse für das Wachstum von Unternehmen liefern. Hier eröffnet sich für UBS die Chance, sich im digitalen Raum noch konsequenter nach den Bedürfnissen der Zielgruppe Unternehmerinnen und Unternehmer auszurichten. Die Herausforderung: Wie können wir die Aufmerksamkeit der Entrepreneurs gewinnen und zu mehr Wachstum von KMU beitragen?

Die Idee: Wer Informationen über Erfahrungen und konkrete Insights zum Thema Unternehmenswachstum sucht, wird selten fündig. Doch genau solche Erkenntnisse anderer stoßen bei der Zielgruppe auf reges Interesse. Weshalb also nicht eine Content-Serie lancieren, bei der persönliche Erfahrungen anderer Unternehmerinnen und Unternehmer im Fokus stehen?

Die Lösung: Im Frühjahr 21 haben wir die Content-Strategie für die *UBS Growth Talks* entworfen (Details im PDF). Wir bieten konkrete Denkanstöße und wertvolle Unterstützung rund um das Thema Unternehmenswachstum. Dabei stellen wir die Interessen der Zielgruppe konsequent und radikal in den Vordergrund, indem Erfahrungen und Best Practices von Entrepreneuren zum Ausgangspunkt aller Inhalte gemacht werden. Highlight der Serie ist das hochwertig produzierte Videoformat *UBS Growth Talk*, welches in dieser Art einzigartig ist.

Herausgeber UBS Switzerland AG
Realisation Farner Consulting AG

Webadresse www.ubs.com/growth-talk

PREISTRÄGER

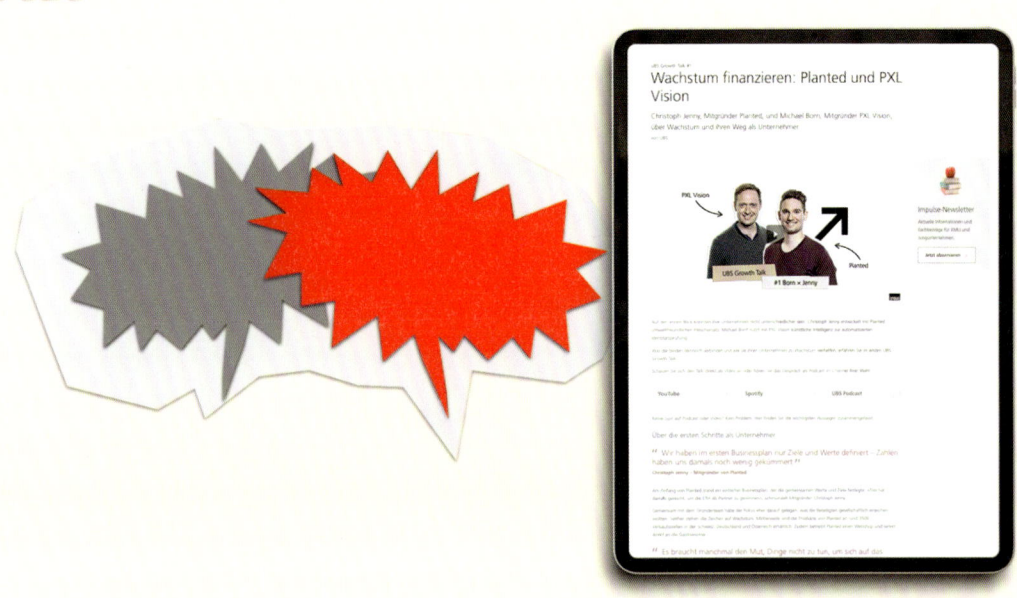

STRATEGIE
Content

UBS Growth Talk

Fünf Tipps für Personal Growth

Wachstum oder Profitabilität?

❊ UBS

❊ UBS

❊ UBS

«Neugierig sein und ausprobieren. Profitabilität hat nicht immer Priorität.»

UBS Growth Talk

Christoph Jenny
Mitgründer von Planted

❊ UBS

«Verkaufe nicht nur einen Traum. Mach dein Versprechen greifbar.»

UBS Growth Talk

Michael Born
Mitgründer und CEO PXL Vision

❊ UBS

STRATEGIE
Content

SHORTLIST

Atruvia – *Kommunikation in der Transformation.* Neue Vision, neue Strategie, neue Kultur, neue Organisation, neue Marke: Atruvia hat sich als Unternehmen komplett neu erfunden. Bei dieser grundlegenden Transformation konnten wir als Servicefeld Communication & Marketing (CAM) nicht nur auf Verständnis und Akzeptanz setzen, sondern mussten darauf hinwirken, dass uns unsere Mitarbeiter ebenso wie unsere Kunden über den gesamten Zeitraum unterstützen. Deswegen haben wir von Anfang an auf Offenheit und Transparenz gesetzt – selbst dort, wo wir nur den Weg beschreiben konnten, aber noch nicht sicher waren, wie das Ergebnis aussehen würde. Und wir haben auf Dialog und Mitwirkung gesetzt, um sowohl die Notwendigkeit des Wandels zu verdeutlichen als auch um aus der Diskussion mit Kunden und Mitarbeitern Impulse für den Transformationsprozess zu gewinnen. Dabei war es wichtig, den Vorstand von Anfang an eng einzubinden. Die Vorstandspositionierung wurde konzeptionell neu aufgesetzt, sodass Raum für echten Dialog und direkten Austausch – auch zu kritischen Themen – entstand. Inhaltlicher Ausgangspunkt war die Entwicklung einer Corporate Story, die schließlich zu einer erzählbaren Themenarchitektur führte: das „Topic Wheel" berücksichtigt die Unternehmensziele und die Interessen und Erwartungen unserer Stakeholder gleichermaßen. Es ist die Planungsgrundlage für ein abgestimmtes Storytelling, das wir crossfunktional in einer agilen „Content Collaboration" umsetzen.

Unternehmen Atruvia AG (Projektleitung: Maika-Alexander Stangenberg)

Realisation Atruvia AG (Projektleitung: Maika-Alexander Stangenberg)

SHORTLIST

STRATEGIE
Content

Soft opening I Intranet, interner Newsletter, Mittagshoch2 Podcast, Landingpage, VR-Info Forum

Big Bang I Launch Event, Markenmagazin, Truvi, Licht-Installation

Buzz Phase I Presseartikel, Markenvideo, Starterpack, Intranet

On the Road I Corporate Website, Sport-Sponsoring, COM21

Entscheidung Logo
FORUM D1REKT

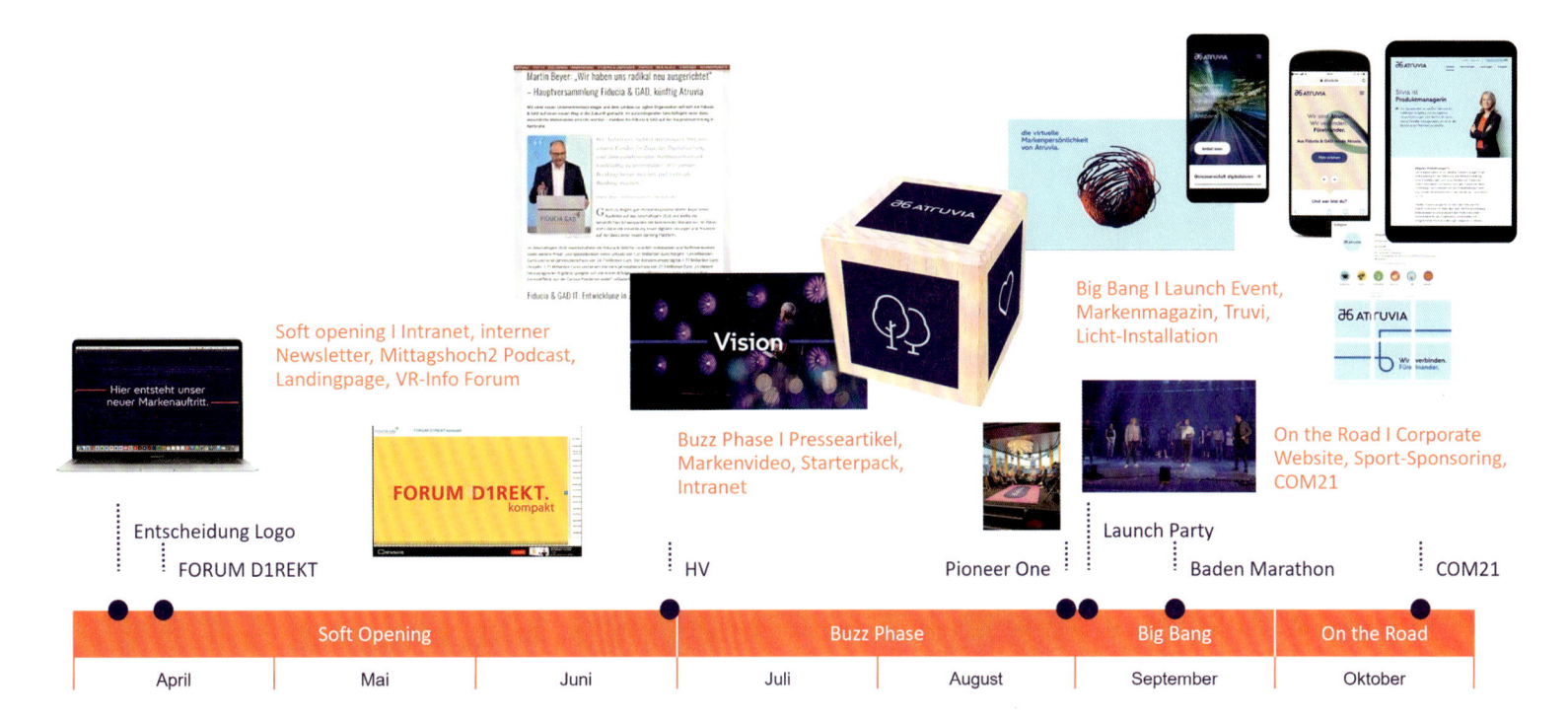

HV

Launch Party

Pioneer One

Baden Marathon

COM21

Soft Opening			Buzz Phase		Big Bang	On the Road
April	Mai	Juni	Juli	August	September	Oktober

Tellerrand

STRATEGIE
Content

SHORTLIST

ctrlX AUTOMATION – *TWO STEPS AHEAD*. Mit dem Automatisierungsbaukasten *ctrlX AUTOMATION* hebt Bosch Rexroth die klassischen Grenzen zwischen Maschinensteuerung, IT und dem Internet der Dinge auf – und revolutioniert damit die Branche. Zum Produktlaunch im November 2019 ist eine in der Branche bisher nicht dagewesene Kampagne entstanden.
Ziel der Kommunikation ist es, Aufmerksamkeit für das Thema „Industrielle Automatisierung" zu erzeugen und wie sich diese heute der Consumer-Welt anpassen muss. Die Zielgruppe von *ctrlX AUTOMATION* umfasst Maschinenbauende wie Endkunden. Für die Kommunikation liegt der Fokus hierbei auf den Software-Entwickelnden, die einen großen Anteil am Entscheidungsprozess haben – denn Automatisierung ist heute Software-Entwicklung.
Die Marketingstrategie wurde unter Berücksichtigung der Zielgruppen sowie des Marktes entwickelt und ermöglichte so eine konsequente Umsetzung der Kampagne an zahlreichen Touchpoints sowie eine schnelle Etablierung des neuen Produktes.
Der Auftrag war für alle Bereiche in der Business Unit gleich: Altes in Frage zu stellen, Neues zu entwickeln und damit die Branche zu verändern – gemäß dem Slogan: *TWO STEPS AHEAD*.

—

Herausgeber Bosch Rexroth AG
Realisation Bosch Rexroth AG

Webadresse www.ctrlx-automation.de

ctrlX AUTOMATION
TWO STEPS AHEAD

Jurybegründung

Die Einreichung besticht durch Klarheit und Fokus. Eine beeindruckend plakative Zuspitzung der Problemlage und eine überzeugende Herleitung des zielgruppenbezogenen Medien-/Kanalmixes.

PREISTRÄGER

STRATEGIE
Kanalstrategie

JACK WOLFSKIN – *Mit dem Rucksack ins Herz der GenZ*

Herausgeber JACK WOLFSKIN
Realisation ODALINE, JUSTADDSUGAR

STRATEGIE
Kanalstrategie

PREISTRÄGER

JACK WOLFSKIN – *Mit dem Rucksack ins Herz der GenZ*. Jack Wolfskin – kennst du. Hast du was von im Schrank. Viel zu oft aber nur fürs Gassigehen. Die Marke hat im schwer gelitten. Überdistribution und zu wenig Investment in Marke resultierten in immer weniger Begehrlichkeit – insbesondere bei der GenZ.
#GOBACKPACK ist der Startschuss für ein neues Jack Wolfskin. Weg von angestaubten Anzeigen, hin zu Content, den die GenZ liebt: Die Welt entdecken – mit dem Rucksack.
Corona machte Reisen mit dem Bus noch hipper: Wir bedienen uns an dem Trend, zeigen, wie wir einen Bus umbauen – und gehen damit auf Reisen. Mit dabei sind bspw. Koch The Duc Ngo oder Musiker Tom Gregory.
Acht Minuten Long-Form-Content verwandeln sich in ein Content-System, das alle digitalen Kanäle von Jack Wolfskin befüllt: TikTok, YouTube, Instagram, Website, E-Commerce. Auf TikTok bekommt Jack Wolfskin viel Liebe und wird von der W&V sogar zur TikTok-Marke des Monats gekürt. Die Kommentare bestätigen – wir verändern die Wahrnehmung bei der GenZ: „Gestern noch meinen Lehrer ausgelacht, heute auf follow gedrückt".
#GOBACKPACK heißt auch Business: Der digitale Umsatz von Jack Wolfskin zeigt in 2021 steil nach oben (+12 Prozent YOY) und auch die Markenwerte Awareness (+22 Prozent) und Consideration (+41 Prozent) bei den 20–29-Jährigen werden positiv verändert. So konnte Jack Wolfskin im Textilwirtschaft YouGov Ranking für 18–34-Jährige mit +9 Plätzen den größten Sprung nach vorne machen.
Von der Lehrer-Marke zum GenZ-Liebling.

Herausgeber JACK WOLFSKIN, JUSTADDSUGAR

Realisation ODALINE

Gestaltung JUSTADDSUGAR

Webadresse
www.jack-wolfskin.com/travelyourway

PREISTRÄGER

STRATEGIE
Kanalstrategie

Jurybegründung

Klare Strategische Eckpfeiler, klare Verantwortlichkeiten und Prozesse. Sehr mutiger weitgehender Ansatz zur Transformation und zum Aufbrechen der Silos.

PREISTRÄGER

STRATEGIE
Content Operations

Prozess der Content Collaboration

Kontinuierliches Monitoring aktueller Themen und Debatten

- Strategy and Topic Planning
  - Längerfristige Themenagenda
  - Projekt- und Maßnahmenplan
- Produkte & Entwicklungen
- Identifikation und Bewertung von Themen
- Branchenanlässe und Events
- Planung von Themen und Formaten
- Priorisierung & Koordination / Abstimmung & Freigabe
  - Brand Experience
  - Corporate Communications
  - Marketing
- Produktion von Content
- Paid Media
- Earned Media
- Distribution von Content
- Shared Media
- Owned Media

Evaluation des Maßnahmenerfolgs

Topic Wheel
fokussiert Kommunikation auf strategische Unternehmensthemen

Vision

Topic Owner
entwickeln Stories und Content für ihr Themenfeld

Regelmäßige Content-Planungsrunden
sorgen für Konsistenz und Effizienz

Content Collaboration

Content Coordinator
steuert die crossfunktionale Content-Planung

Integrierte Kanallandschaft
ermöglicht passgenaue Ansprache aller Zielgruppen

Channels

Channel Owner
bespielen und managen Kanäle und entwickeln sie weiter

—

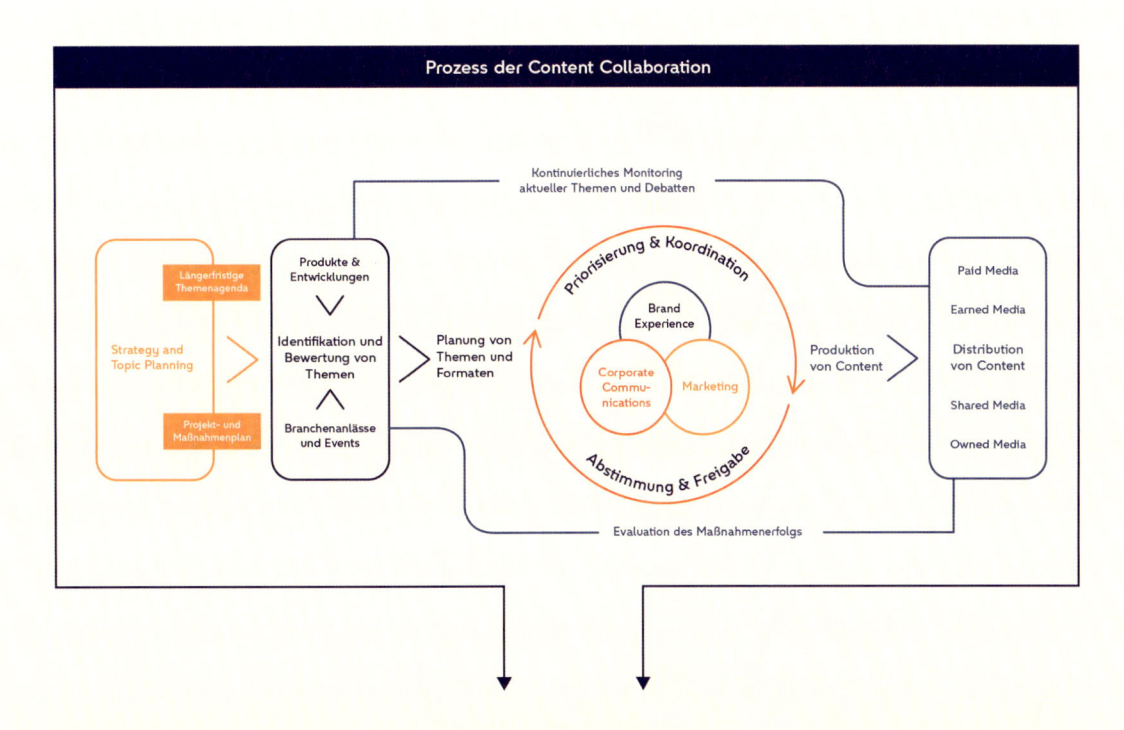

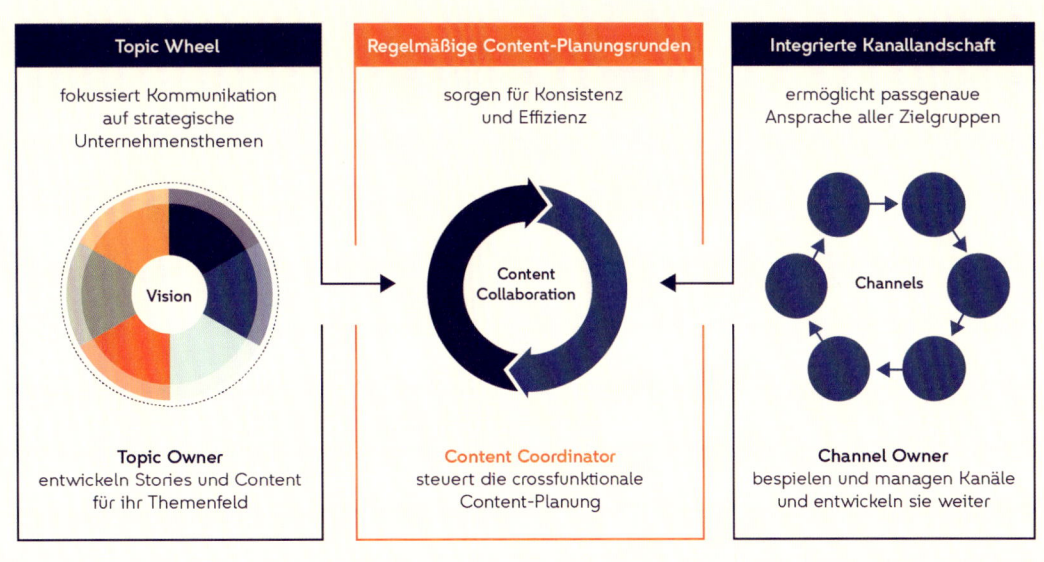

Atruvia – *Transformation der Kommunikation*

Herausgeber Atruvia AG
Realisation Atruvia AG

STRATEGIE
Content Operations

PREISTRÄGER

—

Atruvia – *Transformation der Kommunikation.* 2021 wurde Fiducia & GAD zu *Atruvia*. Die neue Marke ist der Höhepunkt unserer Transformation vom IT-Dienstleister der Genossenschaftlichen FinanzGruppe zu deren strategischem Digitalisierungspartner. Im Veränderungsprozess hat das Unternehmen nicht nur die Strategie neu entwickelt, sondern auch ein agiles Organisationsmodell eingeführt. Wir als Servicefeld Communication & Marketing (CAM) haben die mit der Transformation des Unternehmens verbundene einmalige Chance genutzt: Mit der Einführung eines crossfunktionalen, agilen und themenorientierten Zusammenarbeitsmodells hat die Kommunikation an Schlagkraft gewonnen. Wir haben Marketing, Markenmanagement und Unternehmenskommunikation organisatorisch zusammengeführt. Abteilungsgrenzen haben wir abgeschafft, stattdessen arbeiten wir seither agil in Tribes und Chaptern. Zwei Planungsprozesse haben wir miteinander verzahnt: Die langfristige strategische Themenplanung gibt das „Strategy & Topic Planning" vor, das die Kommunikations- und Marketingziele in eine längerfristige Themenagenda überführt. In der agilen „Content Collaboration" werden dazu Storys und Beiträge entwickelt und aktuell über unsere Kanäle ausgespielt. Alle Disziplinen arbeiten integriert und zielgruppenübergreifend zusammen. Die Zusammenarbeit erleichtern definierte Abstimmungs- und Austauschformate, ein praxisnaher Methodenbaukasten und ein webbasiertes Content-Tool, deren Einsatz alltagstauglich in Playbooks dokumentiert ist.

—

Unternehmen Atruvia AG (Projektleitung: Maika-Alexander Stangenberg)

Realisation Atruvia AG (Projektleitung: Maika-Alexander Stangenberg)

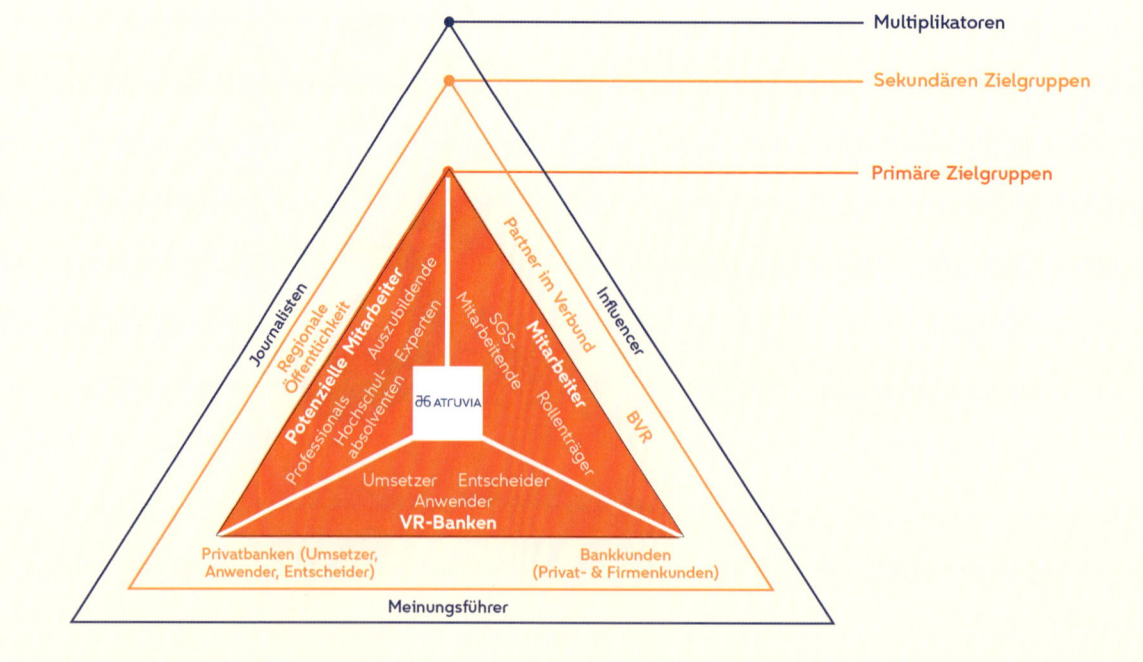

PREISTRÄGER

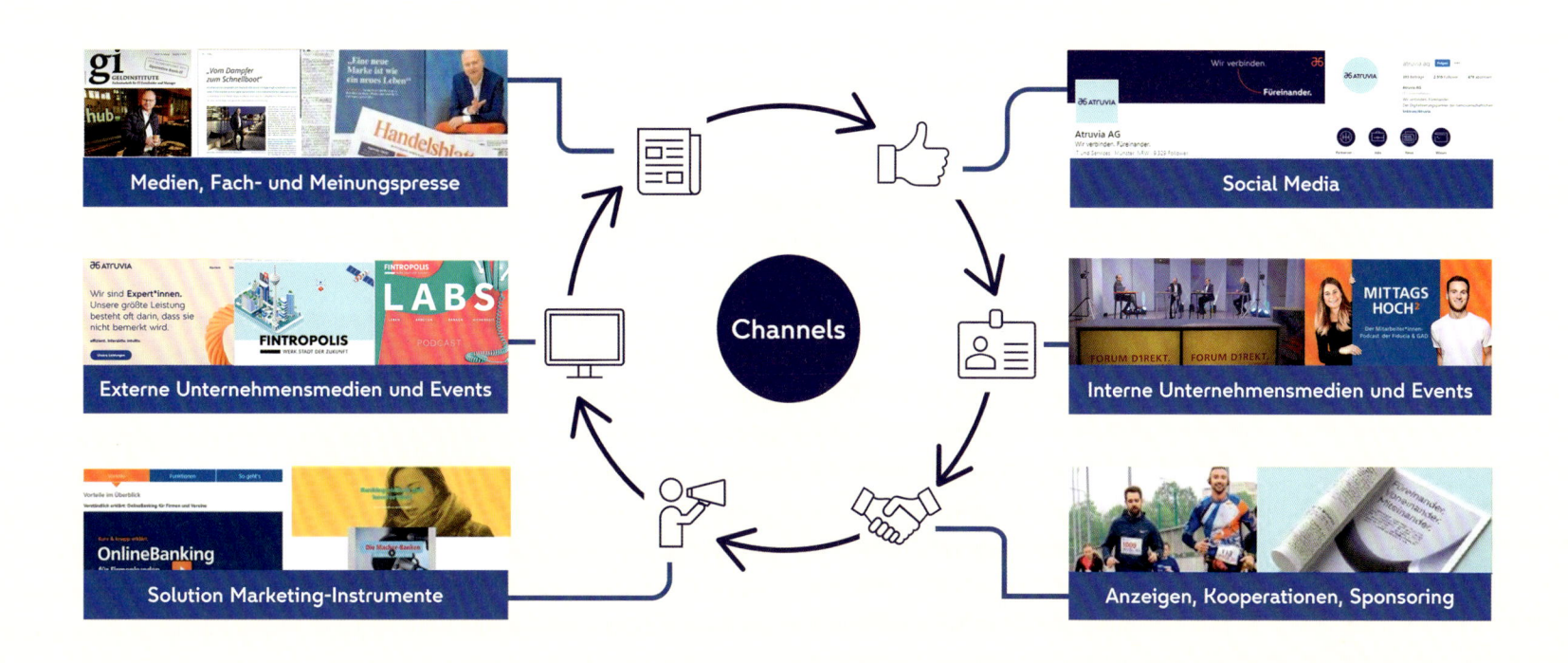

STRATEGIE
Content Operations

STRATEGIE
Content Operations

SHORTLIST

Strategische Content Operations Vertriebskommunikation. Die Fondsgesellschaft Union Investment Privatfonds GmbH setzt in ihrer inhaltsgetriebenen Vertriebskommunikation auf eine crossmediale Contentstrategie. Mitarbeiter der genossenschaftlichen Partnerbanken werden mit journalistischen und unterstützenden Inhalten an das Unternehmen gebunden und für das Fondsgeschäft vorbereitet. Für diese Inhalte ist die auf B2B-Kommunikation spezialisierte Gruppe Redaktions- und Trainingsmanagement im Vertrieb des Segments Privatkunden verantwortlich. Der Launch des Vertriebsportals InvestmentWelt im Februar 2020 änderte die B2B-Kanallandschaft von einem auf den anderen Tag. Denn: Der Bedarf der Vertriebspartner an aktuellen Informationen zum Fondsgeschäft und Kapitalmarkt ist immens. 2021 sollte das Portal mittels Content Marketing in Banken als zentraler Kanal für den Fondsvertrieb etabliert werden und das Interesse der fast 62.000 registrierten Nutzer nach aktuellen Informationen schneller und besser bedienen.

Für dieses Ziel waren die Redaktionsprozesse und das interne Themenmanagement-Tool nicht geeignet. Seit März 2021 nutzt Union Investment mit dirico eine neue Planungssoftware und setzt auf Methoden des agilen Content Marketing. Dezidiertes Themenmanagement, spezialisierte Content-Teams und eine flexible Redaktionsplanung machen es möglich, das Vertriebsportal im Stil einer Newsseite zu betreiben. Eine Nutzerumfrage vom Herbst zeigt: Der Fondsvertrieb ohne InvestmentWelt ist nicht mehr denkbar.

Herausgber Union Investment Privatfonds GmbH (Bettina Cremer: Redaktions- und Trainingsmanagement/Portal-Verantwortliche; Thorsten Bartsch: Gruppenleiter Redaktions- und Trainingsmanagement)

Realisation Profilwerkstatt GmbH (Markus Jordan: Director Content Development, Jens Müller: Senior Consultant, Katja Klinger: Key Account)

Webadresse
https://portal.union-investment.de

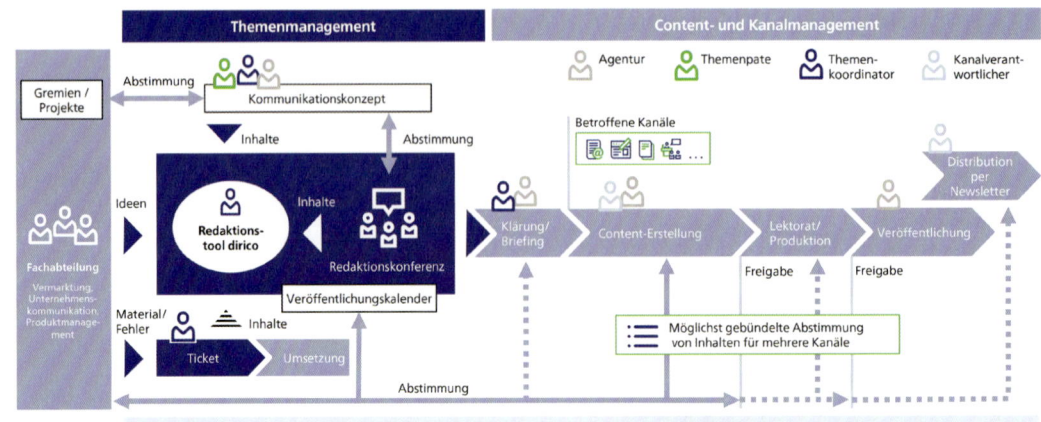

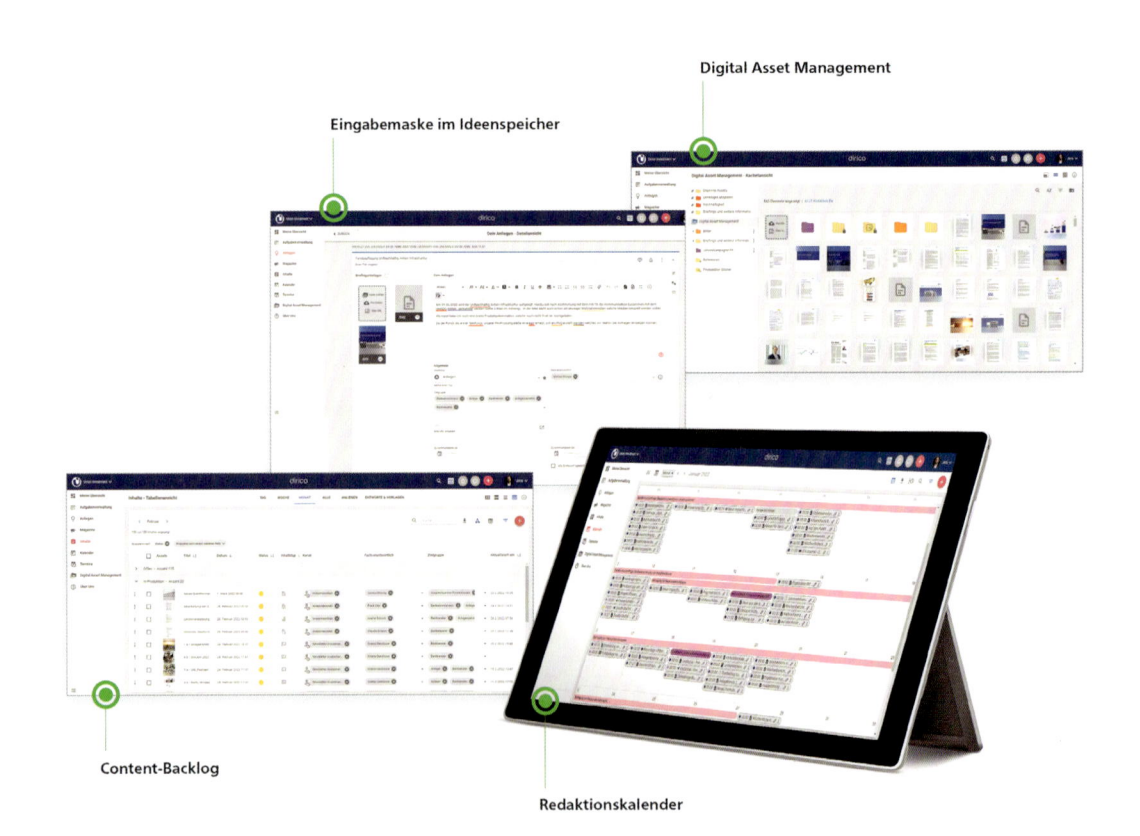

SHORTLIST

STRATEGIE
Content Operations

Knapp zwei Drittel
schätzen Relevanz des Portals für ihre Arbeit „außerordentlich" oder „hoch" ein*.

Über 70%
nennen allgemeinen Informationsbedarf als häufigstes Motiv für die Nutzung*.

Über 760 Inhalte
auf InvestmentWelt im Jahr 2021 veröffentlicht.

75% der Nutzer
besuchen InvestmentWelt mindestens einmal pro Woche*.

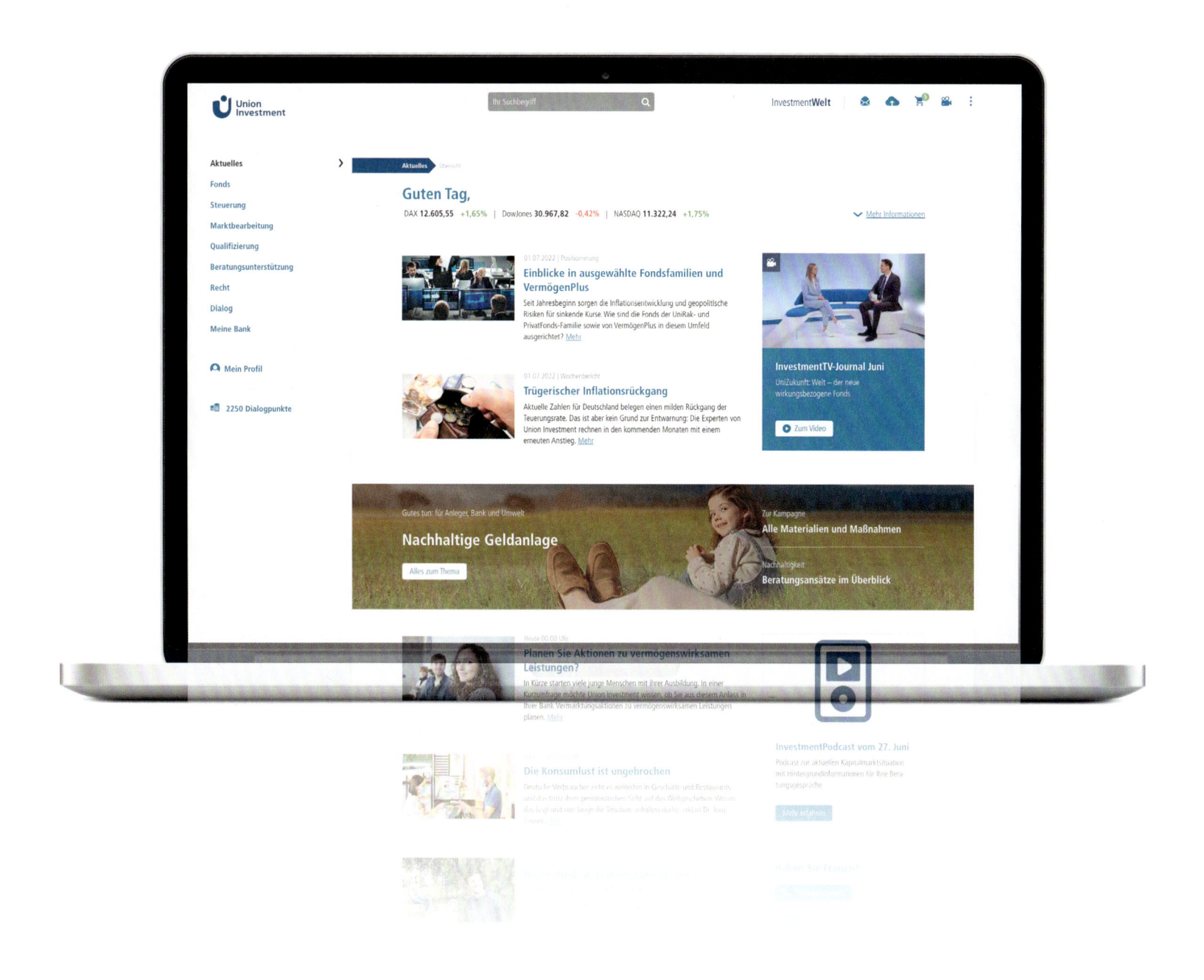

EVENTS

CONFERENCES & EVENTS

340 Conferences & Events

Jurybegründung

Ein Juwel! Konsequent, kohärent, alle Kanäle nutzend. Klare Ergebnisse. Mit viel Spirit und guter Laune wird die Kommunikation im digitalen Raum angetrieben.

#beat100flow

Auftraggeber GARMIN Deutschland GmbH
Agentur MANDARIN Medien

EVENTS	PREISTRÄGER
Conferences & Events	

#beat100flow. Januar 2021. Corona. Ein Land steht still. Seit einem Jahr fallen auch die meisten Breitensport-Events aus. Keine Begegnungen im Startbereich. Kein Applaus von den Fans. Kein Siegestaumel im Ziel. In dieser Zeit wollte Garmin ein Event kreieren, das sportlich begeistert und an dem Menschen wieder teilhaben können. Der Breitensport sollte seine verdiente Bühne bekommen. Und die hieß #beat100flow.

In Florian „Flow" Neuschwander fand Garmin den perfekten Helden. Flow erreicht mit seiner enthusiastischen Persönlichkeit sportliche Newbies und Profis. Er begeistert zu Bewegung. Und mit seiner Rekordjagd über 100 Kilometer auf dem Laufband generierte er international Interesse. Garmin stillte dieses – und übertrug das Rennen im weltweiten Livestream.

Doch ein Event braucht mehr als eine gute Show. Die Fans sollten nicht nur mitfiebern, sondern auch etwas beitragen können. Dafür kreierte Garmin ein Setting, das die Zuschauerinnen und Zuschauer über Stunden an die Bildschirme band. Wer wollte, durfte über die Community-Plattform Zwift mitlaufen. Durch multimediale Live-Botschaften der Fans brandete authentischer Applaus neben dem Laufband auf.

Wie berauscht, rannte Flow zum Weltrekord. Zehntausende waren live dabei. Insgesamt erreichte die Aktion in wenigen Tagen 4,1 Millionen Impressions in den sozialen Medien und 1,9 Millionen Sichtkontakte auf YouTube. Fernsehsender, Radiostationen und Zeitungen honorierten die Leistung von Flow und seinem Team.

Am wichtigsten: Garmin schenkte Sportfans im Januar 2021 eine unbeschwerte Zeit.

Auftraggeber GARMIN Deutschland GmbH (Christian Plötner)

Inhalt GARMIN Deutschland GmbH (Idee/Konzept: Sabine Weinkauf, Christiane Haas, Alexander Balow)

Agentur MANDARIN Medien (Robert Lenz)

Realisation Livestream Pushing Limits Mediahouse (Niclas Bock, Nick Staggenborg)

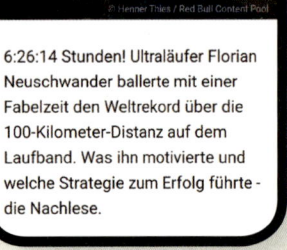

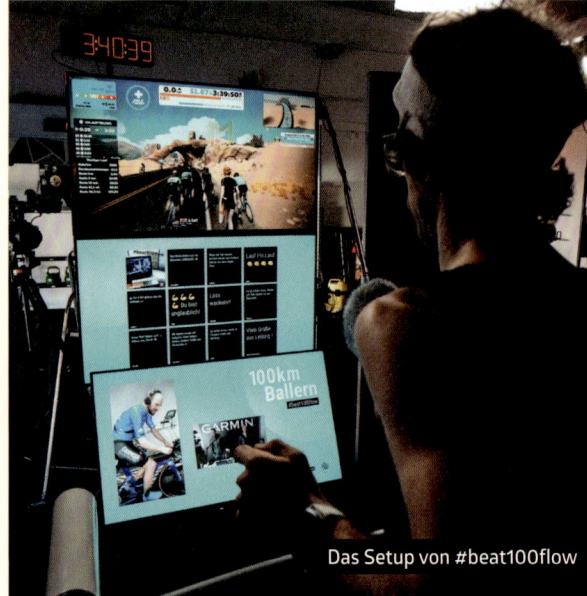

100 Kilometer zum Mitlaufen – auf der Community-Sportplattform Zwift konnten Fans ihren Flow während seiner Rekordhatz laufend begleiten.

Das Setup von #beat100flow

Prominente Supporter*innen: Till Schenk und Hartwig Thöne, Patrick Lange, Marcel „Maazel" Martens, Thomas D, Anna Hahner (Hahner-Twins), Lisa Hahner (Hahner-Twins)

Weitere Prominente Supporter*innen: René Claußnitzer, Konstanze Klosterhalfen, Sebastian „Sebi" Kienle, Jan Fitschen, Rad Race Team, Timo Boll, Moritz auf der Heide, Anne Haug, Anton „Toni" Palzer, Dan Lorang, Stef Kliensmann

PREISTRÄGER

EVENTS
Conferences & Events

10.000
Nachrichten aus der Community an Flo

Die „Flow-Wall" sorgte für den Echtzeit-Motivationsschub durch die Community.

#BeatYesterday.org fungierte als zentrale Plattform für Livestream und die aktivierende Social-Wall.

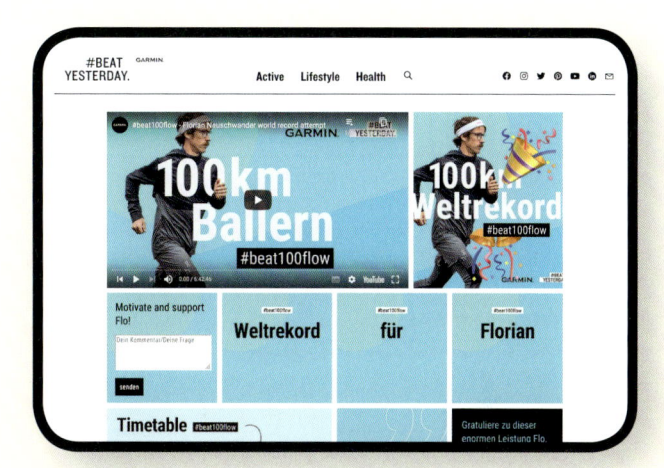

4,1 Millionen
Social Media Impressions

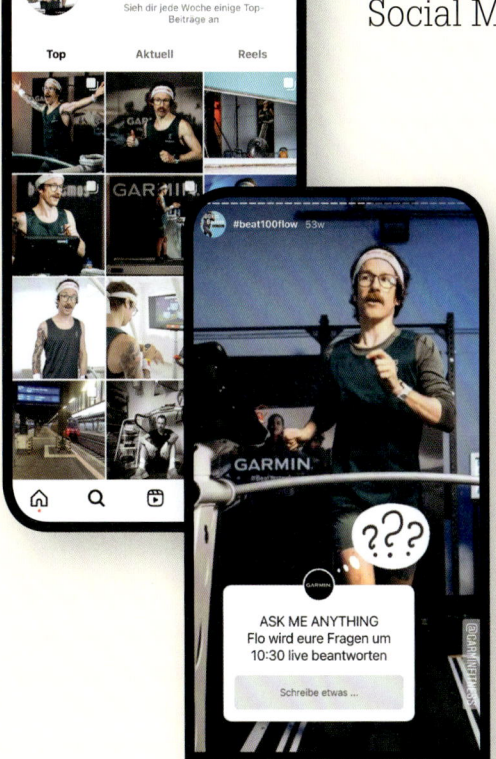

1,9 Millionen
Impressions auf Youtube

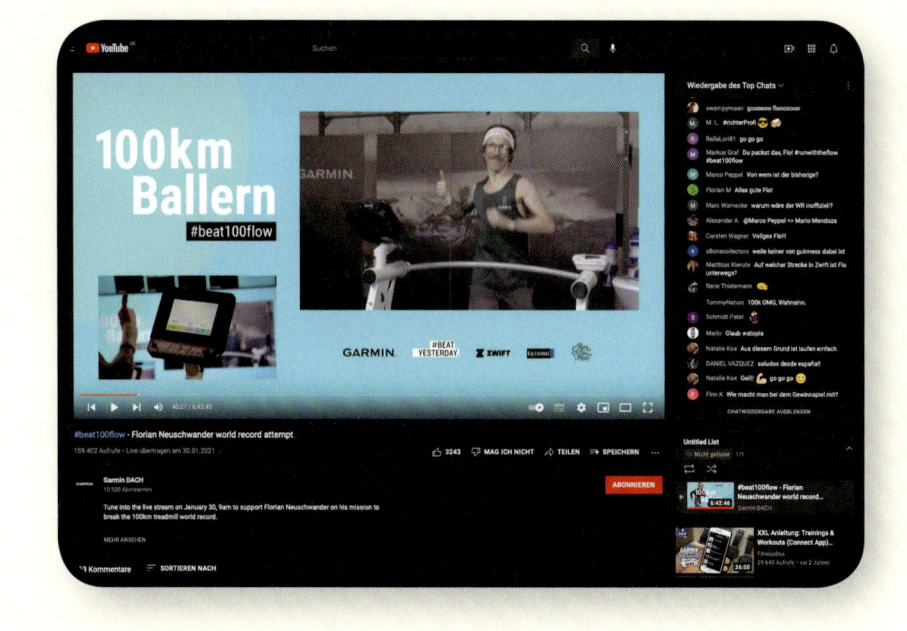

DER SPIEGEL

Extremsportler Neuschwander rennt Laufband-Rekord: „Die rechte Pobacke tut noch weh"

spiegel.de

Süddeutsche Zeitung

Neuschwander rennt 100 Kilometer auf dem Laufband: „Da geht noch viel mehr!"

sueddeutsche.de

WELT

Laufband-Rekord!
100 Kilometer, 6:26:14 Stunden, 69.582 Schritte

welt.de

EVENTS
Conferences & Events

SHORTLIST

FINTROPOLIS 2021 – *Die Werk.Stadt der Zukunft.* Ein Kongress während einer Pandemie? Eine Aufgabe, der sich die Atruvia AG (damals noch Fiducia & GAD IT AG) und ihre Partner:innen im Jahr 2021 gestellt haben. Als IT-Dienstleister in der genossenschaftlichen FinanzGruppe hilft Atruvia ihren Kund:innen, Banken und Unternehmen, wichtige Trends und Herausforderungen zu verstehen, um den Weg fürs Banking von morgen zu ebnen.

Auf dem Zukunftskongress *FINTROPOLIS* beleuchtet Atruvia daher branchenübergreifende Themen, die früher oder später einen Impact auf die Finanzbranche haben können. 2021 kamen mit dem Kongress 120 Speaker:innen in über 50 Vorträgen und Panels auf die Bildschirme von mehr als 1000 Zuschauer:innen. Zusätzlich gab es einen frei zugänglichen Livestream mit ausgewählten Inhalten für alle Interessierten. Im Fokus standen neben Finanzinhalten auch Themen wie neue Arbeitsmodelle oder Nachhaltigkeit.

Per Mausklick konnten sich die Besucher:innen durch *FINTROPOLIS* navigieren, Live-Angebote nutzen, Stände besuchen, sich via Chat mit den Speaker:innen austauschen und an einer virtuellen Bar mit anderen Teilnehmer:innen netzwerken. Abgerundet wurde die Agenda durch ein buntes Abendprogramm: Kochen mit Andi Schweiger, Lachen mit Kabarettist Christian Ehring, Staunen mit Poetry-Slammerin Paulina Behrendt und der Musik des DJs lauschen.

Während des Kongresses hat ein Social-Media-Team die spannendsten Insights, Erkenntnisse und weitere Inhalte auf die *FINTROPOLIS*-Kanäle transportiert.

Unternehmen Atruvia AG

Agentur fischerAppelt, play GmbH

Gestaltung fork Unstable Media GmbH (Entwicklung Website); S+K Consulting & Events GmbH, Carl Konferenz- & Eventtechnik GmbH & Co., TRENDONE GmbH (Umsetzung des digitalen Kongresses)

Zielgruppe Kund:innen von Atruvia, Banken und Unternehmen aus der Genossenschaftlichen FinanzGruppe

Webadresse www.fintropolis.de

SHORTLIST

EVENTS
Conferences & Events

EVENTS
Conferences & Events

SHORTLIST

share – *Das Goldene Haus. share* ist die führende Social-Impact-Marke und macht es sich zur Aufgabe, durch Konsum direkt sozialen Nutzen zu erzeugen. Jedes verkaufte Produkt generiert eine Spende an ein soziales Projekt – und zwar transparent: Ein QR-Code auf der Packung verrät, wohin die Spende geht. Wir wollen sozialen Konsum von Stereotypen befreien und so inszenieren, dass er Aufmerksamkeit generiert. Dafür konzipieren wir ein dreiwöchiges Pop-Event in einer ehemaligen DDR-KONSUM-Kaufhalle in Berlin – *Das Goldene Haus*. Das Thema verantwortungsvoller Konsum soll auf verschiedenste Weise informativ, „snackable", aber vor allem anfassbar und im Dialog, live vor Ort beleuchtet werden. Die auffällige Inszenierung, innen wie außen, sowie die facettenreiche inhaltliche Bespielung des *Goldenen Hauses* soll maximale Aufmerksamkeit generieren. Auftakt war der „1. Kongress für sozialen Konsum" mit Panelgästen aus Wirtschaft, Wissenschaft und Zivilgesellschaft. Gefolgt von Debatten z. B. zu ethischem Konsum. Talks zum Thema Fair Fashion wurden mit einer sustainable Modenschau abgerundet. Panels zum Thema Green Production folgte ein thematischer Filmabend. Live-Streetart und eine interaktive Ausstellung zum Thema sozialer Konsum rahmten die Tage, sowie ein social Marketplace.
Im Laufe des Oktobers entstehen mehr als 100 Veröffentlichungen mit einer Reichweite von über 14 Millionen, darunter Business Punk, Die Welt, RTL, n-tv, Horizont. Auf Instagram wurde eine Gesamtreichweite von 2.609.757 erzielt.

Herausgeber share GmbH
Realisation ressourcenmangel GmbH
Redaktion ressourcenmangel GmbH
Gestaltung Neulant van Exel GmbH

Erscheinungsweise
August 2021 – Oktober 2021

SHORTLIST

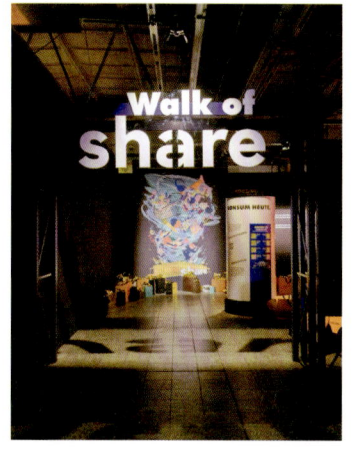

EVENTS
Conferences & Events

CON
TENT
CAM
PAIGN

CONTENT
CAMPAIGN

CONTENT CAMPAIGN

350 B2B
358 B2C
374 B2E

Jurybegründung

Darf man überall die höchste Punktzahl geben? Ja, warum denn nicht. Man kann den UBS-Kollegen nur gratulieren. Sie schaffen es, neue Blickwinkel zu öffnen, die Lust machen und Begeisterung wecken. Und das nicht zum Selbstzweck, sondern passgenau zur Zielgruppe.

PREISTRÄGER CONTENT CAMPAIGN
B2B

UBS Growth Talk

Herausgeber UBS Switzerland AG
Realisation Farner Consulting AG

CONTENT CAMPAIGN
B2B

PREISTRÄGER

UBS Growth Talk. Die Aufgabe: Entrepreneurs sind täglich damit konfrontiert, Entscheidungen treffen und Risiken eingehen zu müssen. Dies kann sie vorwärtsbringen, aber auch zurückwerfen. Gemäß unseren Beobachtungen werden solche Erfahrungen selten geteilt – obwohl gerade sie wertvolle Erkenntnisse für das Wachstum von Unternehmen liefern. Hier eröffnet sich für UBS die Chance, sich im digitalen Raum noch konsequenter nach den Bedürfnissen der Zielgruppe Unternehmerinnen und Unternehmer auszurichten. Die Herausforderung: Wie können wir die Aufmerksamkeit der Entrepreneurs gewinnen und zu mehr Wachstum von KMU beitragen?

Die Idee: Wer Informationen über Erfahrungen und konkrete Insights zum Thema Unternehmenswachstum sucht, wird selten fündig. Doch genau solche Erkenntnisse anderer stoßen bei der Zielgruppe auf reges Interesse. Weshalb also nicht eine Content-Serie lancieren, bei der persönliche Erfahrungen anderer Unternehmerinnen und Unternehmer im Fokus stehen?

Die Lösung: Im Frühjahr 21 haben wir die Content-Strategie für die *UBS Growth Talks* entworfen (Details im PDF). Wir bieten konkrete Denkanstöße und wertvolle Unterstützung rund um das Thema Unternehmenswachstum. Dabei stellen wir die Interessen der Zielgruppe konsequent und radikal in den Vordergrund, indem Erfahrungen und Best Practices von Entrepreneuren zum Ausgangspunkt aller Inhalte gemacht werden. Highlight der Serie ist das hochwertig produzierte Videoformat *UBS Growth Talk*, welches in dieser Art einzigartig ist.

—

Herausgeber UBS Switzerland AG
Realisation Farner Consulting AG

Webadresse www.ubs.com/growth-talk

PREISTRÄGER

CONTENT CAMPAIGN
B2B

UBS Growth Talk

Fünf Tipps für Personal Growth

Wachstum oder Profitabilität?

UBS

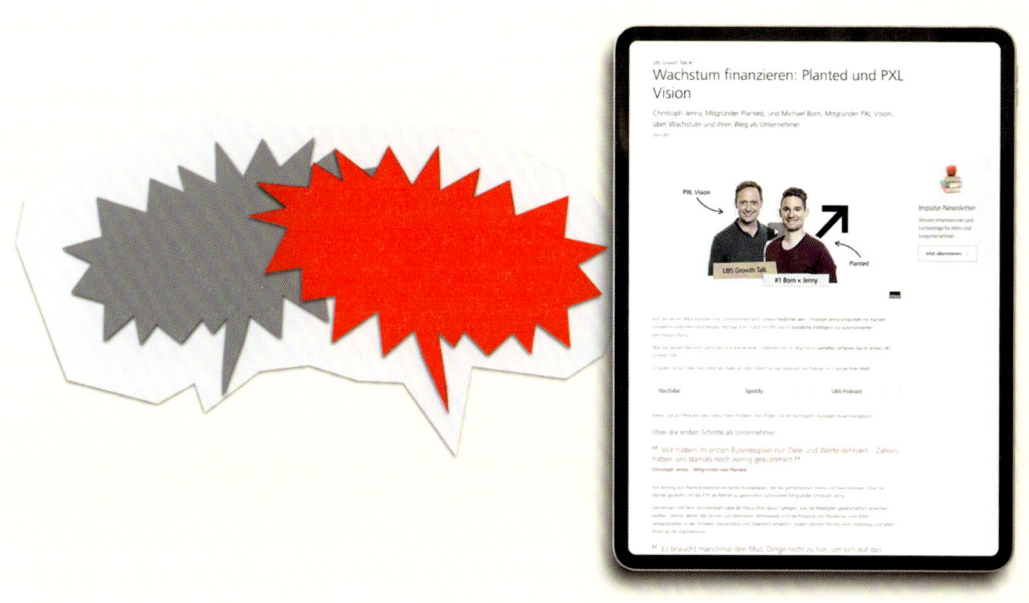

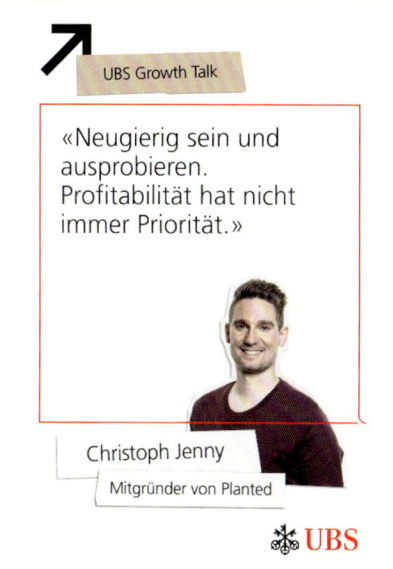

Wachstum finanzieren: Planted und PXL Vision

«Neugierig sein und ausprobieren. Profitabilität hat nicht immer Priorität.»

Christoph Jenny
Mitgründer von Planted

«Verkaufe nicht nur einen Traum. Mach dein Versprechen greifbar.»

Michael Born
Mitgründer und CEO PXL Vision

CONTENT CAMPAIGN
B2B

SHORTLIST

DIE KK21 CHRONIKEN – *Strategic Content Marketing.* Früher gab es Geschichten aus Tausendundeiner Nacht, heute gibt es jeden Tag zig Millionen Storys. Die Sache ist kompliziert: Niemals war das Verlangen nach Geschichten größer, aber zugleich verwirrt uns die schiere Masse an verfügbarem Content. Damit stellt sich für Unternehmen und Marken zwangsläufig die Frage nach relevanten Botschaften. Die Agentur KK21 Communication belegt ihre Positionierung als Partner für erfolgreiches Strategic Content Marketing. Dafür hat KK21 das umfängliche Whitepaper *Strategic Content Marketing* entwickelt. Mit einer Self-Promotion-Kampagne wird es beworben und es wird zugleich die Relevanz von Content Marketing erlebbar gemacht. Die Content Strategy fußt auf einer simplen Mechanik: Wer seine Expertise in Strategic Content Marketing belegen will, macht dies am besten mit – *Strategic Content Marketing*. In jedem Unternehmen stecken unendlich viele Geschichten, die erzählt werden wollen. So auch in der Agentur KK21. In einer 360°-Kampagne werden die vielfältigen Möglichkeiten von Content Marketing mit Creative Storytelling zum Leben erweckt.
Mit den *KK21 CHRONIKEN* wurden aus nur vier Zeichen 14 Geschichten zur Herkunft von „KK21" entwickelt. Die Chroniken sind eine exemplarische Spielwiese.
Ob die Storys alle wahr sind? Finden Sie es heraus! Was aber wahr ist: KK21 ist der richtige Partner für erfolgreiches *Strategic Content Marketing* und aufmerksamkeitsstarkes Creative Storytelling.

—

Herausgeber KK21 Communication GmbH
Realisation KK21 Communication GmbH
Webadresse https://kk21chroniken.de

SHORTLIST   CONTENT CAMPAIGN
B2B

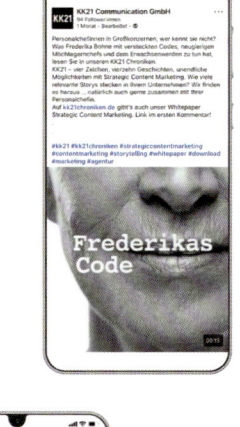

CONTENT CAMPAIGN
B2B

SHORTLIST

SAP x FC Bayern München – *Success Is Built On Many Shoulders.* Die Challenge war es, gemeinsam mit dem FC Bayern eine Kampagne rund um ein Softwareprodukt für Personalmanagement zu erzählen, die B2B-Kunden überzeugt und gleichzeitig Fans begeistert. Die Antwort lieferte eine einfache und doch komplexe Frage: Was ist das Geheimnis erfolgreicher Organisationen? Diese Frage beschäftigt nicht nur die Businesswelt, sondern ist im Sport genauso relevant. Daher nutzten wir sie einerseits, um die Aufmerksamkeit von IT- und Personalentscheidern zu wecken. Andererseits zeigten wir im Storytelling die Verbindung zwischen Erfolg und dem zugrundeliegenden Mindset beim FC Bayern und schufen damit die perfekte Brücke zur Einführung der Personalmanagement-Cloud-Lösung SAP SuccessFactors. Denn auch hier gilt der Grundsatz: Der Mensch mit seinen individuellen Bedürfnissen und Fähigkeiten steht im Mittelpunkt.

Das Ergebnis war eine Kampagne, die auf die beiden Zielgruppen zugeschnitten über Social Media, Web, Mail und Print bis zu Events Business-Entscheider und Fußballfans in Europa, den USA und China gleichermaßen begeisterte. Mit einer Reichweite von 15,2 Mio., 1,2 Mio. Videoaufrufen und gut 13 Tsd. Link-Klicks übertraf die Kampagne die SAP-Benchmarks deutlich. SAP nutzte ihr Sportsponsoring für mehr als eine gewöhnliche Vertriebskampagne: Das emotionale Storytelling überzeugte B2B-Entscheider und Fans.

Herausgeber SAP SE
Realisation Rapid Peaks GmbH
Inhalt Rapid Peaks GmbH
Gestaltung Rapid Peaks GmbH

Zielgruppe B2B / B2C

Beteiligte Medienkanäle Digital und Print (Websites, Campaign Hub, Social Media, Newsletter, Magazin, News-Outlets, Events)
Launch-Datum 09.02.2021
Webadresse https://fcbayern.com/de/fans/sap-successfactors
Kontakt sap@rapidpeaks.com

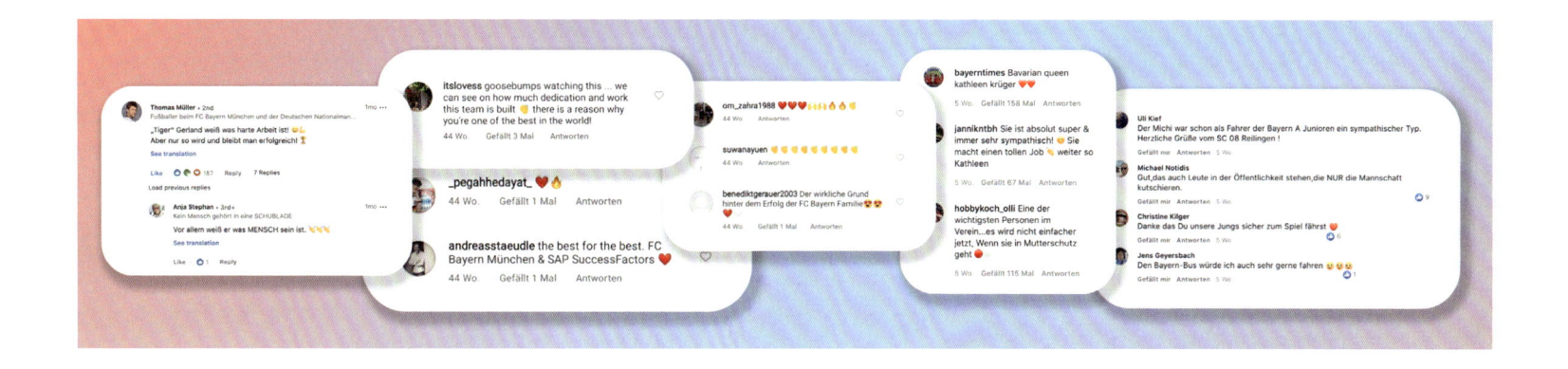

SHORTLIST

CONTENT CAMPAIGN
B2B

1,7 M Interaktionen

15,2 M Reichweite

13,5 K Besuche auf SAP.com

1,2 M Videoaufrufe

CAMPAIGN HUB
42,971 INDIVIDUELLE BESUCHER

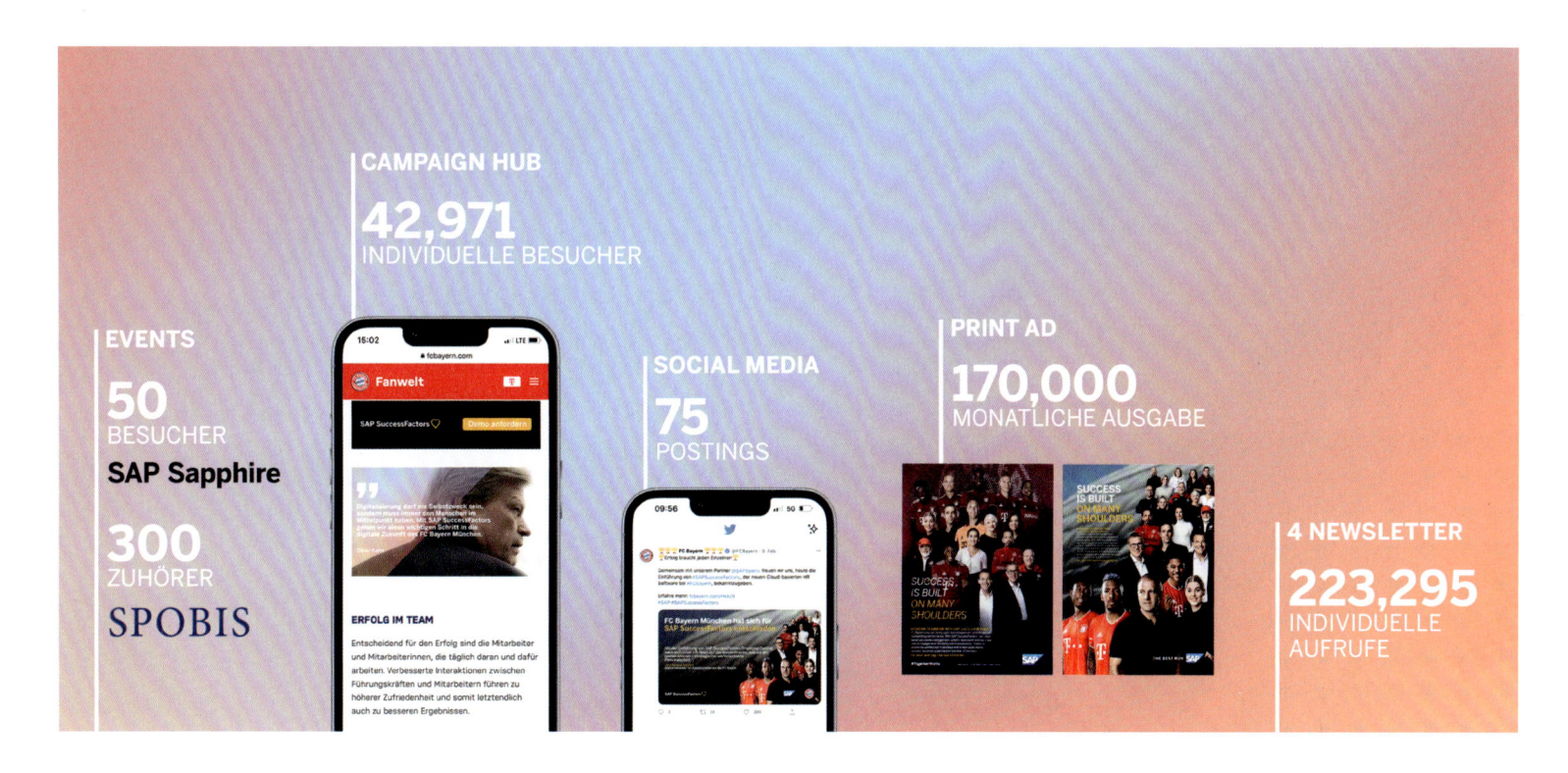

EVENTS
50 BESUCHER
SAP Sapphire
300 ZUHÖRER
SPOBIS

SOCIAL MEDIA
75 POSTINGS

PRINT AD
170,000 MONATLICHE AUSGABE

4 NEWSLETTER
223,295 INDIVIDUELLE AUFRUFE

BCM 2022 357

CONTENT CAMPAIGN
B2C

PREISTRÄGER

Jurybegründung

Die Kampagne ist ein cleveres Zusammenspiel aus kreativem Aufhänger und durchdachter Umsetzung. Sie nutzt geschicktes Timing und gutes Storytelling, um Zeitgeschichte auf aufmerksamkeitsstarke Weise mit Markenwerten zu verbinden.

Beethoven X – *The AI Project*

Herausgeber Deutsche Telekom
Realisation Kruger Media mit DDB Group Germany, Mindshare, Emetriq, DO IT!, Live Nation, DOM Digital Online Media, iProspect

CONTENT CAMPAIGN
B2C

PREISTRÄGER

Beethoven X – *The AI Project.* Klassik und KI – eine unerwartete Kombination. Als Ludwig van Beethoven 1827 stirbt, hinterlässt er der Nachwelt neben neun vollständigen Sinfonien auch ein unvollendetes Werk – die 10. Sinfonie. Basierend auf den hinterbliebenen Skizzen sowie Werken Beethovens entwickelte die Deutsche Telekom in Zusammenarbeit mit Musik- und Tech-Expert:innen eine einzigartige KI, welche die 10. Sinfonie vervollständigte. *Beethoven X: The AI Project* soll genutzt werden, um exklusiven Content zu produzieren, mit einer reichweitenstarken Kommunikation einen positiven Markenshift zu erreichen und die Marke als Innovationstreiber und Technologieführer zu positionieren. Dabei wird die 360-Grad-Kampagne in vier Phasen gestaffelt, um disziplin- und kanalübergreifend die besten Ergebnisse zu erzielen.
1. Das Projekt wird mit einer großen Pressekonferenz auf der IFA angekündigt, auf der Expert:innen erste Einblicke in die Technologie geben.
2. Eine sich aufbauende Storyline mit Interviews, hochwertigen Presse-Kits, exklusiven Hörproben, Making-of-Teasern und Event-Trailern steigert die Spannung zur Welturaufführung.
3. Die Uraufführung wird zur glamourösen Gala, weltweit im kostenlosen Livestream gezeigt und zum kanalübergreifenden Live-Marketing-Highlight. Ein prominent besetzter Red Carpet mit zahlreichen Stars aus Musik, Film und Politik sorgt für zusätzliche Aufmerksamkeit bei Presse und Fans.
4. Das innovativste musikalische Werk auf der modernsten Bühne der Welt. Mit verschiedenen Social-Media-Livestreams und umfassenden Live-Content-Marketing-Maßnahmen wird der Auftritt in der Elbphilharmonie zu einem internalen Highlight.
Die bahnbrechende Kampagne beschaffte der Telekom weltweite Aufmerksamkeit und zementierte den Pionier-Status der Marke.

Herausgeber Deutsche Telekom
Realisation Kruger Media mit DDB Group Germany, Mindshare, Emetriq, DO IT!, Live Nation, DOM Digital Online Media, iProspect

PREISTRÄGER

CONTENT CAMPAIGN
B2C

CONTENT CAMPAIGN
B2C

PREISTRÄGER

Jurybegründung

Sehr gelungene positive Kampagne zum schwierigen Thema Schwarzarbeit. Rundum und im Detail durchdekliniert. Sehr starke Kreatividee, die humorvolle Umsetzung überzeugt.

Ja sagen lohnt sich!

Herausgeber Deutsche Rentenversicherung, Knappschaft-Bahn-See, Minijob-Zentrale
Realisation IBM iX, Kanu Film GmbH

CONTENT CAMPAIGN
B2C

PREISTRÄGER

Ja sagen lohnt sich! Die Minijob-Zentrale ist Teil des Verbunds der Deutschen Rentenversicherung Knappschaft-Bahn-See und deutschlandweit die zentrale Einzugs- und Meldestelle für alle Minijobs. Sie nimmt Meldungen zur Sozialversicherung entgegen, zieht Abgaben ein, führt Minijob-Anmeldungen für Privathaushalte durch, meldet Haushaltshilfen zur gesetzlichen Unfallversicherung an.
Obwohl die Anmeldung der Haushaltshilfen sowohl für Arbeitgeber:innen als auch Minijobber:innen finanziell, arbeits- und versicherungsrechtlich viele Vorteile bietet, wird noch in 9 von 10 deutschen Haushalten illegal geputzt. Wir fokussieren nicht nur auf die Vorteile der Anmeldung, sondern geben der (Ver-)Bindung von Minijobber:innen und Arbeitgeber:innen einen emotionalen Rahmen. Denn eine gute Arbeitsbeziehung ist wie eine Ehe: legal und hoffentlich von langer Dauer. Unser Claim drückt es aus: Ja sagen lohnt sich! Um die heterogene Zielgruppe aus Arbeitgeber:innen und Arbeitnehmer:innen sämtlicher Altersklassen und sozialer Schichten zu erreichen, sprechen wir sie mit einem breiten Angebot an. Neben dem Spot mit Franziska Traub haben wir zahlreiche weitere Social-Media-Assets für die Jüngeren erstellt, wie Reels, TikTok-Ads oder Postings für viele verschiedene Kanäle. Zusammen mit Google- und Display-Ads erreichten wir in vier Monaten über 100 Millionen Impressionen und konnten das Bewusstsein für die Anmeldung von Minijobber:innen in der Zielgruppe deutlich steigern.

Herausgeber Deutsche Rentenversicherung, Knappschaft-Bahn-See, Minijob-Zentrale
Realisation IBM iX, Kanu Film GmbH
Webadresse www.minijob-zentrale.de/DE/Kampagne/node.html

PREISTRÄGER

CONTENT CAMPAIGN
B2C

CONTENT CAMPAIGN
B2C

SHORTLIST

Aller Anfang bist du – *AOK NordWest.*
Frühjahr 2021 – Wir stecken mitten in der Corona-Pandemie. Die Menschen sind „mütend": Doppelbelastungen, Motivationstief, Lockdown-Lethargie, gesundheitliche Folgen. In dieser Situation sind sie nicht offen für Wechselargumente oder einen Krankenkassenwechsel. Keine leichte Ausgangslage, verfolgt die AOK NordWest (NW) gerade jetzt das Ziel, ihre Sichtbarkeit zu stärken und Neuversicherte zu gewinnen. Hier setzt die Strategie an: Die AOK NW positioniert sich als starker Partner und bietet echte Hilfe an. Denn die Menschen brauchen jemanden, der sie versteht und unterstützt. Der Kampagnen-Claim *Aller Anfang bist du* entspringt dem Gedanken: „Du kannst die Welt nicht anhalten, aber deinen Alltag. Du kannst dich neu strukturieren, Dinge anders machen. Mach dir bewusst, alles beginnt bei dir."

Das Herz der Kampagne bildet ein kostenfreies Online-Coaching mit Gesundheits-Newsletter und ein „Podcast für verrückte Zeiten" mit den prominenten Experten Sarah Kuttner, Jürgen Domian, Attila Albert und Nono Konopka. Für die gewünschte Aufmerksamkeit sorgen emotionale Motive mit bewegenden Fragen als Headline-Mechanik. Sie treffen den Nerv der Lockdown-Lethargie und schieben Veränderung an. Über eine Landingpage erreichen sowohl AOK- als auch Fremdversicherte das Angebot für ein gesundes und glückliches Leben und maßgeschneiderte Gesundheitsangebote.

Die Multichannel-Kampagne überzeugte mit einer außerordentlichen Reichweite bis hin zur Übererfüllung gesteckter KPI-Ziele.

Auftraggeber AOK NordWest

Realisation Mindbox GmbH

Webadresse
www.aok.de/kp/nordwest/deinanfang

SHORTLIST

CONTENT CAMPAIGN
B2C

CONTENT CAMPAIGN
B2C

SHORTLIST

IKK Haltungskampagne. Migräne, Erschöpfung, Depressionen – erstmals zeigt im August 2021 eine Grundlagenstudie der IKK classic: Vorurteile und Diskriminierung können krank machen. Die Studie stellte der IKK-Vorstand auf einer Pressekonferenz vor. Das war der Startschuss für eine mehrmonatige Kampagne, die gemeinsam von C3 Creative Code & Content, Scholz & Friends und Wavemaker für die IKK classic entwickelt wurde. Das Ziel: aufklären, sensibilisieren und zu einem gesünderen Miteinander aufrufen. Mit der Landingpage etablierte C3 für die IKK classic einen zentralen Hub. Auf fünf weiterführenden Seiten gewährten Betroffene Einblick und machten Mut. Eine vierteilige Videoserie sorgte auf YouTube für Aufsehen. Die Inhalte wurden auf 6 Social-Kanälen veröffentlicht und auf TikTok zeigten Influencer, wie Vorurteile besiegt werden können. In den Printmagazinen gab es dazu Coverstorys für Mitarbeitende und Versicherte.
Auch 2022 geht es mit unterschiedlichen Content-Maßnahmen weiter. Denn Haltung zeigen und soziale Verantwortung übernehmen, ist heute wichtiger denn je.

Herausgeber IKK classic

Realisation C3 Creative Code and Content GmbH

Redaktion C3 Creative Code and Content GmbH (Charleen Vogel, Martin Haase, Uli-John Ertle, Felix Fischaleck, Sophie Bruns)

Gestaltung C3 Creative Code and Content GmbH (Michael Bräu, Creative Director)

Zielgruppe Da Vorurteile wirklich jeden von uns betreffen, sollten alle Altersgruppen erreicht werden

Format Website, Social Media Posts, YouTube-Videos und Schwerpunktthemen in Printmagazinen

Auflage über 1 Million

Distribution YouTube, Instagram, Facebook, LinkedIn, Xing, TikTok

Ersterscheinung 04.08.2021

Webadresse www.vorurteile-machen-krank.de

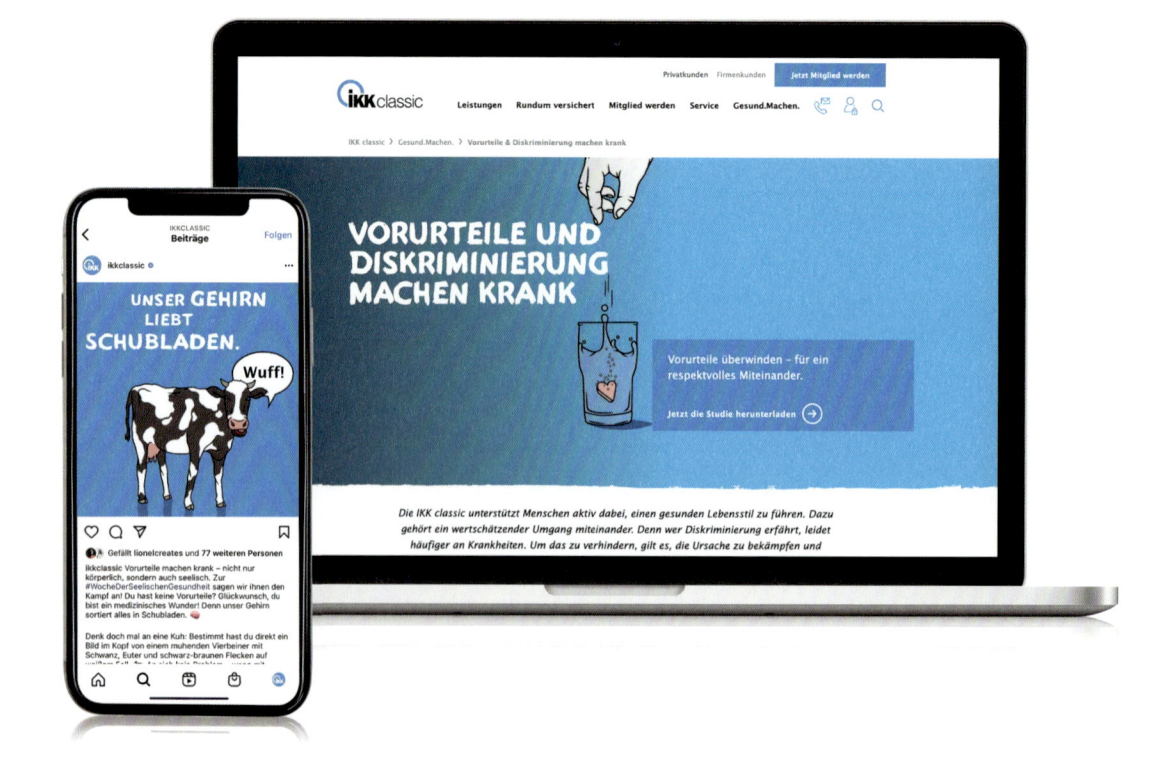

SHORTLIST

CONTENT CAMPAIGN
B2C

CONTENT CAMPAIGN
B2C

SHORTLIST

Politikgewissen. Die Aufgabe: Wir wollten Politiker:innen im Bundestagswahlkampf dazu bewegen, sich öffentlichkeitswirksam den globalen Nachhaltigkeitszielen der UN-Agenda 2030 zu verpflichten und für eine Welt ohne Armut, Hunger und vermeidbare Krankheiten einzustehen.
Idee und Lösung: Laut dem Artikel 38 des Grundgesetzes sind Abgeordnete als Vertreter:innen des Volkes „nur ihrem Gewissen unterworfen". Also hatten wir eigentlich nur eine Wahl – wir mussten zum Gewissen der Politik werden, um Politiker:innen von unserer Idee einer besseren Welt überzeugen zu können. Und so starteten wir die Kampagne *#Politikgewissen*. Sie begann mit einem Twitter-Bot, der die Akteur:innen des Berliner Politikbetriebs Tag für Tag in ihrem Lieblingsnetzwerk daran erinnerte, dass die Uhr tickt, um die Ziele der Agenda 2030 noch zu erreichen. In unterhaltsamen Youtube-Clips setzten wir Comedians als Gewissen in die Köpfe der Spitzenkandidat:innen. Hinzu kamen Talkshowauftritte, eine Projektion an die Wand des Kanzleramts, öffentliche Kundgebungen, Spray-Aktionen im Regierungsviertel, prominente Unterstützer:innenvideos und gute Pressearbeit. Damit gelang es uns, alle drei Kanzlerkandidat:innen und über 80 weitere Politiker:innen zu einem schriftlichen Bekenntnis zur Agenda 2030 zu bewegen und ihre Ziele obendrein auch noch im Koalitionsvertrag verankern zu lassen.

—
Herausgeber ONE Campaign gGmbH
Realisation TLGG

Webadresse www.one.org

SHORTLIST

CONTENT CAMPAIGN
B2C

#POLITIKGEWISSEN

AGENDA 2030

WÄREST DU GERNE BUNDESKANZLER:IN?

CONTENT CAMPAIGN
B2C

SHORTLIST

#togetherstronger. Aufgabe: What the fact – Frauen bekommen 18 Prozent weniger Gehalt als Männer. Erhalten 53 Prozent weniger Rente. Und 75 Prozent der heute 35- bis 50-jährigen sind von Altersarmut bedroht. Frauen haben gute Gründe, ihre Finanzen selbstbestimmt in die Hand zu nehmen. Bisher tun das nur wenige. Die Commerzbank sieht sich als Finanzplayer in der Verantwortung, Frauen zu ermutigen, sich um ihre finanzielle Sicherheit zu kümmern.
Idee: Auf die Frage, wer Frauen davon überzeugt, ihre Finanzen zu regeln, gab es für die Commerzbank eine einfache Antwort: andere Frauen. Nach dem Motto „together stronger – to get her stronger" schloss sie sich mit prominenten Role Models zusammen. Gemeinsam mit Kolleginnen aus den Reihen der Commerzbank, ermutigten sie Frauen, sich ihrer Stärke bewusst zu machen, mit veralteten Rollenbildern aufzuräumen und ihre Finanzen selbst zu regeln.
Lösung: Die Commerzbank startete die Kampagne *#TOGETHERSTRONGER*. Enissa Amani rüttelte mit einem Statementfilm auf: Es ist Zeit für mehr Vielfalt. Mehr Mut. Mehr finanzielle Freiheit. Sara Nuru, Laura Gehlhaar und Katharina Brunsendorf inspirierten mit persönlichen Interviews über ihre Leben als Gründerinnen, Unternehmerinnen, Aktivistinnen, Netzwerkerinnen. Unterhaltender Content auf Social Media nahm Hürden und begeisterte für Geldthemen. Die Kampagnenseite versorgte User:innen mit konkreten Finanztipps. Und ein emotionaler Social Clip bestärkte Frauen darin, sich von nichts und niemandem aufhalten zu lassen. Klischees zu brechen – auch wenn's um Geld geht.

—

Herausgeber Commerzbank AG

Realisation 540 Tage Liebe (Konzeption, Umsetzung), Saltwater Films (Kampagnenfilm), 1TAKE FILMS (Enissa Amani Statementfilm)

Zielgruppe Die Kampagne *#TOGETHERSTRONGER* richtet sich an Frauen im Alter von 25 bis 45 Jahren.

Ersterscheinung 12.04.2021

Erscheinungsrhythmus Einmalige Kampagne

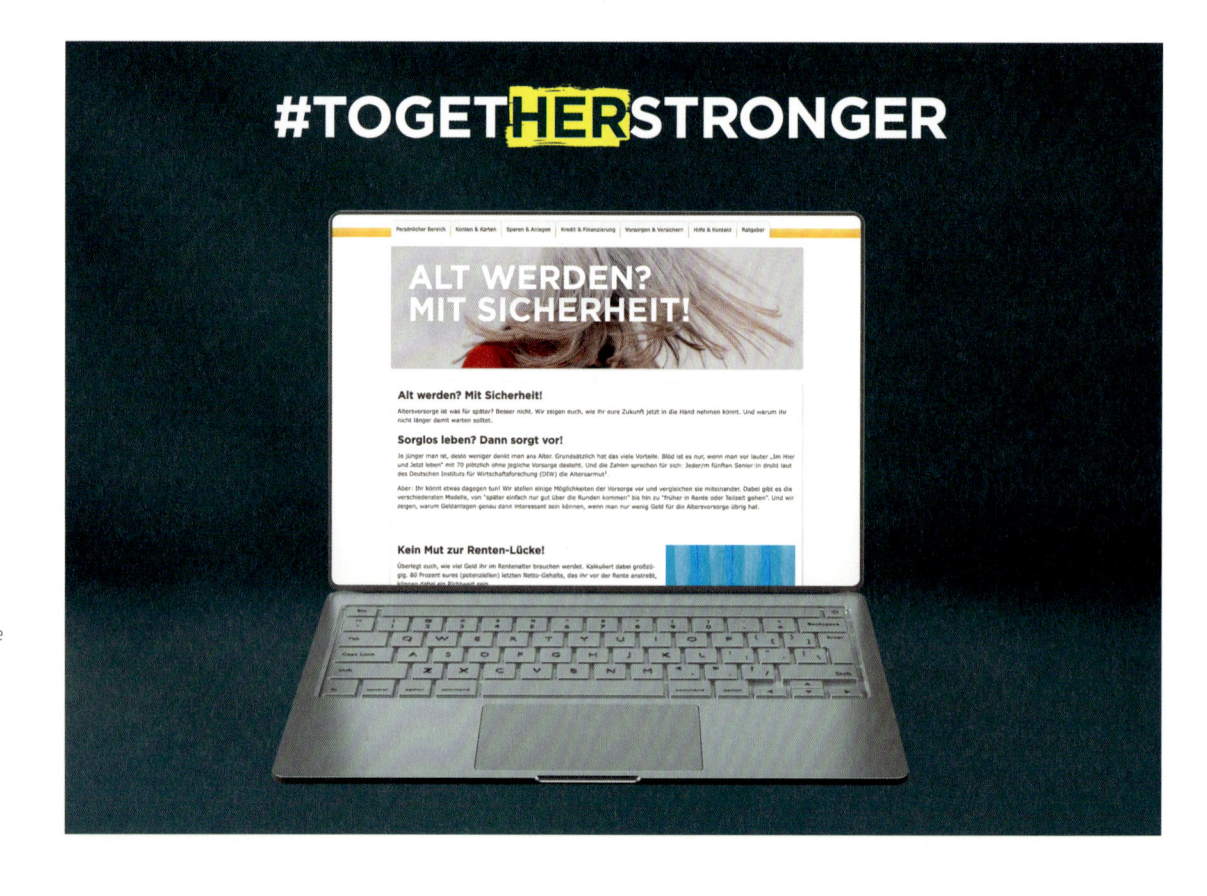

SHORTLIST

CONTENT CAMPAIGN
B2C

MEHR ALS
54 MIO.
IMPRESSIONS

KAMPAGNENWEBSITE

SOCIAL ADS

ÜBER
170 TSD.
CLICKS

FINANZ-STATEMENTS
AUF SOCIAL MEDIA

BANNER

ÜBER
18 MIO.
VIEWS
DER KAMPAGNENVIDEOS
BIS ZUM ENDE

KAMPAGNENFILM

CONTENT CAMPAIGN
B2E

SHORTLIST

CONTENT CAMPAIGN

SHORTLIST

CONTENT CAMPAIGN
B2E

B2E

CONTENT CAMPAIGN
B2E

SHORTLIST

HUGO BOSS RELOADED – *STRATEGIC LEADERSHIP COMMUNICATION AT ITS BEST.*
HUGO BOSS used to be one of the top players in the fashion market. However, the image of the once very successful company has suffered. A new CEO, Daniel Grieder was appointed to fix this issue.
The main tasks of the agency group Forward Advisors / Swisscontent consisted of:
– Supporting the CEO in developing and spreading the new "CLAIM 5" corporate strategy.
– Bringing a completely new corporate growth culture into the hearts and minds of the 15'000 employees.
The agencies developed and implemented a broad crosschannel communication in 3 phases consisting of five key elements that form an overarching internal campaign.
– Social media activities to position Daniel Grieder and to share his mindset.
– Global, virtual, interactive employee event to introduce Daniel Grieder and to present the new corporate strategy and growth culture.
– The CEO App "MyBOSS" to make Daniel appear approachable and encourage the dialogue within the company.
– Strategy Films which further explain the concept of the new corporate strategy and growth culture.
– Cultural Change Program to initiate the new growth culture and ensure sustainable change.

—

Auftraggeber HUGO BOSS AG
(Head of Global Corporate Communications: Carolin Westermann)

Agenturen Forward Advisors AG/ Swisscontent AG (CEO & Chairman: Daniel Kaczynski, Partner & Chairman: Stephanie Schütte, Head of Creative Communications: Ralph Halder, Head of digitalLab: Peter Schneider, Head of Corporate Communications: Anna Brugnoli, Junior Communications & Digital Marketing: Corinne Brönnimann); Südlich-t AG (Geschäftsführer: Thomas Winiger)

Zielgruppe Employees of HUGO BOSS

Beteiligte Mediengattungen/-kanäle Social Media, Employee Events, App, Strategy Films, Cultural Change Program

Ersterscheinung/Launch-Datum
1st of June 2021

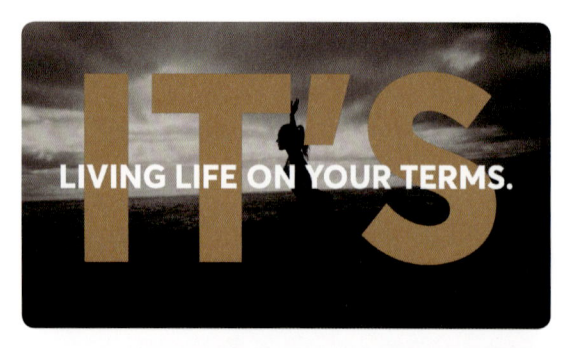

STRATEGY FILMS

CULTURAL CHANGE PROGRAM

SHORTLIST | CONTENT CAMPAIGN B2E

SOCIAL MEDIA ACTIVITIES

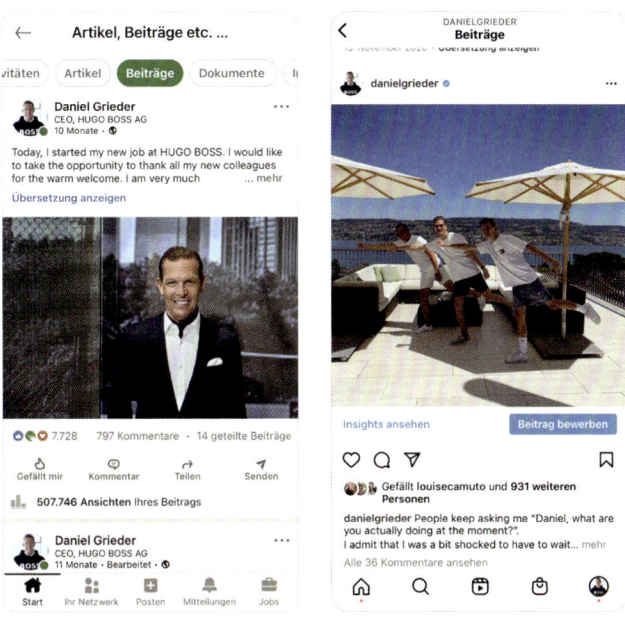

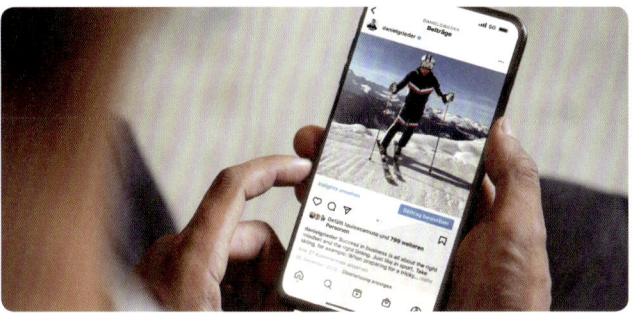

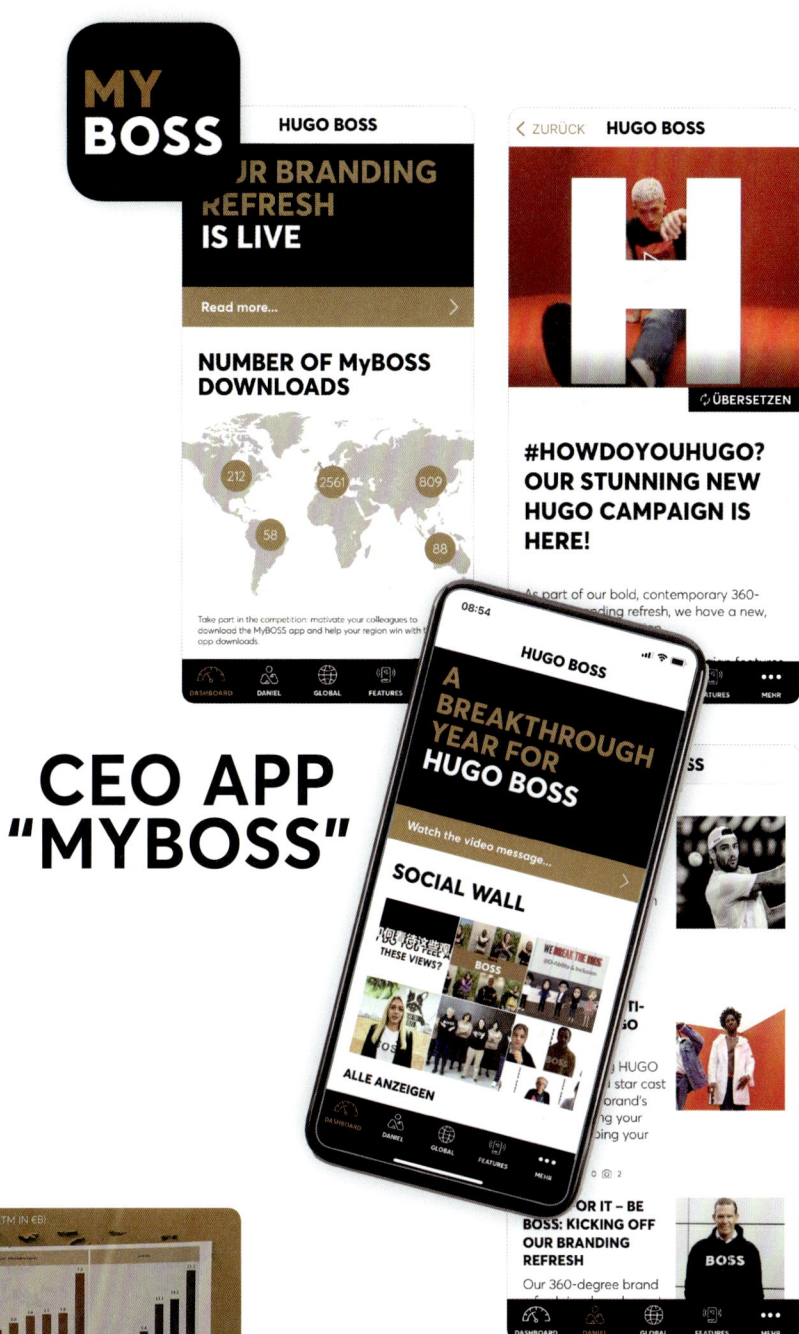

CEO APP "MYBOSS"

GLOBAL, VIRTUAL EMPLOYEE EVENT

CONTENT CAMPAIGN
B2E

SHORTLIST

EUNited Business Conference 2021.
Das Projekt auf einen Blick: Veränderst du dich gerne? Und wenn du es musst? Ein 500-Millionen-Euro-Sparprogramm stellt bei Michelin Europa Nord Anfang 2021 genau diese Fragen in den Raum und löst bei vielen Mitarbeitenden Unbehagen aus. Unsere Antwort: eine gemeinsame digitale Transformationsreise nach psychologischen Prinzipien. Auf dieser Reise erleben die Mitarbeitenden einen Schockmoment, der durch einen gezielten Blackout der Kommunikationskanäle verlängert wird, sie finden Mentoren, entdecken ihre Superkräfte und lernen, Transformation gemeinsam zu meistern. Rund 1.500 Mitarbeitende gehen den Weg digital und remote, aber dennoch gemeinsam: in Konferenzen, Workshops, agilen Teams, beim Hören von Podcasts und sogar beim Remote-Basteln. Das Ergebnis: Statt Angst herrscht Ende 2021 Zuversicht. Nach der einjährigen Kampagne stehen mehr als 85 Prozent der Mitarbeitenden dem Wandel positiv gegenüber und sind überzeugt, ihr Schicksal selbst in der Hand zu haben.

Herausgeber Michelin Reifenwerke AG & Co. KGaA

Realisation Michelin Reifenwerke AG & Co. KGaA

SHORTLIST　　　　　　　　　　　　　　　　　　　　　　　　　　　　CONTENT CAMPAIGN
B2E

CRAFT
CRAFT

CRAFT

382 Reportage
394 Cover
400 Infografik
406 Fotografie & Fotostrecke
410 Kamera

Jurybegründung

Der letzte Arbeitstag im Leben eines Arbeitnehmers – hautnah „live" für den Leser eingefangen. Sehr gut und dicht.

PREISTRÄGER

CRAFT
Reportage

Mein erster Tag als Rentner – *Allianz 1890 digital*

Herausgeber Allianz SE, Group Communications, German Desk
Realisation IAN In A Nutshell GmbH

CRAFT
Reportage

PREISTRÄGER

Mein erster Tag als Rentner

Kay Tietgen hat 48 Jahre für andere gearbeitet. Damit ist jetzt Schluss. Wir haben den 63-Jährigen an diesem Wendepunkt seines Lebens begleitet. Eine Geschichte von Abschied und Aufbruch

Erschienen auf: www.1890digital.de
Text: Niclas Seydack
Fotos: Manuel Nieberle

Mein erster Tag als Rentner – *Allianz 1890 digital*. Spannende Geschichten entstehen immer dann, wenn der Protagonist eine möglichst starke Wandlung vollzieht: vom Verlierer zum Gewinner, vom Tellerwäscher zum Millionär. Im Journalismus ist es ein rares Glück, wenn Reporter:innen eine solche Wandlung live und echt miterleben können – meist sind entsprechende Geschichten inszeniert. Nicht so hier: Die Reportage *Mein erster Tag als Rentner* schildert nah und persönlich einen Wendepunkt im Leben von Kay Tietgen. Dieser Wendepunkt ist in seiner Radikalität in unserer modernen Arbeitsgesellschaft kaum zu überschätzen: der Wandel vom Arbeiter zum Rentner.

Nach 48 Jahren, die er für andere gearbeitet hat, ist nun Schluss. Doch wie erlebt Kay Tietgen diesen bedeutsamen Übergang? Welche Emotionen spielen sich in ihm ab? Freude, Trauer, Ratlosigkeit? Wir haben Kay Tietgen an seinem letzten Arbeitstag im Januar 2021 sowie an seinem direkt daran anschließenden ersten Tag als Rentner begleitet. Entstanden ist eine lebensnahe Reportage, die nicht nur die Glücksmomente, sondern auch die nachdenklichen und gefürchteten Augenblicke dieses Wechsels zeigen. Kay Tietgen gibt den Leser:innen einen ehrlichen Einblick in seine Gefühlswelt und zeigt anschaulich, wie nah Abschied und Neuanfang beieinanderliegen.

Der Wandel, den Kay Tietgen in dieser Reportage durchlebt, birgt ein riesiges Identifikationspotenzial für Leser:innen: Fast jede:r wird selbst einmal diesen Wendepunkt im Leben durchmachen. Dem 1890-Team ist es gelungen, die Verwandlung live zu begleiten und sie in einer stillen, aber hochemotionalen Reportage wiederzugeben.

Herausgeber Allianz SE, Group Communications, German Desk (Chefredaktion: Niclas Müller; Redaktion: Theresa Atzl)

Realisation IAN In A Nutshell GmbH (Verena Haart Gaspar, Anne Hilmer, Evelin Hipetinger, Katherina Kleinert, Sandra Michel, Madita Tietgen, Roman Zimmermanns)

Zielgruppe Allianz Kund:innen und interessierte Öffentlichkeit
Format Webmagazin
Ersterscheinung Frühjahr/Sommer 2021
Erscheinungsweise wöchentlich neue Storys
Webadresse www.1890digital.de
Kontakt 1890digital@allianz.de

Die Sonne strahlt über München, das erste Mal seit Wochen in diesem trüben Pandemie-Winter, als Kay Tietgen mit der Straßenbahn zum Hauptquartier seiner Firma fährt, um sein Berufsleben zu beenden. Er ist eine Dreiviertelstunde zu früh dran. Gleich wird der 63-Jährige in der Personalabteilung sein Diensthandy abgeben und dafür sein Arbeitszeugnis und die Abmeldung von der Sozialversicherung entgegennehmen. Ein paar nette Worte wird er noch hören, und anschließend, nach wenigen Minuten, steht Kay Tietgen vor dem Gebäude und fragt sich: „Das war's schon?" Kein Getöse, keine Sektkorken oder goldene Ehrennadel, keine großen Reden und wegen der Pandemie nicht einmal ein letzter Handschlag – Kay Tietgen ist gerade spektakulär unspektakulär in den Ruhestand gegangen. Und jetzt? Er schaut in die Sonne und sagt: „Warme Dusche, kaltes Bier." Er lächelt.

Heute, an diesem sonnigen Tag Ende Januar 2021, endet ein bewegtes Arbeitsleben, das bis zu diesem Tag 48 Jahre angedauert hat. Kay Tietgen, geboren 1957 in Kiel, lernte Maschinenschlosser, hatte einen Stand auf dem Wochenmarkt, zog vom Norden Deutschlands in den Süden, nach München. Dort stellte er Fotofilme und Röntgengeräte her und reparierte Panzer. Zuletzt hielt er Türen, Garagen, Heizungen sowie Klima- und Bewässerungsanlagen in Stand. Wenn, wie man so sagt, Arbeit das halbe Leben ist, wie viel ist dann die Rente? Ein Viertel Leben vielleicht? Durchschnittlich erhalten Menschen noch 20 Jahre ihres Lebens Rentenzahlungen, Frauen etwas länger, Männer etwas kürzer. Wie ist das, wenn plötzlich der Alltag weg ist, dieser vorgegebene Takt von Arbeit und Freizeit und gelegentlichen Urlauben, der gleichzeitig einengen und Halt geben kann? Wie füllt man die unweigerlich entstehende Lücke? Kay Tietgen hat angefangen, über diese Fragen nachzudenken, als er 2017 bei der Rentenversicherung nachgefragt hat, wann er ohne Abschläge in Rente gehen kann. In vier Jahren, sagten sie ihm, um exakt zu sein: am 1. Februar 2021. Tietgen hatte zu diesem Zeitpunkt schon 44 Jahre gearbeitet, immer körperlich, es hat seine Spuren hinterlassen: Er hat neue Gelenke in den Knien. Tietgen begann, die verbliebene Zeit runterzuzählen – aus Vorfreude. Erst die Jahre, dann Monate und Wochen. Schließlich zählte er die Tage. Heute ist er da: der letzte Tag. Er hat sich überlegt, dass er am Morgen noch einmal mit seinen Kollegen frühstücken möchte, mit denen er gemeinsam für die Instandhaltung von drei Gebäuden in der Münchner Innenstadt verantwortlich ist. Tietgen besorgt Butterbrezeln, Stullen mit Wurst und Käse und packt sie in Tüten, die er mit ihren Namen beschriftet. Um kurz nach neun Uhr kommen die Kollegen, um Lebewohl zu sagen. Sie tauschen noch einmal Geschichten aus, die sie in den vergangenen Jahren zusammen erlebt haben: als ein Kollege sämtliche Sicherungen geröstet hat oder als es einen Wasserschaden gab und sie durch das Gebäude waten mussten. Am Ende des Frühstücks bekommt Tietgen von seinem Chef noch einen kleinen Geschenkkorb überreicht: zwei Flaschen Sekt, dazu Schokolade, hübsch eingeschlagen und mit einer Schleife drum. Er macht schnell noch ein Beweisfoto mit seinem Smartphone. Später wird er sagen: „Das hat mich vom Hocker gehauen."

»ICH HAB IN SACHEN HOBBYS VORGESORGT. LANGWEILIG WIRD MIR NICHT«
Kay Tietgen

„Er war ein Guter", sagt der Chef. Sie werden ihn vermissen. Aber bevor er sie verlassen wird, muss Tietgen noch einmal seine Runde drehen: drei Gebäude, gut 30 Räume, in denen er die Anzeigen von Bewässerungsanlagen prüft, auch mal ein Ohr an ein Rohr presst, um zu hören, ob da drinnen alles gut ist, oder mit der Handfläche fühlt, ob ein Notstromaggregat warm genug und damit funktionstüchtig ist. Wenn er an die Rente denkt, ist das eine schöne Vorstellung, sagt Tietgen. Gerade seien »die letzten Kinder versorgt«, also in Job oder Ausbildung. „Jetzt", sagt er, „sind wir dran, meine Frau und ich." Er hat ein Leben lang Vollzeit gearbeitet, als Alleinversorger für die sechs Kinder, die er und seine Frau Karola bekamen: „Da blieb wenig Zeit für uns." Frei sein, ausschlafen, wann er möchte, im Urlaub bleiben, wie lange er möchte, „nicht mehr betteln müssen beim Chef" – darauf freut er sich. Aber er kennt aus seinem Umfeld auch die andere Seite des Renteneintritts, die gefährliche: „Es gibt Menschen, denen ist die Rente so langweilig geworden, dass sie –", er macht eine Pause. „Na ja: vier Mann, vier Ecken." Natürlich wird nicht jeder vor Langeweile in einem Sarg enden, aber Kay Tietgen ist eben ein Mann, der gern überdeutlich wird, wenn er einen Punkt machen will: Die Ruhe in der Rente kann zur Belastung werden. Wie also kriegt er den Tag voll, der sich vorher durch Dienstpläne allein gefüllt hat? Er liebt Campingurlaube mit seiner Frau, besonders in Skandinavien: Norwegen, Schweden, Island. Er fotografiert gern und interessiert sich für Kunst. Er liebt die expressionistischen Bilder von Wassily Kandinsky, der in München berühmt wurde. In der Rente will er in Museen gehen, die er schon lange auf seiner Liste hat: das Bauhaus Museum in Dessau, den Louvre in Paris, das Stedelijk Museum in Amsterdam. Er fasst es so zusammen: „Ich habe in Sachen Hobbys vorgesorgt. Langweilig wird mir nicht." Und es stimmt ja. Wer sich nicht vorbereitet auf das Ende einer Karriere, fällt oft in ein Loch: Das Ende überstehen nur die, die sich vorbereiten. So wie Kay Tietgen.

Deshalb hat er sich auch diesen Job zum Schluss bewusst ausgewählt. Er wollte nicht mehr in die Produktion, keinen Schichtdienst mehr, nicht mehr unterwegs sein „wie ein Irrer". Er wollte einen Ausklang. Nicht, weil er gemütlich oder gar faul geworden wäre. Er hat vorausschauend geplant: „Ein kompletter und plötzlicher Stopp zum Renteneinstieg – das ist gefährlich." Das Ende, sagt er, es darf kein Schlag sein, es muss sanft kommen, um einen nicht zu übermannen.

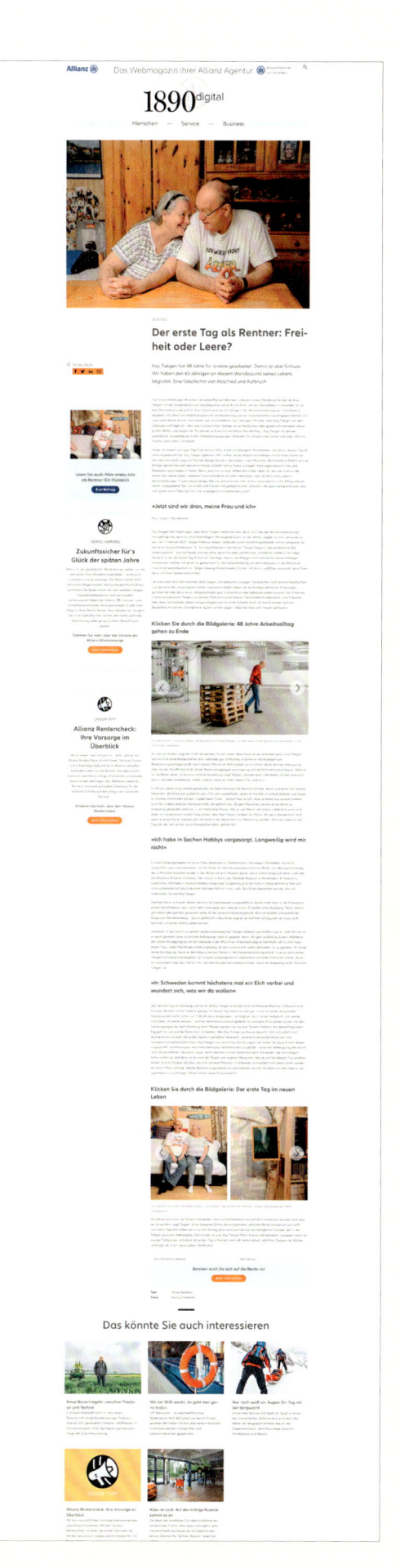

Und doch: In der Nacht vor seinem letzten Arbeitstag hat Tietgen schlecht geschlafen, sagt er. Jede Stunde sei er wach gewesen, eine „innerliche Aufregung" habe er gespürt, denn: „Es geht wirklich zu Ende." Während des letzten Rundgangs durch die Gebäude in der Münchner Innenstadt sagt er mehrfach: „Es ist echt mein letzter Tag." Jedes Mal klingt es fast ungläubig. So als müsse er sich selbst überreden, es zu glauben. Am Ende seines Rundgangs, bevor er den Weg zu seinem Termin in der Personalabteilung antritt, muss er noch seinen riesigen Schlüsselbund abgeben. Er klimpert aufgeregt damit, während er auf einen Fahrstuhl wartet. Als er ihn zurückgibt, sagt der Chef zu ihm: „Du kannst jederzeit wiederkommen, wenn dir langweilig wird." Da lacht Tietgen nur.

Der nächste Tag, ein Samstag, seit heute ist Kay Tietgen einer der rund 18 Millionen Rentner in Deutschland. Ein paar Wochen vorher hatte er gesagt, für diesen Tag nehme er sich gar nichts vor außer Ausschlafen. Daraus wurde nichts. Schon um 7:30 Uhr ist er angezogen – er trägt ein Shirt mit der Aufschrift: „Ich werde nicht älter, ich werde besser" – und hat den Frühstückstisch gedeckt. Er und seine Frau wollen später mit dem Campingwagen bis nach Hamburg hoch, Pausen werden sie nur zum Tanken machen. Am darauffolgenden Tag geht es rauf auf die Fähre nach Schweden. Wer Kay Tietgen zu Hause besucht, fühlt sich sofort nach Skandinavien versetzt. Da ist die Tapete in getäfelter Holzoptik. Da sind kindergroße Holztrolle und handgeschnitzte Dalapferdchen. Kay Tietgen und seine Frau Karola sagen, sie haben all das auf ihren Reisen angeschafft, als Mitbringsel, weil ihnen die Kultur Skandinaviens so gefällt – quasi als Verbeugung, die sie mit nach Hause nehmen. Sie waren sogar sechs Wochen in einer Sprachschule in Schweden, die Grundlagen beherrschen sie. Und dann ist da noch der Traum vom eigenen Häuschen, das sie sich bei diesem Trip ansehen wollen. Karola Tietgen hat über das Internet eine Maklerin in Schweden kontaktiert und dabei immer wieder bei ihrem Mann gefragt, welche Renovierungsarbeiten er übernehmen könnte.

Es waren so viele, dass er sie irgendwann zurückfragte: „Muss ich ein neues Haus bauen?" Sie sehnen sich nach der Ruhe in Schweden: „Da kommt höchstens mal ein Elch vorbei und wundert sich, was wir da wollen", sagt Tietgen. Einen besseren Ort für die entspannten Jahre der Rente können sie sich nicht ausmalen. Gepackt haben sie schon am Vortag, jetzt verstauen sie nur das Nötigste im Camper, der in der Tiefgarage parkt: Bettwäsche, Zahnbürste, so was. Kay Tietgen fährt, Karola sitzt daneben. Langsam rollen sie aus der Tiefgarage, und dann am ersten Tag in Freiheit, nach 48 Jahren Arbeit, setzt Kay Tietgen den Blinker und biegt ab: in ein neues Leben. Als Rentner.

BOOM!

Wachstum und Wandel durch Digitalisierung und Kreativität – da denken die meisten sofort ans Silicon Valley. Doch auch jenseits von Kalifornien entwickelt sich Neues in den USA. Zum Beispiel in Austin, Reno und Pittsburgh. Folio hat die drei Städte besucht.

Erschienen in: Folio – Ausgabe 5/2021
Text: Steffan Heuer

UNENDLICHER AUFSCHWUNG

Austin (Texas) versucht, einen Balanceakt zwischen seiner alteingesessenen Kreativszene und der wachsenden Schar von Techmillionären zu meistern.

Wer durch Austins Innenstadt geht, kann die Ambitionen der texanischen Hauptstadt buchstäblich in den Himmel wachsen sehen. In der Innenstadt ragen neben den bestehenden Hochhäusern ständig weitere Türme aus Glas und Stahl in den Himmel, teilweise mit 60 oder mehr Stockwerken. Zu Stoßzeiten staut sich der Verkehr auf der Autobahn I-35 auf sechs Spuren. Und es wird bald noch voller werden in Austin. Tesla hat hier nicht nur eine Gigafactory hochgezogen, in der ab 2022 die ersten Fahrzeuge vom Band rollen sollen, sondern verlegt auch seinen Firmensitz von Kalifornien nach Austin. Damit folgt der Elektroautobauer dem Beispiel der Softwarefirma Oracle. Nicht weit entfernt ist Computerriese Apple dabei, für mehr als eine Milliarde US- einen neuen Campus zu errichten, in dem 15.000 Menschen Platz haben. „Austin steht für Wachstum. Alle 20 Jahre verdoppelt sich die Bevölkerung, jetzt sind wir schon bei über zwei Millionen, und der Zustrom an Neuankömmlingen reißt nicht ab", sagt Jason Stanford, der seit 1993 hier lebt und aktuell bei der städtischen Schulbehörde arbeitet. Wie viele andere Einheimische sieht er die Probleme, die der unendliche Boom mit sich bringt, etwa die überlastete Infrastruktur und eine immer weiter klaffende Schere bei der Einkommensverteilung.

Dutzende Livekonzerte

Aber grundsätzlich, findet Stanford, ist der Wandel zu einem international bedeutenden Technologiezentrum ein Plus. Austin hat eine reiche Geschichte, was Kunst und vor allem Musik angeht. Dutzende Livekonzerte finden in der selbst ernannten „Musikhauptstadt der Welt" jeden Abend statt. „Diese Szene muss jetzt ihren Platz in der neuen Stadt finden, in die jede Menge Geld strömt", sagt Stanford. „Wir sind auf dem besten Weg, ein zweites Los Angeles zu werden, bei dem sich Kultur und Kommerz die Hand geben. Das führt zu einem Verteilungskampf." Austin war bis in die späten 1980er-Jahre vor allem eines: die Hauptstadt des Staates und Sitz der Universität von Texas mit heute mehr als 50.000 Studierenden. Dann entwickelte die Kommune einen strategischen Plan, um gezielt Unternehmen aus dem IT-Bereich anzulocken. „Der Erfolg war kein Zufall. Dell, Tivoli und später Trilogy sind Namen, die viele kluge Köpfe und Kapital nach Austin lockten", erzählt Eugene Sepulveda, der seit 40 Jahren als Kapitalgeber und Mentor in der Unternehmerszene mitmischt. „Wir wollten nie das Silicon Valley kopieren, sondern etwas Eigenes schaffen. Das ist uns gelungen."

BOOM! Evonik wächst kräftig und will auch in Zukunft weiter wachsen – jedoch nicht um jeden Preis. Dem Spezialchemiekonzern geht es vielmehr um qualitatives Wachstum, das ökonomischen Erfolg und gesellschaftliche Verantwortung miteinander verknüpft. Was genau Evonik darunter versteht, zeigt eine monothematische Sonderausgabe des Mitarbeitermagazins Folio. Der Titel: Nachhaltig wachsen. Folio wirft in der Ausgabe einen Blick auf unterschiedliche Facetten von Wachstum. Die Reportage *BOOM!* ist dabei ein wichtiges Element. Im Auftrag der Redaktion reiste ein freier Autor in die drei US-Städte Austin, Reno und Pittsburgh, die sich durch die erfolgreiche Anwerbung von Unternehmen aus Zukunftsbranchen ein Stück weit neu erfunden haben. Der Auftrag: den Wandlungsprozess der Städte nachzuzeichnen und herauszufinden, wie der Aufschwung das Leben der Menschen vor Ort verändert. Herausgekommen ist das stimmungsvolle Porträt dreier US-Metropolen, die rasant wachsen und dafür mitunter einen hohen Preis zahlen. Auf der einen Seite: neue Unternehmen und der Zuzug junger High-Potentials; auf der anderen: eine überlastete Infrastruktur und steigende Immobilienpreise.

Erschienen in Folio – Ausgabe 5/2021
Text Steffan Heuer
Herausgeber Evonik Industries AG (Objektleitung: Urs Schnabel)
Realisation KNSK Group
Redaktion Evonik Industries AG (Chefredaktion: Christof Endruweit), KNSK Group (CvD: Inga Borg; Textchef: Stephan Siebenbaum; Creative Director: Stefanie Wille)
Gestaltung KNSK Group (Art Direction: Matthis Eilers, Isabella Hof; Bildredaktion: Katharina Werle)

Zielgruppe Mitarbeitende und Pensionäre von Evonik
Format 200 x 260 mm
Umfang 84 Seiten
Auflage 27.000 Exemplare
Distribution Einzelheftversand, Hauspost
Erscheinung 16.11.2021
Erscheinungsweise 6 x jährlich
Kontakt zur Redaktion folio@evonik.com

Bestes Beispiel ist die Konferenz South by Southwest, kurz SXSW, die seit 1987 Besucher mit einem bunten Programm aus Livemusik, Filmfestival und Techmesse anzieht. Dazu flogen 2019 mehr als 74.000 Menschen aus 62 Ländern ein. Umsatz für die örtliche Wirtschaft: geschätzte 355 Millionen US- . „SXSW ist ein Katalysator, der einem weltweiten Publikum vor Augen führt, warum es sich lohnt, hier zu sein", so Sepulveda. Örtliche Gründer profitieren von diesem immer wieder frisch gedüngten Nährboden. „Austin ist der ideale Standort. Wir haben im Gegensatz zu den großen urbanen Zentren immer noch ein überschaubares Netzwerk aus Gründern, die sich unter die Arme greifen", berichtet Jay Sauceda. Er eröffnete 2013 einen Onlineshop namens Texas Humor für launige T-Shirts und Baseballkappen. Daraus ist ein Logistikunternehmen mit 350 Angestellten geworden, das im Sommer 2021 von einem Konkurrenten aufgekauft wurde.

Steigende Immobilienpreise

Solche Erfolge und der ungebrochene Zuzug vorwiegend junger Leute verschärfen allerdings die Probleme der Stadt, etwa das veraltete Straßennetz oder die Immobilienpreise, die die untere Mittelschicht – vor allem Schwarze und Latinos – ins Umland verdrängen. Der durchschnittliche Preis für ein Einfamilienhaus kletterte allein 2020 um 24 Prozent. „Noch können die meisten Angestellten in zehn Minuten bei der Arbeit sein. Doch es wird preislich langsam eng, wenn man nicht einen gut bezahlten Bürojob hat", sagt Sauceda. Er kaufte sein Haus in Austin vor fünf Jahren für 260.000 US- . „Jetzt kosten Häuser nebenan 800.000. Das sorgt für Hysterie. Wir brauchen dringend mehr bezahlbaren Wohnraum."

Am Scheideweg

Für viele nicht so gut gestellte Arbeitnehmer, Musiker und andere Künstler könnten die bereits geplanten Milliardeninvestitionen in neue Straßen und den Wohnungsbau zu spät kommen. „Wir haben einen Punkt erreicht, an dem wir als Gemeinde entscheiden müssen, ob wir die alte kreative Szene unterstützen oder zu einer kulturellen Sackgasse werden, in der nur noch Reiche leben", sagt Joah Spearman, der neben einer Website für Reisetipps mehrere örtliche Musiker managt, darunter seine Ehefrau Angélica Rahe. „Andernfalls wird Austin das verlieren, womit es sich immer nach außen vermarktet: kreativ zu sein und Andersdenkende mit offenen Armen aufzunehmen."

NISCHE IN NEVADA

Reno hat sich im Windschatten des Silicon Valley als preiswerter und unkomplizierter Standort für moderne Fertigung etabliert.

Für das Logistik-Start-up OK Capsule hätte der Eröffnungstermin seines ersten Werks kaum schlimmer laufen können. Als im März 2020 Roboter in New Jersey mit dem Abpacken von Nahrungsergänzungsmitteln begannen, schlug die Pandemie zu. Beide Gründer, die im Umland von San Francisco leben, konnten nicht mehr einfliegen und den lange geplanten Produktionsstart begleiten. Nur noch zwei frisch angelernte Mitarbeiter durften in die Räumlichkeiten, die von einem anderen Unternehmen angemietet waren. „Wir brauchten schnell einen neuen Standort, der in ein paar Stunden mit dem Auto zu erreichen ist", erinnert sich Mitbegründer Noah Austin. Idealerweise in einer Stadt, die für Neuansiedlungen den roten Teppich ausrollt und bürokratische Hürden so niedrig wie möglich hält.

Drei statt zwölf

In Reno (Nevada) wurde OK Capsule fündig. Die Stadt mit 255.000 Einwohnern liegt an den Ausläufern der Sierra-Nevada-Gebirgskette an Kaliforniens östlicher Flanke und ist vom Silicon Valley nur vier Autostunden entfernt. Beeindruckend, sagt Austin, sei das Tempo gewesen, mit dem seine Firma hier ein neues Werk eröffnen konnte: „In Kalifornien oder New Jersey hätte es zwölf Monate gedauert, hier lief nach drei Monaten das Band an." Inzwischen sind bei OK Capsule zehn Roboter und zehn Angestellte damit beschäftigt, Endverbraucher mit Supplementen diverser Marken zu beliefern. Im nächsten halben Jahr will Austin das Team verdoppeln.

Der Umzug von OK Capsule ist ein gutes Beispiel, wie sich die ehemalige Glücksspielstadt Reno nach einer lang anhaltenden Strukturkrise neu erfunden hat. Das gezielte Anwerben von Firmen aus den Bereichen Logistik und Fertigung bringt der Kommune und ihrer Nachbarstadt Sparks reichlich Investitionen, neue Jobs und überwiegend junge Neubürger. „Reno steckte lange in der Krise, vor allem nach der schweren Rezession 2008. Man tat sich schwer, umzudenken und neue Ideen umzusetzen, doch das ist jetzt vorbei", sagt Fred Turnier, der Kommunen in den ganzen USA zum Thema Entwicklungsstrategie beraten hat. Jetzt profitiert er als Mitbegründer des größten Co-Working-Space der Stadt vom Aufschwung. Reno Hive vermietet an drei Standorten Arbeitsplätze an Freiberufler, Start-ups und etablierte Unternehmen. „Wir haben mehr als 100 Firmen bei uns und sind quasi das Zentrum der Start-up-Szene", ergänzt Turniers Geschäftspartnerin Tabitha Schneider, die 2019 aus San Francisco nach Reno zog. Sie hat sich in der überschaubar kleinen Stadt so gut vernetzt, dass sie bei der kommenden Bürgermeisterwahl kandidieren will.

Renos Wiederauferstehung lässt sich in zwei Phasen einteilen. Erst kamen große Marken von Amazon bis Walmart, die in Nevada günstiges Land, niedrige bis gar keine Steuern und eine blitzschnelle Erschließung vorfanden. Vor den Toren Renos stampften sie gewaltige Vertriebszentren aus dem Boden. Dabei entstanden Tausende, allerdings nicht allzu üppig bezahlte Jobs. Den großen Durchbruch brachte die Entscheidung von Tesla, 2014 sein erstes Auto- und Batteriewerk hier zu bauen. Dort sind mittlerweile knapp 10.000 Menschen beschäftigt.

Fast 70.000 neue Jobs

Die Strahlkraft der Marke lockte Zulieferer und weitere Fertigungsbetriebe an. Unterm Strich verzeichnet Reno deshalb einen immer schnelleren Zuwachs von Arbeitsplätzen: Innerhalb eines Jahrzehnts wurden fast 70.000 neue Jobs geschaffen, 57.000 davon allein in den vergangenen fünf Jahren. Viele dieser Ansiedlungen sind Firmen, die Kalifornien aus Kostengründen den Rücken kehren. Die Jahresgehälter liegen mit 73.000 US- deutlich über dem Landesdurchschnitt von knapp 66.000 . Obendrein ist die Expertise des Standorts rund um Batterietechnik fast zum Selbstläufer geworden, wie etwa die Neuzugänge von Redwood Materials und Nanotech Energy belegen.

„Von diesem Ökosystem profitierten auch wir Kleinen", sagt Marc Magarin, der nach dem Ingenieurstudium an der örtlichen Universität im Mai 2021 mit dem ehemaligen Professor Emil Geiger eine Firma namens Nevatio gründete. Viele ihrer Kunden sind Tesla-Zulieferer und andere Hersteller, die für die Modernisierung ihrer Fertigungsprozesse und Maschinen lokale Unterstützung wollen. „Sie können sich keine Ausfallzeiten leisten, und das ist die perfekte Nische für uns – direkt vor unserer Tür."

Die Schattenseiten des Booms sind ein Fachkräftemangel, auf den Schulen und Hochschulen in der Region reagieren müssen, sowie ein überhitzter Immobilienmarkt. Obwohl private und öffentliche Bauherren Projekte im Wert von mehr als 15 Milliarden US- in der Pipeline haben, klettern Kaufpreise und Mieten unaufhörlich. Dazu trägt auch der anhaltende Exo-dus von Wissensarbeitern bei, die den überfüllten Zentren von Los Angeles und San Francisco entkommen wollen. Denn neben kurzen Wegen kann Reno mit jeder Menge Natur locken. „Nicht nur Lake Tahoe liegt vor der Tür", sagt Outdoor- Enthusiastin Schneider. „Du kannst samstags in die Wüste fahren und am Sonntag um die Ecke Ski fahren gehen. Das ist schwer zu schlagen."

Mit Duolingo lernen Millionen Menschen in aller Welt eine Fremdsprache auf ihrem Smartphone. Intelligente Kameras von Bloomfield Technologies helfen Bauern dabei, ihre Pflanzen aus der Ferne zu überwachen. Argo AI und Aurora entwickeln künstliche Intelligenz für selbstfahrende Autos, und Redzone Robotics schickt autonome Sonden in Abwasserkanäle, um Lecks und Gefahrenquellen aufzuspüren.

Von Stahl zu Robotik

Was diese Unternehmen gemeinsam haben? Sie alle sind in Pittsburgh beheimatet, einer ehemaligen Stahlmetropole im Staat Pennsylvania, die sich mittlerweile mit einigem Recht als „Robotikhauptstadt der Welt" bezeichnet. In der ersten industriellen Revolution im 19. Jahrhundert galt Pittsburgh als Epizentrum der Finanz- und Schwerindustrie. Hier machten Unternehmer wie Stahlbaron Andrew Carnegie, Bankier Andrew Mellon und Ketchup-Magnat Henry Heinz ihr Vermögen. Ihrem philanthropischen Vermächtnis verdankt Pittsburgh seine Wiedergeburt als Schmiede der Schlüsseltechnologien des 21. Jahrhunderts, die sich unter dem

DIE ROBOTIK-REVOLUTION

Pittsburgh hat sich zum weltweiten Pionier für intelligente Automatisierung entwickelt.

Stichwort „Industrie 4.0" bündeln lassen. „Pittsburgh ist mit 300.000 Menschen nicht besonders groß, aber die Stadt spielt weltweit ganz oben in der ersten Liga mit, was die Erforschung und Kommerzialisierung bahnbre-chender Innovationen angeht. Was hier entwickelt wird, krempelt alle Bereiche der Wirtschaft um", sagt Bruce Katz, Professor an der Drexel University in Philadelphia, der die Renaissance von Städten im Strukturwandel seit Jahrzehnten verfolgt. Noch 1980 litt Pittsburgh unter industriellem Kahlschlag und 18 Prozent Arbeitslosigkeit. Diese dunklen Zeiten hat der Ballungsraum mit rund zwei Millionen Menschen hinter sich gelassen.

Das habe vor allem mit zwei Faktoren zu tun, so Katz. Einerseits den mit Milliarden US-dotierten Stiftungen, die die Industriebarone hinterließen und die weiterhin Gelder in kommunale Entwicklungsprojekte wie etwa Innovationsbezirke investieren. Andererseits spielen zwei Universitäten von Weltrang eine wichtige Rolle. Die Carnegie Mellon University (CMU) und die University of Pittsburgh, die es zusammen auf knapp 46.000 Studierende bringen, sind seit Jahrzehnten führend in den Bereichen Robotik und Medizin. Hier entwickelte etwa Jonas Salk 1953 den Impfstoff gegen Polio.

„Diese Hochburgen des Wissens liegen nur ein paar Gehminuten voneinander entfernt. Sie sind der organisch gewachsene Kern eines Clusters, das ständig neue Spezialisten, Ideen und Firmen hervorbringt. Insofern hat die städtische Geografie des 19. Jahrhunderts neuen Wert fürs 21. Jahrhundert erlangt", sagt Katz. „Das müssten viele andere Städte erst einmal aufbauen." Die Rendite ist nirgendwo deutlicher sichtbar als beim eng vernetzten Kreis von Firmen, die an Robotern und künstlicher Intelligenz forschen. In Pittsburgh baute Roy Wensley schon 1927 den ersten zweibeinigen Roboter der Welt namens Herbert Televox. Der konnte zwar nur einen Telefonanruf beantworten, doch er legte 1979 den Grundstein für die erste Robotik-Abteilung an einer US-Universität und kurz darauf für den ersten Doktorstudiengang in der neuen Disziplin. Heute locken die Scharen von Hochschulabsolventen Unternehmen aus dem Silicon Valley und anderen Regionen nach Pittsburgh.

Großer Talentpool

„Als wir 2016 das Robotics Network gründeten, wussten wir, dass es hier viele Startups und andere Unternehmen gibt, aber wir hatten keine Ahnung, wie viele", berichtet Joel Green, der den Firmenverband leitet. Eine erste Zählung 2020 ergab 40 Unternehmen. Ein Jahr später kann Green bereits 87 Firmen vermelden. „Zählt man andere Dienstleister und Zulieferer mit, sind wir bei mehr als 120." Darunter befinden sich zwar viele kleine Unternehmen, die aus der CMU ausgegründet wurden, aber ebenso eine Handvoll weltweiter Größen wie Argo oder Aurora, die dank Wagniskapital und Partnerschaften mit namhaften Autoherstellern Milliarden in die Zukunft der Mobilität stecken. Zudem wollen etablierte Marken wie Honeywell, Bosch oder Google-Ableger Waymo in Pittsburgh Präsenz zeigen. „Vom Maschinenbauingenieur bis zum Experten für künstliche Intelligenz: Wir haben die Talente, die anderswo schwer zu finden sind", beschreibt Green den wichtigsten Erfolgsfaktor der Branche, die inzwischen fast 15.000 Arbeitsplätze geschaffen hat. „Wir waren bisher nur zu bescheiden, um damit anzugeben. Das ist die Mentalität hier!"

Wenn Firmen ihren Hauptsitz oder ihre Entwicklungsteams nach Pittsburgh verlegen, umschiffen sie obendrein ein Problem, das andere Kommunen plagt. Wohnraum ist vergleichsweise erschwinglich, da sich die Stadt nur langsam von ihrem Bevölkerungseinbruch nach der Stahlmisere erholt hat. „Der Vibe hier erinnert mich an San Francisco in den 90er-Jahren", sagt Green. „Hier geht's ab, aber man bleibt auf dem Boden."

FRAU in Führungsposition

Sophia Flörsch will Autorennen gewinnen. Nicht, um der Welt zu beweisen, dass Frauen genauso gut fahren können wie Männer. Sondern einfach, weil sie zu den Besten gehören will.

Erschienen in: ABOUT TRUST 2/2021
Text: Julius Schophoff
Fotos: Marian Lenhard

Man könnte mit dem Schaum im Mund beginnen. Er stammt aus einem Feuerlöscher und ist das Erste, an das sich Sophia Flörsch erinnert, wenn sie an den Unfall denkt, bei dem sie mit 276 Sachen rückwärts in ein Fotografenhaus krachte.

Oder man steigt ein knappes Jahr später ein, auf den letzten Kilometern des Berlin-Marathons, bei dem es schüttet und ihr bei jedem Schritt die Knie wehtun, als ob gleich die Kniescheiben rausspringen.

Man könnte auch viel früher anfangen, als Flörsch gerade 14 ist und der Vater ihres Teamkollegen auf einer Rennstrecke auf sie zukommt und sagt: „Was machst du überhaupt hier? Ein Mädchen, im Motorsport?!"

Oder man beginnt in der Zukunft, an einem Sonntag, an dem sie ihr Ziel erreicht hat, ganz oben auf dem Treppchen steht und eine Champagnerflasche köpft – als erste Siegerin eines Rennens in der Formel 1 oder Formel E.

Vielleicht startet die Erzählung über Sophia Flörsch aber auch einfach im Hier und Jetzt, an einem frühsommerlichen Donnerstag, im Wohnzimmer eines Bungalows in Pullach bei München, in dem Deutschlands schnellste Rennfahrerin mit ihrer Schwester und ihrem Vater lebt. Im Schneidersitz hockt sie auf einer hellen Sofalandschaft. Sie trägt einen weißen Kapuzenpullover mit einem schwarzen Herz auf der Brust, dazu silberne Ringe, ihre Fingernägel sind pink lackiert.

Sophia Flörsch, geboren am 1. Dezember 2000, mit neun Jahren Kart-Europameisterin, mit 15 die erste Frau auf dem Podium der ADAC Formel 4. Jetzt, mit 20, startet sie als eine von zwei Pilotinnen in der DTM – und auch das soll nur ein Boxenstopp sein auf dem Weg zu ihrem großen Ziel. Sophia Flörsch will als erste Frau ein Rennen in der Königsklasse gewinnen.

Das Mädchen, das die Machowelt des Motorsports aufmischt: Das ist die Geschichte, wegen der das Fernsehen sie seit Kindertagen begleitet und wegen der erst am Vortag eine Reporterin der Süddeutschen da war. Wenn über ihre Karriere berichtet wird, geht es immer auch um die drängenden Debatten unserer Zeit, um Gleichberechtigung, Chancengleichheit und Emanzipation. Aber wird diese Erzählung der jungen Rennfahrerin gerecht? Oder ist gerade der Fokus auf ihr Frausein Teil des Problems?

„Am Anfang habe ich gar nicht gemerkt, dass ich gegen Jungs fahre", erzählt sie, während draußen ein Mähroboter über den Rasen schleicht. Sie war vier, als ihr Vater sie das erste Mal mit auf die Kartbahn nahm, um ihr Kurvengefühl für die Skisaison zu schulen. „Mir war damals gar nicht bewusst, dass ich da als Mädchen etwas Besonderes war", sagt sie. Und eigentlich spielt ihr Geschlecht für sie auf der Rennstrecke bis heute keine Rolle. Flörsch will einfach gegen die Besten antreten – und das sind bisweilen nun einmal meistens Männer.

Trotzdem merkte sie früh, dass manche sie im Motorsport als Fremdkörper wahrnahmen. „Weißt du, wie schlimm es ist, von einem Mädchen überholt zu werden?", fragte einmal einer ihrer Gegner, nur halb im Spaß. Ein anderes Mal kam der Vater ihres Teamkollegen zu ihr und sagte ihr ins Gesicht, dass es für ein „Mädchen" unmöglich sei, Formel 1

Frau in Führungsposition. Das Kundenmagazin *ABOUT TRUST* vermittelt glaubwürdig das Leitbild von TÜV SÜD als zuverlässiges, globales und zukunftsorientiertes Unternehmen. Die Storys des Magazins transportieren die Begeisterung von TÜV SÜD für Technologie und reflektieren zugleich die Auswirkungen des technologischen Fortschritts. Dabei werden auch unterschiedlichste Schwerpunkte zu wichtigen Unternehmensthemen wie Nachhaltigkeit oder Diversität gesetzt. So zahlt zum Beispiel die Reportage *Frau in Führungsposition* auf das Bestreben des Unternehmens ein, diverser zu werden. Sophie Flörsch ist die erfolgreichste deutsche Rennfahrerin. Mit neun Jahren war sie bereits Kart-Europameisterin, mit 15 die erste Frau auf dem Podium der ADAC Formel 4 und mit 20 startete sie als einzige Pilotin in der DTM – und auch das soll nur ein Boxenstopp sein auf dem Weg zu ihrem großen Ziel. Sophia will als erste Frau ein Formel-1-Rennen gewinnen. Dass sie dabei vor allem gegen Männer antritt, ist für sie nur eine Randnotiz. Der persönliche Blick einer jungen Frau über Autorennen, Chancengleichheit in einer männerdominierten Branche, sexistische Kommentare und worauf es eigentlich ankommt, um im Motorsport ganz nach oben zu kommen.

Erschienen in ABOUT TRUST 2/2021

Text Julius Schophoff

Fotos Marian Lenhard

Herausgeber TÜV SÜD AG (Projektleitung: Jörg Riedle)

Realisation muehlhausmoers corporate communications gmbh (Projektleitung: Florine Geller)

Redaktion muehlhausmoers corporate communications gmbh

Gestaltung muehlhausmoers corporate communications gmbh (Áine Gibbons; Bildredaktion: Charlotte Zellerhoff)

Zielgruppe Kunden von TÜV SÜD, Interessierte am Unternehmen, Technik- und Wirtschaftsinteressierte sowie die breite Öffentlichkeit

Umfang 44 Seiten

Erscheinungsweise 3 x jährlich

CRAFT
Reportage

SHORTLIST

FRAU in Führungsposition

Sophia Flörsch will Autorennen gewinnen. Nicht, um der Welt zu beweisen, dass Frauen genauso gut fahren können wie Männer. Sondern einfach, weil sie zu den Besten gehören will.

zu fahren. Flörsch verstand nicht, was der Mann wollte. „Was hatte der gegen mich? Was hatte der gegen meinen Traum?" Heute glaubt sie, dass die Ablehnung des Mannes auch daher rührte, dass sie im Ranking vor seinem Sohn lag.

Noch immer durchziehen Vorurteile gegen Frauen am Steuer den Rennsport, von der Kinder-Kartbahn bis in den Chefsessel der Königsklasse: „Ich glaube nicht, dass eine Frau die körperlichen Voraussetzungen hätte, um ein Formel-1-Auto schnell zu fahren", sagte 2016 der damalige Formel-1-Boss Bernie Ecclestone. „Und sie würde auch sicher nicht ernst genommen werden."

In Rennwagen wirken gewaltige Fliehkräfte auf die Piloten ein – in der Formel 1 sind es in Kurven bis zu 5 g, also das Fünffache des eigenen Körpergewichts. Die Fahrer brauchen deshalb eine kräftige Oberkörpermuskulatur. „Da muss ich mehr trainieren als die Männer", sagt Sophia Flörsch. Sechs Mal die Woche schuftet sie zwei bis drei Stunden im Fitnessstudio. Entscheidend ist im Rennsport aber nicht die Maximalkraft, sondern die Kraftausdauer – und beim Durchhaltevermögen gibt es nicht viele Männer, die es mit Sophia Flörsch aufnehmen können. Noch am Morgen des Gesprächs hat sie eine Spritze Hyaluronsäure ins rechte Knie bekommen, in dem sich immer wieder Wasser sammelt: eine Folge des Berlin-Marathons im September 2019. Der Lauf war eine Idee eines Sponsors, sie hat spontan zugesagt, obwohl sie nie länger als die halbe Distanz gelaufen war. Ab Kilometer 30 wurde es schmerzhaft, und das Gefühl mit den herausspringenden Kniescheiben war gar nicht so abwegig: Am Ende trug sie einen Knorpelschaden und einen Meniskusanriss davon. Hat sie nie daran gedacht auf-

zuhören? „Nee, Aufgeben ist nicht meins. Wenn ich mir was in den Kopf setze, ziehe ich das durch."

„Mein Kind ist stur", wird ihr Vater sagen, als Flörsch schon wieder auf dem Weg ins Fitnessstudio ist. Er hat sein Immobiliengeschäft aufgegeben, um seine Tochter durch den Rennzirkus zu begleiten. Alle zwei Wochen fuhr er sie zu Kartrennen quer durch Italien, die Schulaufgaben erledigte sie auf dem Beifahrersitz. Heute schwingt Stolz mit, wenn er von der Beharrlichkeit seiner Tochter spricht: „Das Schlimmste ist ihr Kopf: Wenn sie sich was vornimmt, macht sie das auch, zu 100 Prozent, ohne Rücksicht auf Verluste."

Wie entschlossen die Rennfahrerin Sophia Flörsch ihre Ziele verfolgt, weiß die Welt spätestens seit ihrem Crash. Es war ein Aufprall, der eher an einen Flugzeugabsturz erinnert als an einen Autounfall. Das Handyvideo eines Zuschauers verbreitete sich binnen Minuten um die Welt: Es ist eine dieser Aufnahmen, die man erst gar nicht begreift, weil alles so schnell geht und das Auge nicht folgen kann und weil man selbst dann, wenn man erkennt, was geschieht, nicht glauben will, was man sieht.

Es ist der 18. November 2018, Grand Prix der Formel 3 auf dem Stadtkurs von Macau. Das Fahrerfeld ist dicht beisammen, am Ende einer langen Geraden geht es in eine enge Rechtskurve. Einer nach dem anderen biegt in gedrosseltem Tempo in die Kurve – als plötzlich etwas von rechts durchs Bild fliegt, kaum mehr als ein Schatten. In der Zeitlupe erkennt man: Es ist der Mercedes von Sophia Flörsch, damals 17 Jahre alt. Er schießt mit dem Heck voran über die anderen Wagen hinweg und kracht in drei Meter Höhe in ein

Fotografenhaus. Nicht nur ihre Mutter, die das Video zu Hause in München sieht, ist sich sicher: Sophia ist tot.

Aber Sophia sitzt da, im Cockpit, quicklebendig, bei vollem Bewusstsein, das Gesicht mit dem Schaum des ausgelösten Bordfeuerlöschers bedeckt. Dessen bittern Geschmack wird sie die ganze Nacht im Mund behalten, auf der Intensivstation des Krankenhauses, in dem sie auf einer Stahlplatte fixiert auf ihre Operation wartet. Flörsch darf weder essen noch trinken, weil das zu einer Schwellung am zertrümmerten siebten Halswirbel führen könnte, der auf den halb zerquetschten Wirbelkanal drückt. Auch schlafen darf sie nicht, weil die Ärzte ständig überwachen müssen, ob sie ihre Zehen und Finger noch spürt.

Der Eingriff, der am nächsten Morgen beginnt, dauert elf Stunden. Die Ärzte operieren durch den Hals, vorbei an den Nerven der Sinnesorgane. Am Ende verschrauben sie die gebrochenen und zusammengeflickten Halswirbel mit einer Titanplatte. Nach acht Tagen verlässt Sophia Flörsch das Krankenhaus. Nach 100 Tagen steigt sie wieder in den Rennwagen – der schönste Tag ihres Lebens, wie sie später sagen wird. Im Februar 2020 schließlich wird Sophia Flörsch in Berlin mit dem Laureus World Sports Award ausgezeichnet. Im Publikum applaudieren ihr Boris Becker, Dirk Nowitzki und Lewis Hamilton, siebenmaliger Formel-1-Weltmeister.

Sophia Flörsch, da muss sich Bernie Ecclestone keine Sorgen machen, wird ganz sicher ernst genommen. Und eigentlich bräuchte es den Hinweis auf ihr Geschlecht gar nicht, um ihre Geschichte zu erzählen. Aber natürlich liegt ein Reiz an diesem scheinbaren Widerspruch von pinken Fingernägeln und ölverschmierten

Mechanikerhänden, von der Schönen und dem 600 PS starken Biest, von der Frau, die sich ihren Weg durch eine Machowelt bahnt, in der Frauen oft nur Zierde sind und als Grid-Girls in engen Höschen auf die Strecke geschickt werden, um den Fahrern den Sonnenschirm zu halten.

Auf ihrem Instagram-Account demonstriert Sophia Flörsch, dass dieser Widerspruch gar keiner ist: Ihren fast 500.000 Followern zeigt sie sich im Rennanzug am Steuer, aber auch leicht bekleidet beim Training oder im Bikini vor türkisblauem Meer. Anders aber als bei Lewis Hamilton, der in Unterwäsche seine tätowierte Brust präsentiert, titeln die Medien bei ihr: „Wie sexy darf eine Rennfahrerin sein?" Und anders als Hamilton wird sie mit 15 von potenziellen Sponsoren auf ihre Familienplanung angesprochen. „Die haben mich damals gefragt, ob ich einen Freund habe und Kinder will", erzählt Flörsch. Familienplanung? Mit 15? „Darüber hatte ich mir nie Gedanken gemacht."

Vielleicht ist der Motorsport also gerade deshalb ein gutes Beispiel, weil er gar nicht erst so tut, als ob es Chancengleichheit gäbe. Am Ende entscheiden weniger Talent und Einsatz über Sieg und Niederlage, sondern vielmehr die Trainingsbedingungen, die Technik, das Auto, kurz: das Geld. Und das bekommen in der Regel noch immer die Männer. „Als Frau ist es schwer, Sponsoren zu finden", sagt Sophia Flörsch. Weil es keine erfolgreichen Vorbilder gibt, keine Formel-1-Weltmeisterin. Weil man es den Frauen, trotz aller Respektsbekundungen, dann irgendwie doch nicht zutraut. Nicht mal ihr, Sophia Flörsch, dem Inbegriff einer Frau in Führungsposition.

Aber sie ist nicht der Typ, der sich über solche Widrigkeiten beschweren würde. Nicht über skeptische Sponsoren, nicht über sexistische Kommentare von Formel-1-Bossen und auch nicht über die Rolle, in die sie so oft gedrängt wird: die Heldin, die sich mit wallendem Haar gegen die Männer auflehnt und die Machowelt mit ihren pinken Fingernägeln aufmischt. Sie antwortet lieber auf der Piste. Wie damals, bei ihrem ersten Formel-4-Rennen.

17. April 2016, Motorsport Arena Oschersleben: Sophia Flörsch, gerade 15 Jahre alt, hat der Konkurrenz das ganze Rennen über Paroli geboten, darunter Mick Schumacher, Spross von Michael und seit 2021 Formel-1-Pilot. Zwischenzeitlich ist sie in Führung gegangen, als erste Frau der Geschichte. Nun, zu Beginn der letzten Runde, liegt sie auf Rang drei. Eine 15-Jährige auf dem Treppchen – es wäre eine Sensation! Dann setzt der Niederländer Job van Uitert zum Überholmanöver an, wo kein Platz zum Überholen ist. Sein Wagen setzt auf ihren Hinterreifen auf und rasiert ihren Heckflügel, Flörsch dreht sich und bleibt im Kiesbett stehen. Vom Streckenrand aus muss sie zusehen, wie die Konkurrenz an ihr vorbeizieht.

Und was macht sie? Fährt an und biegt zurück auf die Strecke, ohne Heckflügel. „Guck sich das einer an", ruft der Fernsehkommentator, ganz außer sich. „Den Mut zu haben, nachdem du das Weiße im Auge deines Gegners gesehen hast!" Platz drei ist futsch, aber Fünfte ist sie noch. Kurve für Kurve macht sie sich breit, trotz ramponiertem Heck.

Bis zur Ziellinie kommt keiner mehr an ihr vorbei.

FRAUENSACHE

Sophia Flörsch ist nicht die Erste, die sich im Motorsport durchgesetzt hat. Bislang schafften es fünf Frauen in die Formel 1.

LELLA LOMBARDI

Holte als einzige Frau einen WM-Punkt in der Formel 1. Im Abbruchrennen von Spanien erzielte sie 1975 den sechsten Platz. Für die Rennställe March, Williams und RAM ging sie 1975 und 1976 bei insgesamt zwölf WM-Rennen an den Start.

MARIA TERESA DE FILIPPIS

Stieg 1958 als erste Frau in die Formel 1 ein. Während Frauen in Deutschland im selben Jahr das erste Mal ohne Zustimmung ihres Mannes den Führerschein machen durften, lenkte Filippis einen Maserati 250F über die Rennstrecke. Ihr bestes Ergebnis: Rang zehn beim Grand Prix von Belgien. Nur ein Jahr nach ihrem Einstieg beendete sie ihre Formel-1-Karriere wieder.

DIVINA GALICA

Die frühere olympische Skiläuferin mit zwei Podestplätzen im Weltcup 1968 stieg erst mit 28 Jahren in den Rennsport ein. Galica schaffte es 1976 in die Formel 1, scheiterte aber beim Großen Preis von Großbritannien an der Qualifikation.

DESIRÉ WILSON

Fuhr in Le Mans, beim Indy 500 und legte am Brands Hatch Circuit in der britischen Formel-1-Meisterschaft 1980 einen Start-Ziel-Sieg hin. In der WM hatte sie dagegen weniger Erfolg. Insgesamt steuerte die Südafrikanerin 135 Rennwagen über Dutzende Rennstrecken.

GIOVANNA AMATI

Trat 1992 für den Rennstall Brabham-Judd in der Formel 1 an — und ist damit bis heute die letzte Fahrerin in der Klasse. Obwohl sich Amati für kein Rennen qualifizieren konnte, schwärmte sie vor ihrem Debüt: „Neben Nigel Mansell und Ayrton Senna Autorennen zu fahren, ist ein Geschenk für mich."

Jurybegründung

Rätselhaft und zum Aufschlagen zwingend. Hier ist die Veredelung nicht nur eine grafische Spielerei, sondern einzig dazu da, den Inhalt zu unterstreichen.

PREISTRÄGER

CRAFT
Cover

—
Y – Das Magazin der Bundeswehr: Spezialkräfte. Y ist das zentrale Printmedium der internen Kommunikation der Bundeswehr. Im Jahr 2021 widmete Y das alljährliche, monothematische Spezial dem Thema Spezialkräfte mit der Idee, die Leserinnen und Leser hinter die Maske der Spezialkräfte blicken zu lassen und den Menschen dahinter näherzukommen. Das aufwendig gestaltete Cover verrät, worum es geht. Der Stoff einer olivgrünen Sturmhaube bedeckt den Titel – die Bundeswehrangehörigen erkennen darin den klassischen Look der Spezialkräfte. Gleichzeitig erinnert die Vermummung an das überhöhte Ideal des Kommandosoldaten und das ihn umwehende Mysterium. Der Blick fällt durch den Augenschlitz der Sturmhaube auf den Begriff Spezialkräfte. Schlägt man das Heft auf, zeigen sich die drei Grundfragen, die den Blick hinter die Maske mit Bedeutung aufladen: Wer sind sie? Was können sie? Warum brauchen wir sie? Das Cover verspricht damit einen Blick hinter die Kulissen und die Offenlegung der dringendsten Fragen.

—

Herausgeber Bundesministerium der Verteidigung

Realisation C3 Creative Code and Content GmbH

Redaktion Redaktion der Bundeswehr

Gestaltung C3 Creative Code and Content GmbH

Zielgruppe In erster Linie, aber nicht ausschließlich, männliche Soldaten im Alter zwischen 18 und 35 sowie ihre Freunde und Verwandten, aber auch Zivilangestellte der Bundeswehr und Reservisten

Verbreitete Auflage ca. 35.000

Distribution Versand an nationale und internationale Standorte. Y wird an allen Standorten der Bundeswehr im In-und Ausland kostenlos verteilt. Eine digitale Kopie des gesamten Heftes ist außerdem auf bundeswehr.de verfügbar. Die interessierte Öffentlichkeit kann das Magazin abonnieren.

Ersterscheinung Juni 2009

Erscheinungsweise 6 x jährlich, inklusive einer Spezialausgabe Kontakt zur

Redaktion cvd@y-magazin.de

—
Y – *Das Magazin der Bundeswehr*

Herausgeber Bundesministerium der Verteidigung
Realisation C3 Creative Code and Content GmbH

CRAFT
Cover

SHORTLIST

Markets International – *Cover Ausgabe 2/22.* Überraschende Visualität flankiert starken Themenmix. *Markets International* ist das Magazin für Märkte und Chancen von Germany Trade & Invest (GTAI). Das Magazin bietet auf 52 Seiten in den Rubriken Märkte, Branchen sowie Wissen außenwirtschaftlich aktiven Unternehmen umfassende Informationen über die wirtschaftlichen, rechtlichen und gesellschaftlichen Gegebenheiten ausgewählter Regionen und Länder. Alle *Markets-International*-Beiträge werden von den über 40 Auslandsmitarbeitern und den Redakteuren in Bonn und Berlin verfasst.

Zusammen mit der Wirtschaftsredaktion wortwert und Kammann Rossi realisiert die GTAI den Bestseller seit vielen Jahren und legte Anfang 2021 nach: mit frischer Optik, mehr Leserführung und ganz neuen redaktionellen Formaten. Neben dem exklusiven inhaltlichen Mehrwert setzt *Markets International* verstärkt auf visuelles Storytelling und hebt sich so erfrischend von anderen frei erhältlichen Wirtschaftstiteln ab. Die Ausgabe 2/22 widmet sich dem Thema Recycling. Doch wie schafft man Aufmerksamkeit für ein solches Thema, ohne die bekannten Motive von verschmutzen Stränden oder Weltmeeren zu wiederholen? Zum Beispiel durch eindrucksvolle Fotografie: Das hat sich auch der Fotograf Gregg Segal gedacht und die Reihe „7 Days of Garbage" produziert, aus der auch das *Markets*-Coverbild der Ausgabe 2/22 stammt.

Herausgeber Germany Trade & Invest (GTAI)
Realisation Kammann Rossi, wortwert
Redaktion Germany Trade & Invest, wortwert – die Wirtschaftsredaktion
Gestaltung Kammann Rossi
Zielgruppe Exportorientierte deutsche Unternehmen
Format 21,6 x 28 cm
Distribution personalisierter Postverstand, Auslage auf Veranstaltungen und Messen
Ersterscheinung 2005
Erscheinungsweise quartalsmäßig
Webadresse www.marketsinternational.de

Organics. In *Organics The Lifetime Magazine* erzählen Menschen aus den Bereichen Kultur und Kulinarik, Abenteuer und Philosophie über ihre ganz persönlichen „Lifetime Moments" – jene großen und kleinen Momente, in denen wir unsere Talente entfalten und die unser Leben schön und spannend machen.

Herausgeber Red Bull Media House Publishing
Realisation Red Bull Media House Publishing
Redaktion Red Bull Media House Publishing
Gestaltung Red Bull Media House Publishing

Zielgruppe interessiert an Kunst & Kultur, Lifestyle & Fashion, Sport & Reisen, bewusster & offener Lifestyle, Trendsetter & Genießer, urbanes Umfeld, Marken- & Qualitätsbewusstsein

Format 202 x 287 mm
Umfang 120 + 4 Seiten
Auflage 140.000 Exemplare
Distribution Beilagen, Geo-Marketing, Event-Samplings, Direktversände
Ersterscheinung Mai 2021
Webadresse www.redbull.com/ch-de/projects/organics-the-lifetime-magazine
Kontakt Red Bull Media House GmbH, Am Grünen Prater 3, 1020 Wien, copublishing@redbull.com

CRAFT
Cover

SHORTLIST

TWELVE – *Von Träumen zu Tech-Trends: Wie der Mensch das digitale Morgen prägt.* Die Serviceplan Group gibt als „House of Communication" einmal im Jahr das Magazin *TWELVE* heraus. *TWELVE* ist eine Plattform für Meinungen, Perspektiven und Menschen, die die Kommunikationsbranche beeinflussen. Die Ausgabe 2021/2022 stellt den Menschen als Innovationstreiber in den Mittelpunkt: *Von Träumen zu Tech-Trends: Wie der Mensch das digitale Morgen prägt.*
Dieser Ansatz sollte sich nicht nur durch die Artikel und Interviews ziehen. Auch die optische Gestaltung sollte ihn aufgreifen und außerdem vermitteln, dass die Serviceplan Group den Menschen stets in den Mittelpunkt stellt. Unsere Idee: Wir baten den Künstler Stephan Balkenhol, für das Magazin ein exklusives Kunstwerk zu schaffen, das die Mitarbeitenden der Serviceplan Group feiert.
Stephan Balkenhol wählte anhand von Porträtfotos zwölf Serviceplan-Mitarbeitende aus und fertigte von ihnen hölzerne Porträtreliefs. Für die typografische Gestaltung des Magazins stellte er Buchstabenstempel zur Verfügung. Das so entstandene Gesamtkunstwerk dokumentiert ergänzend zu den Inhalten die Bedeutung des Menschen und die Relevanz der menschlichen Kreativität im digitalen Zeitalter.

Unternehmen Serviceplan Group SE & Co. KG
Realisation Serviceplan Group SE & Co. KG

Auflage 9000 Exemplare
Erscheinungsweise jährlich
Webadresse
https://twelve.serviceplan.com/de/2022

Jurybegründung

Top gemacht, tolle Ästhetik, hohes wissenschaftliches Niveau: Durch die ansprechende Optik und die kompakten Textbausteine lädt diese Infografik ein, sich in das Thema einzulesen – und sie liefert Gesprächsstoff fürs Sofa.

PREISTRÄGER

CRAFT
Infografik

In der Nervenkaffeeküche – *die Infografik für das Gesundheitsmagazin Minga von der München Klinik gGmbH*

Herausgeber München Klinik gGmbH
Realisation SZ Scala GmbH

CRAFT
Infografik

PREISTRÄGER

In der Nervenkaffeeküche – *die Infografik für das Gesundheitsmagazin Minga von der München Klinik gGmbH. Minga ist das Patientenmagazin der München Klinik, dem Verbund von fünf Städtischen Kliniken. Es richtet sich nicht nur an Patient:innen und Mitarbeiter:innen der Kliniken, sondern soll das Gesundheitsmagazin für ganz München sein.*

Herausgeber München Klinik gGmbH
Realisation SZ Scala GmbH
Redaktion SZ Scala GmbH (Redaktionsleitung: Katrin Lange); München Klinik gGmbH (Projektleitung: Maike Zander)
Gestaltung SZ Scala GmbH (Brigitta Bender; Illustration: Anton Hallmann)

Zielgruppe Patient*innen, Besucher*innen, Klinik-Mitarbeiter*innen, interessierte Münchner Bürger
Format 420 x 270 mm
Umfang Doppelseite
Distribution Standorte der München Klinik, städt. Einrichtungen, Apotheken, Haus- und Fachärzte
Webadresse www.muenchen-klinik.de/minga
Kontakt maria.wieser@muenchen-klinik.de

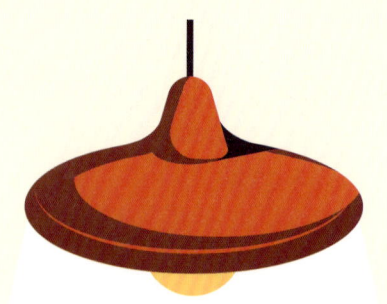

„In der Nervenkaffeeküche" – die Infografik für das Gesundheitsmagazin Minga

Die Infografik ist eine feste Rubrik des Magazins und bereitet jeweils auf einer Doppelseite einen Teilaspekt des Schwerpunktthemas jeder Ausgabe (Dossier) grafisch auf. Ziel ist es, ein medizinisches Thema anschaulich darzustellen.

Kurze erklärende Textblöcke werden in ein vollflächiges Gesamtbild integriert. Dank der lockeren und positiven Gestaltung fällt die Doppelseite auch beim schnellen Durchblättern des Magazins ins Auge und lädt selbst eilige Leser ein, sich mit dem Thema zu befassen. Die Infografik wählen wir für komplexe Inhalte, die als reiner „Erklärtext" trocken oder sogar ermüdend wirken könnten. Die Gestaltung im Bild ermöglicht es dem Leser, nach Belieben von Textblock zu Textblock zu springen und an verschiedenen Stellen in das Thema einzusteigen. Wir verzichten auf komplizierte Details, Bild und Texte sollen sich schnell erschließen – wie ein „Was ist was?" für Erwachsene. Skurrile „Funfacts" sorgen für einen zusätzlichen Unterhaltungswert.

DOSSIER **NERVEN**

IN DER **NERVEN**KAFFEEKÜCHE

Unser Nervensystem besteht aus Abermilliarden Nervenzellen. Das komplexe Netz steuert bewusste und unbewusste Prozesse – wie diese ganz alltägliche Szene an der Kaffeemaschine deutlich macht.

Direkt ins Hirn
Koffein ist eine psychoaktive Substanz. Es überwindet die Blut-Hirn-Schranke und wirkt direkt auf das zentrale Nervensystem, indem es die Adenosinrezeptoren der Nervenzellen blockiert. Adenosin ist ein Botenstoff, der dem Körper Müdigkeit signalisiert. Daher die belebende Wirkung.

2 kg
wiegt das Nervensystem, davon entfallen rund 1,3 Kilo auf das Gehirn. Insgesamt sind das nur drei Prozent des durchschnittlichen Körpergewichts.

Nervenschule
Je öfter wir eine Handlung wie das Kaffeekochen wiederholen, umso stärker werden die Verbindungen zwischen den daran beteiligten Nervenzellen. Lernen ist also wie das Anlegen von Trampelpfaden im Gehirn: Je häufiger wir darauf gehen, umso leichter finden wir uns zurecht.

Kabelsalat
Wie Stromkabel durchziehen **Nervenbahnen** den gesamten Körper und leiten Reize zum Hirn und Befehle aus der Zentrale wieder zurück an die betreffende Körperstelle. Eine Nervenbahn besteht aus gebündelten Nervenzellen und ist mit einer schützenden Hülle umgeben.

Circa 5,8 Millionen Kilometer lang sind alle Nervenbahnen eines Erwachsenen.

Kaffee mit allen Sinnen
Der Kaffee ist fertig! Jetzt hat das **sensorische Nervensystem** viel zu tun. Wie sieht der Kaffee aus? Riecht er gut? Wie schwer ist die Tasse? Ist der Kaffee zu heiß? Habe ich überhaupt Durst? Und schmeckt der Kaffee? Antworten auf diese Fragen schicken Augen, Ohren, Nase, Zunge und Sensoren in der Haut über die Nervenbahnen ans Gehirn. Und das befiehlt: Ja, Kaffee! Aber der ist heiß und etwas bitter. Also noch etwas Milch und Zucker hinein, vorsichtig trinken und genießen.

Hoch die Tasse
Wenn wir eine Tasse greifen wollen, laufen unzählige Prozesse im **motorischen Nervensystem** ab. Aus den Informationen der Sinneswahrnehmung berechnet das Gehirn, wohin wir greifen müssen. Über das Rückenmark und die an Muskeln andockenden Nervenzellen gibt es den Befehl zum Ausstrecken der Hand.

Nicht kleckern
Die Bewegung wird fortlaufend mit den Reizen abgeglichen, die das **sensorische Nervensystem** ans Hirn zurücksendet: damit wir nicht danebengreifen, nicht kleckern oder uns am heißen Kaffee verbrennen. Auch wenn wir dabei nicht nachdenken, ist das ein bewusster Prozess.

Abermilliarden
Nervenzellen (Neuronen) hat jeder Mensch. Mit ihren „Zweigen" (Dendriten) empfangen sie Signale aus den Nachbarzellen und schicken sie über den Stamm (Axon) zu den Synapsen, den Kontaktstellen zur nächsten Zelle. Nervenzellen sind im Durchmesser nur bis 0,1 Millimeter groß, das Axon kann aber bis zu einem Meter lang sein.

Bis zu 100.000
Synapsen kann eine Nervenzelle haben. Um den Reiz von einer Zelle zur nächsten weiterzuleiten, arbeiten die meisten Synapsen mit chemischen Botenstoffen, andere mit elektrischen Signalen.

Vollautomatisch
Nicht bewusst steuern können wir, was in Magen und Darm mit dem Kaffee geschieht – wie auch alle anderen Prozesse, die vom **vegetativen Nervensystem** kontrolliert werden: Dieses regelt neben der Verdauung auch die Herztätigkeit, die Atmung, den Kreislauf, die Schweißbildung, die Körpertemperatur und vieles mehr.

TEXT Katrin Lange
ILLUSTRATION Anton Hallmann/Sepia

CRAFT
Infografik

SHORTLIST

Influencer im Darm – ELEMENTS. Spätestens seit dem Bestseller „Darm mit Charme" von Giulia Enders erhält das größte innere Organ des Menschen seine verdiente Aufmerksamkeit. Für das nötige Gleichgewicht im menschlichen Darm sorgen mehr als 1.000 verschiedene Bakterienarten. Biotechnologen und Ernährungswissenschaftler des Spezialchemiekonzerns Evonik arbeiten an einer Systemlösung für Produkte, die die Bakteriengemeinschaft bei ihrer wichtigen Arbeit unterstützen. Welchen Einfluss Probiotika und Synbiotika auf das Mikrobiom haben, zeigt die Infografik Influencer im Darm des Innovationsmagazins ELEMENTS von Evonik.
Zentrales Element ist ein Darmabschnitt, der sich wie ein Zeitstrahl über die Doppelseite schlängelt. An ihm wird Schritt für Schritt erklärt, welche chemischen Prozesse Probiotika und Synbiotika im Darm auslösen und wie sie auf diese Weise helfen, das Gleichgewicht des Mikrobioms zu erhalten. Die komplexen Vorgänge werden mit Illustrationen sowie kurzen Texten zugänglich gemacht.
Durch die spielerische und übersichtliche Darstellung erweckt die Grafik die großartige Arbeit des Darms optisch zum Leben.

Herausgeber Evonik Industries AG

Realisation KNSK Group

Redaktion Evonik Industries AG (Chefredaktion: Matthias Ruch; Textchef: Jörg Wagner; CvD: Deborah Lippmann), KNSK Group (CvD: Inga Borg; Textchef: Christian Baulig; Creative Director: Stefanie Wille)

Gestaltung KNSK Group (Art Direction: Wiebke Schwarz; Bildredaktion: Nadine Berger)

Zielgruppe Expertinnen und Experten aus Wissenschaft, Wirtschaft und Politik sowie die wissenschaftlich interessierte Öffentlichkeit

Format 230 x 300 mm

Umfang 60 Seiten

Auflage 20.000 Exemplare

Distribution Einzelheftversand

Erscheinung 17.11.2021

Erscheinungsweise 3 x jährlich

Webadresse https://elements.evonik.de/

Kontakt zur Redaktion elements@evonik.com

Influencer im Darm

Der Darm ist neben dem Gehirn die zweite wichtige Schaltzentrale des Körpers. Neben Nerven- und Immunzellen finden sich hier mehr als 1.000 Bakterienarten. Auf ihre Gemeinschaft – das Mikrobiom – kommt es an. Probiotika und Synbiotika können das Mikrobiom auf vielfältige Weise positiv beeinflussen.

INFOGRAFIK **MAXIMILIAN NERTINGER**

PROBIOTIKA
Wie probiotische Organismen die körpereigenen Bakterien unterstützen

Nahrungsbestandteile (Lumen)

Mikrobiota

❶ Produktion antimikrobieller Substanzen
Diese töten pathogene (krank machende) Keime ab oder hindern sie daran, sich zu vermehren.

Probiotika

antimikrobielle Substanzen

pathogene Keime

❷ Wettbewerb um Bindungsstellen
Probiotika besetzen Stellen, sodass pathogene Keime nicht anhaften.

❹ Produktion von Enzymen
Diese helfen, Nahrung aufzuschließen. Zwischenprodukte können von anderen Darmbakterien verwertet werden.

❺ Produktion von Milchsäure (Lactat)
Das Lactat hemmt das Wachstum pathoge Keime.

❻ Crossfeed
Mikrobiota ne Lactat auf un Buttersäure (B

❸ Verbesserung der Barriere
Die Zellzwischenräum werden dichter versch

Darmschleimhaut (Mukosa)

Saumzellen des Darms (Enterozyten)

Bindegewebssc (Lamina prop

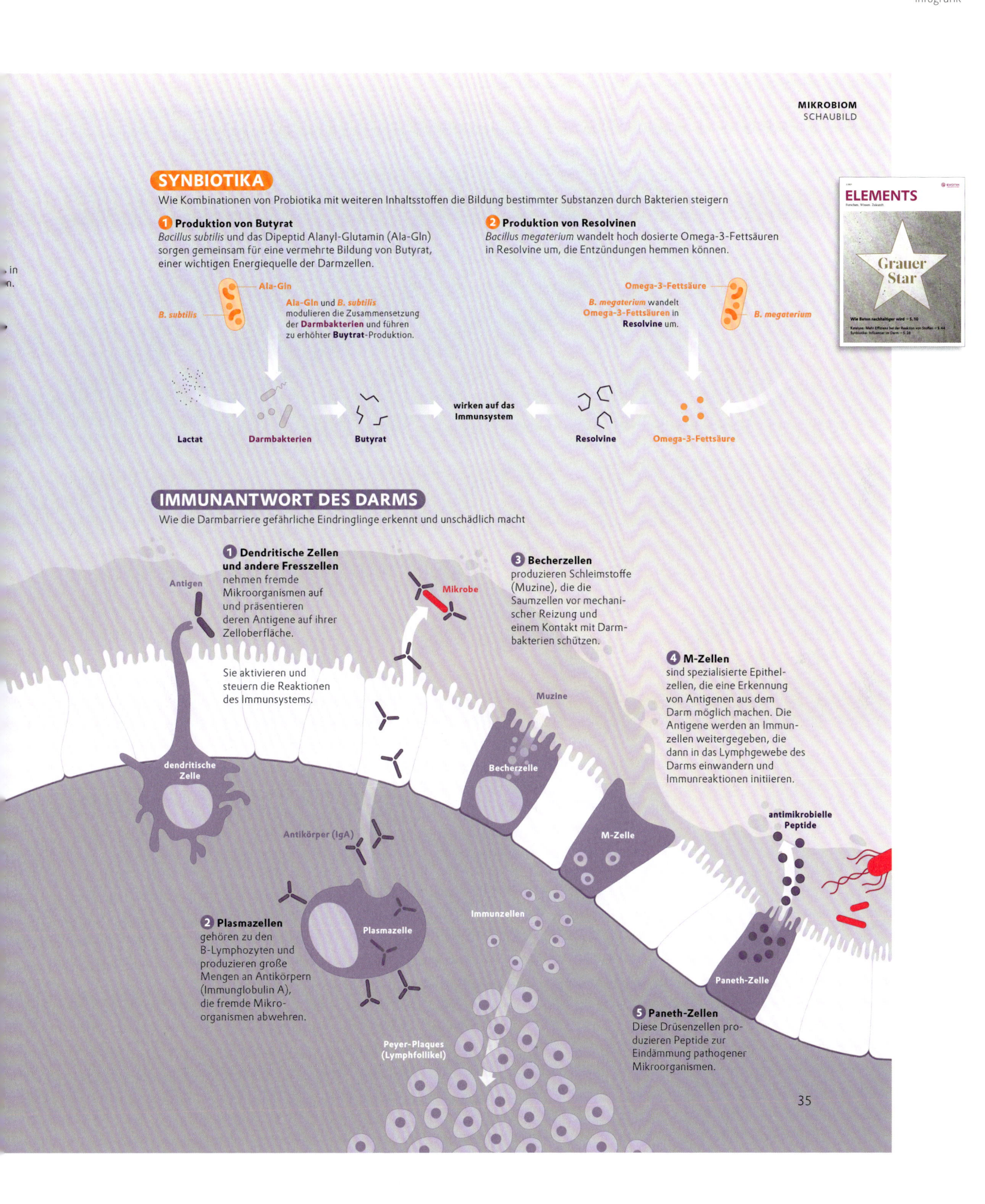

SHORTLIST

CRAFT
Infografik

MIKROBIOM
SCHAUBILD

SYNBIOTIKA
Wie Kombinationen von Probiotika mit weiteren Inhaltsstoffen die Bildung bestimmter Substanzen durch Bakterien steigern

1 Produktion von Butyrat
Bacillus subtilis und das Dipeptid Alanyl-Glutamin (Ala-Gln) sorgen gemeinsam für eine vermehrte Bildung von Butyrat, einer wichtigen Energiequelle der Darmzellen.

B. subtilis — Ala-Gln

Ala-Gln und *B. subtilis* modulieren die Zusammensetzung der **Darmbakterien** und führen zu erhöhter **Buytrat**-Produktion.

Lactat → Darmbakterien → Butyrat → wirken auf das Immunsystem ← Resolvine ← Omega-3-Fettsäure

2 Produktion von Resolvinen
Bacillus megaterium wandelt hoch dosierte Omega-3-Fettsäuren in Resolvine um, die Entzündungen hemmen können.

Omega-3-Fettsäure

B. megaterium wandelt **Omega-3-Fettsäuren** in **Resolvine** um. — *B. megaterium*

IMMUNANTWORT DES DARMS
Wie die Darmbarriere gefährliche Eindringlinge erkennt und unschädlich macht

1 Dendritische Zellen und andere Fresszellen nehmen fremde Mikroorganismen auf und präsentieren deren Antigene auf ihrer Zelloberfläche.

Sie aktivieren und steuern die Reaktionen des Immunsystems.

Antigen

dendritische Zelle

Antikörper (IgA)

2 Plasmazellen gehören zu den B-Lymphozyten und produzieren große Mengen an Antikörpern (Immunglobulin A), die fremde Mikroorganismen abwehren.

Plasmazelle

3 Becherzellen produzieren Schleimstoffe (Muzine), die die Saumzellen vor mechanischer Reizung und einem Kontakt mit Darmbakterien schützen.

Mikrobe

Muzine

Becherzelle

4 M-Zellen sind spezialisierte Epithelzellen, die eine Erkennung von Antigenen aus dem Darm möglich machen. Die Antigene werden an Immunzellen weitergegeben, die dann in das Lymphgewebe des Darms einwandern und Immunreaktionen initiieren.

M-Zelle

Immunzellen

Peyer-Plaques (Lymphfollikel)

antimikrobielle Peptide

5 Paneth-Zellen
Diese Drüsenzellen produzieren Peptide zur Eindämmung pathogener Mikroorganismen.

Paneth-Zelle

CRAFT

FOTOGRAFIE

CRAFT
Fotografie

SHORTLIST

The Visible Net. In Zeiten, in denen Menschen nur glauben, was sie mit eigenen Augen sehen, ist es für einen Netzanbieter wie O₂ schwierig geworden, sie zu überzeugen; schließlich ist das Kernprodukt – das Netz – für sie nicht greifbar. Doch wie schafft man es, ein sehr gutes Netz außer mit gewonnen Testsiegeln zu bewerben? Unsere Idee: *The Visible Net* – das erste sichtbare 5G-Netz der Welt. Eine integrierte Kampagne, die echte Netzdaten mithilfe von modernster Technologie und einer altbewährten Foto-Technik in Kunst verwandelt.

Wir haben unser Netz an vielen Orten des Landes gemessen, die Daten in Lichtimpulse übersetzt und auf einen LED-Stab an einer Drohne übertragen. Je besser das Netz, desto mehr LEDs leuchteten. Mithilfe von Langzeitbelichtung und faszinierenden Drohnenflugbahnen vor atemberaubenden Kulissen, entstanden zusammen mit unserem Fotografen einzigartige Aufnahmen, die erstmals Netz sichtbar machten und in Print- und OOH-Motiven bildgewaltig kommunizierten: O₂ hat ein sehr gutes 5G-Netz.

Unternehmen Teléfonica Germany GmbH & Co. OHG
Gestaltung Serviceplan Group SE & Co. KG
Fotografie Kai-Uwe Gundlach

SHORTLIST

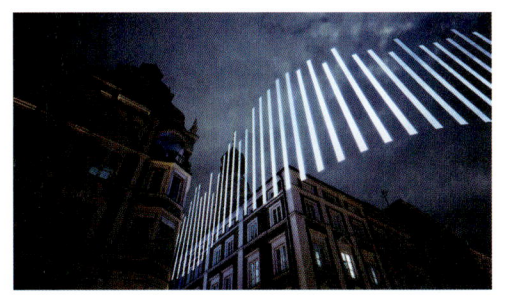

CRAFT
Fotografie

THE VISIBLE NET

WIR HABEN SICHTBAR GEMACHT, WAS NIE ZUVOR ZU SEHEN WAR:
UNSER 5G-NETZ.

Jurybegründung

Intime Kameraführung, die die emotionale Nähe zu den Protagonist:innen gut unterstützt. Kamera und Lichtführung lassen die Zuschauer:innen mit Tempowechseln den Kontrast von Wunsch und Wirklichkeit erleben.

PREISTRÄGER

CRAFT
Kamera

Der Wunsch

Herausgeber PENNY Markt GmbH
Realisation Serviceplan Group SE & Co. KG

CRAFT
Kamera

PREISTRÄGER

—

Der Wunsch. Keine Kontakte, Lockdowns, Home-Schooling: Corona verlangt uns allen viel ab. Besonders Jugendliche verpassen gerade wichtige Zeit und prägende Erfahrungen. Seit Beginn der Pandemie werden ihre Bedürfnisse vernachlässigt, banalisiert oder gar vergessen.
Während das ganze Land mehrmals runterfahren musste, war PENNY als Lebensmittelhändler immer da. Wir haben gesehen, wie es Jugendlichen geht, und wollten ihnen zu Weihnachten die Aufmerksamkeit schenken, die auch sie in diesen Zeiten verdienen. Ein Weihnachtswunsch wird zum Plädoyer für die Jugend. Im Film fragt ein Teenager seine Mutter, was sie sich zu Weihnachten wünscht. Ihre ungewöhnliche Antwort offenbart, was einer ganzen Generation seit zwei Jahren fehlt: „Ich wünsch mir einfach, dass du deine Jugend zurückbekommst."
Aus einem intimen Kammerspiel wird eine Achterbahnfahrt der Gefühle an dem Schauplatz der Pandemie: Zuhause. Der Monolog der Mutter, die nahtlose Kamerafahrt und die Neuinterpretation von Bon Jovis „It's my life" führen uns von jugendlichen Höhenflügen zum tiefen Schmerz des ersten Liebeskummers. Der Film erzählt ein ganzes Coming-of-Age-Drama in nur vier Minuten und entfachte eine landesweite Diskussion über die verlorene Jugend einer ganzen Generation.

—

Unternehmen PENNY Markt GmbH
Realisation Serviceplan Group SE & Co. KG

Webadresse https://youtu.be/MdfNqlkqSeE

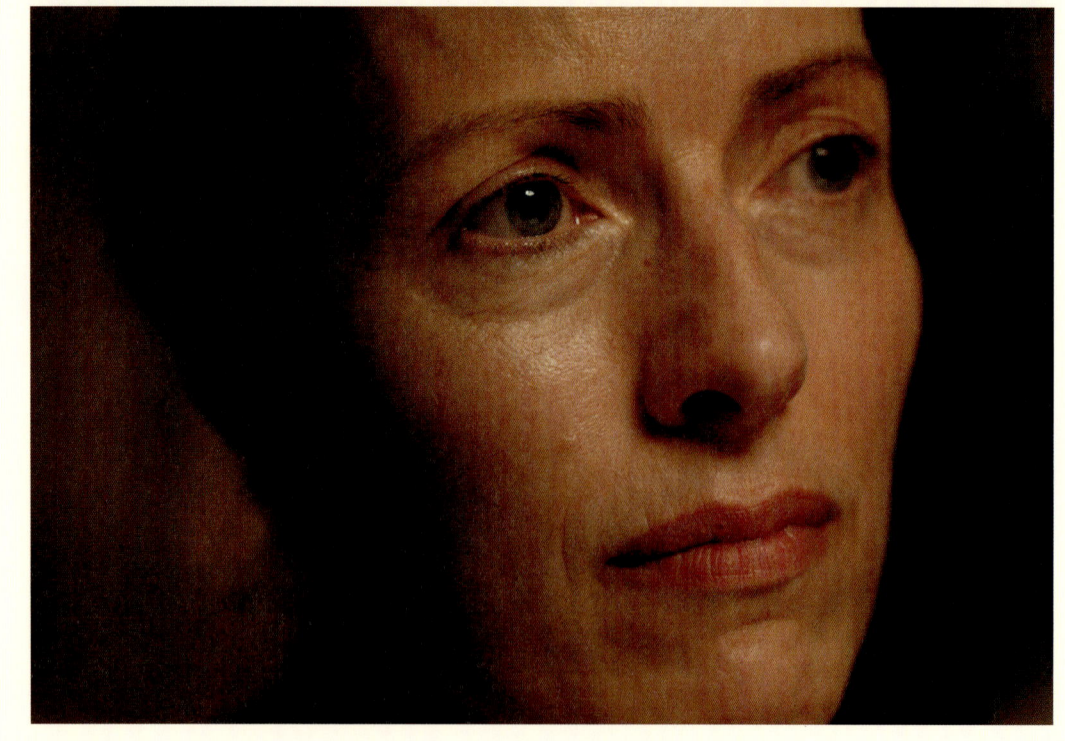

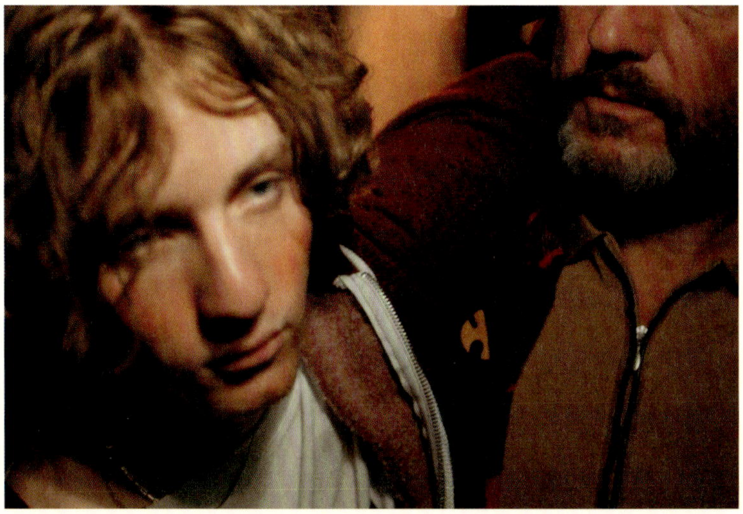
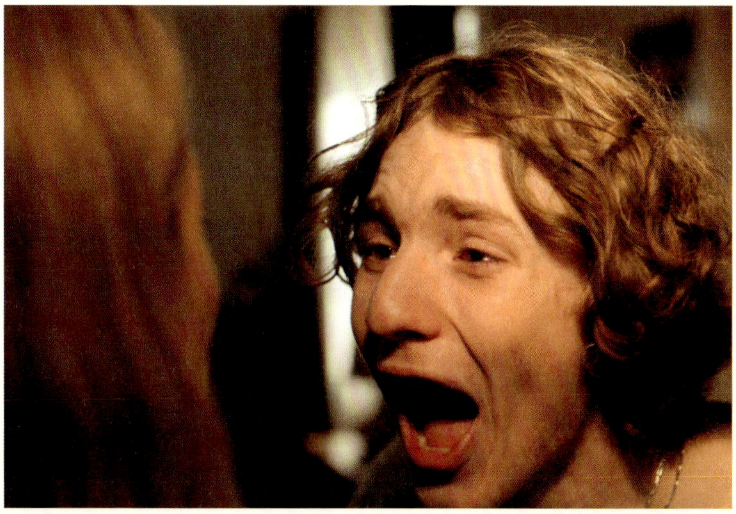
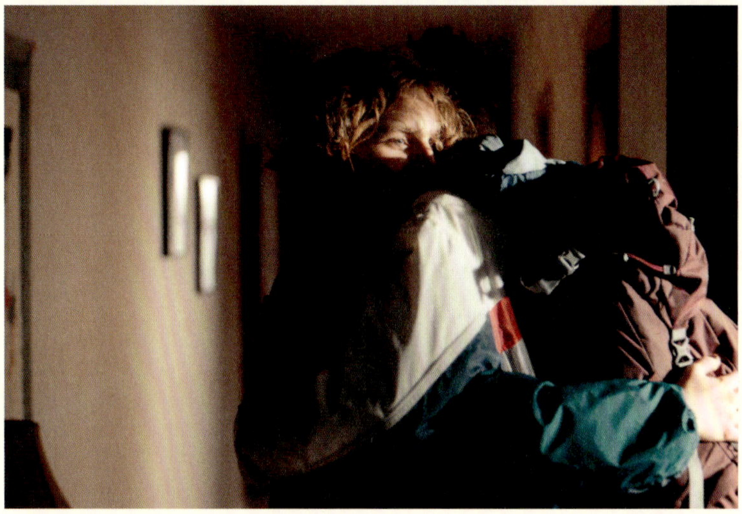
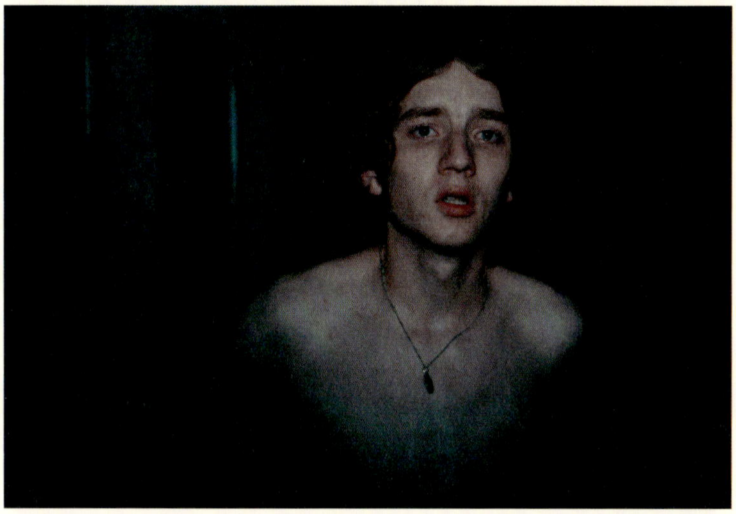
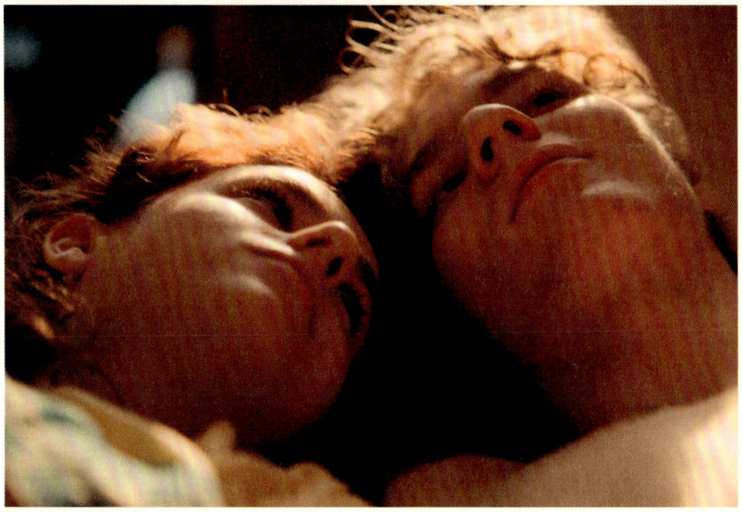
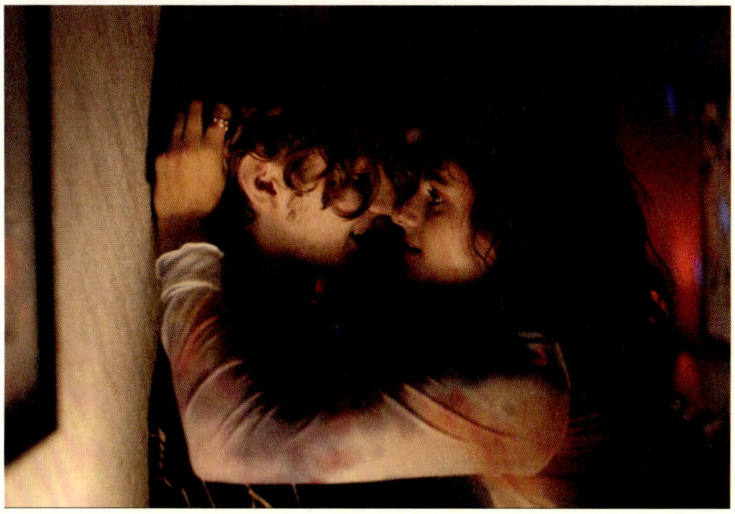

INTER NATIO NAL

INTERNATIONAL

INTERNATIONAL

416   Internationale Kommunikation

INTERNATIONAL
Internationale Kommunikation

PREISTRÄGER

Jurybegründung

Opulente und aufwendig produzierte Plattform für die internationale Trucker-Community in 18 Ländern und in 21 Sprachversionen. *RoadStars* ist eine gelebte Community von Lkw-Fahrern über Ländergrenzen hinweg. Beeindruckende Bilder, starke Storys, variantenreiche Videos.

PREISTRÄGER

INTERNATIONAL
Internationale Kommunikation

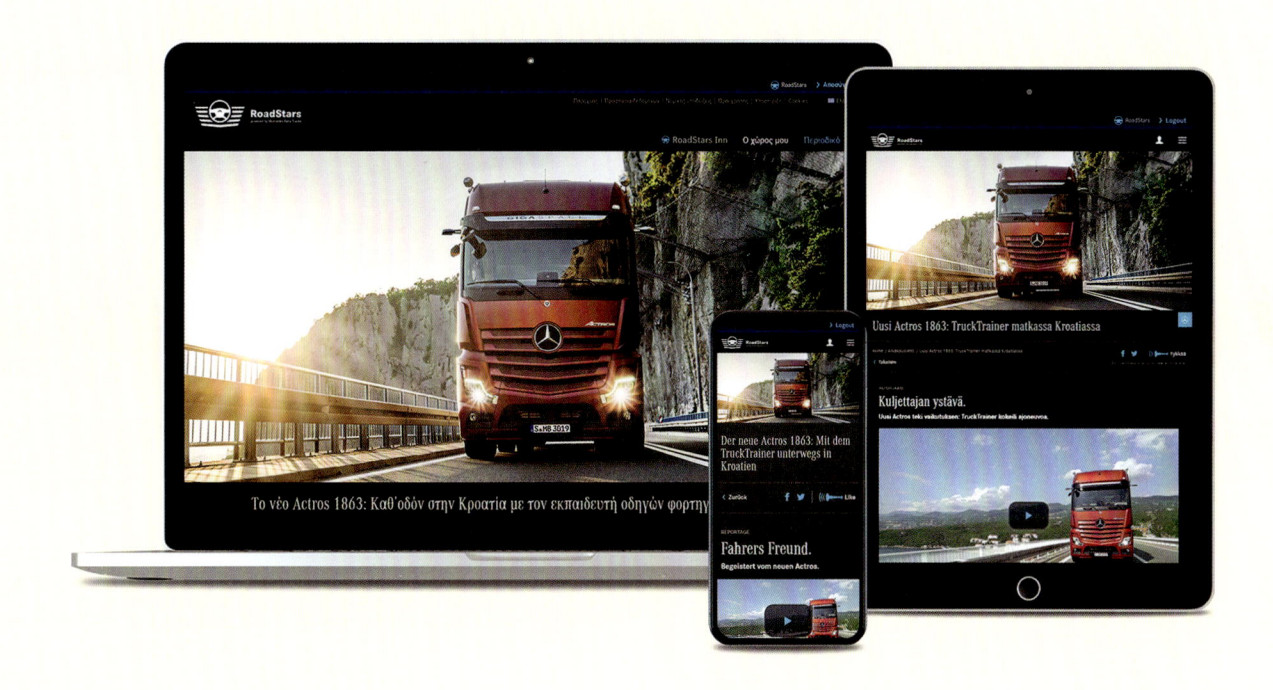

RoadStars powered by Mercedes-Benz Trucks

Herausgeber Daimler Truck AG
Realisation Code Red. GmbH

INTERNATIONAL
Internationale Kommunikation

PREISTRÄGER

—

RoadStars powered by Mercedes-Benz Trucks. *RoadStars* ist eine interaktive Community-Plattform im Stil eines Online-Trucker-Magazins. Bereits in 18 Sprachen und 21 europäischen Märkten konnten wir *RoadStars* Realität werden lassen und Trucker und Truck-Fans unterschiedlichster Nationalitäten miteinander vernetzen. Von Portugal, Spanien, Griechenland über Rumänien, die Schweiz und Österreich bis hin zu Schweden und Finnland. In 21 Märkten wird aktueller Content zeitgleich koordiniert, übersetzt und in der entsprechenden Landessprache veröffentlicht. Neben einheitlich ausgespielten Artikeln veröffentlichen wir auch marktspezifischen Content, zugeschnitten auf die Zielgruppe des jeweiligen Landes. Die Community-Mitglieder können kommentieren, eigene Bilder posten und über einen plattform-internen Messenger mit Truckern in aller Welt in Kontakt treten. Mit exklusiven Events und Aktionen wie beispielsweise der *RoadStars* Trophy fordern wir den aktiven Austausch unter den internationalen Community-Mitgliedern auch offline.

—

Herausgeber Daimler Truck AG
Realisation Code Red. GmbH

Zielgruppe Lkw-Fahrer und Truck-Liebhaber
Erscheinungsweise täglich
Webadresse
www.roadstars.mercedes-benz.com

PREISTRÄGER

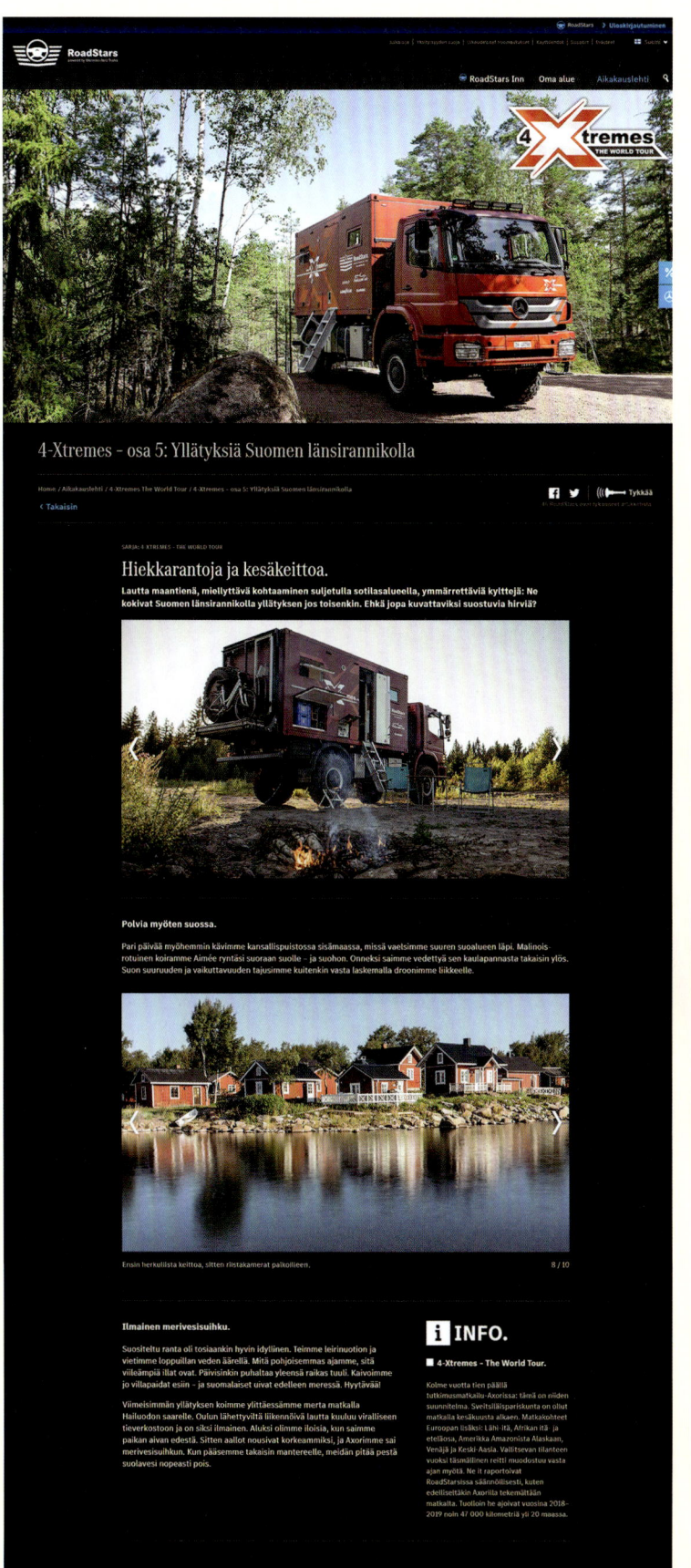

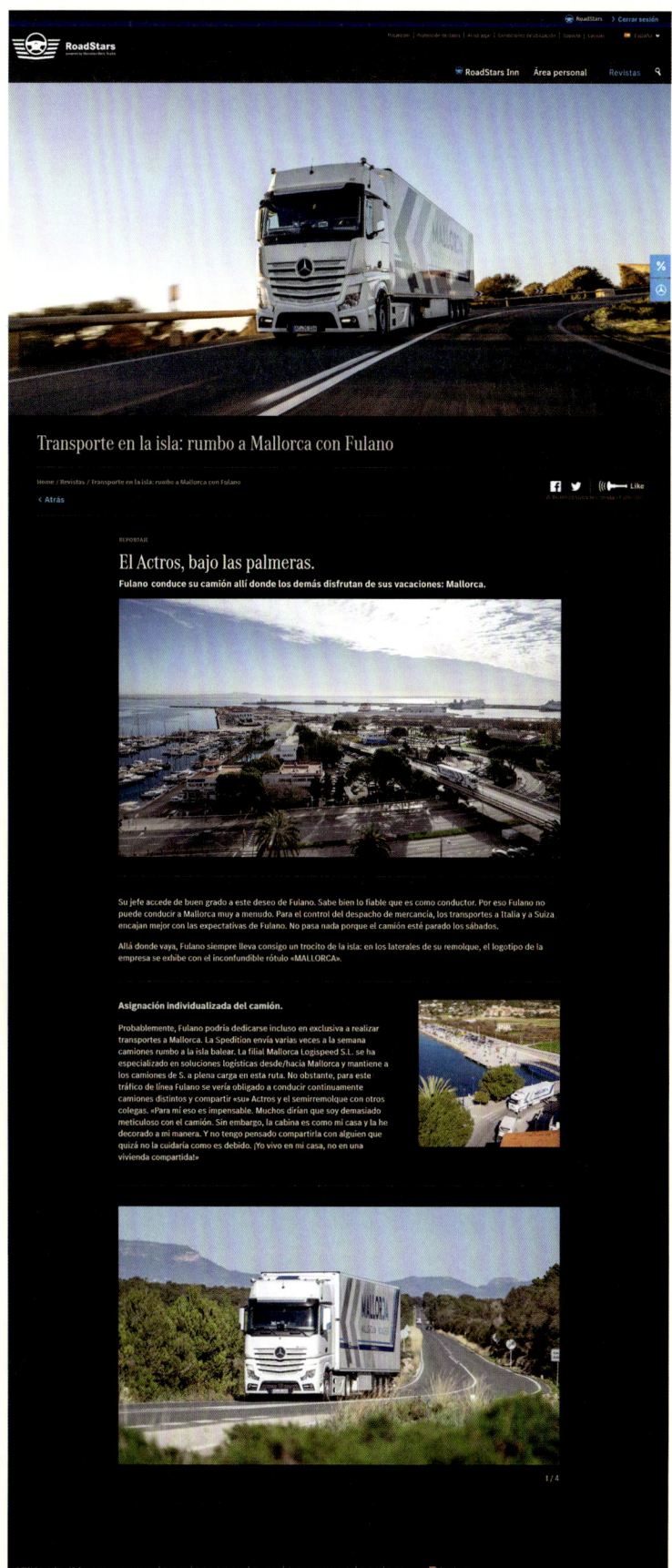

INTERNATIONAL
Internationale Kommunikation

INTERNATIONAL
Internationale Kommunikation

SHORTLIST

KION News 68: *Danke, Gordon!* Der Konzern KION Group vereint rund 40.000 Mitarbeitende aus über 100 Ländern, die in unterschiedlichen Bereichen arbeiten.
Die *KION News* soll diese Vielfalt widerspiegeln und gleichzeitig Gemeinsamkeiten hervorheben. Diese Gemeinsamkeit wird bewusst durch eine internationale Ausgabe in neun Sprachen verdeutlicht. Mit der *KION News* erhalten alle Mitarbeitenden identische Informationen – in ihrer jeweiligen Sprache.
In den Ausgaben wird die Vielfalt der Standorte und der Arbeitswelt dargestellt. Bewusst kommen Personen aus mehreren Ländern zu Wort, aus verschiedenen Berufen innerhalb des Konzerns und als Vertreter unterschiedlicher Marken. Verschiedene Formate bedienen diverse Lesegewohnheiten. Einige Formate regen bewusst an, den Blick zu ändern, beispielsweise eine internationale Gegenüberstellung zweier Kollegen im „Blickwinkel" oder die Verlagerung des Schwerpunktthemas auf eine komplett andere Branche im „Blick von außen". So eröffnen sich überraschende Perspektiven, die zum Nachdenken anregen und Kontext bieten.
Die *KION News* schaut nach vorne und will definieren helfen, was für die KION Group wichtig ist. Sie will dazu beitragen, dass Mitarbeitende aus traditionsbewussten Marken unter dem Dach der KION Group enger zueinander finden.
In der aktuellen Ausgabe wird der Abschied der prägenden Figur von CEO Gordon Riske dazu genutzt, um mit einem Sonderteil aufzuzeigen, wie und wieso sich die KION Group auf ihrem aktuellen Weg befindet – und was das für die Zukunft bedeutet.

Herausgeber KION GROUP AG

Realisation Profilwerkstatt GmbH

Zielgruppe KION Mitarbeiter

Ersterscheinung 01.09.2006

Format 210 x 275 mm

Umfang 32 Seiten

Auflage 6000 Exemplare Deutsch, 15.000 andere Sprachen + Chinesisch

Erscheinungsweise 3 x jährlich

Initialen bieten Leseanreize, die spielerisch die Zahlen und Farbigkeit aus dem Inhaltsverzeichnis aufgreifen.

SHORTLIST

INTERNATIONAL
Internationale Kommunikation

Themenschwerpunkt
Herzstück ist ein Aufmacher, der das Thema in Bezug zur Lebenswelt der Mitarbeitenden setzt.

Das Spiel der unterschiedlichen Seitenzahlen, auch in ihrer Farbigkeit, soll Diversität ausdrücken.

INNOVA TION

INNOVATION

INNOVATION

Best Use of Innovation/New Tech

INNOVATION
Best Use of Innovation/New Tech

PREISTRÄGER

Jurybegründung

Durchgehend schlüssiges Social-Media-Projekt mit sehr gut gemachtem Content. Die KPI sprechen für sich. Eine großartige Nutzung von TikTok.

PREISTRÄGER

INNOVATION
Best Use of Innovation/New Tech

Auf dem Bike zum TikTok-Hype

Herausgeber BMW Motorrad
Realisation LOBECO GmbH

INNOVATION
Best Use of Innovation/New Tech

PREISTRÄGER

Auf dem Bike zum TikTok-Hype. In weniger als zwei Jahren zur größten Automotive Brand auf TikTok! Wie BMW Motorrad das geschafft hat? Nachdem die Marke die Produktkommunikation im Jahr 2020 komplett neu und digital ausgerichtet hatte, war es der nächste logische Schritt, die Kunden der Zukunft (insb. GenZ) verstärkt über Social Media anzusprechen.
Die 3 Hauptziele, die BMW Motorrad dabei im Jahr 2021 verfolgte:
1. Verstärkt junge und komplett neue Zielgruppen für die Marke und ihre Produkte begeistern,
2. Reichweiten und Interaktionen mit der Social Media Community weiter ausbauen und
3. Status als First Mover in der digitalen Kommunikation untermauern.
3 Faktoren spielen für den Erfolg von BMW Motorrad auf TikTok eine entscheidende Rolle:
1. Eine komplett neue Art der Kommunikation direkt aus dem Kanal heraus gedacht – Produktionsprozesse wurden angepasst, Trends stark miteinbezogen und eine für die Marke komplett neue Tonalität geschaffen.
2. Fans der Marke werden zu Stars auf TikTok – 70 Prozent aller Inhalte werden direkt von der Community produziert.
3. Als erster Motorradhersteller launchte BMW Motorrad ein neues Produkt in einem TikTok Livestream und untermauerte damit den Status als Innovationsführer.
Die oben genannten KPIs bestätigen den Erfolg! Zudem wurde BMW Motorrad im Jahr 2021 von der W&V zur TikTok Brand des Monats Juni gekürt und erzielte massive Reichweiten in der jungen Community sowie in der Fachpresse!

—
Herausgeber BMW Motorrad
Realisation LOBECO GmbH

Webadresse
www.tiktok.com/@bmwmotorrad

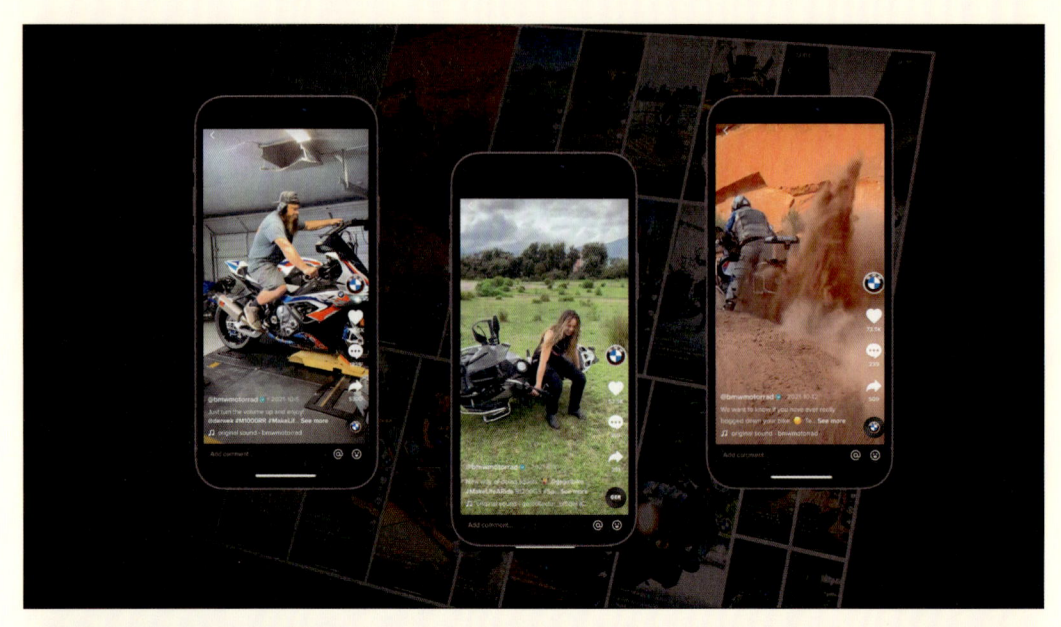

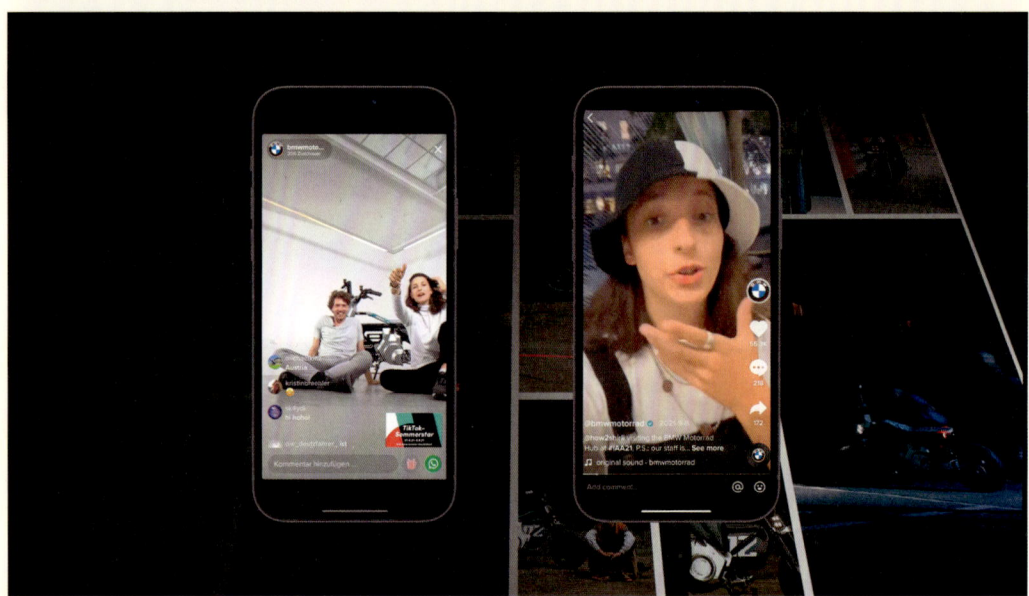

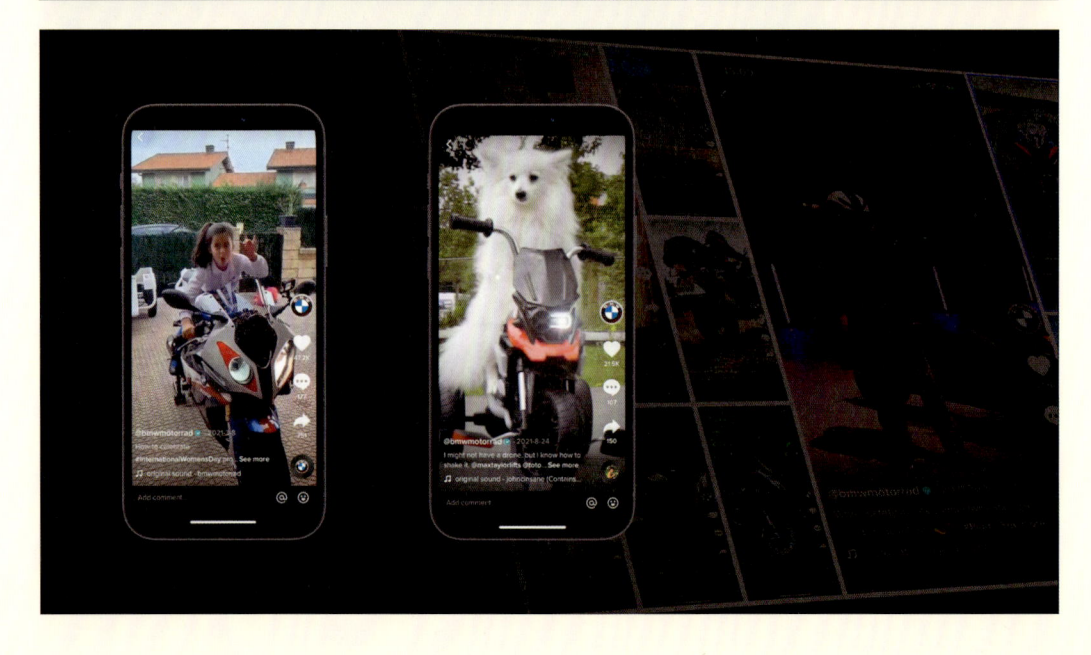

PREISTRÄGER

INNOVATION
Best Use of Innovation/New Tech

VON 150.000 AUF 1,8 MIO. FOLLOWERS INNERHALB EINES JAHRES!

BMW MOTORRAD

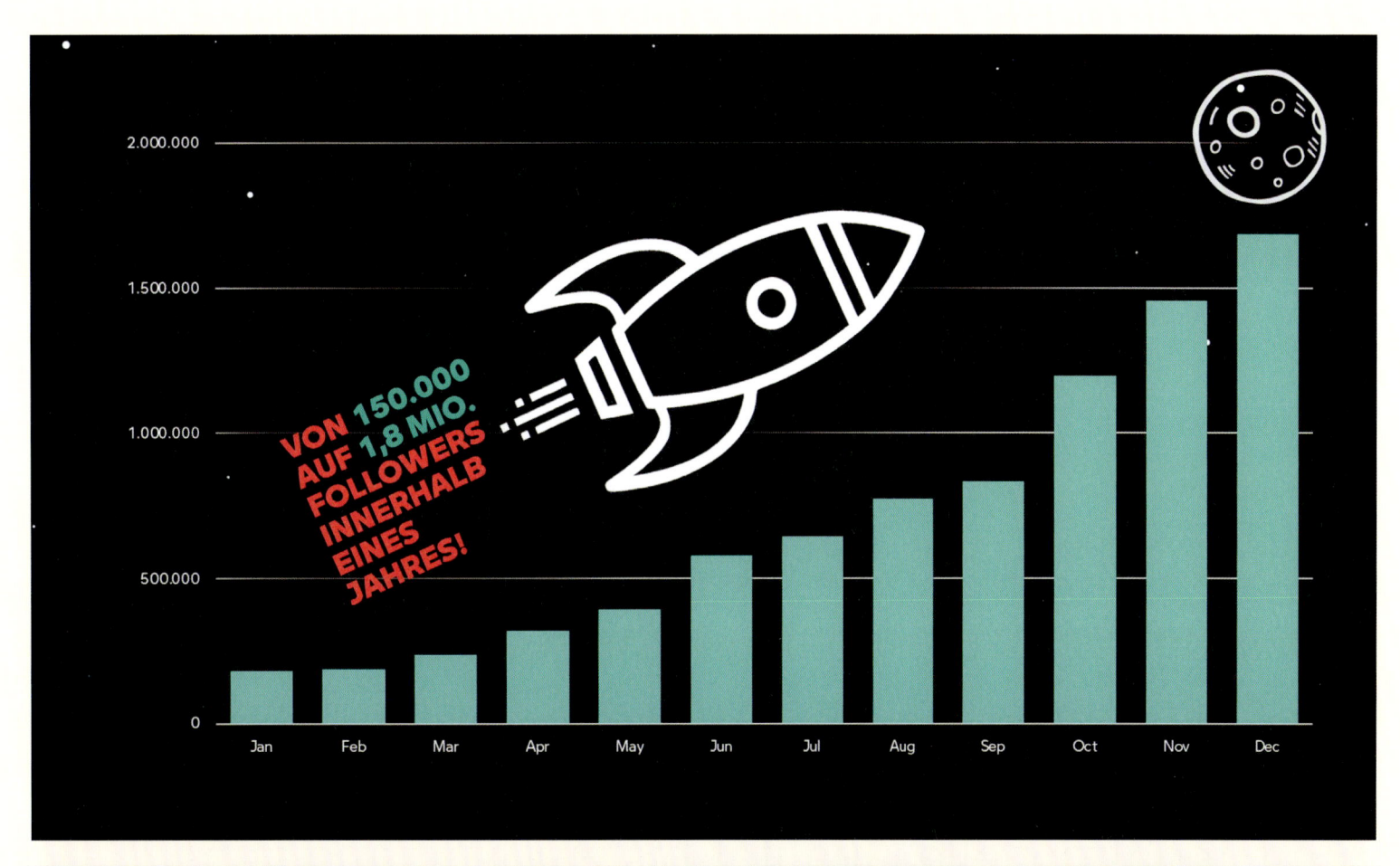

INNOVATION
Best Use of Innovation/New Tech

PREISTRÄGER

Jurybegründung

Ein Fall von Content, den man sich merken sollte. Großartiger Einsatz von Chatbot-Technologie, um die Interaktionsbarriere für dieses Thema zu senken. Alles überzeugt: von der Idee über Konzept, Umsetzung, redaktionelle Qualität bis zur Nutzung von New Tech.

PREISTRÄGER

INNOVATION
Best Use of Innovation/New Tech

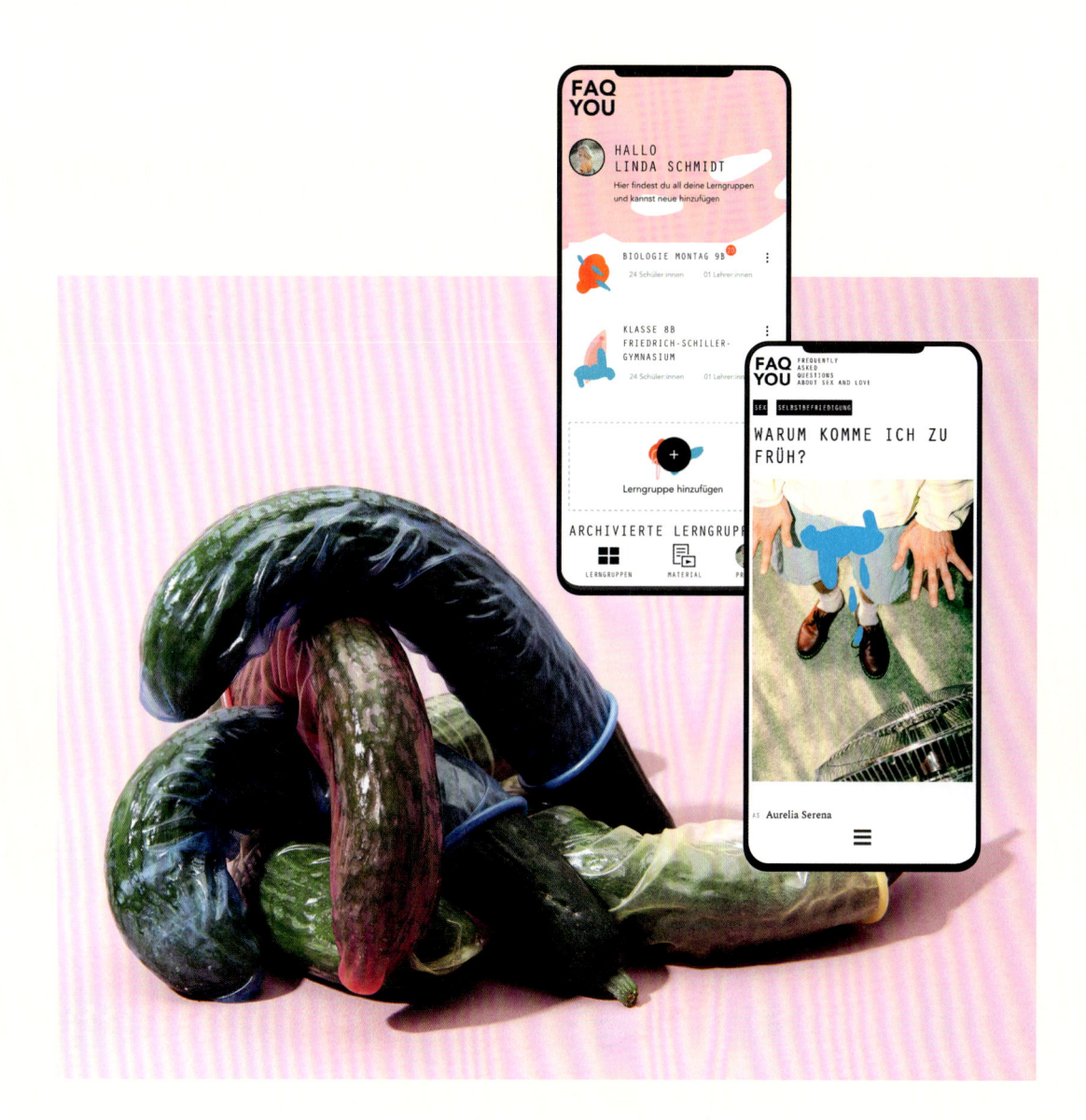

FAQ YOU – *Eine Aufklärungsplattform*

Herausgeber ohhh! foundation
Realisation loved GmbH

INNOVATION
Best Use of Innovation/New Tech

PREISTRÄGER

FAQ YOU – *Eine Aufklärungsplattform.*
Mit dem Aufklärungsbuch *FAQ YOU* brachte NGO Jugend gegen AIDS (heute: Ohhh! Foundation) vor zwei Jahren das Thema Aufklärung in die Gegenwart. Aufklärung auf Augenhöhe – ohne erhobenen Zeigefinger, unechte Körper und Diskriminierung, dafür mit einer positiven Grundhaltung gegenüber allen Formen von Safer Sex.
Was als analoges Informations-Tool startete, wurde nun zu einem digitalen Safe Space ausgebaut: faqyou.com. Die Plattform basiert auf dem Buch, bietet jedoch noch viel mehr – und natürlich auch mehr Möglichkeiten, einzelne Themen interaktiv aufzubereiten und redaktionelle Schwerpunkte zu setzen.
Hier bekommen Jugendliche Antworten auf ihre meistgestellten Fragen zu Themen rund um Sex, Liebe und Identität, wie zum Beispiel: Wie viel Sex macht glücklich? Was sind Geschlechterrollen? Was ist ein sexueller Übergriff?
Auf der Plattform gibt es auch einen Chatbot, der persönliche Fragen beantwortet, informiert, Testzentren findet und sogar dabei hilft, einen Termin beim richtigen Arzt zu machen. Auf einer separaten E-Learning Plattform werden Lehrerinnen und Lehrern außerdem kostenlose Unterrichtsmaterialien zur Verfügung gestellt.
Faqyou.com ist für mobile Screens und mobile scrolling optimiert. Die redaktionellen Beiträge werden interaktiv erlebbar gemacht und bieten Usern mit Konfiguratoren, Swipe-Fragebögen und Rubbelbildern spielerisch wichtige Informationen und einen echten Mehrwert.

—
Herausgeber ohhh! foundation
Realisation loved GmbH
Redaktion Ohhh! Foundation, NEON Software Solutions GmbH, Dakitec GmbH
Gestaltung loved GmbH (Kreativ-GF: Mieke Haase, Creative Direction: Alexander Müsgens, Art Direction: Julian Steiner, Nora Depner, Kundenberatung: Lukas Funk, Text: Lukas Weber, Isabella Bigler, Bildredaktion: Peggy Wellerdt, Nadine Aber, Managing Partner: Michael Jacobs)

Webadresse www.faqyou.com
Kontakt info@loved.de

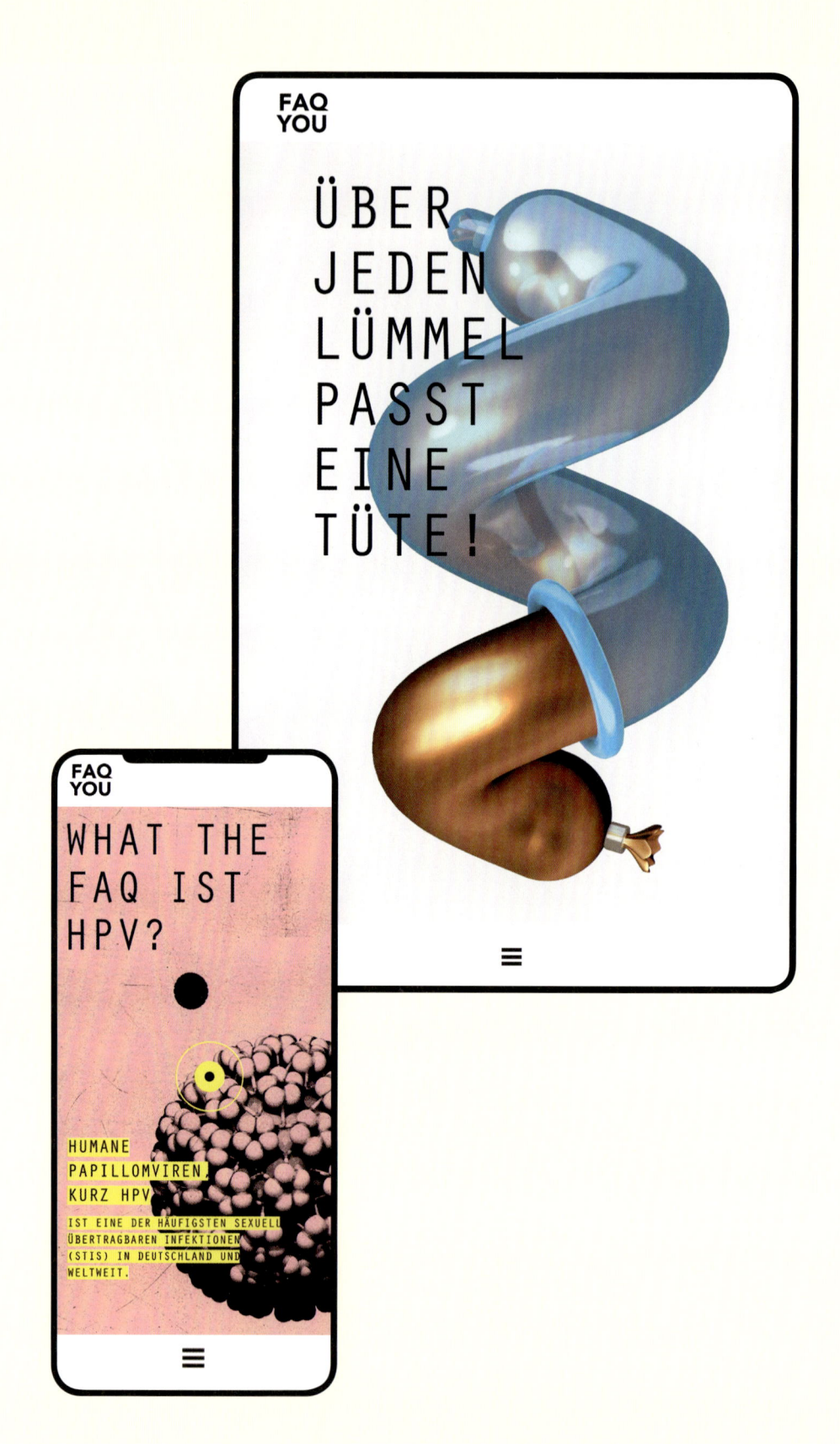

PREISTRÄGER

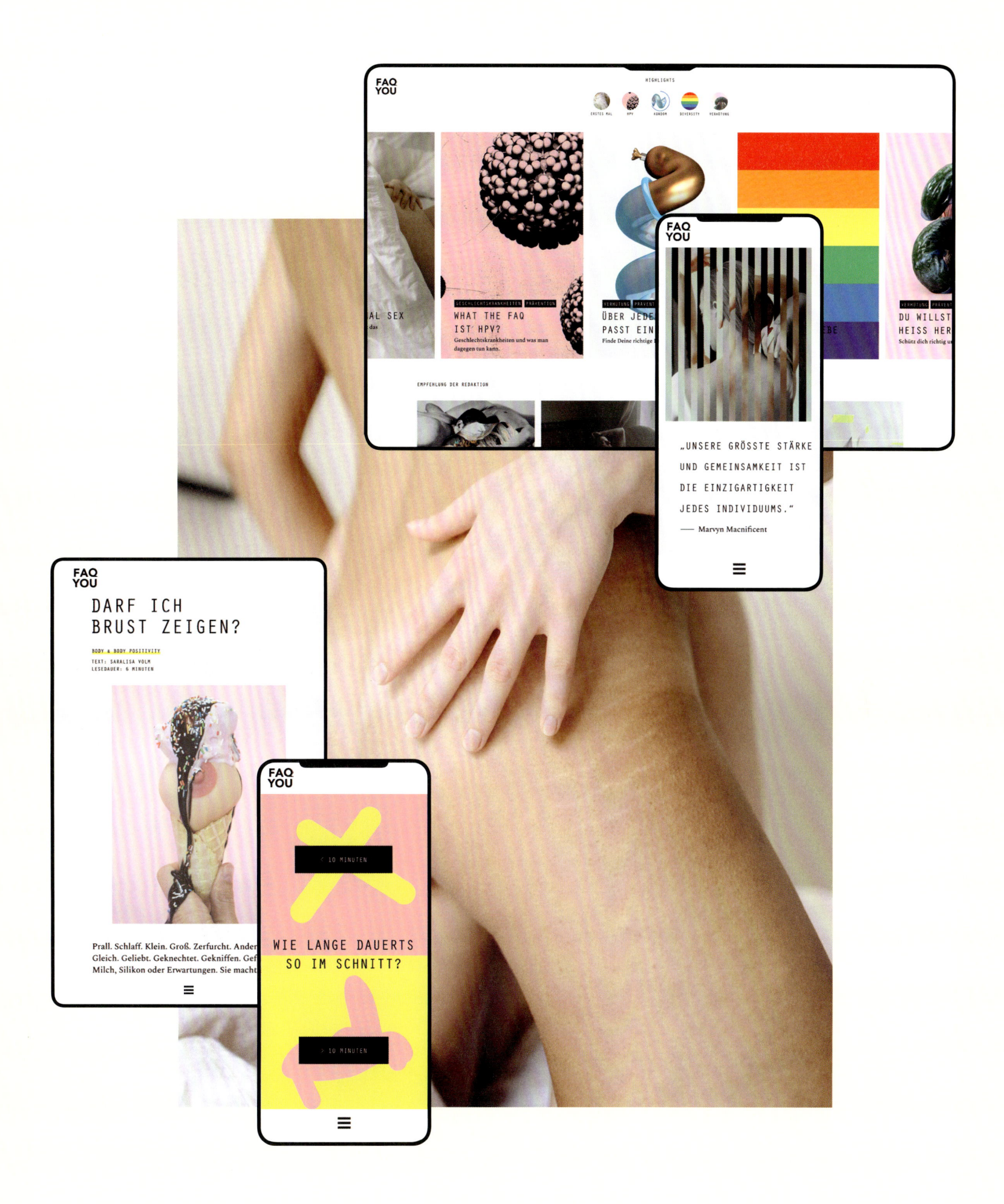

INNOVATION
Best Use of Innovation/New Tech

INNOVATION
Best Use of Innovation/New Tech

SHORTLIST

Beethoven X – *The AI Project.* Ludwig van Beethoven gilt als das größte musikalische Genie aller Zeiten. Als er 1827 stirbt, hinterlässt er der Nachwelt Notizen für ein unvollendetes Werk – die 10. Sinfonie. Seither fragt sich die Menschheit, wie das letzte Stück des großen Maestros klingen würde. Klassik und KI – eine unerwartete Kombination. Die Telekom steht für Innovation und ist Vorreiter im Bereich neuer Technologien. Musik ist seit Jahren eine zentrale Säule der Unternehmens- und Marketingkommunikation. Das Markenversprechen „Erleben, was verbindet" ist ein starkes Leitmotiv des Unternehmens und wird mit innovativen Musik-Marketing-Konzepten in die Realität umgesetzt. Mit einem internationalen Leuchtturm-Projekt sollen die Chancen und Herausforderungen Künstlicher Intelligenz aufgezeigt werden. Es soll die Weiterentwicklung der Innovationstechnologie vorangetrieben, die werthafte Zusammenarbeit von Mensch und Maschine erforscht und eine gesellschaftliche Debatte rund um diese Disruption angeschoben werden. Das Projekt soll genutzt werden, um exklusiven Content zu produzieren, mit einer reichweitenstarken Kommunikation einen positiven Markenshift zu erreichen und die Marke als Innovationstreiber und Technologieführer zu positionieren. Aus einem gewagten Experiment wird eine einzigartige Kooperation zwischen Mensch und Maschine. Eines der größten unvollendeten Werke der Menschheit wird Wirklichkeit. Der Telekom gelang es, das Thema Künstliche Intelligenz mit der Kunst erfolgreich zu verbinden. Die bahnbrechende Kampagne verschaffte der Telekom weltweite Aufmerksamkeit und einen signifikant positiven Markenshift, der den Pionierstatus der Marke in puncto Technologie zementiert.

Herausgeber Deutsche Telekom
Realisation Kruger Media mit DDB Group Germany, Mindshare, Emetriq, DO IT!, Live Nation, DOM Digital Online Media, iProspect

SHORTLIST

INNOVATION
Best Use of Innovation/New Tech

KRISEN KOMMU NIKA TION

KRISEN-
KOMMUNI-
KATION

KRISENKOMMUNIKATION

436 Krisenkommunikation

Jurybegründung

Die Kampagne überzeugt durch eine zielgruppengerechte grafische wie inhaltliche Aufbereitung der Corona-Regeln an Schulen. Grafikdesign in Hochform. Die Infografiken sind herausragend

Corona-Aufkleber-Konzept Abstand macht Schule

Herausgeber Bureau Bald GmbH
Realisation Bureau Bald GmbH

KRISENKOMMUNIKATION   PREISTRÄGER

Corona-Aufkleber-Konzept Abstand macht Schule. Besondere Zeiten erfordern besondere Maßnahmen! Nach dem erfolgreichen Konzept der mehrfach ausgezeichneten Hamburger Stadtteilschule Alter Teichweg zur Wiedereröffnung der Schulen, unterstützt die Designagentur Bureau Bald mit einer speziell entwickelten plakativen Aufkleber-Kampagne Grund- und Weiterführende Schulen in Deutschland im Kampf gegen die Pandemie. Die Aufkleber wurden zu Teilen kostenfrei an Schulen in Deutschland übergeben. Damit leistet die Agentur einen Beitrag zum Schutz der Schüler und Lehrkräfte bei der Eindämmung von Corona. Die Motive weisen in illustrierter Art auf die wichtigsten Hygiene- und Abstandsregeln hin, appellieren an den bewussten Umgang miteinander und sind in der humorvollen Ansprache gezielt auf die Schülerschaft zugeschnitten. Ziel des Projektes war es, allen Lehrern, Eltern und den Kindern auf charmante Weise ein Lächeln ins Gesicht zu zaubern, die Rückkehr zum Alltag zu erleichtern und das Gemeinschaftsgefühl trotz Corona zu stärken, ohne dabei Ängste zu schüren. Eine sinnvolle Maßnahme, um altersgerecht die Wichtigkeit eines gesunden Abstandes weiter zu geben. „Wenn durch diese Maßnahme das gemeinschaftliche Gefühl der Schüler gestärkt wird und sich nur ein Schüler weniger in der dritten Corona-Welle Deutschlands infiziert, können wir von einer erfolgreichen Kampagne sprechen." – Patrick Meny (Bureau Bald, CEO)

—

Herausgeber Bureau Bald GmbH

Agentur Bureau Bald GmbH

Redaktion Bureau Bald (Nina Maerker, Sven Randewig, Patrick Meny; Text: Katharina Hermann)

Gestaltung Bureau Bald (Gestaltung und Illustrationen: Patrick Meny, Lena Steinke, Mia Karschunke, Anne Koch)

Zielgruppe Grund- und weiterführende Schulen in Deutschland

Format 30 x 30 cm, 60 x 30 cm – Zertifizierter rutschfester Fußboden-/Fliesenaufkleber

Distribution Eigenvertrieb, Charity und Verkauf über unseren Online-Shop

KPI Überregionale Maßnahme für ein verbessertes Bewusstsein zur Einhaltung der Corona-Regeln. Deutschlandweit wurden die Schul-Aufkleber positiv aufgenommen, ohne Angstzustände zu schüren.

Launch-Datum 02.2021

Webadresse www.bureau-bald.de/product-category/SchulAbstandsaufkleber/

Kontakt info@bureau-bald.de

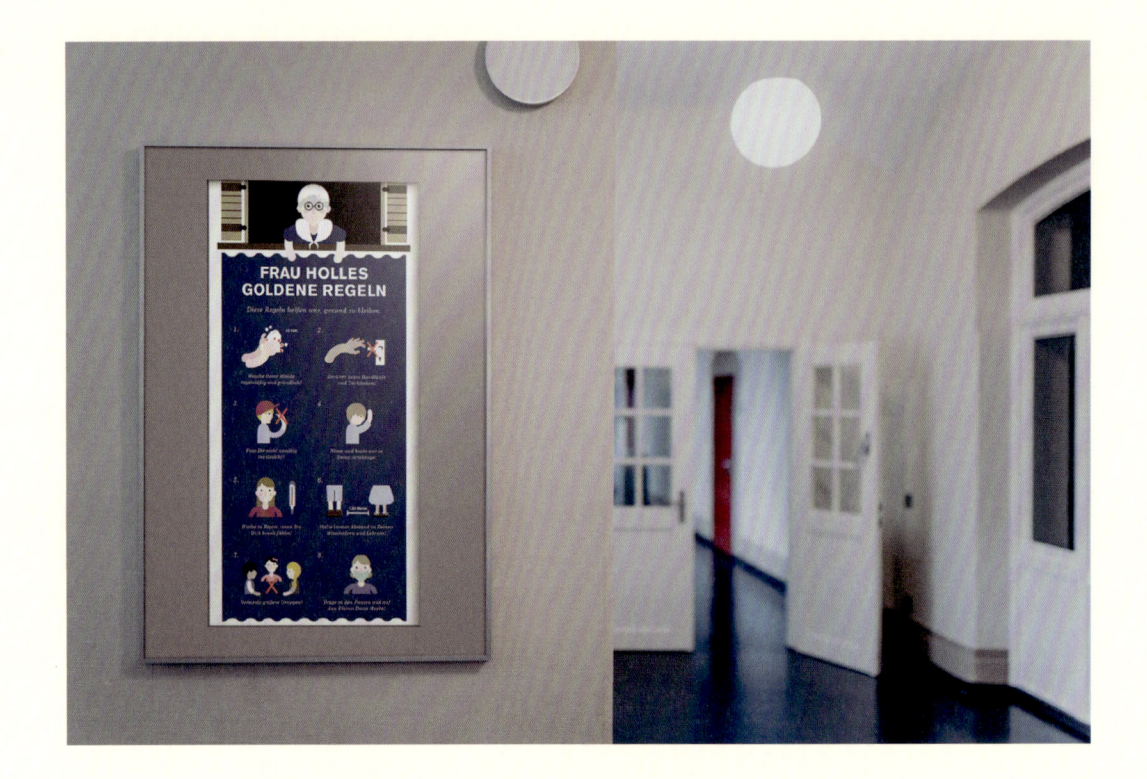

PREISTRÄGER | KRISENKOMMUNIKATION

KRISENKOMMUNIKATION   SHORTLIST

—

Die Mutmacher – *Vom Hinfallen und Wiederaufstehen.* Existenzängste, Ungewissheit, Ohnmachtsgefühle – die Corona-Krise hat Millionen von Unternehmerinnen und Unternehmern vor große Herausforderungen gestellt. Viele mussten ihr Geschäft temporär schließen, Angestellte in Kurzarbeit schicken und umdenken.

Die Content-Offensive *Die Mutmacher – Vom Hinfallen und Wiederaufstehen* porträtiert junge Unternehmen in einer dreiteiligen Videoserie. Im Mittelpunkt stehen Gründerinnen und Gründer, die gerade dabei waren, sich am Markt zu etablieren, als der erste Lockdown kam. Es geht um ein Café, einen Barbershop und einen Softwareentwickler.

Sie sind echte Mutmacher, da sie in der Pandemie schnell und mit Erfolg neue Wege gegangen sind. Sie haben ihre Geschäftsmodelle angepasst, sich neue Möglichkeiten und Geschäftsbereiche erschlossen, die sie auch noch nach der Pandemie weiterbringen. Sie bieten anderen Selbstständigen Inspiration und Identifikationsmöglichkeit. Die Beispiele zeigen: In der Krise liegen Chancen.

Die KfW präsentiert sich nicht primär als Förderbank, sondern zeigt sich partnerschaftlich – auch in schweren Zeiten.

—

Herausgeber KfW Bankengruppe, Inlandsmarketing (Solveig Keser, Sascha Haink, Eva-Maria Röder, Birgit Spors)

Realisation Axel Springer Corporate Solutions GmbH & Co. KG (Projektmanagement: Miriam Heinl, Markus Hohmeier)

Redaktion Axel Springer Corporate Solutions GmbH (Tatjana Graßl, Eva Buscher)

Gestaltung Axel Springer Corporate Solutions GmbH (Matteo Wiesheu; Video: András Heiberger)

Zielgruppe Gründer:innen, Nachfolger:innen, Unternehmer:innen

Umfang Drei Hauptvideos mit begleitenden Text-Bildreportagen und audio-visuellen Social Media Postings

Distribution kfw.de/mutmacher, YouTube, Instagram, LinkedIn; Reichweitenmaximierung: Ad-Formate in Display-Netzwerken und Social Media

Launch-Datum April 2021

Webadresse kfw.de/mutmacher

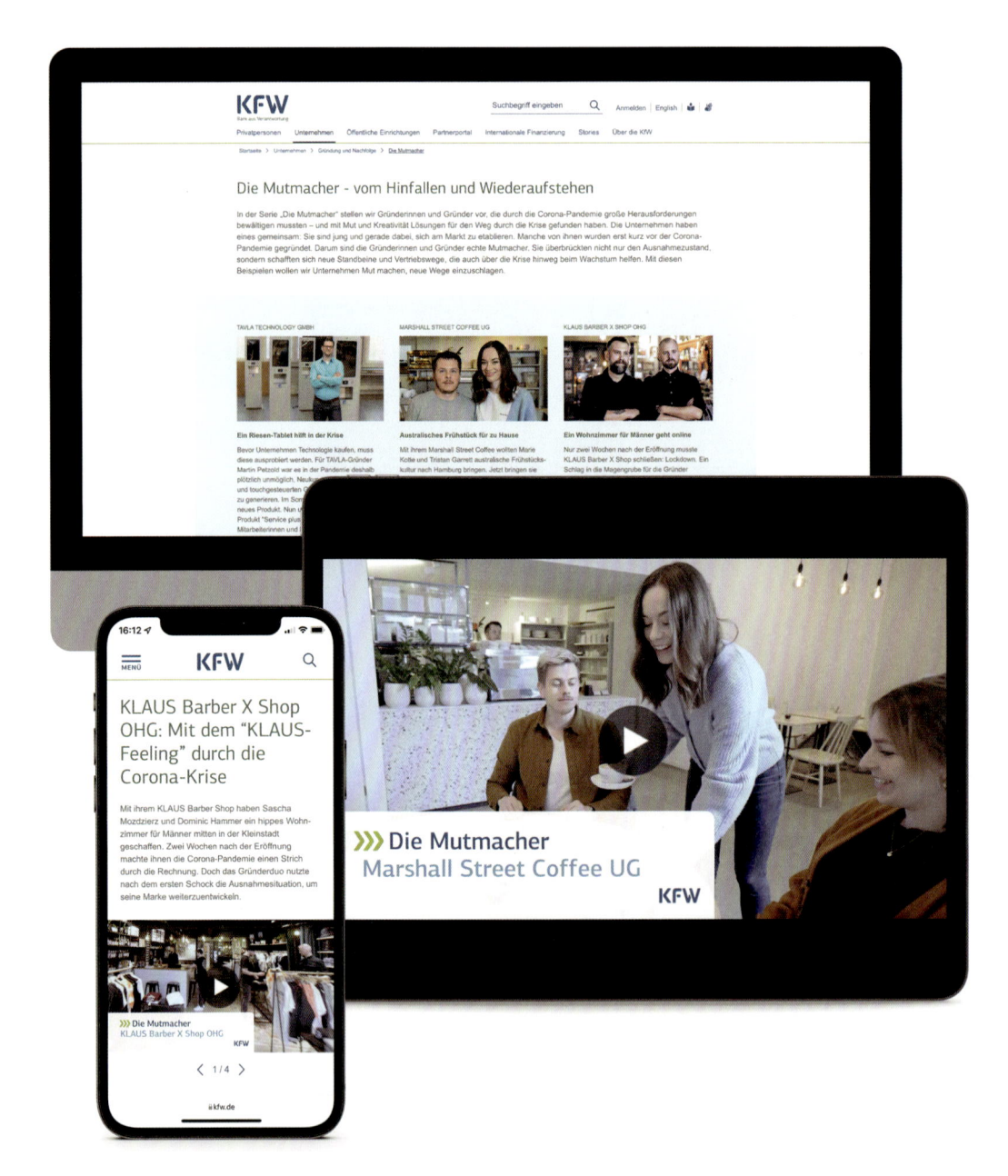

SHORTLIST

KRISENKOMMUNIKATION

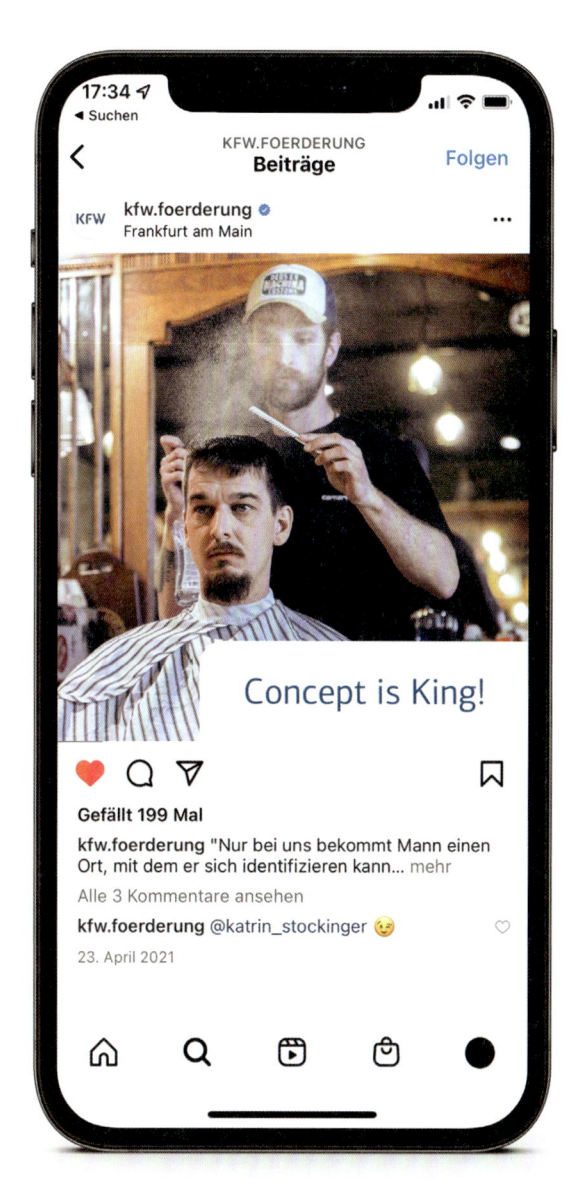

"Nur bei uns bekommt Mann einen Ort, mit dem er sich identifizieren kann."

"Als Sozialunternehmer möchte ich gesellschaftlichen Nutzen erzielen."

Liefern statt schließen

"Ich würde immer wieder mein eigenes Café gründen."

Concept is King!

NACHHA KEITS KOMMU NIKATIO

NACHHALTIG
KOMMUNIKA

LTIG

KEITS-
TION

N

NACHHALTIGKEITS-
KOMMUNIKATION

444 Nachhaltigkeitskommunikation

Jurybegründung

Sehr gute Umsetzung, gute Response Rate, ansteckende Kommunikation. Der Content punktet. Der Claim *wildentschlossen* ist großartig und die Umsetzung im Logo toll.

PREISTRÄGER NACHHALTIGKEITSKOMMUNIKATION

wildentschlossen – *Meine Stimme für mehr Artenvielfalt*

Herausgeber Bundesministerium für Klimaschutz, Umwelt, Energie, Mobilität, Innovation und Technologie
Realisation kraftwerk

NACHHALTIGKEITSKOMMUNIKATION   PREISTRÄGER

wildentschlossen – *Meine Stimme für mehr Artenvielfalt*. Österreich ist eines der artenreichsten Gebiete Mitteleuropas. Noch. Denn leider sind wir massiv von Arten- und Lebensraumverlust betroffen. Um Biodiversität zu schützen und die Artenvielfalt zu erhalten, gilt es junge Menschen auf diese Themen aufmerksam zu machen. Denn sie werden am meisten von den Folgen betroffen sein. Aber wie? Genau mit dieser Frage ist das Klimaschutzministerium an uns herangetreten. Die Antwort war eine wildentschlossene Bewegung: Und um diese anzukurbeln, haben wir uns acht renommierte österreichische Content Creator ins Boot geholt. Diese fungierten als Unterstützer:innen für vier Zukunftsvisionen, für die man auf wildentschlossen.at voten konnte. Die Vision mit den meisten Stimmen erhielt Einzug in die Biodiversitäts-Strategie 2030 der österreichischen Bundesregierung. Um die Jugendlichen zu motivieren, auch eigene Ideen einzureichen, wurden diverse Instagram-Storys und -Postings sowie ein YouTube-Spot produziert.
Der Erfolg: ca. 300.000 erreichte Jugendliche, 1.000 abgegebene Stimmen und über 500 eingereichte Ideen in nur zwei Monaten. Die Bewegung wurde mit minimalem Mediabudget umgesetzt und erreichte die Conversion im Sinne von abgegebenen Stimmen praktisch fast ausschließlich über den Schneeballeffekt.

—

Herausgeber Bundesministerium für Klimaschutz, Umwelt, Energie, Mobilität, Innovation und Technologie (Projektleitung: Gabriele Obermayr, Cajetan Perwein, Bernhard Mittermüller)
Realisation kraftwerk (Projektleitung: Angelika Hammer)
Redaktion kraftwerk (Konzept/Text: Anna Wessely, Raphael Seidl, Thomas Hofer)
Gestaltung kraftwerk (CD: Gabriel Moinat; Design: Sabrina Lang; Social Media: Silvia Fritsch, Nicholas Eckl, Kornelius Tersch; Spot-Produktion/Musik/Ton: Little Eyes, karmatraxx, PlanetSound)
Zielgruppe Gen Y und Gen Z
Beteiligte Medienkanäle Instagram, YouTube, TikTok
Digitalformat Social Mediakampagne, Website
Launch-Datum September 2021
Webadresse www.wildentschlossen.at

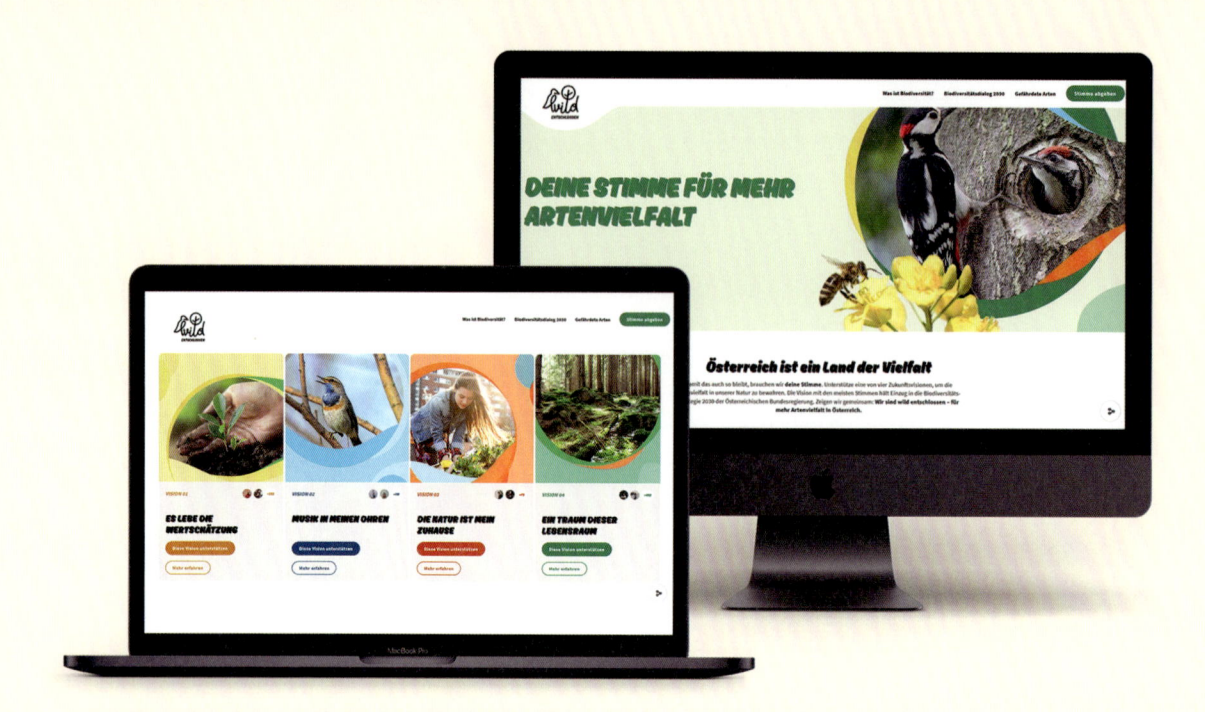

PREISTRÄGER NACHHALTIGKEITSKOMMUNIKATION

Vision 1: Es lebe die Wertschätzung
_tagessuppe (CEO Zero Waste Austria): „Zero Waste ist für mich mehr als Abfallvermeidung. Es ist ein ganzheitliches Prinzip, bei dem es um Kreisläufe und Ressourcenschonung geht."

Vision 2: Musik in meinen Ohren
little_bee: „Als Gartenbesitzerin ist mir die Artenvielfalt besonders wichtig. Im Einklang mit der Natur zu leben und den Lebensraum der Arten nicht zu zerstören ist oberstes Gebot."

Vision 3: Die Natur ist mein Zuhause
wastenothmye: „Ein Verlust der Artenvielfalt bedeutet einen Verlust an Lebensraum und ist somit eine ernstzunehmende Bedrohung für unseren Planeten. Lasst uns gemeinsam wieder bewusster konsumieren, regional, bio und saisonal einkaufen und Grünflächen der Betonwüste vorziehen."

Vision 4: Ein Traum dieser Lebensraum
berosa_gogreen: „In den Bergen passt sich der Mensch der Natur an – nicht umgekehrt. Die alpine Natur hat ihre eigene Ordnung und eigenen Regeln die seit jeher funktionieren. Vom dichten Wald bis rauf zu den Gletschern."

NACHHALTIGKEITSKOMMUNIKATION   SHORTLIST

BMV Kampagne – *Sei Teil einer besseren Welt. Geh in den BioMarkt.* Unter dem Motto *Sei Teil einer besseren Welt. Geh zum BioMarkt* ging der BioMarkt Verbund 2021 mit einer großangelegten 360-Grad-Kampagne an den Start. Erarbeitet wurde das Konzept von der Agentur Territory und der hauseigenen Kommunikationsabteilung des BioMarkt Verbunds. Die Kampagne unterstreicht die Bedeutung des Bio-Fachhandels für eine echte nachhaltige Wende in der Landwirtschaft und Ernährung.

Mit irritierenden Aussagen schaffen die Keyvisuals Aufmerksamkeit – und das auf vielfältigen Kommunikationswegen wie Out-of-Home-Plakaten, am Point of Sale, in der Mitarbeiterkommunikation sowie den Social-Media-Kanälen inklusive Display und Bewegtbild. Auf diese Weise wird die zentrale Botschaft des BioMarkt Verbundes zu den Verbraucher:innen getragen: Es ist egal, was man im BioMarkt kauft, denn alle Produkte dort tragen zur Schonung von Ressourcen, zum Erhalt der Artenvielfalt, dem Schutz der Böden und Gewässer bis hin zum Klima bei. Hintergrund der Kampagne ist, dass es für Verbraucher:innen in einem wachsenden Wettbewerbsumfeld immer schwieriger wird, die Vorteile von Bio im kompetenten Fachhandel zu erkennen. Für den BioMarkt Verbund ist Bio eine Frage der Haltung. Das unterscheidet den Fachhandel vom konventionellen Lebensmittelhandel. Somit stärkt die Kampagne den Bio-Fachhandel und gewinnt neue Menschen für den ganzheitlichen Bio-Gedanken.

Territory ist der Kommunikationspartner für den im Herbst 2020 gegründeten BioMarkt Verbund. Diesem gehören sowohl etwa 350 Denns BioMärkte als auch über 150 einzelhändlergeführte BioMärkte an.

Herausgeber dennree GmbH (Leitung Marketing: Lukas Nossol; Leitung Redaktion Unternehmenskommunikation: Lena Grießhammer; Leitung Werbung B2B: Marko Heinze; Projektmanager Marketing: Stefanie Rittweg)

Realisation TERRITORY GmbH (Director Of Client Services: Martin Beike; Director Strategy and Concept: Till Heckel; Geschäftsführer Media: Marcus Hintzen; Head of Video Content: Till Uhrig; Unit Lead: Isabel Estor; Project Manager: Sandra Wirkus, Martin Wesolowski; redaktionelle Leitung: Oliver Kipp; Lead Managing Editor: Martina Gatzka; Lead Art Director: Anja Ternes; Senior Art Director: Benjamin Voßhans)

Webadresse territory.de

SHORTLIST NACHHALTIGKEITSKOMMUNIKATION

SCHÜTZE HUMMELN MIT HAFERFLOCKEN
GEH ZUM BIOMARKT

Bio Markt

Sei Teil einer besseren Welt.
biomarkt.de

RETTE MIT DEO DEN REGENWALD
GEH ZUM BIOMARKT

Bio Markt

Sei Teil einer besseren Welt.
biomarkt.de

BEI UNS SCHONST DU MIT LIMONADE ACKERBÖDEN
Wie das geht, erfährst du auf biomarkt.de

Bio Markt

Sei Teil einer besseren Welt.

NACHHALTIGKEITSKOMMUNIKATION SHORTLIST

Fair is beautiful – *GIZ*. Der Faire Handel ist eine gute Sache, kann aber auch ein ziemlich sperriges Thema sein. Wer ist hier eigentlich fair zu wem? Bringt das wirklich was? Dazu kommt, dass man diese Fragen eigentlich dann stellen müsste, wenn Menschen besonders unbedacht konsumieren: in der Weihnachtszeit zum Beispiel. Wir haben uns also gefragt: Wie schafft man es, Nachhaltigkeit im Sinne des Fairen Handels mitten im Advent zu thematisieren, ohne die Menschen zu überfordern und ihnen die Freude am Fest zu nehmen? Die Lösung fanden wir in einem echten Klassiker, der seit einigen Jahren immer beliebter wird: der hässliche Weihnachtspulli. Aus dem machten wir einfach: etwas Schönes. Denn natürlich war er fair hergestellt! Und außerdem erzählte sein Motiv etwas über die wichtigen Ziele des Fairen Handels. Nach dem Motto: *Fair ist beautiful.*

Damit das Nachhaltigkeitsthema „Fairer Handel" in der Weihnachtszeit dann auch bei der Zielgruppe ankam, verschickten wir eine große Menge an Pullis an Influencer:innen, die ihn ihren Follower:innen präsentierten und *Fair is beautiful* in die Welt trugen. Zusätzlich erklärten sie die Symbole auf dem schönsten hässlichen Weihnachtspulli, die für die Kernthemen des Fairen Handels standen. Die prominentesten Pulli-Träger: Koch-Youtuber Max Kolb und Sternekoch Ali Güngörmüş, die wir in einem Youtube-Video in einem echten Kochduell gegeneinander antreten ließen. Dank der fairen Lebensmittel, die sie dabei benutzten, war aber auch dieses eigentlich unfaire Duell am Ende völlig fair. Fairness ist eben ganz besonders nachhaltig.

—

Herausgeber Deutsche Gesellschaft für Internationale Zusammenarbeit (GIZ) GmbH
Realisation GUD.berlin GmbH
Redaktion GUD.berlin GmbH
Filmproduktion Bears Calling GmbH

SHORTLIST NACHHALTIGKEITSKOMMUNIKATION

NACHHALTIGKEITSKOMMUNIKATION   SHORTLIST

NOW – *Das Nachhaltigkeitsmagazin der otto group.* Die Nachhaltigkeitsberichterstattung von Unternehmen hat sich in den vergangenen Jahren stark verändert. Sie konzentriert sich zumeist auf den strategischen Ansatz von Corporate Responsibility, folgt internationalen Reporting-Richtlinien und erreicht oft jedoch nur eine sehr spitze Leserschaft: eine kleine Gruppe von Nachhaltigkeitsexpert:innen. Die Otto Group entschied sich für einen neuen Ansatz. Sie wollte ihr seit mehr als 30 Jahren konsequentes Nachhaltigkeitsengagement in radikal journalistischer Weise beleuchten – und fand Deutschlands größtes Nachhaltigkeitsmagazin GEO als Partner. Die ungewöhnliche Aufgabe: eine Unternehmenspublikation zu produzieren, die den kritischen Blick von außen und nach außen zulässt. Das Ergebnis: Auf insgesamt 108 Seiten skizzieren und hinterfragen GEO-Journalist:innen in 16 Reportagen und Interviews die Herausforderungen, denen sich die Otto Group im Rahmen ihrer gesellschaftlichen Verantwortung stellen muss. Die 100.000 Print-Exemplare des Magazins NOW wurden an die weltweit 50.000 Beschäftigten der Otto Group versandt. Außerdem an Politik, Wissenschaft, Wirtschaft, Verbände, NGOs und die Kommunikations- und Medienbranche – je nach Zielgruppe in deutscher oder englischer Sprache. Auf der Website der Otto Group steht das Magazin ebenfalls zweisprachig als ePaper- und PDF-Version kostenfrei zur Verfügung. Ein Exzerpt lag den beiden Wirtschafts- und Finanzmedien Handelsblatt und Wirtschaftswoche bei.

—

Herausgeber Otto Group
Realisation GEO, eine Medienmarke von Gruner+Jahr Deutschland GmbH

Umfang 108 Seiten
Auflage 100.000 Exemplare
Erscheinungsweise einmalig
Webadresse www.ottogroup.com/de/NOW2021.php

SHORTLIST   NACHHALTIGKEITSKOMMUNIKATION

REGIS
TER

REGISTER

REGISTER

456 Titel / Redaktionen
462 Herausgeber / Unternehmen
468 Agenturen / Dienstleister
476 Personen

Titel/Redaktionen
Deutschland

#

#beat100flow 340

#Overcome 234
Rapid Peaks GmbH
David Roth
Kistlerhofstr. 70 | Haus 2
81379 München
Fon +49 89 93909910
E-Mail info@rapidpeaks.com
www.rapidpeaks.com

#togetherstronger 372
540 Tage Liebe
Nemo Altenberger, Leitung Kreation
Rheinstraße 99.3
64295 Darmstadt
Fon +49 6151 3600 600
E-Mail nemo@540tageliebe.de
www.540tageliebe.de

361° 272
van laak Medien
Thomas van Laak
Große Düwelstraße 28
30171 Hannover
Fon +49 511 84 48 98 88
E-Mail thomas@vanlaak.info
www.vanlaak.info

**9:11 Magazin: E19, Kpt. 1
Best Moments** 230
TERRITORY GmbH
Danilo Klöfer, Sebastian Stücke,
Till Uhrig, Lorenz Wetscher,
Detlef Wittkuhn, Ran Yin, Markus
Buchbauer, Account Manager
Am Baumwall 11
20459 Hamburg
Fon +49 40 8090 46 100
E-Mail contact@territory.group
www.territory.de

A

ABOUT TRUST 82
muehlhausmoers corporate
communications gmbh
Invalidenstraße 112
10115 Berlin
E-Mail info@muehlhausmoers.com
www.muehlhausmoers.com

akzente 102
Fazit Communication GmbH
Sabrina Pfost, Projektleitung
Frankenallee 71–81
60327 Frankfurt am Main
Fon +49 69 7591 3101
E-Mail kontakt@fazit.de
www.fazit.de/de

**Aller Anfang bist du –
AOK NordWest** 366
Mindbox GmbH
Werner-Hartmann-Straße 5
01099 Dresden
Fon +49 351 888 270
www.mindbox.de

**AMEXcited –
das digitale Magazin** 178
ODALINE GmbH
Strategie + Digital Content Agentur
Jan König, Co-Founder
Fon +49 172 8368481
E-Mail jan@odaline.de

AMG Uncovered 228
Looping Group
Olando GmbH
Maximilian Schlett, Project Lead
Linienstr. 144
10115 Berlin
Fon +49 152 09013093
E-Mail msch@looping.group
www.looping.group

ARTE Magazin 94
Axel Springer Corporate Solutions
GmbH & Co. KG
Frank Parlow und Lutz Thalmann
Axel-Springer-Str. 65
10888 Berlin
Fon +49 30 25 91 74716
E-Mail newbusiness@axelspringer.de
www.as-corporate-solutions.de

**Atruvia – Kommunikation in der
Transformation** 324
**Atruvia – Transformation der
Kommunikation** 332
LAUTENBACH SASS
Unternehmensberater für
Kommunikation PartG
Christoph Lautenbach
Schleusenstraße 15–17
60327 Frankfurt am Main
E-Mail info@lautenbachsass.de
www.lautenbachsass.de

**Auf dem Bike
zum TikTok-Hype** 192, 424
LOBECO GmbH
Mies-van-der-Rohe-Straße 1
80807 München
Fon +49 89 248823 600
E-Mail info@lobeco.org

B

**BASF Creating Chemistry –
Jetzt geht's rund** 74
BASF SE – Creating Chemistry
Dr. Nina Schwab-Hautzinger
Corporate Communications &
Government Relations
Carl-Bosch-Straße 38
67056 Ludwigshafen
www.basf.com

**Beethoven X –
The AI Project** 194, 358, 432

**BMV Kampagne „Sei Teil einer besseren
Welt. Geh in den BioMarkt"** 448
TERRITORY GmbH
Carl-Bertelsmann-Straße 33
33311 Gütersloh

**BMW Group Integrierter
Online-Bericht 2021** 308
3st kommunikation GmbH
Taunusstraße 59–61
55118 Mainz
Fon +49 6131 49961 0
E-Mail info@3st.de
www.3st.de

BOOM! 387
Evonik Industries AG
Rellinghauserstraße 1–11
45128 Essen
Fon +49 201 177 3156
Fax +49 201 177 703156
E-Mail Folio@evonik.com

Bosch Home Connect Plus 170
C3 Creative Code and Content GmbH
Heiligegeistkirchplatz 1
10178 Berlin
Fon +49 30 440 3220
E-Mail info@c3.co
www.c3.co

Bosch Zünder 3/21 – Unter Strom   262

C

**CLAAS Geschäftsbericht 2021 –
Pushing boundaries** 298
**CLAAS Online-Geschäftsbericht 2021 –
Pushing boundaries** 312
3st kommunikation GmbH
Taunusstraße 59–61
55118 Mainz
Fon +49 6131 49961 0
E-Mail info@3st.de
www.3st.de

Clariant Integrierter Bericht 314
Kammann Rossi
Niehler Str. 104
50733 Köln
Fon +49 97 65 41 44
E-Mail info@kammannrossi.de
www.kammannrossi.de

**Corona-Aufkleber-Konzept Abstand
macht Schule** 436
Bureau Bald GmbH
Alice Milcic
Bahrenfelder Steindamm 38
22761 Hamburg
+49 40 29 85 82 66
E-Mail info@bureau-bald.de
www.bureau-bald.de

**ctrlX AUTOMATION –
TWO STEPS AHEAD** 326
ressourcenmangel GmbH
Christophstraße 6
70178 Stuttgart
Fon +49 711 40060070
E-Mail stuttgart@ressourcenmangel.de
www.ressourcenmangel.de

D

DB Cargo – Wir sind güter. 196
GUD.berlin GmbH
Linienstraße 145
10115 Berlin
Fon +49 30 7556999 0
E-Mail info@gud.berlin
www.gud.berlin

Der Wunsch 212, 410
Serviceplan Group SE & Co. KG
Haus der Kommunikation
Friedenstraße 24
81671 München
Fon +49 89 2050 20
E-Mail info@
house-of-communication.com

DIE KK21 CHRONIKEN 354
KK21 Communication GmbH
Ralf Löwe, Managing Director
Alter Steinweg 39
48143 Münster
Fon +49 175 1955275
E-Mail loewe@kk21.de
www.kk21chroniken.de

**Die Maler – Klingt komisch.
Macht aber glücklich.** 198
Die Maler – Mal was Echtes 294
ressourcenmangel GmbH
Christof Biggeleben
Schlesische Straße 26
Aufgang C.IV
10997 Berlin
Fon +49 151 44 88 45 67
E-Mail Christof.Biggeleben@
ressourcenmangel.de
www.ressourcenmangel.de

**Die Mutmacher – Vom Hinfallen und
Wiederaufstehen** 204, 440
Axel Springer Corporate Solutions
GmbH & Co. KG
Frank Parlow und Lutz Thalmann
Axel-Springer-Str. 65
10888 Berlin
Fon +49 30 25 91 74716
E-Mail newbusiness@axelspringer.de
www.as-corporate-solutions.de

E

EDEKA Mit Liebe 64
EDEKA Mit Liebe vegan Spezial 128
C3 Creative Code and Content GmbH
Heiligegeistkirchplatz 1
10178 Berlin
Fon +49 30 440 3220
E-Mail info@c3.co
www.c3.co

EDEKA Media GmbH
New-York-Ring 6
22297 Hamburg
Fon +49 40 6377 2469
E-Mail media@edeka.de
www.media.edeka

Electronic Beats 124
Meiré und Meiré GmbH & Co. KG
Mike Meiré
Lichtstraße 26–28
50825 Köln
Fon +49 221 57770-100
E-Mail info@meireundmeire.com
www.meireundmeire.com

Aufbau Verlag Berlin
Anvar Cukoski
Prinzenstr. 85
10969 Berlin
Fon +49 30 283940
E-Mail info@aufbau-verlag.de
www.aufbau-verlage.de

ELEMENTS – Auf Wiedersehen 84
ELEMENTS Online 156
KNSK Group
An der Alster 1
20099 Hamburg
Fon +49 201 177 3315
E-Mail elements@evonik.com

ESSENTIAL TEASER „Robotics" 216
Profilwerkstatt GmbH
Dr. Claudia Klemm, Director Content
Development
Rheinstraße 99.3
64295 Darmstadt
Fon +49 6151 3600540
E-Mail c.klemm@profilwerkstatt.de
www.profilwerkstatt.de

**EUNited
Business Conference 2021** 378
Michelin Reifenwerke AG & Co. KGaA
Sinikka Kenklies,
Michelin Frankfurt Office
The Squaire 17 – Am Flughafen
60549 Frankfurt am Main

F

Fair is beautiful – GIZ 450
Bears Calling GmbH
Carmerstraße 10
10623 Berlin
Fon +49 151 41942944
E-Mail HELLO@BEARSCALLING.COM
www.bearscalling.com

**FAQ YOU – Eine Aufklärungs-
plattform** 182, 428
loved GmbH
Vorsetzen 32
20459 Hamburg

**FINTROPOLIS 2021 –
Die Werk.Stadt der Zukunft** 344

Folio – Nachhaltig wachsen 288, 387
Evonik Industries AG
Rellinghauser Straße 1–11
45128 Essen
Fon +49 201 177 3156
Fax +49 201 177 703156
E-Mail folio@evonik.com

FRAU in Führungsposition 391
muehlhausmoers corporate
communications gmbh
Invalidenstraße 112
10115 Berlin
E-Mail info@muehlhausmoers.com
www.muehlhausmoers.com

FST – ESSENTIAL „Robotics" 86
Profilwerkstatt GmbH
Dr. Claudia Klemm, Director Content
Development
Rheinstraße 99.3
64295 Darmstadt
Fon +49 6151 3600540
E-Mail c.klemm@profilwerkstatt.de
www.profilwerkstatt.de

Johannes Winterhagen, Autor
Tiroler Straße 20
60596 Frankfurt am Main
Fon +49 69 6971 8795
E-Mail post@winterhagen.de
www.winterhagen.de

TITEL / REDAKTIONEN
Deutschland

G

Grünfink #7 – Im Gleichgewicht – DATEV, die Pandemie und Hybrid Business 264
Profilwerkstatt GmbH
Alexander Bräuer,
Director Content Development
Rheinstraße 99.3
64295 Darmstadt
Fon +49 6151 3600620
E-Mail a.braeuer@Profilwerkstatt.de

H

Hundert Prozent – das Magazin der Berufsgenossenschaft Handel und Warenlogistik 98

I

Ich tu's für – Impfkampagne 208
Oliver Mohr
Kufsteiner Str. 4
81679 München
Fon +49 178 1969637
E-Mail oliver@alibi-film.de

IKK Haltungskampagne 368
C3 Creative Code and Content GmbH
Heiligegeistkirchplatz 1
10178 Berlin
Fon +49 30 440 3220
E-Mail info@c3.co
www.c3.co

In der Nervenkaffeeküche – die Infografik für das Gesundheitsmagazin Minga von der München Klinik gGmbH 400
SZ Scala GmbH
Katrin Lange, Redaktionsleitung
Hultschiner Straße 8
81677 München
Fon +49 89 2183 7260
E-Mail katrin.lange@sz-scala.de
www.sz-scala.de

Influencer im Darm – ELEMENTS 404
KNSK Group
An der Alster 1
20099 Hamburg
Fon +49 201 177 3315
E-Mail elements@evonik.com

Ist das noch gesund? – Podcast der Techniker Krankenkasse 246
C3 Creative Code and Content GmbH
Heiligegeistkirchplatz 1
10178 Berlin
Fon +49 30 440 3220
E-Mail info@c3.co
www.c3.co

J

Ja sagen lohnt sich! 362
IBM iX Berlin GmbH
Eva-Maria Blank, Redaktionsleitung
Julika König, Kampagnenleitung
Chausseestraße 5
10115 Berlin

JACK WOLFSKIN – Mit dem Rucksack ins Herz der GenZ 188, 328
Justaddsugar GmbH
und
ODALINE GmbH
Strategie + Digital Content Agentur
Jan König, Co-Founder
Fon +49 172 8368481
E-Mail jan@odaline.de

Jahresbericht Kölner Freiwilligen Agentur e.V. 2020 302
muehlhausmoers corporate communications gmbh
Invalidenstraße 112
10115 Berlin
E-Mail info@muehlhausmoers.com
www.muehlhausmoers.com

Jedes Zuhause 218
Serviceplan Group SE & Co. KG
Haus der Kommunikation
Friedenstraße 24
81671 München
Fon +49 89 2050 20
E-Mail info@house-of-communication.com

Junge Klassik 180
Stanzl & Keller GdbR
Pappelstraße 23
67166 Otterstadt
Fon +49 62 32 44 06 24
E-Mail uwe@stanzl.net

K

KION News 68: Danke, Gordon! 420
Profilwerkstatt GmbH
Dr. Claudia Klemm, Director Content Development
Rheinstraße 99.3
64295 Darmstadt
Fon +49 6151 3600 500
Fax +49 06151 5990879
E-Mail c.klemm@profilwerkstatt.de

KREO – das BIOMARKT Magazin 60
KREOmi – das BioMarkt Magazin für Kinder ab 6 Jahren 68
TERRITORY GmbH
Carl-Bertelsmann-Straße 33
33311 Gütersloh
Fon +49 5241 234 80 50
E-Mail empfang@territory.group

M

Markets International – Cover Ausgabe 2/22 396
Kammann Rossi
Jürgen Jehle, leitender Redakteur
Niehler Str. 104
50733 Köln
Fon +49 97 65 41 44
E-Mail j.jehle@kammannrossi.de
www.kammannrossi.de

Mein erster Tag als Rentner – Allianz 1890 digital 382
Allianz SE, Group Communications,
German Desk
Niclas Müller,
Head of German Allianz Media
Königinstraße 28
80802 München
E-Mail niclas.mueller@allianz.com
www.1890digital.de

MINI Insider 38
TERRITORY GmbH
Thomas Rabe
Projektmanagement MINI
Am Baumwall 11
20459 Hamburg
Fon +49 40 8090 46 100
E-Mail contact@territory.group
www.territory.de/

mPaper – Geht's noch? Mehr Raum für Ideen 90
muehlhausmoers corporate communications gmbh
Invalidenstraße 112
10115 Berlin
E-Mail info@muehlhausmoers.com
www.muehlhausmoers.com

N

NETWORK Magazin 258
Deutsche Post DHL Group
Internal Communications
Canan Dogan, Eske Wright,
Steffen Henke
Fritz-Erler-Straße 9
53113 Bonn

Norderney – Die Königin der Nordsee 122
greenbox design
Rembertistraße 31
28203 Bremen
Fon +49 421 24 77 550

CMS – Cross Media Solutions GmbH
Friederike Sauerbrey

NOW – Das Nachhaltigkeitsmagazin der otto group 134, 452
Gruner + Jahr Deutschland GmbH
GEO Redaktion
Margitta Schulze Lohoff,
Leitung GEO Innolab
Am Baumwall 11
20459 Hamburg
Fon +49 40 3703 3721
E-Mail lohoff.margitta@guj.de
www.guj.de

O

ORIGINALE 07 – Teile. Typen. Technik. 142
ramp.space GmbH & Co. KG
Cedric Pfaus, Head of Inhouse Publications
Im Alten Wasserwerk
Obere Wässere 5
72764 Reutlingen
Fon +49 7121 43304 700
E-Mail info@ramp-space.com
www.ramp.space

P

plus – Das Magazin der R+V Versicherung 266
Vigl & Friends
Mario Vigl
Sonnenstraße 22a
85778 Haimhausen
Fon +49 152 06497920
E-Mail mario@viglandfriends.com

Politikgewissen 370
The ONE Campaign gGmbH
TLGG
Florian Kegel
Paul-Lincke-Ufer 39/40
10999 Berlin
Fon +49 30 81 61 601 40
E-Mail floriankegel@tlgg.de
www.tlgg.de

Porsche – The Art of Dreams 220
Agentur loved GmbH / moved
Vorsetzen 32
20459 Hamburg

Porsche Engineering Magazin – Intelligent. Vernetzt. Digital 42
Axel Springer Corporate Solutions GmbH & Co. KG
Axel-Springer-Str. 65
10888 Berlin
Fon +49 30 25 91 74716
E-Mail newbusiness@axelspringer.de
www.as-corporate-solutions.de

Porsche Experience stories – 2022 Edition 112, 138
BrandsOnSpeed GmbH
Dornhaldenstraße 6
70199 Stuttgart
Fon +49 711 380 303 0
E-Mail info@brandsonspeed.com
www.brandsonspeed.com

Porsche Newsroom – Information. Indensified 164

Purrfect Match 200
TERRITORY GmbH
Marlies Bayha
Neumarkter Straße 26
81673 München
Fon +49 4372 1100
E-Mail bayha.marlies@territory.group
www.territory.de

R

ramp#56 – Alles zu seiner Zeit 44
ramp.space GmbH & Co KG
Im Alten Wasserwerk
Obere Wässere 5
72764 Reutlingen
Fon +49 7121 43304
E-Mail info@ramp-Space.de

Rise by lifting others – KMS TEAM Website Relaunch 166
KMS TEAM Berlin
Gerichtstraße 51
13347 Berlin
Fon +49 89 490 411 0
E-Mail hello@kms-team.com

RoadStars powered by Mercedes-Benz Trucks 160, 416
Code Red. GmbH
Achenbachstraße 73
40237 Düsseldorf
Fon +49 211 55 04 78 900
E-Mail info@codered.net
www.codered.net

Ruperto Carola – VERBINDEN & SPALTEN 108
KMS TEAM GmbH
Knut Maierhofer
Gabrielenstraße 9
80636 München
Fon +49 89 490 411 0
E-Mail info@kms-team.com
www.kms-team.com

S

SAP x FC Bayern München – Success Is Built On Many Shoulders 356
Rapid Peaks GmbH
Vera Schwaiger
Kistlerhofstr. 70 – Haus 2
81379 München
Fon +49 151 65218530
E-Mail sap@rapidpeaks.com
www.rapidpeaks.com

share – Das goldene Haus 346
ressourcenmangel GmbH
Schlesische Straße 26
10997 Berlin
Fon +49 30 13880 859
E-Mail das.original@ressourcenmangel.de
www.ressourcenmangel.de

She's Mercedes X Alicia Keys 46
Looping Group
Olando GmbH
Gwendolyn Eckert, Project Lead
Linienstr. 144
10115 Berlin
Fon +49 1743133592
E-Mail ge@looping.group
www.looping.group

Stadt gemeinsam gestalten! – Neue Modelle der Koproduktion im Quartier 150

Stones of Beirut 144, 186
TERRITORY Gmbh
Marlies Bayha
Am Baumwall 11
20459 Hamburg
Fon +49 40 8090 46 100
E-Mail contact@territory.group
www.territory.de

Strategische Content Operations Vertriebskommunikation 336
Profilwerkstatt GmbH
Markus Jordan, Director Content Development
Rheinstraße 99.3
64295 Darmstadt
Fon +49 6151 3600 500
E-Mail m.jordan@profilwerkstatt.de
www.profilwerkstatt.de

Symrise Unternehmensbericht 2020 – Die Kraft ganzheitlichen Handelns 304
3st kommunikation GmbH
Taunusstraße 59–61
55118 Mainz
Fon +49 6131 49961 0
E-Mail info@3st.de
www.3st.de

T

Team Spirit – Das Mitarbeitermagazin von Symrise 276
Kammann Rossi
Niehler Str. 104
50733 Köln
Fon +49 97 65 41 44
E-Mail info@kammannrossi.de
www.kammannrossi.de

The Good Business Magazine 110
Commandante Berlin GmbH
Toni Kappesz
Monbijouplatz 4
10439 Berlin
Fon +49 302 787 426 0
E-Mail alarm@commandante.org
www.commandante.org

The Porsche Jump 224
KG Media Factory GmbH
Bahnhofstraße 18
85774 Unterföhring
Fon +49 89 2176856000
E-Mail beratung@kgmediafactory.com
www.kgmediafactory.com

The Quintessence of Sustainable Energy 78
IndustryAgents GmbH
Kaiserstraße 18
80801 München

The Visible Net 406
Serviceplan Group SE & Co. KG
Haus der Kommunikation
Friedenstraße 24
81671 München
Fon +49 89 2050 20
E-Mail info@
house-of-communication.com

Think:Act #36 – Geopolitik 2.0: Die neue Weltkarte 54
Axel Springer Corporate Solutions GmbH & Co. KG
Frank Parlow und Lutz Thalmann
Axel-Springer-Str. 65
10888 Berlin
Fon +49 30 25 91 74716
E-Mail newbusiness@axelspringer.de
www.as-corporate-solutions.de

TITEL/REDAKTIONEN
Deutschland/Österreich

U

TÜV SÜD IN Webmagazin 278
muehlhausmoers corporate
communications gmbh
Invalidenstraße 112
10115 Berlin
E-Mail info@muehlhausmoers.com
www.muehlhausmoers.com

**TWELVE – Von Träumen zu Tech-Trends:
Wie der Mensch das digitale
Morgen prägt** 96, 398
Serviceplan Group SE & Co. KG
Haus der Kommunikation
Friedenstraße 24
81671 München
Fon +49 89 2050 20
E-Mail info@
house-of-communication.com

U

**Umweltschutz bei der Deutschen
Bahn – Für Kinder erklärt** 238
TERRITORY GmbH
Am Baumwall 11
20459 Hamburg
Fon +49 40 8090 46 100
E-Mail contact@territory.group
www.territory.de

**Ungeschönt – Der Gründungs-Podcast
der KfW Bankengruppe** 248
Axel Springer Corporate Solutions
GmbH & Co. KG
Frank Parlow und Lutz Thalmann
Axel-Springer-Str. 65
10888 Berlin
Fon +49 30 25 91 74716
E-Mail newbusiness@axelspringer.de
www.as-corporate-solutions.de

UNSER PURPOSE 210
Jahreszeiten Verlag GmbH
Harvestehuder Weg 42
20149 Hamburg
Fon +49 40 2717 0237
www.jalag.de

W

**WEISSER RING Jahresbericht 20/21 –
LAUT werden** 306
Weisser Ring e.V.
Weberstraße 16
55130 Mainz
Fon: +49 6131 83030
E-Mail: info@weisser-ring.de
http://weisser-ring.de

**WIR sind die Zukunft –
Sonderausgabe des R+V Mitarbeiter-
magazins „plus"** 284
Vigl & Friends
Mario Vigl
Sonnenstraße 22a
85778 Haimhausen
Fon +49 152 06497920
E-Mail mario@viglandfriends.com

**WISSEN. MACHT. SPASS –
Telekom Bookazine** 152
Deutsche Telekom Service GmbH
Tatjana Geierhaas
Friedrich-Ebert-Allee 71-77
53113 Bonn

Y

Y – Das Magazin der Bundeswehr ... 268
**Y – Das Magazin der Bundeswehr:
Spezialkräfte** 286, 394
Redaktion der Bundeswehr
Florian Stöhr, Chefredaktion
Reinhardtstraße 52
10117 Berlin
Fon +49 30 886 228 2411
E-Mail: cvd@Y-Magazin.de
Web: www.y-magazin.de

**you and me Quarterly –
Das Magazin für die Mitarbeiter:innen
der Deutschen Telekom** 270
DEUTSCHE TELEKOM AG
Group Services
Dr. Stefanie Marx
Corporate Communications
Friedrich-Ebert-Allee 140
53113 Bonn
Fon +49 228 181 71383
Fax +49 151 14249032
E-Mail stefanie.marx@telekom.de
www.telekom.com

**YUMMI – DAS KINDERMAGAZIN VON
EDEKA (Relaunch-Ausgabe)** 72
C3 Creative Code and Content GmbH
Heiligegeistkirchplatz 1
10178 Berlin
Fon +49 30 440 3220
E-Mail info@c3.co
www.c3.co

EDEKA Media GmbH
New-York-Ring 6
22297 Hamburg
Fon +49 40 6377 2469
E-Mail media@edeka.de
www.media.edeka

YUMMI PODCAST – EDEKA 250
KB&B – Family Marketing Experts
GmbH & Co. KG
Schellerdamm 16
21079 Hamburg
Fon +49 40 767 94 500
E-Mail info@kbundb.de
www.kbundb.de

C3 Creative Code and Content GmbH
Heiligegeistkirchplatz 1
10178 Berlin
Fon +49 30 440 3220
E-Mail info@c3.co
URL: www.c3.co

Z

zukunftswaende 174
neuwaerts GmbH
Markus Herwig
Vahrenwalder Straße 269
30179 Hannover
Fon +49 511 987798 0
E-Mail info@neuwaerts.de
www.neuwaerts.de

**Zwischen Pause und
Fast-Forward** 316
heureka GmbH
Renteilichtung 1
45134 Essen
E-Mail info@heureka.de
www.heureka.de

Österreich

**ATLAS – The Gebrüder Weiss
Magazine** 120
Gebrüder Weiss Gesellschaft m.b.H.
Frank Haas
Bundesstraße 110
6923 Lauterach
Fon +43 5574 696 2168
Fax +43 59006 2173
E-Mail redaktion@gw-atlas.com
www.gw-world.com

Groothuis. Gesellschaft der Ideen
und Passionen mbH
Borselstraße 16b
22765 Hamburg
Fon +49 40 79 41 96-0
Fax +49 40 79 41 96-111
E-Mail kontakt@groothuis.de
www.groothuis.de

**Das EY Austria Management Team,
das ins Windows stieg
und verschwand** 280
Ernst & Young ServicegmbH & Co OG
Steuerberatungsgesellschaft
Wagramer Str. 19
1220 Wien
E-Mail me@at.ey.com

**frisch –
DAS KRÖSWANG MAGAZIN** 66
Le Fritz Publishing
Christoph Rösch
Gatterederstraße 6/Top e5
1230 Wien
Fon +43 680 328 6995
E-Mail roesch@lefritz.wien
www.lefritz.wien

Organics 397
Red Bull Media House GmbH
Am Grünen Prater 3
1020 Wien
Fon +44 01 90 221 -0
E-Mail copublishing@redbull.com
www.publishing.redbull.com

Schweiz

Wald Kalender 2022 136
WALD Verlags GmbH
Große Schiffgasse 18/10
1020 Wien
Fon +43 1 236 05 44
E-Mail redaktion@waldmagazin.at
www.waldmagazin.at

**wildentschlossen – Meine Stimme
für mehr Artenvielfalt** 444
kraftwerk | Agentur für neue
Kommunikation
Angelika Hammer, COO
Burggasse 28-32
1070 Wien
Fon +43 1 409 36 30
E-Mail feelgood@kraftwerk.co.at
www.kraftwerk.co.at

WIR 116
Red Bull Media House GmbH
Am Grünen Prater 3
1020 Wien
Fon +43 1 90 221 0
E-Mail copublishing@redbull.com
www.publishing.redbull.com

**Credit Suisse Values – Werte schaffen.
Werte erhalten. Werte leben.** 52
Ammann, Brunner & Krobath AG
Simon Brunner
Schiffbaustrasse 10
8005 Zürich
Fon +41 44 450 40 20
E-Mail simon.brunner@abk.ch
www.abk.ch

gomagazin 104
IVCG Publikationen
Thomas Aerni, Verlagsleiter
Stephan Lehmann-Maldonado,
Co-Chefredakteur
Simon Jahn, Co-Chefredakteur
Michael Aerni, Gestaltung
Bachstrasse 97b
5034 Suhr
Fon +41 795 292 595
E-Mail thomas.aerni@gomagazin.de
www.gomagazin.de

**Greenpeace Jubiläumszeitung –
50 Jahre – 50 Porträts** 130
Greenpeace Schweiz
Danielle Müller und Franziska
Neugebauer
Badenerstrasse 171
8036 Zürich
www.greenpeace.ch

Helsana Ratgeber Depression 48
Helsana Versicherungen AG
Claudia Wyss, Gesamtverantwortung
Zürichstrasse 130
8600 Dübendorf

**HUGO BOSS RELOADED –
STRATEGIC LEADERSHIP
COMMUNICATION AT ITS BEST** 376
Forward Advisors AG/Swisscontent AG
Daniel Kaczynski
Hottingerstrasse 12
8032 Zürich
Fon +41 44 245 45 45
*E-Mail Daniel.kaczynski@
forwardadvisors.ch*
www.forwardadvisors.ch
www.swisscontent.ch

I love IT 290
Ergon Informatik AG
Joy-Fleur Brettschneider
Merkurstrasse 43
8032 Zürich
Fon +41 44 268 89 00
E-Mail info@ergon.ch
www.ergon.ch

**Im Strom der Zeit –
Klybeck-Mook** 132
Novartis International AG
Goran Mijuk
Fabrikstrasse 6
4002 Basel
Fon +41 79 961 06 94
E-Mail goran.mijuk@novartis.com
www.novartis.com

involved 106
Swissmem
Pfingstweidstrasse 102
8005 Zürich
Fon +41 44 384 41 11
E-Mail info@tecindustry.ch
www.tecindustry.ch

prio – Privatkunden-Magazin 70
Die Schweizerische Post AG
Claudia Langenegger
Wankdorfallee 4
3030 Bern
Fon +41 76 465 72 03
E-Mail dieter.roeoesli@post.ch
*www.post.ch/de/ueber-uns/aktuell/
privatkundenmagazin*

**Pulverzauber und Metallurgen-
kunst** 148
kest werbeagentur gmbh
Walter Stromberger
Scharitzerstraße 12
4020 Linz
E-Mail office@kest.net
www.kest.net

kopf.arbeit – Agentur für Geschichte
Manfred Dunzinger
Hafenstraße 47-51
4020 Linz
E-Mail office@kopfarbeit.at
www.kopfarbeit.at

Plansee Group
Metallwerk-Plansee-Straße 71
6600 Reutte, Austria
Dénes Széchényi
E-Mail office@plansee-group.com
www.plansee-group.com

REVUE – Narben 88
Gesundheitszentrum Fricktal
Miriam Crespo, Ansprechpartnerin
Riburgerstrasse 12
4310 Rheinfelden
Fon +41 61 835 66 66
E-Mail miriam.crespo@gzf.ch
www.gzf.ch/

Modulator AG
Clovis Vallois
Allschwilerstrasse 35
4055 Basel
Fon +41 61 633 0 633
E-Mail cv@modulator.ch
www.modulator.ch

UBS Growth Talk 168, 236, 242,
....254, 320, 350
Farner Consulting AG
Raffael Leu
Löwenstrasse 2
Fon +41 79 593 02 72
8001 Zürich
www.farner.ch

WERTPAPIER 56
Polarstern AG
St.-Karli-Strasse 41
6004 Luzern
Fon +41 41 558 30 40

ZH Gold 58
Zürcher Kantonalbank
Simona Stalder, Gesamtverantwortung
Postfach
8010 Zürich
www.zkb.ch

Herausgeber/Unternehmen
Deutschland

A

Allianz SE, Group Communications, German Desk
Niclas Müller, Head of German Allianz Media
Königinstraße 28
80802 München
E-Mail niclas.mueller@allianz.com
www.1890digital.de
Mein erster Tag als Rentner –
Allianz 1890 digital 382

American Express Company
AMEXcited –
das digitale Magazin 178

AOK NordWest
Kopenhagener Str. 1
44269 Dortmund
Fon +49 800 265 5000
www.aok.de/nw
Aller Anfang bist du –
AOK NordWest 366

Atruvia AG
Maika-Alexander Stangenberg,
Leiter Communication and Marketing
Fiduciastraße 20
76227 Karlsruhe
Fon +49 721 4004 0
GAD-Straße 2-6
48163 Münster
Fon +49 251 7133 01
E-Mail postfach@atruvia.de
www.atruvia.de
Atruvia – Kommunikation in der
Transformation 324
Atruvia – Transformation der
Kommunikation 332
FINTROPOLIS 2021 –
Die Werk.Stadt der Zukunft 344

B

BASF SE – Creating Chemistry
Dr. Nina Schwab-Hautzinger, Corporate Communications & Government Relations
Carl-Bosch-Straße 38
67056 Ludwigshafen
www.basf.com
BASF Creating Chemistry –
Jetzt geht's rund 74

Bayerisches Staatsministerium für Gesundheit und Pflege
Haidenauplatz 1
81667 München
Fon +49 89 540233 0
E-Mail oeffentlichkeitsarbeit@stmgp.bayern.de
www.stmgp.bayern.de
Ich tu's für – Impfkampagne 208

Berufsgenossenschaft Handel und Warenlogistik (BGHW)
Unternehmenskommunikation
Frau Siegrid Becker (Chefredakteurin, Referatsleiterin Magazine – Pressestelle)
M 5,7
68161 Mannheim
E-Mail hundertprozent@bghw.de
www.bghw.de
Hundert Prozent – das Magazin
der Berufsgenossenschaft
Handel und Warenlogistik 98

BMW Group
MINI Brand Management
Lina Fischer
Projektleitung
Max-Diamand-Straße 25
80937 München
E-Mail Lina.Fischer@mini.com
www.mini.com/en_MS/home.html
MINI Insider 38

BMW Group
Petuelring 130
80809 München
Fon +49 89 382 0
www.bmwgroup.com
BMW Group Integrierter
Online-Bericht 2021 308

BMW-Motorrad
Auf dem Bike
zum TikTok-Hype 192, 424

Bosch Rexroth AG
Jasmin Heim, Director Marketing Business Unit Automation, Bgm.
Dr. Nebel Straße
97816 Lohr am Main
E-Mail jasmin.heim@boschrexroth.de
www.boschrexroth.de
www.ctrlx-automation.com
ctrlX AUTOMATION –
TWO STEPS AHEAD 326

Bundesinstitut für Bau-, Stadt- und Raumforschung (BBSR)
Stephan Willinger
Deichmanns Aue 31-37
53179 Bonn
Fon +49 228 99401 1275
E-Mail stephan.willinger@bbr.bund.de
www.bbsr.bund.de
Stadt gemeinsam gestalten! –
Neue Modelle der Koproduktion im
Quartier 150

Bundesministerium der Verteidigung
Leiter des Presse- und Informationsstabes
Stauffenbergstr. 18
10785 Berlin
Fon +49 30 2004 8238
www.bmvg.de
Y – Das Magazin der Bundeswehr ... 268
Y – Das Magazin der Bundeswehr:
Spezialkräfte 286, 394

Bundesverband Farbe Gestaltung Bautenschutz
Solmsstraße 4
60486 Frankfurt am Main
Fon +49 69 66575 300
Fax +49 69 66575 350
E-Mail info@farbe.de
Die Maler – Klingt komisch.
Macht aber glücklich. 198
Die Maler – Mal was Echtes 294

Bureau Bald GmbH
Alice Milcic
Bahrenfelder Steindamm 38
22761 Hamburg
Fon +49 40 29 85 82 66
E-Mail info@bureau-bald.de
www.bureau-bald.de
Corona-Aufkleber-Konzept Abstand
macht Schule 436

C

CLAAS KGaA mbH
Mühlenwinkel 1
33428 Harsewinkel
Fon +49 52 47 12 0
E-Mail info@claas.com
www.claas.de
CLAAS Geschäftsbericht 2021 –
Pushing boundaries 298
CLAAS Online-Geschäftsbericht 2021 –
Pushing boundaries 312

Commerzbank Aktiengesellschaft
Nasrin Shaikh, Abteilungsleiterin
Retail Marketing
Kaiserstraße 16
60311 Frankfurt am Main
Fon +49 69 136 422 48
Fax +49 069 285389
E-Mail Nasrin.Shaikh@
commerzbank.com
www.commerzbank.de/
#togetherstronger 372

D

Daimler Truck AG
Fasanenweg 10
70771 Leinfelden-Echterdingen
www.roadstars.com
RoadStars powered by
Mercedes-Benz Trucks 160, 416

DATEV eG
Dr. Janina Paul, Chefredakteurin
des Projekts
Virnsberger Straße 63
90431 Nürnberg
Fon +49 911 319 43662
Fax +49 911 14709218
E-Mail janina.paul@datev.de
www.datev.de
Grünfink #7 – Im Gleichgewicht –
DATEV, die Pandemie und
Hybrid Business 264

DB Cargo AG
Anna-Lena Schwan, Social Media
Managerin DB Cargo
Rheinstraße 2
55116 Mainz
E-Mail Anna-Lena.Schwan@
deutschebahn.com
www.dbcargo.com
DB Cargo - Wir sind güter. 196

dennree GmbH
Martina Gatzka, Lead Managing Editor
Ann-Christin Meermeier, Chefredaktion
Isabell Karch, Chefredaktion
Hofer Straße 11
95183 Töpen
Fon +49 5241 234 80 50
E-Mail empfang@territory.group
BMV Kampagne „Sei Teil einer
besseren Welt. Geh in den
BioMarkt" 448
KREO – das BIOMARKT Magazin 60
KREOmi – das BioMarkt Magazin
für Kinder ab 6 Jahren 68

Deutsche Bahn AG
Potsdamer Platz 2
10785 Berlin
Umweltschutz bei der Deutschen
Bahn – Für Kinder erklärt 236

Deutsche Gesellschaft für Internationale Zusammenarbeit (GIZ) GmbH
Nicole Annette Mueller, Leitung der
Redaktion
Dag-Hammarskjöld-Weg 1–5
65760 Eschborn
Fon +49 6196 79 0
E-Mail akzente@giz.de
www.giz.de
akzente 102
Fair is beautiful – GIZ 450

Deutsche Post AG Zentrale
Monika Schaller, Executive Vice
President Group Communications,
Sustainability & Brand
53250 Bonn
NETWORK Magazin 258

Deutsche Rentenversicherung
Knappschaft-Bahn-See, Minijob-Zentrale
44781 Bochum
Fon +49 234 304 0
E-Mail zentrale@kbs.de
Ja sagen lohnt sich! 362

Deutsche Staatsphilharmonie Rheinland-Pfalz
Heinigstraße 40
67059 Ludwigshafen am Rhein
Fon +49 621 59 90 90
E-Mail info@staatsphilharmonie.de
www.junge-klassik.de
Junge Klassik 180

Deutsche Telekom AG
Claudia Jonas
Friedrich-Ebert-Allee 140
53113 Bonn
Fon +49 0228 181 0
E-Mail c.jonas@telekom.de
www.electronicbeats.net
Electronic Beats 124

Group Services
Dr. Stefanie Marx,
Corporate Communications
Friedrich-Ebert-Allee 140
53113 Bonn
Fon +49 228 181 71383
Fax +49 151 14249032
E-Mail stefanie.marx@telekom.de
www.telekom.com
you and me Quarterly –
Das Magazin für die Mitarbeiter:innen
der Deutschen Telekom 270

Deutsche Telekom
Holger Schrott
Landgrabenweg 151
53227 Bonn
E-Mail holger.schrott@telekom.de
www.telekom.de
Beethoven X –
The AI Project 194, 358, 432

Deutsche Telekom Service GmbH
Dr. Ferri Abolhassan
Friedrich-Ebert-Allee 71–77
53113 Bonn
WISSEN. MACHT. SPASS –
Telekom Bookazine 152

Dr. Ing. h.c. F. Porsche AG
Porscheplatz 1
70435 Stuttgart
www.porsche.com
9:11 Magazin: E19,
Kpt. 1 Best Moments 230
ORIGINALE 07 –
Teile. Typen. Technik. 142
Porsche Experience stories –
2022 Edition 112, 138
Porsche Newsroom –
Information. Intensified 164
Porsche – The Art of Dreams 220
The Porsche Jump 224

HERAUSGEBER/UNTERNEHMEN
Deutschland

E

EBV Elektronik GmbH & Co KG
Im Technologiepark 2–8
85586 Poing
The Quintessence of
Sustainable Energy 78

EDEKA Media GmbH
New-York-Ring 6
22297 Hamburg
Fon +49 40 6377 2469
E-Mail media@edeka.de
www.media.edeka
EDEKA Mit Liebe 64
EDEKA Mit Liebe vegan Spezial..... 128
YUMMI – DAS KINDERMAGAZIN
VON EDEKA (Relaunch-Ausgabe) 72

Evonik Industries AG
Rellinghauser Straße 1–11
45128 Essen
www.evonik.de
BOOM! 387
ELEMENTS – Auf Wiedersehen 84
ELEMENTS Online 156
Folio – Nachhaltig wachsen 288
Influencer im Darm – ELEMENTS ... 404

F

Freudenberg FST GmbH
Isolde Grabenauer, Senior Director
Corporate Communications
Höhnerweg 2–4
69465 Weinheim
Fon +49 6201 960 7467
E-Mail isolde.grabenauer@fst.com
www.fst.com/de
ESSENTIAL TEASER – Robotics 216
FST – ESSENTIAL „Robotics" 86

G

GARMIN Deutschland GmbH
Parkring 35
85748 Garching
www.garmin.com
#beat100flow 340

Germany Trade & Invest
Andreas Bilfinger, Chefredakteur
Stephanie Hennig, Stellvertretende
Chefredakteurin
Villemombler Str. 76
50733 Bonn
Fon +49 228 249 93 0
E-Mail stephanie.hennig@gtai.de
www.marketsinternational.de
Markets International –
Cover Ausgabe 2/22 396

Gewobag Wohnungsbau-Aktien-
gesellschaft Berlin Unternehmens-
kommunikation
Alt-Moabit 101 A
10559 Berlin
E-Mail info@gewobag.de
www.gewobag.de
Zwischen Pause und
Fast-Forward 316

Gruner + Jahr Deutschland GmbH
Frank Thomsen
20444 Hamburg
Fon +49 40 3703 0
E-Mail thomsen.frank@guj.de
www.guj.de
Stones of Beirut 144, 186

H

HUGO BOSS AG
Carolin Westermann
Dieselstrasse 12
72555 Metzingen
Fon +49 712394 0
E-Mail Carolin_Westermann@
hugoboss.com
www.hugoboss.com
HUGO BOSS RELOADED –
STRATEGIC LEADERSHIP
COMMUNICATION AT ITS BEST 374

I

IKK classic
Tannerstraße 4b
01099 Dresden
E-Mail info@ikk-classic.de
www.ikk-classic.de
IKK Haltungskampagne 368

J

JACK WOLFSKIN – Ausrüstung für
Draußen GmbH & Co. KGaA
JACK WOLFSKIN –
Mit dem Rucksack ins Herz
der GenZ 188, 328

K

KB&B – Family Marketing Experts
GmbH & Co. KG
Schellerdamm 16
21079 Hamburg
Fon +49 40 767 94 500
E-Mail info@kbundb.de
www.kbundb.de
YUMMI PODCAST – EDEKA 250

KfW Bankengruppe
Palmengartenstraße 5–9
60325 Frankfurt am Main
Die Mutmacher – Vom Hinfallen
und Wiederaufstehen 204, 440
Ungeschönt – Der Gründungs-Podcast
der KfW Bankengruppe 248

KION GROUP AG
Dominik Ehmann, Senior Manager,
Corporate Communications
Thea-Rasche-Straße 8
60549 Frankfurt am Main
Fon +49 69 201 107 341
E-Mail dominik.ehmann@kiongroup.com
www.kiongroup.com/de/
KION News 68:
Danke, Gordon! 420

KK21 Communication GmbH
Ralf Löwe, Managing Director
Alter Steinweg 39
48143 Münster
Fon +49 175 1955275
E-Mail loewe@kk21.de
www.kk21chroniken.de
DIE KK21 CHRONIKEN 354

KMS TEAM München
Gabrielenstraße 9
80636 München
Rise by lifting others – KMS TEAM
Website Relaunch 166

Kölner Freiwilligen Agentur e.V.
Clemensstraße 7–9
50676 Köln
E-Mail infoy@koeln-freiwillig.de
www.koeln-freiwillig.de
Jahresbericht Kölner Freiwilligen
Agentur e.V. 2020 302

L

LBS Norddeutsche Landesbausparkasse
Berlin – Hannover
Monah Hasounah
Kattenbrookstrift 33
30539 Hannover
Fon +49 0511 926 0
E-Mail zukunftswaende@lbs-nord.de
www.zukunftswaende.de
zukunftswaende 176

HERAUSGEBER/UNTERNEHMEN
Deutschland

M

Mercedes-AMG GmbH
Tim Ehlen, Content & Campaign Management
Daimlerstrasse 1
71563 Affalterbach
Fon +49 176 30977459
E-Mail Tim.Ehlen@mercedes-benz.com
AMG Uncovered 228

Mercedes-Benz AG
Kai Deuble, Manager of Mercedes-Benz Magazine
Am Wallgraben 114
70565 Stuttgart
Fon +49 17630910812
E-Mail Kai.Deuble@Mercedes-Benz.com
She's Mercedes X Alicia Keys 46

Michelin Reifenwerke AG & Co. KGaA
Sinikka Kenklies
Michelin Frankfurt Office
The Squaire 17 – Am Flughafen
60549 Frankfurt am Main
EUNited Business Conference 2021 378

muehlhausmoers corporate communications gmbh
Invalidenstraße 112
10115 Berlin
E-Mail info@muehlhausmoers.com
www.muehlhausmoers.com
*mPaper – Geht's noch?
Mehr Raum für Ideen* 90

München Klinik gGmbH
Maria Wieser, V.i.S.d.P
Geschäftsbereichsleitung, Geschäftsbereich Marketing und Kommunikation
Fritz-Erler-Straße 30
81737 München
Fon +49 89 452279 490
E-Mail maria.wieser@muenchen-klinik.de
*In der Nervenkaffeeküche –
die Infografik für das Gesundheitsmagazin Minga von der München Klinik gGmbH* 400

N

NOAH Foundation
Toni Kappesz
Friedrichstraße 7
10117 Berlin
Fon +49 30 920 383 168 4
E-Mail toni@thegoodbusiness.com
www.thenoahfoundations.org
The Good Business Magazine 110

NORD/LB
Marco Thomfohrde
Domshof 26
28195 Bremen
Fon +49 421 332 2400
E-Mail marco.thomforde@nordlb.de
www.nordlb.de
361° 272

O

ohhh! foundation e.V.
Erik-Blumenfeld-Platz 27
22587 Hamburg
www.ohhh.org
FAQ YOU – Eine Aufklärungsplattform 182, 428

Otto Group
Thomas Voigt, Group Vice President Corporate Communications and Political Afjunges
Werner-Otto-Straße 1–7
22179 Hamburg
Fon +49 40 6461 4010
E-Mail thomas.voigt@ottogroup.com
www.ottogroup.com
NOW – Das Nachhaltigkeitsmagazin der otto group 134, 452

P

PENNY-Markt GmbH
Werner Hesse-Quack
Stolberger Straße 76-78
50933 Köln
www.penny.de
Der Wunsch 212, 410

Porsche Engineering Group GmbH
Michael Merklinger
Porschestraße 911
71287 Weissach
Fon +49 711 911 0
Fax +49 711 911 8 89 99
www.porsche-engineering.de
*Porsche Engineering Magazin –
Intelligent. Vernetzt. Digital* 42

R

R+V Versicherung AG
Konzern-Kommunikation
Raiffeisenplatz 2
65189 Wiesbaden
E-Mail G_Magazin_plus@ruv.de
www.ruv.de/newsroom
*plus – Das Magazin der
R+V Versicherung* 266
*WIR sind die Zukunft –
Sonderausgabe des R+V Mitarbeitermagazins „plus"* 284

ramp.space GmbH & Co. KG
Michael Köckritz, Herausgeber
Im Alten Wasserwerk
Obere Wässere 5
72764 Reutlingen
Fon +49 7121 43304 700
E-Mail info@ramp-space.com
www.ramp.space
ramp#56 – Alles zu seiner Zeit 44

**Robert Bosch GmbH,
Home Connect Plus**
Residential IoT Services GmbH
Gebäude 701/G1
Borsigstrasse 4
70469 Stuttgart
E-Mail info@home-connect-plus.com
Bosch Home Connect Plus 170

Robert Bosch GmbH
Corporate Communications and Governmental Affairs
Redaktion Bosch-Zünder
(Abt. C/CGC-IC)
Postfach 10 60 50
70049 Stuttgart
E-Mail bosch-zuender@de.bosch.com
www.bosch.com
*Bosch Zünder 3/21 –
Unter Strom* 262

Roland Berger GmbH
Sederanger 1
80538 München
*Think:Act #36 – Geopolitik 2.0:
Die neue Weltkarte* 54

S

SAP SE
Global Sponsorships
Christiane Protzel
Dietmar-Hopp-Allee 14
69190 Walldorf
Fon +49 160 90822 799
E-Mail c.protzel@sap.com
www.sap.com/about/company/global-sponsorships.html
SAP x FC Bayern München – Success Is Built On Many Shoulders 356

Serviceplan Group SE & Co. KG
Haus der Kommunikation
Friedenstraße 24
81671 München
Fon +49 89 2050 20
E-Mail twelve@house-of-communication.com
TWELVE – Von Träumen zu Tech-Trends: Wie der Mensch das digitale Morgen prägt 96, 398

share GmbH
Sebastian Stricker
Erkelenzdamm 59–61
10999 Berlin
E-Mail hello@share.eu
www.share.eu
share – Das Goldene Haus 346

HERAUSGEBER/UNTERNEHMEN
Deutschland / Frankreich / Österreich

T

Siemens AG
Anna-Lena Müller
Wittelsbacherplatz 1
80333 München
www.siemens.com
#Overcome 234

Staatsbad Norderney GmbH
Wilhelm Loth, Geschäftsführer
Am Kurplatz 3
26548 Norderney
Fon +49 4932 891 111
www.norderney.de
Norderney –
Die Königin der Nordsee 122

Symrise AG
Dominik Rzepka, Manager Corporate
Communications &
Internal Communications
Mühlfeldstraße 1
37603 Holzminden
Fon +49 5531 902412
E-Mail dominik.rzepka@symrise.com
www.symrise.com
Symrise Unternehmensbericht 2020
– Die Kraft ganzheitlichen
Handelns 304
Team Spirit – Das Mitarbeitermagazin
von Symrise 276

Talanx AG
Group Communications
Thomas Gieseke
HDI-Platz 1
30659 Hannover
www.talanx.de
UNSER PURPOSE 210

Techniker Krankenkasse
Bramfelder Straße 140
22305 Hamburg
Ist das noch gesund? – Podcast der
Techniker Krankenkasse 246

Telefónica Germany GmbH & Co. OHG
Nikolaus Lemli & Stefanie Welter
Georg-Brauchle-Ring 50
80992 München
www.o2.de
Jedes Zuhause 218
The Visible Net 406

The ONE Campaign gGmbH
Stephan Exo-Kreischer
Luisenstraße 40
10117 Berlin
Fon +49 30 223 898 99
E-Mail stephan.exokreischer@one.org
www.one.org
Politikgewissen 370

Tierschutzverein München e.V.
Jillian Moss
Riemer Straße 270
81829 München
Fon +49 89 921 000 0
E-Mail j.moss@woef-muenchen.de
tierschutzverein-muenchen.de
Purrfect Match 200

TÜV SÜD AG
Westendstraße 199
80686 München
E-Mail info@tuev-sued.de
www.tuev-sued.de
ABOUT TRUST 82
FRAU in Führungsposition 391
TÜV SÜD IN Webmagazin 278

U

Union Investment Privatfonds GmbH
Bettina Cremer, Redaktions-
und Trainingsmanagement/
Portal-Verantwortliche
Weißfrauenstraße 7
60311 Frankfurt am Main
Fon +49 69 2567 3391
E-Mail bettina.cremer1@union-investment.de
www.union-investment.de
Strategische Content Operations
Vertriebskommunikation 336

Universität Heidelberg
Marietta Fuhrmann-Koch
Grabengasse 1
59117 Heidelberg
Fon +49 6221 541 90 12
Fax +49 6221 541 90 20
E-Mail kum@uni-heidelberg.de
www.uni-heidelberg.de
Ruperto Carola – VERBINDEN &
SPALTEN 108

W

Weisser Ring e.V.
Weberstraße 16
55130 Mainz
Fon +49 6131 83030
E-Mail info@weisser-ring.de
www.weisser-ring.de/
WEISSER RING Jahresbericht 20/21 –
LAUT werden 306

Frankreich

ARTE G.E.I.E
4, quai du Chanoine Winterer
76000 Strasbourg
www.arte.tv
ARTE Magazin 94

Österreich

Bundesministerium für Klimaschutz, Umwelt, Energie, Mobilität, Innovation und Technologie (BMK)
Radetzkystraße 2
Postfach 201
1000 Wien
www.bmk.gv.at
wildentschlossen – Meine Stimme
für mehr Artenvielfalt 444

Ernst & Young ServicegmbH & Co OG
Steuerberatungsgesellschaft
Wagramer Str. 19
1220 Wien
E-Mail me@at.ey.com
Das EY Austria Management Team,
das ins Windows stieg und
verschwand 280

Gebrüder Weiss Gesellschaft m.b.H.
Bundesstraße 110
6923 Lauterach
Fon +43 5574 696 2168
Fax +43 59006 2173
E-Mail redaktion@gw-atlas.com
www.gw-world.com
ATLAS – The Gebrüder Weiss
Magazine 120

Schweiz

KRÖSWANG GmbH
Axel Obermayer
Kickendorf 8
4710 Grieskirchen
Fon +43 7248 685 94
E-Mail axel.obermayer@kroeswang.at
www.kroeswang.at
***frisch – DAS KRÖSWANG
MAGAZIN*** 66

Österreichische Bundesforste AG
Pummergasse 10–12
3002 Purkersdorf
Wald Kalender 2022 136

Plansee Group
Dénes Széchényi
Metallwerk-Plansee-Straße 71
6600 Reutte
E-Mail office@plansee-group.com
www.plansee-group.com
***Pulverzauber und Metallurgen-
kunst*** 148

Red Bull Media House GmbH
Am Grünen Prater 3
1020 Wien
Fon +44 01 90 221-0
E-Mail copublishing@redbull.com
www.publishing.redbull.com
Organics 397

WALD Verlags GmbH
Große Schiffgasse 18/10
1020 Wien
Fon +43 1 236 05 44
E-Mail redaktion@waldmagazin.at
www.waldmagazin.at
Wald Kalender 2022 136

WN Kul.Tour.Marketing GmbH
Hauptplatz 1-3
2700 Wiener Neustadt
WIR 116

Clariant
Clariant International Ltd,
Corporate Center
Claudia Kamensky, Team Lead
External Communications
4133 Pratteln
Fon +41 61 469 63 63
E-Mail claudia.kamensky@clariant.com
www.clariant.com
Clariant Integrierter Bericht 3 14

CREDIT SUISSE (Schweiz) AG
Bettina Buess, Global Marketing |
Marketing, Swiss Bank Content, GXCB
Uetlibergstr. 233
8045 Zürich
Fon +41 44 334 51 08
E-Mail bettina.buess@credit-suisse.com
www.credit-suisse.com
***Credit Suisse Values –
Werte schaffen. Werte erhalten.
Werte leben.*** 52

Die Schweizerische Post AG
Dieter Röösli, Kommunikation /
Visual Production
Wankdorfallee 4
3030 Bern
Fon +41 76 465 72 03
E-Mail dieter.roeoesli@post.ch
*www.post.ch/de/ueber-uns/aktuell/
privatkundenmagazin*
prio – Privatkunden-Magazin 70

Ergon Informatik AG
Joy-Fleur Brettschneider
Merkurstrasse 43
8032 Zürich
Fon +41 44 268 89 00
E-Mail info@ergon.ch
www.ergon.ch
I love IT 290

Gesundheitszentrum Fricktal
Miriam Crespo, Ansprechpartnerin
Riburgerstrasse 12
4310 Rheinfelden
Fon +41 61 835 66 66
E-Mail miriam.crespo@gzf.ch
www.gzf.ch/
REVUE – Narben 88

Greenpeace Schweiz
Danielle Müller
Badenerstrasse 171
8036 Zürich
www.greenpeace.ch.....................................
***Greenpeace Jubiläumszeitung –
50 Jahre – 50 Porträts*** 130

Helsana Versicherungen AG
Claudia Wyss
Zürichstrasse 130
8600 Dübendorf
Helsana Ratgeber Depression 48

IVCG Publikationen
Bachstrasse 97b
5034 Suhr
www.gomagazin.de
gomagazin 104

Luzerner Kantonalbank AG
Pilatusstrasse 12
6003 Luzern
WERTPAPIER 56

Novartis International AG
Goran Mijuk
Fabrikstrasse 6
4002 Basel
Fon +41 79 961 06 94
E-Mail goran.mijuk@novartis.com
www.novartis.com
***Im Strom der Zeit –
Klybeck-Mook*** 132

Swissmem
Ivo Zimmermann, Leiter
Kommunikation
Pfingstweidstrasse 102
8005 Zürich
Fon +41 44 384 41 11
E-Mail info@swissmem.ch
involved 106

UBS Switzerland AG
Juan Colmenero
Europaallee 21
8004 Zürich
Fon +41 44 234 12 89
E-Mail juan.colmenero@ubs.com
www.ubs.com/ch/de.html
UBS Growth Talk............. 168, 236, 242,
.... 252, 320, 350

Zürcher Kantonalbank
Simona Stalder
Postfach
8010 Zürich
www.zkb.ch
ZH Gold 58

Agenturen / Dienstleister
Deutschland

#

1take. GbR
Dienstleister für
#togetherstronger
der Commerzbank Aktien-
gesellschaft 372

Erhan Dogan, Art Director
Kleines Gässchen 1
63075 Offenbach am Main
Fon +49 176 93 36 67 61
E-Mail ERHAN@1TAKE.DE
www.1take.de

3st kommunikation GmbH
CM-Dienstleister für
*BMW Group Integrierter Online-
Bericht 2021*
der BMW Group 308
*CLAAS Geschäftsbericht 2021 –
Pushing boundaries*
der CLAAS KGaA mbH 298
*CLAAS Online-Geschäftsbericht 2021 –
Pushing boundaries*
der CLAAS KGaA mbH 312
*Symrise Unternehmensbericht 2020 –
Die Kraft ganzheitlichen Handelns*
der Symrise AG 304
*WEISSER RING Jahresbericht 20/21 –
LAUT werden*
der Weisser Ring e.V. 306
*WISSEN. MACHT. SPASS – Telekom
Bookazine*
Deutsche Telekom Service GmbH 152

Taunusstraße 59–61
55118 Mainz
Fon +49 6131 49961 0
E-Mail info@3st.de
www.3st.de

540 Tage Liebe
Dienstleister für
#togetherstronger
der Commerzbank Aktien-
gesellschaft 372

Nemo Altenberger, Leitung Kreation
Rheinstraße 99.3
64295 Darmstadt
Fon +49 6151 3600 600
E-Mail nemo@540tageliebe.de
www.540tageliebe.de

A

acameo GbR
CM-Dienstleister für
Junge Klassik
der Deutschen Staatsphilharmonie
Rheinland-Pfalz 180

Doblerstraße 11
72074 Tübingen
Fon +49 7071 8609229
E-Mail mail@acameo.de
www.acameo.de

Aufbau Verlag Berlin
Verlag von
Electronic Beats
der Deutschen Telekom AG 124

Anvar Cukoski
Prinzenstr. 85
10969 Berlin
Fon +49 30 283940
E-Mail info@aufbau-verlag.de
www.aufbau-verlage.de

**Axel Springer Corporate Solutions
GmbH & Co. KG**
CM-Dienstleister für
ARTE Magazin
der ARTE G.E.I.E 94
*BASF Creating Chemistry – Jetzt
geht's rund*
der BASF SE – Creating Chemistry ... 74
Bosch Zünder 3/21 – Unter Strom
der Robert Bosch GmbH 262
*Die Mutmacher – Vom Hinfallen und
Wiederaufstehen*
der KfW Bankengruppe 204, 440
*Porsche Engineering Magazin – Intel-
ligent. Vernetzt. Digital*
der Porsche Engineering
Group GmbH 42
*Think:Act #36 – Geopolitik 2.0:
Die neue Weltkarte*
der Roland Berger GmbH 54
*Ungeschönt – Der Gründungs-Podcast
der KfW Bankengruppe*
der KfW Bankengruppe 248

Frank Parlow und Lutz Thalmann
Axel-Springer-Str. 65
10888 Berlin
Fon +49 30 25 91 74716
E-Mail newbusiness@axelspringer.de
www.as-corporate-solutions.de

B

Bears Calling GmbH
Filmproduktion / Redaktion für
Fair is beautiful – GIZ
der Deutsche Gesellschaft für
Internationale Zusammenarbeit
(GIZ) GmbH 450

Carmerstraße 10
10623 Berlin
Fon +49 151 41942944
E-Mail HELLO@BEARSCALLING.COM
www.bearscalling.com

Behnken, Becker + Partner GbR
CM-Dienstleister für
*Stadt gemeinsam gestalten! – Neue
Modelle der Koproduktion im Quartier*
des Bundesinstitut für Bau-, Stadt-
und Raumforschung (BBSR) 150

Wolfgang Behnken
Hohe Bleichen 24
20354 Hamburg
Fon +49 40 4600 19 33
E-Mail info@behnkenbecker.hamburg
www.behnkenbecker.hamburg

BISSINGER+ GmbH
CM-Dienstleister für
BOOM!
der Evonik Industries AG 387
ELEMENTS – Auf Wiedersehen
der Evonik Industries AG 84
ELEMENTS Online
der Evonik Industries AG 156
Influencer im Darm – ELEMENTS
der Evonik Industries AG 404
Folio – Nachhaltig wachsen
der Evonik Industries AG 288

An der Alster 1
20099 Hamburg
Fon +49 40 441 89 306
Fax +49 40 441 89 660
E-Mail info@bissingerplus.de
www.bissingerplus.de

brandarena GmbH & Co. KG
Dienstleister für
Ich tu's für – Impfkampagne
des Bayerischen Staatsministerims
für Gesudnheit und Pflege 208

Münchener Straße 101
85737 Ismaning
Fon +49 89 954 59950
E-Mail hello@brandarena.de

THE LICENCE TO THRILL YOU.

Die HORIZONT Digital-Firmenlizenz für mehr Business

H+

Die HORIZONT Digital-Firmenlizenz

Holen Sie sich mit der HORIZONT Digital-Firmenlizenz den entscheidenden Wissensvorsprung für Ihr Team. Sorgen Sie dafür, dass Ihre Mitarbeiter:innen zu guten Konditionen auf die gesamte digitale Seite von HORIZONT zugreifen können.

- unbegrenzter Zugang zu allen H+ Inhalten auf HORIZONT Online
- alle E-Paper-Ausgaben der Zeitung und der HORIZONT Magazine
- Online-Zugang zum Printarchiv

www.horizont.net/lizenzen

Wir haben die passende Lizenz für Ihre Unternehmensgröße.

Gerne berate ich Sie persönlich:
Heike Koch, Vertriebsleitung HORIZONT
069 / 7595-1941
koch@horizont.net

Eine Marke der dfv Mediengruppe

HORIZONT

AGENTUREN / DIENSTLEISTER
Deutschland

BrandsOnSpeed GmbH
CM-Dienstleister für
*Porsche Experience stories –
2022 Edition*
der Dr. Ing. h.c. F. Porsche AG **112, 138**

Dornhaldenstraße 6
70199 Stuttgart
Fon +49 711 380 303 0
E-Mail info@brandsonspeed.com
www.brandsonspeed.com

C

C3 Creative Code and Content GmbH
CM-Dienstleister für
Bosch Home Connect Plus
der Robert Bosch GmbH **170**
EDEKA Mit Liebe
der EDEKA Media GmbH **64**
EDEKA Mit Liebe vegan Spezial
der EDEKA Media GmbH **128**
IKK Haltungskampagne
der IKK classic **368**
*Ist das noch gesund? – Podcast der
Techniker Krankenkasse*
der Techniker Krankenkasse **246**
*Porsche Newsroom – Information.
Intensified*
der Dr. Ing. h.c. F. Porsche AG **164**
Y – Das Magazin der Bundeswehr
das Bundesministerium der
Verteidigung **268**
*Y – Das Magazin der Bundeswehr:
Spezialkräfte*
das Bundesministerium der
Verteidigung **286, 394**
*YUMMI – DAS KINDERMAGAZIN VON
EDEKA (Relaunch-Ausgabe)*
der EDEKA Media GmbH **72**
YUMMI PODCAST – EDEKA
der EDEKA ZENTRALE
Stiftung & Co. KG **250**

Heiligegeistkirchplatz 1
10178 Berlin
Fon +49 30 440 3220
E-Mail info@c3.co
www.c3.co

**Carl Konferenz- & Eventtechnik
GmbH & Co.**
Dienstleister für
*FINTROPOLIS 2021 –
Die Werk.Stadt der Zukunft*
der Atruvia AG **344**

Code Red. GmbH
CM-Dienstleister für
*RoadStars powered by Mercedes-
Benz Trucks*
der Daimler Truck AG **160, 416**

Achenbachstraße 73
40237 Düsseldorf
Fon +49 211 55 04 78 900
E-Mail info@codered.net
www.codered.net

Commandante Berlin GmbH
CM-Dienstleister für
The Good Business Magazine
der NOAH Foundation **110**

Toni Kappesz
Monbijouplatz 4
10439 Berlin
Fon +49 302 787 426 0
E-Mail alarm@commandante.org
www.commandante.org

Content Fleet GmbH
CM-Dienstleister für
AMEXcited – das digitale Magazin
der American Express Company **178**

D

DDB Hamburg GmbH
Realisation für
Beethoven X – The AI Project
Deutsche Telekom **194, 358, 432**

Simon Hansen
Willy-Brandt-Str. 55
20457 Hamburg
E-Mail simon.hansen@de.ddb.com

DO IT!
Realisation für
Beethoven X – The AI Project
Deutsche Telekom **194, 358, 432**

Frank Dickamp, Senior Project Manager
Bahnstraße 2
40212 Düsseldorf
Fon +49 211 86412 32
E-Mail frank.dickamp@doit.de

DOM Digital Online Media GmbH
Realisation für
Beethoven X – The AI Project
Deutsche Telekom **194, 358, 432**

Christina Müller-Baum
Leitung Projektmanagement
Bismarck Straße 60
50672 Köln
Fon +49 2 21 9 51 68 53
E-Mail cmb@dom.de
www.dom.de

DropIn-TV GmbH
Produktion für
#Overcome
der Siemens AG **234**

Manuel Durst
Innsbrucker Ring 152
81669 München
Fon +49 89 716772661
E-Mail Manu@dropin-tv.de
www.dropintv.de

E

emetriq GmbH
Realisation für
Beethoven X – The AI Project
Deutsche Telekom **194, 358, 432**

Lena Steffens
Vorsetzen 35
20459 Hamburg
E-Mail l.steffens@emetriq.com

F

Faktor 3 AG
PR für
#Overcome
der Siemens AG **234**

Sven Labenz
Kattunbleiche 35
22041 Hamburg
Fon +49 40 6794460
E-Mail S.Labenz@faktor3.de
www.faktor3.de

Fazit Communication GmbH
CM-Dienstleister für
akzente
der Deutschen Gesellschaft für
Internationale Zusammenarbeit
(GIZ) GmbH **102**
*WISSEN.MACHT.SPASS – Telekom
Bookazine*
Deutsche Telekom Service GmbH **152**

Frankenallee 71–81
60327 Frankfurt am Main
Fon +49 69 7591 3101
E-Mail kontakt@fazit.de
www.fazit.de/de

fischerAppelt, play GmbH
Dienstleister für
*FINTROPOLIS 2021 – Die Werk.Stadt
der Zukunft*
der Atruvia AG **344**

fork Unstable Media GmbH
Website für
*FINTROPOLIS 2021 –
Die Werk.Stadt der Zukunft*
der Atruvia AG **344**

G

Gravity GmbH
CM-Dienstleister für
Porsche – The Art of Dreams
der Porsche AG **220**

Steinerstraße 15 / Haus C
81369 München
www.gravity-europe.net

greenbox design GbR
CM-Dienstleister für
Norderney – Die Königin der Nordsee
der Staatsbad Norderney GmbH **122**

Anka Reinhardt, Mariola Holka
Rembertistraße 31
28203 Bremen
Fon +49 421 24 77 550
E-Mail info@greenbox-design.de
www.greenbox-design.de

Groothuis. Gesellschaft der Ideen und Passionen mbH
CM-Dienstleister für
ATLAS – The Gebrüder Weiss Magazine
der Gebrüder Weiss Gesellschaft
m.b.H. **120**

Borselstraße 16b
22765 Hamburg
Fon +49 40 79 41 96 0
Fax +49 40 79 41 96 111
E-Mail ahoi@groothuis.de
www.groothuis.de

Gruner + Jahr Deutschland GmbH
QUALITY BOARD von STERN und GEO
Verifikation für
NOW – Das Nachhaltigkeitsmagazin der otto group
der Otto Group **134, 452**

Tobias Hamelmann
Leitung QUALITY BOARD
Am Baumwall 11
20459 Hamburg
Fon +49 40 3703 2202
E-Mail hamelmann.tobias@guj.de
www.guj.de

GUD.berlin GmbH
CM-Dienstleister für
DB Cargo – Wir sind güter.
der DB Cargo AG **196**
Fair is beautiful – GIZ
der Deutsche Gesellschaft für
Internationale Zusammenarbeit (GIZ)
GmbH **450**

Linienstraße 145
10115 Berlin
Fon +49 30 7556999 0
E-Mail info@gud.berlin
www.gud.berlin

H

heureka GmbH
Realisation, Redaktion und
Gestaltung für
Zwischen Pause und Fast-Forward
der Gewobag Wohnungsbau-
Aktiengesellschaft Berlin **316**

Ines Dalkmann
Renteilichtung 1
45134 Essen
E-Mail i.dalkmann@heureka.de
www.heureka.de

I

IAN In A Nutshell GmbH
Dienstleister für
*Mein erster Tag als Rentner –
Allianz 1890 digital*
der Allianz SE **382**

Timm Rotter
Augustenstraße 52
80333 München
Fon +49 89 45 21 91 62
E-Mail timm.rotter@nutshell.de
www.nutshell.de

IBM iX Berlin GmbH
CM-Dienstleister für
Ja sagen lohnt sich!
der Deutsche Rentenversicherung,
Knappschaft-Bahn-See, Minijob-
Zentrale **362**

Chausseestraße 5
10115 Berlin
Fon +49 30 283921 0
E-Mail contact@ibmix.de

IndustryAgents GmbH
CM-Dienstleister für
The Quintessence of Sustainable Energy
der EBV Elektronik GmbH & Co KG **78**

Kaiserstraße 18
80801 München

iProspect
Realisation für
Beethoven X – The AI Project
Deutsche Telekom **194, 358, 432**

Torben Peters, Account Manager PPC
Pröllstraße 28
86157 Augsburg
Fon +49 821 217795 734
E-Mail torben.peters@dentsu.com

J

Jahreszeiten Verlag GmbH
Content Solutions
Gestaltung und Projektmanagement für
UNSER PURPOSE
der Talanx AG **210**

Harvestehuder Weg 42
20149 Hamburg
Fon +49 40 2717 0237
www.jalag.de

Justaddsugar GmbH
Realisation und Gestaltung für
JACK WOLFSKIN – Mit dem Rucksack ins Herz der GenZ
der JACK WOLFSKIN – Ausrüstung für
Draußen GmbH & Co. KGaA **188, 328**

K

Kammann Rossi
Dienstleister für
Clariant Integrierter Bericht
der Clariant International Ltd **314**
*Markets International –
Cover Ausgabe 2/22*
Germany Trade & Invest **396**
*Team Spirit –
Das Mitarbeitermagazin von Symrise*
der Symrise AG **276**

Niehler Str. 104
50733 Köln
Fon +49 97 65 41 44
E-Mail info@kammannrossi.de
www.kammannrossi.de

KG Media Factory GmbH
Konzeption, Redaktion und
Gestaltung für
The Porsche Jump
der Dr. Ing. h.c. F. Porsche AG **224**

Bahnhofstraße 18
85774 Unterföhring
Fon +4989 2176856000
E-Mail beratung@kgmediafactory.com
www.kgmediafactory.com

kivili UG
Programmierung für
#Overcome
der Siemens AG **234**

Maximilian Soltner
Katharinenfleet 9
20457 Hamburg
E-Mail maximilian@kivili.com
www.kivili.com

KK21 Communication GmbH
Realisation für
DIE KK21 CHRONIKEN
der KK21 Communication GmbH **354**

Ralf Löwe, Managing Director
Alter Steinweg 39
48143 Münster
Fon +49 175 1955275
E-Mail loewe@kk21.de
www.kk21chroniken.de

AGENTUREN / DIENSTLEISTER
Deutschland

L

KMS TEAM GmbH
Realisation von
Rise by lifting others – KMS TEAM Website Relaunch
der KMS TEAM GmbH **166**

KMS TEAM MÜNCHEN
Gabrielenstraße 9
80638 München

KMS TEAM BERLIN
Gerichtstraße 51
13347 Berlin

KMS TEAM DÜSSELDORF
Schanzenstraße 20a
40549 Düsseldorf
Fon +49 89 490 411 0
E-Mail hello@kms-team.com
www.kms-team.com

Ruperto Carola – VERBINDEN & SPALTEN
der Universität Heidelberg **108**

Knut Maierhofer
Gabrielenstraße 9
80636 München
Fon +49 89 490 411 0
E-Mail info@kms-team.com
www.kms-team.com

Kruger Media GmbH
Realisation für
Beethoven X – The AI Project
Deutsche Telekom **194, 358, 432**

Torstraße 171
10115 Berlin
Fon +49 30 3064548 0
E-Mail post@kruger-media.de

Langebartels & Jürgens Druckereigesellschaft mbH
Druckerei für
NOW – Das Nachhaltigkeitsmagazin der otto group
der Otto Group **134, 452**

Wördemanns Weg 58
22527 Hamburg
Fon +49 40 88 91 91 0
E-Mail info@langebartelsdruck.de
www.langebartelsdruck.de

LAUTENBACH SASS
Unternehmensberater für
Kommunikation PartG
Dienstleister für
Atruvia – Kommunikation in der Transformation
der Atruvia AG **324**
Atruvia – Transformation der Kommunikation
der Atruvia AG **332**

Christoph Lautenbach
Schleusenstraße 15–17
60327 Frankfurt am Main
E-Mail info@lautenbachsass.de
www.lautenbachsass.de/

Live Nation Brand Partnerships & Media GmbH
Realisation für
Beethoven X – The AI Project
Deutsche Telekom **194, 358, 432**

Björn Bäurle, Content & Production
Köhlbrandtreppe 2
22767 Hamburg
Fon +49 173 64 28 000

LOBECO GmbH
Agentur für
Auf dem Bike zum TikTok-Hype
von BMW-Motorrad **192, 424**

Mies-van-der-Rohe-Straße 1
80807 München
Fon +49 89 248823 600
E-Mail info@lobeco.org

Looping Group Olando GmbH
CM-Dienstleister für
AMG Uncovered
der Mercedes-AMG GmbH **228**

Maximilian Schlett, Project Lead
Fon +49 152 09013093
E-Mail msch@looping.group

She's Mercedes X Alicia Keys
der Mercedes-Benz AG **46**

Gwendolyn Eckert, Project Lead
Linienstr. 144
10115 Berlin
Fon +49 174 3133592
E-Mail ge@looping.group
www.looping.group

loved GmbH
CM-Dienstleister für
FAQ YOU – Eine Aufklärungsplattform
der ohhh! foundation e.V. **182, 428**
Produktion für
Porsche – The Art of Dreams
der Porsche AG...................................**220**

Vorsetzen 32
20459 Hamburg

M

MANDARIN Medien GmbH
CM-Dienstleister für
#beat100flow
der GARMIN Deutschland GmbH ... **340**

Mueßer Bucht 1
19063 Schwerin
Fon +49 385 32 65 02 0
E-Mail info@mandarin-medien.de
www.mandarin-medien.de

mann + maus KG
Gestaltung
361°
der NORD/LB **272**

Karsten Henke
Große Düwelstraße 28
30171 Hannover
Fon + 49 511 84 48 98 21
E-Mail karsten.henke@mannundmaus.de
www.mannundmaus.de

MEDIA-NORD-PRINT Kuehn + Utesch GmbH & Co. KG
CM-Dienstleister für
Corona-Aufkleber-Konzept Abstand macht Schule
der Bureau Bald GmbH **436**

Tarpenring 13
22419 Hamburg
Fon +49 40 94 36 800
Fax +49 40 94 36 8020
E-Mail info@media-nord-print.de
www.media-nord-print.de

Meiré und Meiré GmbH & Co. KG
CM-Dienstleister für
Electronic Beats
der Deutschen Telekom AG **124**

Mike Meiré
Lichtstraße 26–28
50825 Köln
Fon +49 221 57770 100
E-Mail info@meireundmeire.com
www.meireundmeire.com

Michelin Reifenwerke AG & Co. KGaA
Realisation für
EUNited Business Conference 2021
der Michelin Reifenwerke AG
& Co. KGaA **378**

Sinikka Kenklies, Michelin Frankfurt Office
The Squaire 17 – Am Flughafen
60549 Frankfurt am Main

Mindbox GmbH
CM-Dienstleister für
Aller Anfang bist du – AOK NordWest
der AOK NordWest **366**

Werner-Hartmann-Straße 5
01099 Dresden
Fon +49 351 888 270
www.mindbox.de

Mindshare GmbH
Realisation für
Beethoven X – The AI Project
Deutsche Telekom **194, 358, 432**

Desiree Werr
Darmstädter Landstraße 112
60598 Frankfurt
Fon +49 69 60905196
E-Mail desiree.werr@
mindshareworld.com

AGENTUREN / DIENSTLEISTER
Deutschland

muehlhausmoers corporate communications gmbh
CM-Dienstleister für
ABOUT TRUST
der TÜV SÜD AG 82
FRAU in Führungsposition
der TÜV SÜD AG 391
Jahresbericht Kölner Freiwilligen Agentur e.V. 2020
der Kölner Freiwilligen
Agentur e.V. 302
mPaper – Geht's noch? Mehr Raum für Ideen
der muehlhausmoers corporate
communications gmbh 90
TÜV SÜD IN Webmagazin
der TÜV SÜD AG 278

Invalidenstraße 112
10115 Berlin
E-Mail info@muehlhausmoers.com
www.muehlhausmoers.com

Mutabor
Dienstleister für
Clariant Integrierter Bericht
der Clariant International Ltd 314

Königstraße 28
22767 Hamburg
Fon +49 40 8080230
E-Mail newbusiness@mutabor.de
www.mutabor.de

N

Neuhauser Creative, Art & Design Direction
Dienstleister für
Grünfink #7 – Im Gleichgewicht – DATEV, die Pandemie und Hybrid Business
DATEV eG 264

Robert Neuhauser, Geschäftsführender Gesellschafter
Martin-Heidegger-Straße 40
81245 München
Fon +49 151 42225101
E-Mail robert.neuhauser@me.com

Neulant van Exel GmbH
CM-Dienstleister für
share – Das Goldene Haus
der share GmbH 346

Axel van Exel, Architect / Designer
Schlesische Str. 27, Haus 2
10997 Berlin
Fon +49 30 616 501 14
E-Mail info@neulantvanexel.de
www.neulantvanexel.de

neuwaerts GmbH
Agentur für
zukunftswaende
der LBS Norddeutsche Landesbausparkasse Berlin – Hannover 174

Markus Herwig
Vahrenwalder Straße 269
30179 Hannover
Fon +49 511 987798 0
E-Mail info@neuwaerts.de
www.neuwaerts.de

O

ODALINE GmbH
Strategie + Digital Content Agentur
CM-Dienstleister für
AMEXcited – das digitale Magazin
der American Express Company 178
JACK WOLFSKIN – Mit dem Rucksack ins Herz der GenZ
der JACK WOLFSKIN – Ausrüstung für Draußen GmbH & Co. KGaA 188, 328

Jan König, Co-Founder
Fon +49 172 8368481
E-Mail jan@odaline.de

Oliver Mohr
Regie und Redaktion für
Ich tu's für – Impfkampagne
Bayerisches Staatsministerium für
Gesundheit und Pflege 208

Kufsteiner Str. 4
81679 München
Fon +49 178 1969637
E-Mail oliver@alibi-film.de

P

PEAK
CM-Dienstleister für
Porsche – The Art of Dreams
der Porsche AG 220

Turmstraße 70
10551 Berlin
www.peakyeah.com/

Profilwerkstatt GmbH
CM-Dienstleister für
ESSENTIAL TEASER – Robotics
der Freudenberg FST GmbH 216
FST – Essential Robotics
der Freudenberg FST GmbH 86
Grünfink #7 – Im Gleichgewicht – DATEV, die Pandemie und Hybrid Business
der DATEV eG 264
KION News 68: Danke, Gordon!
der KION GROUP AG 420
Strategische Content Operations Vertriebskommunikation
der Union Investment Privatfonds
GmbH 336

Dr. Claudia Klemm, Director Content & Development & Alexander Bräuer, Director Content Development
Rheinstraße 99.3
64295 Darmstadt
Fon +49 6151 3600540
E-Mail c.klemm@profilwerkstatt.de
www.profilwerkstatt.de

Pushing Limits Mediahouse GmbH
Realisation für
#beat100flow
der GARMIN Deutschland GmbH 340

Aachener Str. 340–346b
50933 Köln
www.pushing-limits.de

R

ramp.space GmbH & Co. KG
Dienstleister für
ORIGINALE 07 – Teile. Typen. Technik.
der Dr. Ing. h.c. F. Porsche Aktiengesellschaft 142
ramp#56 – Alles zu seiner Zeit
der ramp.space GmbH & Co. KG 44

Cedric Pfaus
Head of Inhouse Publications
Im Alten Wasserwerk
Obere Wässere 5
72764 Reutlingen
Fon +49 7121 43304 700
E-Mail info@ramp-space.com
www.ramp.space

Rapid Peaks GmbH
Konzeption und Umsetzung für
#Overcome
der Siemens AG 234

David Roth
Fon +49 89 93909910
E-Mail info@rapidpeaks.com

SAP x FC Bayern München – Success Is Built On Many Shoulders
der SAP SF 356

Vera Schwaiger
Kistlerhofstr. 70 – Haus 2
81379 München
Fon +49 151 65218530
E-Mail sap@rapidpeaks.com
www.rapidpeaks.com

AGENTUREN / DIENSTLEISTER
Deutschland

S

ressourcenmangel GmbH
CM-Dienstleister für
Die Maler – Klingt komisch. Macht aber glücklich.
des Bundesverband Farbe Gestaltung
Bautenschutz 198
Die Maler – Mal was Echtes
des Bundesverband Farbe Gestaltung
Bautenschutz 294
share – Das Goldene Haus
der share GmbH 346

Christof Biggeleben
Schlesische Straße 26
10997 Berlin
Fon +49 151 44 88 45 67
E-Mail Christof.Biggeleben@ressourcenmangel.de
www.ressourcenmangel.de

ctrlX AUTOMATION – TWO STEPS AHEAD
der Bosch Rexroth AG 326

Christophstraße 6
70178 Stuttgart
Fon +49 711 40060070
E-Mail stuttgart@ressourcenmangel.de
www.ressourcenmangel.de

S + K Consulting & Events GmbH
Umsetzung des digitalen Kongresses für
FINTROPOLIS 2021 – Die Werk.Stadt der Zukunft
der Atruvia AG 344

Saltwater Films GmbH & Co. KG
Dienstleister für
#togetherstronger
der Commerzbank
Aktiengesellschaft 372

Marie Niemann, Managing Partner & Executive Producer
Ronsdorfer Str. 77a
40233 Düsseldorf
Fon +49 173 704 55 71
E-Mail m.niemann@saltwaterfilms.de
www.saltwaterfilms.de

Serviceplan Group SE & Co. KG
Konzeption und Gestaltung für
Der Wunsch
der PENNY-Markt GmbH 212, 410
Jedes Zuhause
der Telefónica Germany GmbH & Co. OHG 218
The Visible Net
der Telefónica Germany GmbH & Co. OHG 406
TWELVE – Von Träumen zu Tech-Trends: Wie der Mensch das digitale Morgen prägt
der Serviceplan Group SE & Co. KG 96, 398

Haus der Kommunikation
Friedenstraße 24
81671 München
Fon +49 89 2050 20
E-Mail twelve@house-of-communication.com

STORIES – Drama for Brands
CM-Dienstleister für
NOW – Das Nachhaltigkeitsmagazin der otto group
der Otto Group 134, 452

Mark Ernsting
Kreativdirektor und Inhaber
Sachsenwaldstraße 1
21521 Aumühle
Fon +49 178 4680 598
E-Mail me@stories-dramaforbrands.com
www.strories-dramaforbrands.com

Studio Andreas Wellnitz
Fotografie für
Credit Suisse Values – Werte schaffen. Werte erhalten. Werte leben.
der CREDIT SUISSE (Schweiz) AG 52

Andreas Wellnitz
Kottbusser Damm 7
10967 Berlin
Fon +49 30 695 387 64
E-Mail studio@andreaswellnitz.com
www.andreaswellnitz.com

Studio O
Realisation für
share – Das Goldene Haus
der share GmbH 346

Oliver Jopke
Prinzregentenstraße 73
10715 Berlin
E-Mail contact@oliverjopke.de
www.studio-o.de

SZ Scala GmbH
CM-Dienstleister für
In der Nervenkaffeeküche – die Infografik für das Gesundheitsmagazin Minga von der München Klinik gGmbH
der München Klinik gGmbH 400

Katrin Lange, Redaktionsleitung
Hultschiner Straße 8
81677 München
Fon +49 89 2183 7260
E-Mail katrin.lange@sz-scala.de
www.sz-scala.de

T

TERRITORY GmbH
CM-Dienstleister für
BMV Kampagne „Sei Teil einer besseren Welt. Geh in den BioMarkt"
der denree GmbH 448
Hundert Prozent – das Magazin der Berufsgenossenschaft Handel und Warenlogistik
der Berufsgenossenschaft Handel und Warenlogistik (BGHW) 98
KREO – das BIOMARKT Magazin
der denree GmbH 60
KREOmi – das BioMarkt Magazin für Kinder ab 6 Jahren
der denree GmbH 68

Carl-Bertelsmann-Straße 33
33311 Gütersloh
Fon +49 5241 234 80 50

9:11 Magazin: E19, Kpt. 1 Best Moments
der Dr. Ing. h.c. F. Porsche Aktiengesellschaft 230
MINI Insider
der BMW Group 38
Stones of Beirut
der Gruner + Jahr Deutschland GmbH 144, 186
Umweltschutz bei der Deutschen Bahn – Für Kinder erklärt
der Deutsche Bahn AG 236
you and me Quarterly – Das Magazin für die Mitarbeiter:innen der Deutschen Telekom
der DEUTSCHE TELEKOM AG 270

Am Baumwall 11
20459 Hamburg
Fon +49 40 8090 46 100
E-Mail contact@territory.group
www.territory.de

Purrfect Match
des Tierschutzverein München e.V. ... 200

Marlies Bayha
Neumarkter Straße 26
81673 München
Fon +49 4372 1100
E-Mail bayha.marlies@territory.group
www.territory.de

Österreich

AG MEDIA GmbH
CM-Dienstleister für
Das EY Austria Management Team, das ins Windows stieg und verschwand
der Ernst & Young ServicegmbH & Co OG Steuerberatungsgesellschaft **280**

Halbgasse 25/3–4
1070 Wien
E-Mail gstoettner@agmedia.at
www.agmedia.at

kest werbeagentur gmbh
Realisation und Gestaltung
Pulverzauber und Metallurgenkunst
der Plansee Group **148**

Walter Stromberger
Scharitzerstraße 12
4020 Linz
E-Mail office@kest.net
www.kest.net

kopf.arbeit – Agentur für Geschichte
Realisation und Redaktion für
Pulverzauber und Metallurgenkunst
der Plansee Group **148**

Manfred Dunzinger
Hafenstraße 47-51
4020 Linz
E-Mail office@kopfarbeit.at
www.kopfarbeit.at

kraftwerk | Agentur für neue Kommunikation
Realisation von
wildentschlossen – Meine Stimme für mehr Artenvielfalt
des Bundesministeriums für Klimaschutz, Umwelt, Energie, Mobilität, Innovation und Technologie (BMK) **444**

Angelika Hammer, COO
Burggasse 28-32
1070 Wien
Fon +43 1 409 36 30
E-Mail feelgood@kraftwerk.co.at
www.kraftwerk.co.at

Le Fritz Publishing
Redaktion, Gestaltung und Layout für
frisch – DAS KRÖSWANG MAGAZIN
der KRÖSWANG GmbH **66**

Christoph Rösch
Gatterederstraße 6 / Top E5
1230 Wien
Fon +43 680 328 6995
E-Mail roesch@lefritz.wien
www.lefritz.wien

Nexxar
Dienstleister für
Clariant Integrierter Bericht
der Clariant International Ltd **314**

Mariahilfer Str. 121B
1060 Wien
Fon +43 1 5962268
E-Mail office@nexxar.com

Red Bull Media House GmbH
Realisation für
Organics
der Red Bull Media House GmbH **397**
CM-Dienstleister für
WIR
der WN Kul.Tour.Marketing GmbH **116**

Am Grünen Prater 3
1020 Wien
Fon +43 1 90 221 0
E-Mail copublishing@redbull.com
https://publishing.redbull.com

WALD Verlags GmbH
Realisation von
Wald Kalender 2022
der Wald Verlags GmbH **136**

Große Schiffgasse 18/10
1020 Wien
Fon +43 1 236 05 44
E-Mail redaktion@waldmagazin.at
www.waldmagazin.at

Schweiz

Agentur Guido Von Deschwanden
Dienstleister für
WERTPAPIER
der Luzerner Kantonalbank AG **56**

Bell-Areal
Obernauerstrasse 8
6010 Kriens

Ammann, Brunner & Krobath AG
Konzeption und Redaktion für
Credit Suisse Values – Werte schaffen. Werte erhalten. Werte leben.
der CREDIT SUISSE (Schweiz) AG **52**

Simon Brunner
Schiffbaustrasse 10
8005 Zürich
Fon +41 44 450 40 20
E-Mail simon.brunner@abk.ch
www.abk.ch

Basel West Unternehmenskommunikation AG
CM-Dienstleister für
gomagazin
der IVCG Publikationen **104**

Gempenstrasse 64
4053 Basel
www.baselwest.ch

Crafft AG
Gestaltung für
Credit Suisse Values – Werte schaffen. Werte erhalten. Werte leben.
der CREDIT SUISSE (Schweiz) AG **52**

Michael Rütti
Hohlstrasse 201
8004 Zürich
Fon +41 44 296 10 18
E-Mail michael.ruetti@crafft.ch
www.crafft.ch

Die Schweizerische Post AG
Realisation Inhouse für
prio – Privatkunden-Magazin
Die Schweizerische Post AG **70**

Dieter Röösli, Kommunikation/ Visual Production
Wankdorfallee 4
3030 Bern
Fon +41 76 465 72 03
E-Mail dieter.roeoesli@post.ch
www.post.ch/de/ueber-uns/aktuell/privatkundenmagazin

TLGG
CM-Dienstleister für
Politikgewissen
der The ONE Campaign gGmbH **370**

Florian Kegel
Paul-Lincke-Ufer 39/40
10999 Berlin
Fon +49 30 81 61 601 40
E-Mail floriankegel@tlgg.de
www.tlgg.de

TRENDONE GmbH
Dienstleister für
FINTROPOLIS 2021 – Die Werk.Stadt der Zukunft
der Atruvia AG **344**

True Story Filmproduktion
Filmproduktion für
UNSER PURPOSE
der Talanx AG **210**

Neuer Kamp 32
20357 Hamburg
Fon +49 40 999 99 36 27
E-Mail k.mirow@true-story.de
www.true-story.de

V

van laak Medien
Agentur für
361°
der NORD/LB **272**

Thomas van Laak
Große Düwelstraße 28
30171 Hannover
Fon +49 511 84 48 98 88
E-Mail thomas@vanlaak.info
www.vanlaak.info

Vigl & Friends
Mario Vigl
CM-Dienstleister für
plus – Das Magazin der R+V Versicherung
der R+V Versicherung AG **266**
WIR sind die Zukunft – Sonderausgabe des R+V Mitarbeitermagazins „plus"
der R+V Versicherung AG **284**

Sonnenstraße 22a
85778 Haimhausen
Fon +49 152 06497920
E-Mail mario@viglandfriends.com

AGENTUREN / DIENSTLEISTER
Schweiz / Vereinigtes Königreich

Schweiz

Ergon Informatik AG
Realisation von
I love IT
der Ergon Informatik AG **290**

Joy-Fleur Brettschneider
Merkurstrasse 43
8032 Zürich
Fon +41 44 268 89 00
E-Mail info@ergon.ch
www.ergon.ch

Farner Consulting AG
Agentur für
UBS Growth Talk
der UBS Switzerland AG **148, 168,**
........................**236, 242, 254, 320, 350**

Raffael Leu
Löwenstrasse 2
Fon +41 79 593 02 72
8001 Zürich
www.farner.ch

Forward Advisors AG / Swisscontent AG
CM-Dienstleister für
HUGO BOSS RELOADED – STRATEGIC LEADERSHIP COMMUNICATION AT ITS BEST
der HUGO BOSS AG **376**

Daniel Kaczynski
Hottingerstrasse 12
8032 Zürich
Fon +44 245 45 45
E-Mail Daniel.kaczynski@forwardadvisors.ch
www.forwardadvisors.ch
www.swisscontent.ch

Friedrich Reinhardt Verlag AG
Verlag von
Im Strom der Zeit – Klybeck-Mook
der Novartis International AG **132**

Rheinsprung 1
4051 Basel
Fon +41 61 264 64 64
www.reinhardt.ch

John Allen AG
Gestaltung für
UBS Growth Talk
der UBS Switzerland AG **148, 168,**
........................**236, 242, 254, 320, 350**

John Allen, Lorenz Bohler
Lättenstrasse 37
8952 Schlieren
Fon +41 44 730 38 40
www.johnallen.ch

Modulator AG
CM-Dienstleister für
REVUE – Narben
des Gesundheitszentrum Fricktal **88**

Clovis Vallois
Allschwilerstrasse 35
4055 Basel
Fon +41 61 633 0 633
E-Mail cv@modulator.ch
www.modulator.ch

Polarstern AG
Dienstleister für
WERTPAPIER
der Luzerner Kantonalbank AG **56**

St.-Karli-Strasse 41
6004 Luzern

Raffinerie AG für Gestaltung
CM-Dienstleister für
Greenpeace Jubiläumszeitung – 50 Jahre – 50 Porträts
der Greenpeace Schweiz **130**
Helsana Ratgeber Depression
der Helsana Versicherungen AG **48**
ZH Gold
der Zürcher Kantonalbank **58**

Anwandstrasse 62
8004 Zürich
Fon +41 43 322 11 11
E-Mail mail@raffinerie.com
www.raffinerie.com

Schneider & Visuelle Kommunikation
CM-Dienstleister für
Im Strom der Zeit – Klybeck-Mook
der Novartis International AG **132**

Tabea Schneider
Ankerstrasse 3
8004 Zürich
Fon +41 76 519 41 90
E-Mail ts@schneiderund.com
www.schneiderund.com

Studio Edit GmbH
CM-Dienstleister für
involved
des Verbands Swissmem **106**

Katharina Rilling, Co-Founder
Redaktion, Strategie und Beratung
Fon +41 79 515 82 65
E-Mail kr@studio-edit.ch

Peter Kruppa, Co-Founder
Creative Director, Konzept & Design
Fon +41 77 474 33 02
E-Mail pk@studio-edit.ch

Stationstrasse 21
8003 Zürich

südlich-t AG
Dienstleister für
HUGO BOSS RELOADED – STRATEGIC LEADERSHIP COMMUNICATION AT ITS BEST
der HUGO BOSS AG **376**

Weinbergstrasse 79
8006 Zürich
Fon +44 385 95 00
E-Mail thomas@suedlich-t.ch
www.suedlich-t.ch

Vereinigtes Königreich

beetroot Communications Agency
Agentur für
NETWORK Magazin
der Deutsche Post AG Zentrale **258**

71–75 Shelton Street
Covent Garden
WC2H9JQ London

Personen

A

Aber, Nadine 430
Abholhassan, Ferri 152
Ader, Robert 222
Ahlert, Alexander 94
Altenau, Manoel 216
Ammann, Daniel 52
Amor, Patrick 164
Andersen, Bettina 42
Andersen, Janet 76
Andres, Marc-Stefan 304
Aneser, Karin 266, 284
Arandjelovic, Iva 110
Arnaud, Cedric 172
Arndt, Vicky 222
Atzl, Theresa 384
Augsburger Hess, Sibylle 88

B

Balow, Alexander 342
Bartsch, Thorsten 336
Bauer, Friederike 102
Bauer, Ganna 302
Baulig, Christian 84, 158, 404
Becker, Siegrid 100
Behn, Marco 274
Behnken, Wolfgang 150
Beike, Martin 448
Bender, Brigitta 402
Berg, Nina 86
Berger, Nadine 84, 158, 404
Béry, Alexandra von 150
Bigler, Isabella 430
Bock, Niclas 342
Bödeker, Gabriele 274
Böger, Rebecca 128
Bonnen, Niklas 172
Borchers, Imke 120
Borg, Inga 84, 158, 288, 387, 404
Brahner, Katrin 278
Brand, Christine 54
Bräu, Michael 368
Bräuer, Alexander 264
Breider, Thilo 310
Breit, Thomas 274
Brönnimann, Corinne 376
Brower-Rabinowitsch, Grischa ... 266, 284
Brugnoli, Anna 376
Brunner, Simon 52
Bruns, Sophie 172, 368
Buck, Christian 42
Buess, Bettina 52
Buggisch, Christian 264
Bürstl, Florian 66
Buscher, Eva 206, 248, 440
Buschlinger, Gaby 284

C

Castaneda, Eduardo 172
Ciko, Paula 172
Cole, Sabine 222
Cornelius, Michael 266, 284
Cremer, Bettina 336
Crespo Rodrigo, Miriam 88
Cyzmoch, Klaus 222

D

Damaschke, Florian 86
Damköhler, Frederic 42
Denzer, Joscha 284
Depner, Nora 430
Derschatta, Sarah von 172
Dettmar, Heike 76
Dogan, Canan 260
Dörrich, Berthold 114, 140
Dürr, Frank 180

E

Eberhard, Ulla 302
Eberhardt, Wolfram 300, 312
Ecker, Stefan 148
Eckl, Nicholas 446
Eigensatz, Kaspar 70
Eilers, Matthis 288, 387
Endruweit, Christof 288, 387
Enzian, Felix 92, 278
Enzinger, Gerald 114, 140
Epple, Gunter 262
Erdmann, Stephan 164
Ertle, Uli-John 368
Espiner, Mark 54
Estor, Isabel 448

F

Facher, Alisa 172
Fankhauser, Natalie 70
Fauss, Caroline 42
Fehlmann, Beat 180
Feldmann, Jessica 86
Fischaleck, Felix 368
Förster, Lea 172
França, Rodolfo 54
Frank, Melanie 172
Franklin Stokes, Annette 110
Frisch, Hans 216
Fritsch, Silvia 446
Funk, Lukas 430

G

Gartner, Andre 172
Gatzka, Martina 62, 68, 448
Geierhaas, Tatjana 152
Geller, Florine 82, 391
Geromin, Nina 108
Gerstenfeldt, Sandra 120
Getachew, Kidist 110
Geutner, Ralf 222
Gibbons, Áine 82, 92, 278, 391
Gioia, Rossella 172
Gottwalt, Christian 266, 284
Grabenauer, Isolde 86, 216
Gramespracher, Clemens 310
Graßl, Tatjana 206, 248, 440
Grauert, Deborah 270
Grazdanow, Alexander 312
Grießhammer, Lena 62, 68, 448
Grunau, Lisa 152, 306
Gundlach, Kai-Uwe 408

H

Haart Gaspar, Verena 384
Haas, Christiane 342
Haas, Frank 120
Haase, Martin 368
Haase, Mieke 430
Haink, Sascha 206, 248, 440
Halder, Ralph 376
Hallmann, Anton 402
Hamann, Anja-Martina 92
Hammer, Angelika 446
Heckel, Till 448
Hecking, Tanita 92
Heiberger, András 206, 248, 440
Heidinger, Natalie 110
Heinl, Miriam 206, 248, 440
Heinrichsmeier, Jana 246
Heinze, Marko 448
Henke, Steffen 260
Hermann, Katharina 438
Herrmann, Merlin 120
Herz, Lisa 76
Herzog, Silke 86, 216
Heyse, Christian 216
Hick-Schulz, Oliver 102
Hilmer, Anne 384
Hintzen, Marcus 448
Hipetinger, Evelin 384
Hippe, Nadine 86
Hoch, Jenny 94
Hoefert, Verena 278
Hof, Isabella 288, 387
Hofer, Thomas 446
Hoffmann, Julian B. 164
Hohmeier, Markus 206, 248, 440
Höhne, Frank 222
Holdack, Laura 76
Holfelder, Thomas 172
Holka, Mariola 122
Holzapfel, Miriam 120
Hopp, Astrid 100
Hruschka, Christian 42
Hubmann, Anna 172
Hufnagel, Judith 222
Hufnagel, Michael 118
Humburg, Sven 164

J

Jacobi, Kathrin 72
Jacobs, Michael 430
Jäger, Ingo 164
Janka, Katrin 304
Jenny, Martina 56
Jentsch, Sabrina 72
Joos, Verena 164
Jordan, Markus 336
Jung, Susanne 180
Jürgens, Ulrike 128

K

Kaczynski, Daniel 376
Kalimanova, Anastasia 172
Kaltenegger, Andrea 136
Kaminski, Franziska 262
Kapp, Holger 76
Kappesz, Toni 110
Karch, Isabell 68
Karpf, Matthias 108
Karschunke, Mia 438
Käser, Alexa 110
Keesman, Angela 108
Keilbach, Martina 136
Kemper, Sabine 180
Kerscher, Nora 86
Keser, Solveig 206, 248, 440
Keß, Juliane 42
Kienzle, Emily 164
Kimmerle, Ralph 114, 140
Kipp, Oliver 448
Kiss-Geyer, Viktioria 136
Klein, Maria Christina 42
Klein, Maria-Christina 100
Kleinert, Katherina 384
Kleinke, Chiara 64
Klemm, Claudia 86
Klinger, Katja 336
Klodt, Thomas 274
Kneifl, Matthias 86
Knipper, Hermann Josef 266, 284
Koch, Anne 438
Koch, Annette 166
Köhler, Jessica 222
Köhne, Linde 270
Kollath, Melanie 72, 128
Krobath, Michael 52
Kruppa, Peter 106
Kubista, Claudia 136
Küng, Jennifer 88

L

Laak, Thomas van 274
Lancelin, Cyril 222
Lang, Laura 312
Lang, Sabrina 446
Lange, Katrin 402
Langenegger, Claudia 70
Langenheim, Nicole 42
Latinovic, Elke 172
Lebherz, Martina 52
Lehwald, Christian 222
Lenhard, Marian 391
Lenz, Robert 342
Lewin, Benjamin 52
Leyherr, Günter 166
Lippmann, Deborah 158, 404
Löffler, Pauline 64, 128
Loges, Hanna 172
Lotze, Jörn 270, 274
Lukasch, Greta 172
Lutz, Tanja 86

M

Maas, Malu 172
Maerker, Nina 438
Mahajan, Neelima 54
Maierhofer, Knut 166
Mainzer, Katja 304
Mair, Frederik 166
Malysch, Julia 172
Manke, Steffen 172
Mäntele, Sophia 222
Märki, Patrick 166
Marx, Stefanie 270
Mascher, Lena 264
Meermeier, Ann-Christin 62
Meisel, Gianna 88
Menke, Marcel 166
Meny, Patrick 438
Mergenthaler, Stelan 110
Merklinger, Michael 42
Merten, Sabrina 152
Meyer, Katrin 76
Michel, Sandra 384
Mijuk, Goran 132
Mittermüller, Bernhard 446
Moinat, Gabriel 446
Moore-Braun, Jennifer 76
Mueller, Nicole Annette 102
Mühlbacher, Andrea 100
Müller, Jens 336
Müller, Melanie 66
Müller, Niclas 384
Müsgens, Alexander 430

N

Neuhauser, Michelle 264
Neuhauser, Robert 264
Neumann, Marc 310
Nitschke, Nick 110
Nossol, Lukas 448

O

Obermayr, Gabriele 446
Opfer, Kristina 216
Orthner, Anita 66

P

Paschek, Laurin ... 310
Paul, Janina ... 264
Pedziszczak, Pawel ... 54
Perwein, Cajetan ... 446
Pfost, Sabrina ... 102
Philipps, Vivane ... 92
Plötner, Christian ... 342
Poggensee, Götz ... 64, 128
Ponlevoy, David Frogier de ... 86
Prawiradinata, Ravenina ... 72
Preußler, Florian ... 266, 284
Prgomet, Matea ... 92
Puh, Dagmar ... 302

R

Rahmes, Christina ... 114, 140
Randewig, Sven ... 438
Reich, Ulrike ... 86, 216
Reinhard, Rebecca ... 92
Reinhardt, Anka ... 122
Renggli, Andreas ... 56
Ressegatti, Angelo ... 108
Ridinger, Leonie ... 274
Riedle, Jörg ... 82, 391
Rilling, Katharina ... 106
Rittweg, Stefanie ... 448
Röder, Eva-Maria ... 206, 248, 440
Roloff, Simon ... 222
Röösli, Dieter ... 70
Ropelt, Norbert ... 180
Rösch, Christoph ... 66
Ruch, Matthias ... 84, 158, 404
Rudolph, Sebastian ... 164
Russo, Davide ... 222
Rütti, Michael ... 52

S

Sannwald, Tanja ... 54
Sauer, Markus ... 166
Sauerbrey, Friederike ... 122
Schaeffer, Ute ... 102
Schauer, Cornelia ... 172
Schauhuber, Jana ... 166
Scheiderer, Laura ... 56
Scherer, Roman ... 306
Schiller-Claussen, Nico ... 64, 72, 128
Schindera, Philipp ... 270
Schlüter, Jan ... 222
Schmauch, Katharina ... 128
Schnabel, Urs ... 288, 387
Schneider, Peter ... 376
Schneider, Tabea ... 132
Scholz, Robin ... 166
Schophoff, Julius ... 391
Schörghuber, Stefan ... 136
Schreiber, Gabriela ... 106
Schröder, Nadine ... 100
Schröder, Sabine ... 164
Schulte, Ragnar ... 222
Schulz, Susan ... 120
Schütte, Stephanie ... 376
Schwab-Hautzinger, Nina ... 76
Schwarz, Rose ... 300, 312
Schwarz, Wiebke ... 84, 158, 404
Seidl, Raphael ... 446
Seiffert, Philipp ... 274
Seiler, Annelise ... 88
Sibrava, Alena ... 106
Siebenbaum, Stephan ... 288, 387
Siebert, Britta ... 278
Siedenhans, Michael ... 100
Sievers, Florian ... 92
Skudnigg, Peter ... 66
Sodemann, Sandra ... 150
Spitz, Brigitte ... 102
Spors, Birgit ... 206, 248, 440
Springorum, Björn ... 114, 140
Staggenborg, Nick ... 342
Stangenberg, Maika-Alexander ... 324, 334
Stark, Shona ... 110
Steiner, Julian ... 430
Steinke, Lena ... 438
Steuer, Martin ... 278
Stiens, Philipp ... 246
Stitz, Andrea ... 62, 68
Stölzel, Pauline ... 110
Streppelhof, Silke ... 108
Stümpel, Henrika ... 274
Suendermann, Lutz ... 114, 140
Széchényi, Dénes ... 148

T

Teine, Marcel ... 300, 304, 310
Telley, Séverine ... 52
Terheggen, Susann ... 270
Ternes, Anja ... 62, 68, 448
Tersch, Kornelius ... 446
Thien, Patricia von ... 110
Thion, Sophie ... 172
Thomfohrde, Marco ... 274
Thomsen, Marion ... 274
Thurm, Holger ... 248
Tietgen, Madita ... 384

U

Uhrig, Till ... 448

V

Vey, Andrea ... 270
Vigl, Mario ... 266, 284
Vogel, Charleen ... 368
Vosberg, Carolin ... 72
Voßhans, Benjamin ... 448

W

Wagner, Jörg ... 84, 158, 404
Walter, Lukas ... 114, 140
Waschke, Catharina ... 180
Weber, Elisa ... 114, 140
Weber, Lukas ... 430
Weber, Matthias ... 86
Wegertseder, Markus ... 172
Weidinger, Sophie ... 118
Weigert, Sabrina ... 166
Weinkauf, Sabine ... 342
Weis, Holger ... 172
Weiss, Gabriel ... 166
Wellerdt, Peggy ... 430
Wellnitz, Andreas ... 52
Werle, Katharina ... 288, 387
Werner, Maike ... 152
Werner, Nadine ... 136
Wesolowski, Martin ... 448
Wessely, Anna ... 446
Westermann, Carolin ... 376
Wieshaider, Alexandra ... 136
Wiesheu, Matteo ... 206, 248, 440
Wilhelmy, Julia ... 86
Wille, Stefanie ... 84, 158, 288, 387, 404
Winiger, Thomas ... 376
Winter, Jessica ... 64, 128
Winterhagen, Johannes ... 86
Wirkus, Sandra ... 62, 68, 448
Wolski, Claudia ... 274
Wright, Eske ... 260
Wurstbauer, Michaela ... 172

Z

Zagovec, Manuel ... 164
Zander, Maike ... 402
Zaremba, Tanja ... 278
Zeder, Pascal ... 56
Zellerhoff, Charlotte ... 92, 391
Ziebell, Nina ... 64, 128
Zimmermann, Ivo ... 106
Zimmermanns, Roman ... 384

Content Marketing Forum e.V.
Regina Karnapp, Geschäftsführung
Heidrun Winter, Event- und Projektkoordination

Planegger Straße 6d
82152 Planegg
Fon +49 163 7406921

E-Mail info@content-marketing-forum.com

www.content-marketing-forum.com
www.bcm-award.com

www.facebook.com/Content.Marketing.Forum

bcm best of content marketing 2022